- 浙江工业大学研究生教材建设项目资助（项目编号20220110）
- 教育部“双万”计划国家级一流本科专业建设点“浙江工业大学播音主持艺术专业”资助

浙江省普通本科高校“十四五”重点教材

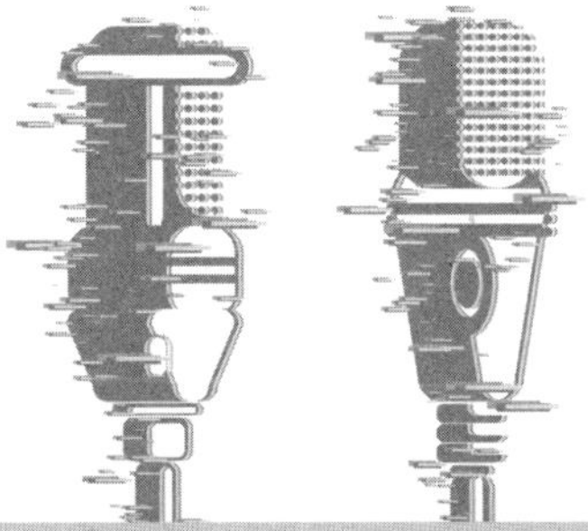

New Compilation of a Basic Course on

BROADCASTING AND HOSTING CREATION

播音主持创作基础教程新编

施 玲 ◎编著

ZHEJIANG UNIVERSITY PRESS
浙江大学出版社
·杭州·

图书在版编目（CIP）数据

播音主持创作基础教程新编 / 施玲编著. —杭州：浙江大学出版社，2023.6（2024.12 重印）
ISBN 978-7-308-23735-2

Ⅰ.①播… Ⅱ.①施… Ⅲ.①播音—语言艺术—高等学校—教材 ②主持人—语言艺术—高等学校—教材 Ⅳ.①G222.2

中国国家版本馆 CIP 数据核字（2023）第 075450 号

播音主持创作基础教程新编
施　玲　编著

策划编辑　葛　娟
责任编辑　葛　娟
责任校对　董雯兰
责任印制　范洪法
封面设计　春天书装
出版发行　浙江大学出版社
（杭州市天目山路 148 号　邮政编码 310007）
（网址：http://www.zjupress.com）
排　　版　杭州青翊图文设计有限公司
印　　刷　杭州宏雅印刷有限公司
开　　本　710mm×1000mm　1/16
印　　张　22.25
字　　数　448 千
版 印 次　2023 年 6 月第 1 版　2024 年 12 月第 2 次印刷
书　　号　ISBN 978-7-308-23735-2
定　　价　58.00 元

前　言

《播音主持创作基础教程新编》是播音专业大学二年级语言表达课程的教材。本书是顺应新时代的数字资源与立体化教学方式的演变而新编的一本新形态教材。

本教材的编排思路与内容设计如下。

(一)编排构思

《播音主持创作基础教程新编》共分十章,每章五节,内容安排如下:

第一节是介绍本节主要内容的外围基础知识。

第二节是外围基础知识实际操作的相关知识。

第三节是本节具体技巧的理论阐述。

第四节是本节技巧实训的篇目和实训指导,配有录音作业训练提示以及留白。方便老师做点评时学生进行记录。

第五节是精选符合本章主要技巧展示的名家名作赏析。

通过第一章和第二章的章标题和节标题示例可基本了解编者编排意图:

第一章　播音准备工作

　第一节　正确的播音创作道路

　第二节　播音语言的特点

　第三节　准备稿件的方法

　第四节　备稿部分的实训安排与回课记录

　第五节　名家名作有声作品赏析之一——张家声老师朗诵的《人民万岁》

第二章　情景再现

　第一节　感知觉与播音创作

　第二节　感受的理解与运用

　第三节　情景再现的定义与步骤

　第四节　情景再现部分的实训安排与回课记录

　第五节　名家名作有声作品赏析之二——雅坤老师朗诵的《木兰诗》

(二)内容设计

十章的内容安排如下。

第一章 播音准备工作　　第二章 情景再现
第三章 内在语　　第四章 对象感
第五章 停连　　第六章 重音
第七章 语气　　第八章 节奏
第九章 话筒前状态　　第十章 播音员的素质、修养与播音风格

本书以新形态教材形式出版，全书增加 22 个视频授课的链接二维码、50 个二维码扫读示范播音。示范音、视频分为三类：一是播音和朗诵名家的作品；二是本校播音教师的作品；三是本校播音系学生的优秀作业，共计 72 个音频、视频。

本教材有以下特色与创新点。

（一）价值引导、知识传授、能力训练三融合的内容体系

本课程是培养有思想有能力的一线话筒前工作者的一门课程。价值引导、思政融入是细致入微地渗透在每一次理论讲解、课堂讨论以及文稿播音中的。编选的稿件有古今中外名篇，加上有典型意义的时效性强的新闻稿件；知识传授方面采用全新的编写理念，将课程的外围基础理论、外围基础技巧实际操作分层展开；能力训练更是本课程的一大特色，这部较系统、完善的实操性很强的新形态教材非常契合本课程的文科类“理论＋实践”的教学特点。

（二）贯彻“以学生为中心”的教学理念

新形态教材不但可以给学生理论知识与实训素材，还可以给学生反复收看授课视频的机会。把“以学生为中心”的教育理念深入运用到线上线下教学中的成果导向就是赛教融合、理实结合。

（三）高效整合利用立体化的教学资源

通过传统课与户外课展演课、线上线下课、纸质书嵌入数码资源、名家名师和学生有声作品这几个层面构成了立体化的教学资源。充分结合现代信息技术，将教学手段方法创新及时体现在教材编写中，在纸质书中嵌入二维码呈现课件、慕课等数字资源，特别是精心选编了名家、名师范读和优秀学生作品的音视频二维码扫读板块，可以极大调动学生的学习主动性。

本教材由施玲担任主要编著工作，包括统筹设计、授课录像主讲以及主要章节的写作和编辑。几位参编老师分工如下：王雁老师和孟杨老师担任第八章、第九章的编写工作；刘宁老师和钱途老师担任第八章、第九章第四节的实训作品的部分编写工作。

由于编辑工作量大，经验不足，不当之处欢迎批评指正，以利于再版发行。

编　者

2023 年 2 月于杭州

CONTENTS
>>> 目录

二维码目录

第一章　播音准备工作

第一节　正确认识播音创作活动

一、播音的性质

由于播音创作的复杂多样性，我们对播音学科性质的认识不应是单一的、平面的，而应是全方位的、立体的。播音，既具有自然属性（如声音的传播，形象建立的物理、生理属性，以及传播的特性等），又具有社会属性（如播音创作中的党性原则，民族、时代、阶级、社会等因素的限定）；既具有新闻属性，又具有某些艺术的特征；既具有再造性，又具有创造性；等等。

这里从播音工作的创造性，播音的言语传播新闻属性、艺术属性等方面来论述。

1. 播音的创造性

现代意义上的创造是一个改变旧的符号系统、建立新的符号系统的过程，一方面强调符号系统的改变，另一方面也强调人的参与，依赖主观能动性的发挥。比如，日月星辰的运行，虽每时每刻都在改变原有的符号系统，但也不能认为是创造，因为没有人的参与；卫星上天是创造，因为它是人为的过程。再来看看社会科学，包括艺术方面的创造，是通过人的主观能动性的发挥，改变旧的符号系统，建立新的符号系统的过程。如：作为舞蹈艺术创作材料的人的肢体化，在日常生活中的运动，也是在改变着旧的符号系统，但这显然不能说是创造；而按照舞蹈艺术编导的意图，通过情感的力量，改变旧的肢体运动符号的系统，建立起了新的符合舞蹈艺术要求的符号系统，我们说这是科学艺术、是艺术创造。绘画、音乐等艺术创造都是如此，它们都是通过人的情感力量改变旧的符号系统，建立新的符号系统的过程。

播音员播音时，坐在播音室里，面对的是话筒和摄像机的镜头，看不到听众或观众。这本身对播音员感情、语言的表达和交流都是一种限制。创造性正是在限制中才显现出来。播音员正是要通过主观能动性的发挥，去感受受众的存在，面前无人而心中有人，从而与听众、观众在感情上、语言上进行沟通。所以，无论是从播音员同稿件的关系看，还是从播音员同受众的关系看，播音都是一项创造性的活动。

2.播音的多质性

播音创造活动至少反映出这样几点属性：播音是一项特殊的言语活动，具有言语传播的性质；播音是一项新闻实践活动，具有新闻性；播音是一项艺术创作活动，具有某些艺术属性。

播音这一创作活动，直接集语言、新闻、艺术于一身，是一个复杂的系统工程。

从语言学角度看，播音是一项特殊的言语活动。播音言语活动的过程是：心理—生理—物理—生理—心理。其中，心理—生理活动，是播音员发送信息的过程；生理—心理活动，是接收信息的人，即听众或观众接收信息的过程；物理活动的过程，是声音在空间传播的过程(包括电子技术的运用)。上述所说的五个运动过程，是瞬间完成的。其中，生理和物理活动的过程，具有自然属性；心理活动的内容，具有社会属性。

播音这一言语活动的特殊性在于：一般生活中的言语活动，交流对象在场，言语交流，即言语活动的过程，是一个完整和相对封闭的系统。信息发送者，即说话人可以及时获得交流对象的信息反馈，并根据这种反馈随时调整自己的交流状态。播音时(除现场主持节目外)，播音员只能凭自己的经验和感觉，去寻求“对象感”，在播音创作中尽可能做到与想象中的听众、观众“交流”。所以，它是一个相对不完整的、不开放的系统。这种言语活动交流过程的“残缺”性，正是播音言语活动的特殊性之一。

播音言语活动的特殊性还在于：日常生活的言语活动，是言语者自己要说的话；播音这一言语活动的内容，必须依据稿件，并且把文字稿件转化为自己要说的话。日常生活中的言语活动，言语者是代表自己讲话；播音这一言语活动，播音员是代表电台、电视台以至于代表党和政府讲话。同时，播音这一言语活动，言语者还受到话筒、镜头等传播条件的限制，副语言不能充分运用，尤其是电台播音员，只能靠声音，等等，这些都构成了播音言语活动的特殊性。所以说，播音是一项特殊的言语活动。

从新闻学的角度看，播音又是一项新闻实践活动。播音是广播电视宣传的最后一环，播音员是电台、电视台的“门面”，也是电台、电视台宣传过程中的一道工序，所以播音创作也必须遵从新闻学的基本规律和原则。陆定一同志给新闻下的定义一直为新闻界沿用，即“新闻是新近发生的事实的报道。”这个定义中讲了三个要素，即一个是“新”，“新”是新闻的生命，它要求新闻报道要注重时效性；一个是“事实”，事实的准确无误，是新闻价值得以实现的保证，它要求新闻报道必须遵循真实性原则；一个是“报道”，“报道”使新闻价值的实现成为可能。这三要素，必然反映在播音创作中。“新”“时效性”体现在播音创作中，就是要有“新鲜感”和“时代感”；“事实”“真实性原则”体现在播音创作中，就是要有“真实感”和“分寸感”；“客观报道”体现在播音创作中，就是要有表态性。

从艺术的角度看，播音创作从感受到表达，从情感引发到表现，具有某些艺术属性，也是一项艺术创造活动。

3. 播音性质的主调

对播音性质的透视和全方位认识，使我们看到了播音的多质性，即其性质中既包含自然属性，又包括社会属性；既包括新闻性，又具有言语传播和艺术的属性；等等。众多属性同时发挥作用，就构成了播音的性质。同时，这众多属性又不是作用均等的，其中，新闻性占据举足轻重的位置。新闻的真实性原则，使得播音创作中播音员情感的表达与演员表演中情感的表达有质的区别。新闻的时效性、报道的连续性、政策分寸的把握，使得播音言语表达技巧区别于朗读、朗诵、讲演等，播音言语活动具有自身的规定性。所以说，新闻性是主调。主调正是在与其他属性的和谐统一中才能起作用，所以说，播音员是新闻工作者，同时也是语言艺术工作者。

二、播音创作的特征

我们要从播音创作活动中各要素特点，及其同其他艺术创作活动和其他新闻广播电视实践活动比较来做以下分析，从而考察和总结播音创作的特征。

1. 创造和再创造的双重性

从播音员对腹稿和稿件文字符号系统的转换，建立符合听觉、视觉规律的新的符号系统来说，实属创造。从广播电视节目制作到传送系统来看，播音是在编辑、记者采写稿子这一创作活动后的再创作。所以，播音具有创作和再创作的双重性。

2. 创作素材的二度性

播音员创作时所用的素材，包括文字稿件、资料、画面、音响等等，是编辑、记者、原作者在原始的生活素材基础上创作的，所以播音创作具有二度性。电台播音员看到的文字，已由编辑、记者对客观事物进行了描写；电视播音员所看到的画面，已是摄影师和电视编辑对客观、现实的提炼和剪裁。这就要求播音员更多地深入生活，增加“一度”的感性认识，以获得真切的感受。二度创作还要求播音员在播音创作中,必须注意体现出原稿和原片的写作和拍摄风格。正因为如此,许多电台、电视台会建议播音员主持人多参与一线的采访工作,积累生活体验。

3.创作手段的声像性

播音创作的手段是播音员的有声语言和副语言(体态语、形象)。有声语言和副语言都是按照时间序列运行的,稍纵即逝,有长处,也有局限。这种传播手段,有很强的个体性,即一人一声,一人一面,便于形成不同的播音特色和风格。声音和形象,既有自然属性,即生理、物理运动的一面,又有社会属性,即这一手段本身是一个社会化的过程。所以在运用过程中既要注意按自然属性的一面,按听觉、视觉规律,按个体接收特点来传播信息,又要注重其社会属性一面。语言赖以存在的物质基础是人,人虽具有个体性的一面,但不会孤立地存在于世界上,人的本质正是社会关系的总和,所以在传播过程中又必须反映出稿件作者和播音员的态度、思想和感情。播音创作虽具有音像的传播手段,但较之日常生活中言语交际活动,其手段还是显得局限和单一。日常生活中,人们言语活动传递信息的手段是多渠道的、立体的、丰富的。播音创作中,在电台播音的播音员,只能用声音这唯一的手段;电视播音员,虽有一定的副语言帮忙,但也大多是半身图像,体态语也不能充分展示。这种手段的单一局限,又对播音创作提出了更高的要求,也使其特点更为明显。

4.交流对象的虚拟性

在日常生活中,人们的言语活动交流对象在现场,而播音员播音时面对话筒或电视摄像镜头,交流对象(听众、观众)一般不在场。播音员为了与播音对象交流,必须在自己的面前假设一些听众、观众,播音时同这些假设的听众、观众交流。

5.吐字发音的规范性

播音员播音,要通过话筒经过无线电波传送出去。要求声音必须集中,字音必须准确清晰。同时广播覆盖面广,无形中播音员又是听众、观众们的语音教师,所以要求播音语言必须规范,其语音、语法、修辞等都必须严格遵守普通话的标准,它比话剧、电影里的语言有更高的规范性。

6.感情表达的真实性

播音工作是广播电视工作的一部分,必须遵循新闻真实性原则。所以播音在表达感情时,要求真实,要把握好分寸,切忌艺术的渲染和夸张,要呈现出恰切、质朴的特点。在文艺稿件的播音中(除小说播讲和电影配音外),包括歌曲介绍,电影、戏剧、音乐、舞剧等的解说,文学作品赏析等。播音员可以借助某种艺术想象的手法来调动感情,但在语言表达样式上不宜采用角色化、性格化的语言,而多用转述、介绍、解说等语言样式。

7.创作时间的紧张性

新闻广播电视的时效性决定播音创作的时间是紧张的。播音员不可能像话剧、电影演员那样，对原作有一个反复准备的过程。播音员经常是拿到稿子短时间内就要播出，有时连看一遍的时间都没有。随着现代信息社会人们生活节奏加快，时效性的要求也越来越高。所以，播音创作的紧张性越来越明显。这就要求播音员必须具有广义备稿的能力，必须提高思想、文化素质，加强对播音技巧的掌握，才能胜任这项工作。

8.创作范围的社会性

尽管播音员面对话筒、镜头播音，多数时间所处的天地是小小的播音室，但是，由于广播电视传播的特性，它具有广阔的时空，它以全社会的人们为受众。这一创作活动，比任何一场话剧表演或电影演出所拥有的受众还要多。而受众又是多层次、多情状的，以个别体现着一般，以个性蕴涵着共性。因此，在播音过程中，"这一个"和"此一瞬"紧密结合，汇入传播总渠道，渗透到各个地方。

9.创作活动的日常性

在所有的艺术创作活动中，可以说播音创作活动发生的频率最高，它是经常地、每日每时都在进行着的。这种日常性，也决定着播音创作的连续性和紧张性。这就要求播音员既要具备敏捷快速的创作反应能力，又要具有持之以恒的毅力、耐力。因此，播音创作的日常性就决定着播音员形象的建立贯穿于创作生命的全过程中，所以应有持之以恒的毅力，每次播音都应从零做起。

以上简述了播音创作的主要特点，这些特点有的是播音创作独有的，有的是同其他创作活动交叉共有的。掌握和了解这项创作活动的特点，努力适应它，对不断创作出好的播音作品大有裨益。

三、播音创作的分类、创作方法和原则

1.播音创作的分类

播音创作的分类，就是根据播音创作这一事物自身矛盾运动所呈现出的不同特征对其进行划分归类。这种划分，对于充分认识和研究播音这一事物，对于增强研究的针对性和对象把握的具体化都具有重要意义。同时也可以使研究的理论对播音创作的实践有更为具体的指导。

由于播音学科的边缘性、创作系统的复杂性、创作过程的纷繁性、创作特征的多样性，在播音分类上就不能够简单孤立地采取一刀切的分类办法，而应该采取多视角、多分法原则，多层面、细分法原则。

接下来是对播音创作的几个分类。

(1)从传播媒介和创作文体上分类

从传播媒介上,播音创作可以分为广播播音和电视播音。

广播播音,信息传递的渠道单一,播音员只能靠有声语言来传送信息。这种单一性和限制性,对播音员的声音质量、语言表达技巧都提出了很高的要求,同时也给播音员提供了无限广阔的创作天地。电视播音的信息传递可以通过图像、声音、文字等进行,播音员可以用语言和副语言传递信息。这就要求播音员不仅声音要过关,而且图像也要达标,在声像的协调配合上要具备一定的水平。广播播音创作的综合性特征尤为明显。

如果进一步细分电视播音,还可分为口播、配音、主持、采访等。口播(即出图像播音),又可以分为口播新闻和口播专题等。配音,又可以分为新闻片解说、专题片解说、给专题片中人物配音等。主持,又可分为新闻类节目主持、专题类节目主持、文艺节目主持等。采访,又可分为新闻采访、专题采访等。

从创作文体上,广播播音可以分为新闻(消息)播音、通讯播音、评论播音、对话播音、文艺播音、知识性服务性稿件的播音、主持类节目的播音等。

(2)从创作过程和创作要素上分类

从创作过程上,可以分为播音创作的准备和播音创作的表达两个阶段。准备,既有广义,又有狭义。从广义上讲,包括修养的加深和素质的提高;从狭义上讲,包括声音、形象的训练和塑造,创作素材(文字稿件,电视片声音、画面等)的理解感受,创作对象(听众、观众)的设计确定。表达,是创作准备的具体实现,它包括对自身声音、形象、情感的具体把握,对创作素材的综合转化,对创作对象的心理感知。其中也包括内、外部技巧的综合运用。

从创作要素上,决定播音这一事物基本矛盾运动三大要素是:创作主体(播音员、主持人)、创作素材(文字稿件、电视画面、声音等)、受众(听众、观众)。

(3)从传播方式和语言样式上分类

从传播方式上,可以分为录播(事先录音、录像,然后播出)、直播(为保证其时效,不录音、录像,直接播出,播出和接收是同步的)。录播,可以有一定的准备时间,创作过程可以明显地展开。直播,有时来不及看一遍稿子,准备和表达过程处于共时状态,同步进行,综合体现。这就要求播音员平时要增强广义备稿的能力,提高自身的素质。

从对语言的组织和转化上,可分为有稿播音和无稿播音。无稿播音和有稿播音都有一个形之于声像(即语言和副语言)的问题,都需要掌握其规律,都包含着创造性,没有高低贵贱之分。只不过是有稿播音更注重转化,无稿播音更注重生成。作为播音员或主持人,应做到“有稿播音锦上添花;无稿播音出口成章”(张颂先生语）。

从语言表达样式上，可分为有声语言表达和副语言的体现。有声语言表达，可以分为音质、音色的体现，如是高音、还是中音，是浑厚的、还是甜美的；可以分为不同的语体形式，如宣读式、评述式、播报式、交谈式等；还可以分为不同语言表达技巧，如内部技巧：情景再现、内在语、对象感；外部技巧：停连、重音、语气、节奏。副语言体现，可分为动态的展现和静态的体现。由于图像、画面的运动是在时间上展开的，所以，所谓动态展现，是指播音员（主持人）通过面部表情和身体动作过程所展现出的信息。同时，副语言符号有时不通过运动，也可以传递信息，如播音员（主持人）的化妆、着装等。

2. 主要播音文体和语言表达样式

以上论述了播音创作的具体分类。以下就几种主要播音文体形式和语言表达样式进行简要论述。

(1)几种主要播音文体

①新闻播音

“新闻是新近发生的事实的报道。”同其他几种文体形式比，新闻对客观事物的反映是概述的，同时要求准确、及时，以体现出新闻的真实性和时效性。新闻播音要准确地体现出这一特征，在语言表达样式上多采用播报式，以体现准确和及时的特征。同时强调播好导语，处理好导语与主体的表达关系，体现出新鲜感、时代感、分寸感和庄重感。在用声及表达上要求语言节奏明快。

②通讯播音

消息，是对客观事物的概述，通讯则是详细生动的描述。通讯播音，是播音员以真实的情感体验，具体、生动、形象地报道新闻的详细事实。通讯播音需充分地展开想象、联想，用声音及语言表达要求在虚实强弱、高低疾缓、节奏快慢等方面有着丰富的变化。

③评论播音

评论，是指主要运用说理手段，通过对事件或问题的分析，旗帜鲜明地阐述对于该事件或问题的见解和主张，它具有很强的逻辑性和表态性。所以评论播音要以宣读和评述语言样式为主，要态度鲜明、直抒胸臆、语气肯定、重音准确，要体现出语言表达的庄重感和分寸感。

④对话播音

对话播音，是由两人或多人按特定人物要求进行交谈的一种播音创作形式。对话播音的内容主要是阐述党的方针政策、传播科学知识、介绍先进经验等。对话播音要求对人物和语言环境进行设计，交流双方在语言表达中要遵循言语交流的规律，要有听、想、说这一过程的展示，以交谈、讲解的语体为主。

⑤文艺播音

文艺播音，是对文艺性稿件进行再创作的一项播音创作活动。它包括串联词和介绍、赏析文字的播音。文艺播音的语言表达应注意同所介绍的作品内容和谐一致，多用介绍、讲解、描写、议论、评论的语言表达样式。

⑥知识性、服务性稿件的播音

知识性、服务性稿件的播音，主要是指各类知识的介绍、各种信息的介绍，节目的预告、天气的预报等等。语言表达的特点是以介绍、说明为主，要求感情态度亲切、朴实、自然。

⑦广告播音

由于广告本身所具有的商业性、信息性、艺术性、诱导性等，广告播音要求语言表达具有新颖性、生动性和鼓动性，有时可采用声音特技和渲染夸张的语言表达手法。

⑧体育解说

体育解说，是对体育比赛现场实况进行报道的一种播音创作活动。它要求解说员情绪活跃、反应敏捷、语言组织迅速，多采用快速介绍和评述的语言表达样式。

⑨主持人节目播音

主持人节目播音，是指以节目主持人身份在固定的广播电视节目中对听众、观众进行播音的创作活动。这一播音创作形式，要求创作者对节目的整体进行把握和驾驭。在语言表达上要具有个性鲜明、亲切热情、交流感强的特点，多采用谈话体。

⑩电视口播新闻

电视口播新闻，是指播音员出现在电视屏幕上、运用有声语言和副语言传达新闻信息的一项播音创作活动。口播新闻，要求播音员的形象端庄大方、朴实自然，符合新闻真实性的要求。在语言表达上，除了要符合新闻播音的一般要求，还要注意语言与副语言的和谐一致。语言表达多采取播报式，比广播新闻播音语速稍快。

⑪电视新闻片解说

电视新闻片解说，是指播音员给电视新闻画面配解说词。这一播音创作活动，要求配音与画面整体内容和谐一致。新闻片解说要注意体现出新鲜感。

⑫电视专题片解说

电视专题片解说，是指播音员给电视专题片配音。这一播音创作活动，除了要求配音与画面协调一致，还应该注意其艺术性，体现出美感。因为有画面出现，语言处于辅助解释的次重要地位，声音使用不应该过重过拙。

(2)几种主要语言表达样式

①宣读式

播音语言表达样式之一，语速稍慢，节奏稳健，语句工整，讲究顿挫，语气庄重。

②朗诵式

播音语言表达样式之一，语气奔放，节奏跌宕，高低抑扬，富于变化。

③讲解式

播音语言表达样式之一，语句舒展，节奏平缓。包含解说、叙述、描写、评述等多种方式。

④谈话式

播音语言表达样式之一，在现场语境中，语言表达灵活自然，有交流感。

3.播音创作的方法

所谓播音创作方法，是指人们在播音创作活动中，认识和把握其矛盾运动规律的基本规则和办法。概括起来是还原、转化、表达。

(1)还原

深入理解，具体感受。播音创作的素材(稿件、提纲、资料、画面、音乐、音响等)是观念形态化以后的东西，具有二度性。播音应充分理解、感受文字稿件和电视画面音响等的表达内容和形式，透过文字、画面、音响，感受现实生活本身，还原感受到的文字、画面所反映的现实生活。

(2)转化

转化时按视听规律，对文字稿件和其他素材进行重新组织结构，以使其纳入视听觉系统，符合视听规律的表现体系。比如文字的标记系统(包括标点符号的位置、自然段落的构成等)在转化为声音传达系统时，必须按听觉的规律对其进行重新组织结构。

以上所说的还原和转化，一方面，是创作主体播音员对创作客体的素材进行认识、感受、理解、归纳、组织、结构的过程；另一方面，也是创作主体自身思想感情生发和运动的过程。所谓思想感情的运动状态，是指播音员的思想感情沿着创作依据的序列、循着创作思路的轨迹、随着播送内容的发展而不断变化的状态。思想感情的运动状态，是理解的深化、感受的升华，是对创作素材组织和结构的动力。当然，播音创作中思想感情的运动，不是主观随意的感情的波动，而是依据创作素材所含情感的发展而变化。所以，还原、转化中的感情的运动，是创作主体与创作客体情感相统一的过程。

(3)表达

表达，是指把转化过来的系统、运动着的思想感情，通过有声语言和副语言体现出来，传达给听众、观众。这既是“还原”“转化”的物化、实现，又是思想感情运动的外化、展现。

表达，一方面要掌握创作材料(有声语言和副语言)的结构运作方式；另一方面要把握现实生活本身的发展运动规律。从某种意义上讲，创作材料的运作方式，同生活规律有着紧密的联系，后者是源，前者是流。如播音中停连、重音、语气、节奏等技巧，往往同生活中人们语言活动的一些规律相呼应。而所传达的消息、通讯等内容，也是现实生活的反映。所以，无论是传达形式还是内容，都受现实生活的制约，要求创作者把握现实生活的规律。与此同时，播音表达系统的运作，不是封闭的，而是开放的，它需要传达者在传播的同时，又接受想象中听众、观众的反馈和刺激，加上合适的副语言，追求协调一致的效果。

4.播音创作的原则

播音创作的原则，是人们对播音这一事物矛盾运动规律认识和把握的基本准则。要研究播音创作原则，必须依据播音基本矛盾运动的特点、播音创作内外部系统各要素发展运动和相互作用的规律来认识。按照这种指导思想，播音创作原则至少可以概括为以下两个方面：坚持创造性原则和坚持正确的播音创作道路。

授课：正确的播音创作道路

四、正确的播音创作道路

播音是一项语言创作活动，但它又不仅仅是语言问题。播音是创作主体(广播、电视播音员，节目主持人)站在媒体的立场，以科学的世界观为指导，对社会生活(含反映社会生活的各类文字稿件)进行观察、体验、分析、综合，以及加工提炼，经过艺术构思，最终以有声语言加以表现的创造性劳动。

播音能否遵循正确的创作道路是每一位播音创作者面对的最基本的问题，也是播音创作基础理论中首先要明确的重要命题，并且是播音实践中不能须臾离开的创作指导思想。

正确的播音创作道路，可以这样概括：

站在无产阶级的党性和党的政策的立场上，以新闻工作者特有的敏感，把握国内外形势的发展变化和人民群众的思想实际，准确及时、高效率、高质量地完成“理解稿件—具体感受—形之于声—及于受众”(“十六字方针”)的过程，以积极自如的话筒前状态进行有声语言的创作，达到恰切的思想感情与尽可能完美的语言技巧的统一，达到体裁风格与声音形式的统一，准确、鲜明、生动地传达出稿件的精神实质，发挥广播电视教育和鼓舞广大人民群众的作用。①

正确的播音创作道路包含了丰富的内容：播音创作的党性原则、播音创作的源泉、播音创作的新闻属性、播音创作的自身特点、播音创作的标准。它立足于播音创作自身的特点，着眼于播音创作的大环境，较为全面深刻地反映了播音创作的质的规定性。

1. 播音创作的党性原则

我国广播电视是中国人民所有的、中国共产党领导的社会主义性质的广播电视。其宗旨是为人民服务，为社会主义服务。播音工作是广播电视传播中直接“面对”受众的中介，毫无疑问要遵循新闻工作、广播电视工作的党性原则。由此，播音创作主体必须坚定地站在党性和党的政策的立场上，在政治上完全同党中央保持一致，宣传党的纲领路线、方针、政策；在思想上坚持党的理论基础和思想体系；在组织上服从党的领导，遵守党的宣传纪律。这个创作原则应成为每一位播音创作主体在每一次播音创作中自觉坚持的立场。

2. 播音创作的源泉

生活是创作的源泉，同样也是播音创作的源泉。播音创作任何时候都不可能离开火热的社会生活。播音创作需要时代精神的熏陶，需要在生活中汲取营养。熟悉生活并与时代精神融为一体有两条途径：

一条途径是播音创作主体要努力深入实际，要熟知国内外形势的发展变化，要真切了解人民群众的意愿，并时时以新闻工作者的敏感，把握时代氛围、时代精神的实质，与人民群众息息相通。

另一条途径，即通过间接经验来熟知现实，这对播音员有着特殊的意义。责任感强、新闻敏感强的播音员，结合自己的直接经验、自己对生活的观察与思考，可以使自己的思想感情和着时代的脉搏一起跳动。

3. 播音创作的新闻属性

传播新闻是广播电视传播功能的主体，播音工作具有鲜明的新闻工作的属性。明确这一点，对坚持正确的创作道路具有两重意义：

其一，播音创作必须了解播音语言特点，把握其具有规范性、庄重性、鼓动性、时代感、分寸感、亲切感的特点。既不能混同于日常谈话，又区别于朗诵、戏剧台词等表演艺术语言，而是取生活语言和艺术语言之精华，走自己的路，营造独具一

① 张颂：《播音创作基础》，北京广播学院出版社 1990 年版，第 2 页。

格的具有新闻特色和传播特色的播音语言。

其二，强调播音创作的“准确、及时”和“高效率、高质量”的工作要求，只有如此，才能满足新闻工作时效性强、真实性高的要求。

4. 播音创作的自身特点

播音创作的特点很多，这里主要分析创作中的认识过程与情感过程的特点，以及言语外化过程的特点。

这个问题要先从播音创作过程谈起。如果作粗略的划分，播音创作可以分为有现成文稿的播音（简称“文稿播音”）和没有现成文稿的播音（简称“口语播音”）两大类。

虽然这两类播音创作形式的具体过程有一定差异，但我们不难看出其中两个重要的共同点，而这两个共同点对于播音创作道路有重要的现实意义。

一是认识过程与情感过程的特点。不论“文稿播音”，还是“口语播音”，对播音中反映的现实生活一定要有深刻的认识和真切的感受。当然，从某种意义上看，“文稿播音”需要创作主体投入更多的主观能动性，从线条组成的文字符号中挖掘出多彩的生活形态，否则就有可能失去播音创作的具体依据。

在播音创作中只有使理解与感受做到水乳交融，情动于衷，才能有真正的播音创作，而感受又总是同理解相联系，理解必然促进感受的深化。认识加深情感活动，情感的价值取向取决于认识的成果，而情感体验的敏锐深入、细致多样，又会反过来扩大认识的内容。播音创作必须正视认识和情感的关系，遵循二者之间密不可分、互为影响的客观规律，充分发挥理解与感受的主观能动性，这是播音创作中不容忽视的心理活动特点。

二是认识播音言语“外化”过程的特点。“语言是思想的直接现实”，这句话反映了语言与思维，以及与情感的密切关系。日常生活中，人们对说话者的“心口如一”“口是心非”，都有灵敏而准确的判断。因为说话人的思想情感既影响其本身的言语行为，也影响听者的情感，尤其是播音的言语活动，还必然影响听者对所获信息的理解和感受。播音创作要想“准确、鲜明、生动地传达出稿件的精神实质，发挥广播电视教育和鼓舞广大人民群众的作用”，其言语活动必须“言为心声”。也就是说，播音创作的“外化”过程中必须使有声语言与思维、感情紧密结合。播音的言语活动若与积极灵动的感受脱节，必然使语言干瘪无味，支离破碎。

要克服和防止播音言语在“外化”过程中与思维和情感的脱节，应主要抓住三个环节：一是对传播内容的深刻认识和真切感受，言为心声；二是培养起面对话筒或摄像机迅即产生与受众真实交流的感受的心理反应能力及言语中主动交流的表达技巧；三是以积极自如的状态进行话筒前的创作，既十分认真投入，又处于轻松灵敏、易于控制调节的状态。话筒前的任何私心杂念都必然会影响播音创作，这是与正确的创作道路背道而驰的。

5.播音创作的标准

播音创作的标准是“两个统一”：即“达到恰切的思想感情与尽可能完美的语言技巧的统一，达到体裁风格与声音形式的统一”（张颂语）。

（1）明确思想感情与语言技巧的关系

思想感情与语言技巧紧密相关，统一于播音创作之中。在这个统一体中，语言技巧有其独立性，而思想感情又是语言技巧的主导，二者互相影响，缺一不可。

首先，在生活中语言总是与思想感情紧密相随，有没有技巧、技巧的高下优劣，在不同的人那里是大相径庭的。显然，语言技巧差会影响他（她）的思想感情的传达，降低交际效果。播音创作的艺术属性，直接对语言技巧提出了要求。恰切的思想感情，要靠播音创作主体来体验把握，这是运用语言技巧的内心依据；“尽可能完美的语言技巧”要靠播音创作主体来构思，这是“恰切的思想感情”的具体体现。但是，二者之间并没有必然的联系，不是“恰切的思想感情”必定引出“尽可能完美的技巧”，“心里有”，但不一定“嘴上能”。

其次，我们在承认和重视技巧的独立性的同时，一定要以思想感情为技巧运用的主导。那些卖弄技巧的做法，也许可以迷惑人于一时，但没有真情实感做根基，没有理性思维的指导、控制，难免不在“花里胡哨”的技巧中暴露出内心的苍白浅陋，最终一定会遭到贬斥。但有些初学者，往往把着重点放在技巧上，认为自己的理解感受不成问题，就是技巧单薄。实际上，思想感情体验得准确、深刻，能够启发技巧运用的方向、手段。当然，对技巧的追求，也会促进认识和情感深化。技巧的运用在实播过程中还能使思想感情的运动更为集中、更为连贯，从而使思想感情与语言技巧得到很好的统一。可见，“唯情论”或“唯技巧论”都不符合播音的正确创作道路的要求。

（2）处理好声音形式与节目内容、形式的关系

播音创作的内容和形式丰富多样，要求播音创作者绝不能以一成不变的声音形式去应付千变万化的节目的内容、体裁及不同的风格。也就是说，一方面，播音创作要考虑节目的其他组成因素对播音的制约要求；另一方面，播音创作主体要掌握多种形态的语言样式，要增强语言的适应能力，只有这样才能圆满完成不同节目、不同风格、不同传播方式的播音创作任务。如果只是擅长播新闻，却播不好通讯；只是会“宣读”，却不会“谈话”；只能“复述”“背台词”，而不善“随机应变”“出口成章”等，都是没有完美结合声音与形式的统一要求的。总之，单一的语言样式、单调的声音形式、浅薄的语言能力是难以达到播音创作标准的。

授课：播音语言的特点

第二节　播音语言的特点

广播电视播音是通过电子传播媒介进行的有声语言创作。从有声语言这一角度考察，它区别于生活语言、戏剧语言，具有明显的自身特点。

语言作为一种社会现象，当然同社会发展有密切的关系。它不但是社会人际交往中重要的交际和交流思想的工具，更是文化的载体和显现。它映照着社会与时代的发展，反映着大千世界的变化。语言在人类历史的长河中具有十分明显的稳定性，但也会随着时空变化产生一些渐变。正确认识语言的稳定性和渐变性，有利于把握广播电视播音语言特点的质的规定性和包容性。

作为表情达意、言志传神的语言，特别是准确、丰富、精妙、优美的汉语，它的具象性和铺排性，不但具有工具性、符号性作用，更发挥着形象性、情感性功能，成为一种绚丽多彩的文化现象。它反映着历史文化的丰厚积淀，映照着当代文化的深远拓展，表露着民族文化的高难水准，显现着国家文化的精美特色。它阐释着人们对客观世界的认识，也解析着人们对主观世界的思索，因之，语言才成为"思想的直接现实"（马克思语）。语言的信息共享、认知共识、愉悦共鸣功能，赋予广播电视播音语言以自我生发的广阔天地和世人审视的无限时空。

一、"三性""三感"

广播电视播音语言特点以广播电视的性质、任务为根本，以国情为土壤，以民族文化为背景，以历史经验和传播规律为源泉，以提高语言的质量为目标。这特点既涵盖广播播音的"以声传情，声情并茂"，又涵盖电视播音的"声画和谐，形神兼备"，当然包容了不同节目类型、不同表达样式的差异。播音语言的特点可以概括为"三性""三感"。

1. 规范性

播音语言的规范性，主要是指语音（声、韵、调）、词汇、语法、语流都要符合普通话的要求，遵从普通话的规范。

广播电视播音，不论节目内容和形式如何丰富多样，不论播音员、主持人有怎样的表达习惯、表达特色和风格，都应该坚持语言的规范性。凡是有作为、有成就、受众喜爱的电台、电视台，在规范性方面都达到了一定的水准，就是一个证明。

推广普通话，应视为广播电视机构的一项重要职责。社会主义的物质文明建设、经济建设、商品流通、国际交往，也迫切需要在更大的范围、更高的层次上，以更快的速度推进语言文字的规范化。

2. 庄重性

庄重性，是指播音员、主持人在使用有声语言表情达意的时候，即在话筒前进行播音创作的时候，必须保持端庄、郑重的气质和态度，在语流中充满庄重、可传的意味，庄重而不呆板，活泼而不轻浮。

播音语言的庄重性，源于有声语言内容的真实性。这真实，是反映客观现实与主观评价的真实，而非艺术夸张、渲染的真实。这真实，是“已有的事实”而非“会有的事实”。对此，不能理解为装腔作势、故作深沉、不苟言笑、虚与委蛇。但是，庄重性可以寓庄于谐，可以谈笑风生，这同玩世不恭、哗众取宠、打情骂俏等要有所区别。

庄重性的核心是严肃认真、一丝不苟，是强烈的事业心、高度的责任感，是新闻工作者高尚职业道德的体现。

庄重性的表现是“善言”而不“轻言”。

庄重性，并不是对表达方式、语体风格加以限制，它只是在下限上对俗言媚语、低级趣味严加摒弃。至于上限，将在美学领域的民族化层面上得到延展。不过，“居高临下，藐视众生”的“庄重”，是把采访对象和受众当作“下愚”，把传者定位于“上智”。传者确实是要引导受众，但引导的根基是人类文明的集萃，而并非传者自认为的“高超”。

3. 鼓动性

鼓动性是任何宣传语言所共有的，广播电视播音语言也不例外。广播电视要鼓舞和教育全党、全军、全国各族人民，要以科学的理论武装人，以正确的舆论引导人，以高尚的精神塑造人，以优秀的作品鼓舞人。广播电视要引人向上，催人奋进。这一切，一言以蔽之，就是“鼓动性”。

播音语言的鼓动性，根植于语言的“情感性”和感染力，情感有多种多样的差异，感染有强弱快慢的不同，但大体上，播音语言的发出一定基于某一种目的、某一种愿望。这种愿望就是一种情感。

政治倾向、思想倾向，在广播电视中是相当明显的，这是宣传的需要。这同讲求宣传艺术，避免强加于人并不矛盾。恩格斯说文学作品“倾向性越隐蔽越好”，但是倾向性是肯定存在的。建设社会主义精神文明和物质文明，努力提高全国人民的素质，解放和发展生产力，就是我们的倾向性。

4. 时代感

播音是带有新闻属性的工作。报告新闻、播送专题自不必说，现场直播、体育解说和主持节目同样带有新闻性。在这些工作中，有声语言的时代感是非常突出的。

所谓时代感，是一种对时代精神和时代氛围的心理把握。当前，时代精神是指“爱国主义、社会主义、集体主义”，时代氛围是指“精神文明建设必须紧紧围绕经济建设这个中心，为经济建设和改革开放提供强大的精神动力和智力支持”。不真正把握时代精神的内涵，不真正感受时代氛围的活力，就不可能在播音语言中“击中时代的弦”(加里宁语)，体现时代的脉搏，跟上时代的节奏，高唱主旋律，发展多样化。我们要努力做到新鲜、活泼、舒展、跳脱，表意则意明，传情而情切。

5. 分寸感

播音语言的分寸感比“政策分寸”有着更广泛的含义。任何稿件，任何话题，从句到段到篇，几乎都存在分寸感把握的问题。面对纷繁复杂的人、事、物及其关系，在反映和讲述它们的时候，总有主次、轻重、缓急，并存于有序的、动态的传播中，显示各自的位置、价值。这些比较中的存在，必须用相应的、贴切的有声语言给以鲜明、适当的表现。

首先是内容的主次。主要的内容、重点的语句，都要予以突出；次要的内容、非重点的语句，都要予以削弱。

其次是感情的浓淡。感情起伏变化，浓墨重彩与轻描淡写，做到“浓妆淡抹总相宜”。

再次是态度的差异。肯定与否定、赞扬与批评、歌颂与贬斥……各自都有不同态度支配下的不同的程度。这程度落实到语言上，就是“分寸”。同样一句话，就有“重度”“中度”“轻度”的分别。

还有语体风格的区分。新闻、通讯和评论中，有分寸感问题；知识类、服务类和文艺类稿件中也存在分寸感问题；鲁迅、老舍、列夫·托尔斯泰、巴尔扎克、惠特曼和泰戈尔……他们的作品中也有分寸感问题。

最后，有声语言的发出者，其独特感受、表达习惯、话筒前状态……也会表现出某种分寸感。

可以说，分寸感是有声语言的构成部分，无处不在。成功的播音创作十分注意分寸感的把握，努力避免“过犹不及”。

6. 亲切感

在人际关系上，“疏远”不容易沟通；而“亲昵”又会造成某种逆反。只有“亲切”才会使交际双方融洽无间。

在广播电视传播中，“传者”与“受者”的关系应是知心朋友的关系。所谓知心朋友，当然是互相了解，彼此知道对方的思想感情，或挚友，或诤友，经常产生共鸣。于是，不论谈什么内容，都有共同语言；不论高谈阔论还是轻声细语，都感到息息相通。

播音语言的亲切感，从内容上说，要适应“新鲜”“易懂”“可信”“情真”的受众期待心理。

播音语言的亲切感，必须像我们一贯主张的那样，在坚持传者与受者平等的关系上才可以产生。这是“知心朋友”的一个准则，它制约着播音创作主体的传播心态，在播音语言中充满了尊重、体贴、通达、友善，既不高高在上、颐指气使，又不唯唯诺诺、哗众取宠。如果一味追求“亲切”，而忽略了内容的准确表达，听众、观众虽然确实感到“亲切”了，但并没有注意内容，或因之而忘却了语言内容，这就无异于舍本逐末了。

亲切感，应该饱含深刻的思想、真挚的感情，让这一切通过平等的交流给人带来收获。

二、“三性”“三感”之间的关系

播音语言的特点，简称“三性”“三感”。六个特点之间关系如何？怎样认识它们的内在联系呢？

1. 它们是具体的

每一个特点都有具体的含义，不应混淆、不宜泛化。规范性是指语言规范，清晰顺畅；庄重性是指真实可信、落落大方；鼓动性是指情真意挚、爱憎分明；时代感是指胸襟开阔、新鲜跳脱；分寸感是指准确恰当、不瘟不火；亲切感是指恳切谦和、息息相通。这六个特点是各有侧重的，它们各自担负着自身的职责，起着各自的作用。没有一个特点是包罗万象的，也不能以一个特点取代另一个特点。

2. 它们是立体的

播音语言涉及各个方面，有主体的、客体的，有主观的、客观的，有宏观的、微观的。在不同的方位、不同的视角、不同的层面上形成了某种网络，笼罩着播音语言的个性天地。六个特点不是一个面，也不是三维空间，而是进入四维的立体结晶：一篇稿件、一个话题、一个节目、一个语气。正因为如此，六个特点互相制约并生发着播音语言的向心力、凝聚力、催化力。

3. 它们是整体的

六个特点互相联系，不可分离，不宜肢解。它们的核心是广播电视播音的语言效力。它们的目的是以事醒人，以情感人，以理服人。它们的存在，没有高低贵贱之分，没有厚此薄彼之争，它们齐心合力，分工合作，共同维护着、保证着播音语言的纯洁和健康。整体性，意味着血肉相连，牵一发而动全身。六个特点密不可分，可以说达到了“你中有我，我中有你”的程度。如规范性，如果缺乏庄重性、鼓动性、时代感、分寸感、亲切感的同时参与，便会降至人际交流的一般水平；如鼓动性，如果不结合规范性、庄重性、时代感、分寸感、亲切感，便可能转向快板书、诗朗诵、演讲等其他的形式。强调整体性，就是要进行宏观把握，避免只见树木不见森林。

4.它们是基础的

从播音创作来说，既有基础理论，又有美学理论。这六个特点，主要是基础的。所谓基础的，有两层含义：一是凡属播音语言，都应具备，概莫能外。否则，只能说明基础未打好，基础不牢固。二是作为基础，就必然有“上层建筑”。在这个基础上，从这个基础出发，还可以显示无限的生机与活力。

“三性”“三感”互相之间的关系如上所述，可以用“具体”“立体”“整体”“基础”来概括。“三性”“三感”既然是播音语言的特点，那么，在用气发声、吐字归音、创作道路、理解感受、诸种技巧、表达规律、文体业务、节目成品、声像形象各个方面都有其明显的特征。

第三节　准备稿件的方法

准备稿件，简称备稿，是每次播音创作工作的第一个环节，是播音创作活动的开始。

对于播音创作活动的主体——播音员来说，稿件就是播音创作的客体。稿件可以概括为如下三种形式：其一，编辑部门提供的待播出的文字稿件；其二，习惯上称作“提纲加资料（素材）”的形式；其三，播音员的现场口头报道或即兴评述。以第一种形式为依据的播音，我们称之为“文稿播音”，以第二、三种稿件为依据的播音，我们称之为“口语播音”。

很明显，这三种不同形式的创作客体，经由播音员的创造性劳动，传播到广播电视节目的受众的心理过程是不相同的，这样，播音员准备稿件的方法也不完全一样。不过，目前由于电台、电视台节目的新闻性、综合性很强，加上历史和体制的原因，多数或绝大多数节目都是由编辑部门将各类信息加工整理成文字稿件后，源源不断地送到播音员手中。依据文字稿件的播音，是播音员的主要工作形式。因此文稿播音的备稿是本节讨论的主要内容。

一、备稿的重要意义

1. 播音不是个人随意的言语活动

播音员的有声语言的创作活动，不是个人的随意的言语活动。广播电视所具有的传播新闻、引导舆论、普及科学文化知识、提供健康有益的娱乐和社会服务等多种社会职能，是通过一个个节目实现的。播音员的工作职责就是把各类节目中的文字稿件转化为声情并茂的有声语言，成为广大受众喜闻乐“听”“看”的播音作品。从传播学的角度看，播音员是稿件和受众之间的中介，他（她）既是稿件文字语言的接受者，又是将稿件转化为声音的播音语言的发出者。稿件的内涵，通过播音员有声语言的创作活动传达给受众。传播是有意图地施加影响。播音员必须真实、准确地反映稿件的精神实质，鲜明、生动地传达稿件的思想感情。当然，这里有个大前提——稿件必须真实地反映客观实际，符合党和人民的利益。唯其如此，才能实现稿件的播出目的。

2. 受众对播音作品有要求

以上我们从传播者的角度，说明播音不是个人随意的言语活动。同时我们还要看到受众一方对高水平播音作品的要求。

广播电视是大众传播的一种形式，它不同于人际传播。在人际传播中，双方既是信息的传递者，同时又是信息的接受者，共处于信息循环、相互依赖的双向闭路系统中。而广播电视传播则在空间和时间上将传者和受者隔开，信息的传播基本上是由传播一方向受众一方单方向流动的，传播过程中缺乏及时的信息反馈，受众对于传播有极大的自由度和选择性；这种传播状况，无疑对播音提出了更高的要求，只有高质量的有声语言创作活动才能吸引住受众，使受众的无意注意变为有意注意。显然，要拿出高水平的播音作品，播音员必须“吃透”稿件，把稿件变成“自己要说”的话。

3. 从文字到有声语言的转换不是简单的对应过程

文稿播音的创造性集中体现在将文字稿件转化为有声语言的符号转换过程中。稿件的文字语言和由此转化而来的播音有声语言，是稿件内容的两种不同存在形式，各有不同的物质形态。前者诉诸播音员的视觉，后者诉诸受众的听觉，但这二者之间并不仅仅是文字和语音的简单对应。我们知道，稿件是作者对客观世界的认识的反映，是作者思维活动的成果。播音员要将这一思维成果转化为清晰、准确、生动感人的有声语言，必须深入稿件中去，并透过稿件认识其反映的现实生活，把握作者的思维过程，领悟、体味作者的认识成果。如果播音员只做“字形—语音”这样一种语言表层结构的转换，常常是不解其意，甚至令人费解的。这种现象的存在，与播音员的工作态度、语言表达技巧、话筒前状态等因素不无关系，但其中一个重要原因常常是没有认真备稿，或备稿不得要领。

语言是人类的思维工具和交际工具，一般说来，语言和思维互相依存，不可分割。广播电视中的播音，正是凭借语言的声音形式传播和交流思想。如果播音员的有声语言中不蕴涵深意，不饱蘸感情，那么与机器语音便没有差别。人们常把那种低水平、浅层次的播音称作“无思维”播音。

语言学家索绪尔把语言比作一张纸，“思想是正面，声音是反面”。他同时又提出，这声音不是物质的声音，而是声音的“心理印迹”，是声音在我们的感觉上产生的印象。

可以这样来认识，语音只是有声语言的形式，意义才是语言的核心。稿件是要化作有声语言传播出去的，如果在备稿时没有积极认真和深入的思维(包括抽象思维和形象思维)，只做浅层次的、字形—语音的简单对应的符号转换，就不能使语音变成稿件作者和播音员的双重“心理印迹”，就不能渗进播音员的创造力，也就不会产生出好的播音作品。

4.稿件内容纷繁、形式多样

广播电视身负发布政令、传播新闻、普及教育、提供欣赏娱乐及社会服务等多种社会功能，播音员接触到的稿件内容纷繁，形式多样，正如人们常说的“上至天文，下至地理，大千世界，古今中外，无所不包”，而所涉及内容的深浅、雅俗、风格各异。这众多而丰富的内容，不可能都为播音员所熟知，只有在备稿上狠下功夫才能应付自如。

节目形式的不同，要求多样的播讲方式。在各类节目的播音中，有播报式、宣读式、播讲式、谈话式、演播式等等，不一而足。怎样使播音方式适合节目形式和稿件特点的要求，这些都需要在备稿过程中精心考虑。

授课：备稿的意义和要求

二、备稿的特点与要求

1.备稿的特点

(1)自觉的传达意识

从具体的备稿过程看，首先要认真阅读稿件。阅读文章这种活动在生活中司空见惯，但阅读目的却有区别，有的是学习研讨，有的是玩味欣赏，有的则是消遣解闷……从当时的直接行为动机看，这些阅读活动大多属于个人活动。相比之下，播音员备稿时的阅读与思考，则不仅仅是个人活动，因为它始于个人，但不止于个人。备稿是为了传达，要把稿件的内容原原本本地传达出去。播音员备稿时兼有语言接受者和语言发动者的双重身份。因此，播音员在备稿时必须有自觉的传达意识。要传达，就要弄清传达什么，对谁传达，又怎样去传达等问题。简而言之，无非是要求播音员作为"中介"，把稿件与受众沟通起来。

(2)能动的理解和感受

稿件这一创作客体是作者观察认识社会的产物。在文稿播音中，播音员面对的不是客观现实，而是第二信号系统中的文字语言。播音员必须透过无声息的文字，理解其事，感受其情，领悟其理，达到对社会的深刻认识。接受美学认为，作品只有在读者能动的阅读活动中才能获得现实的生命。借用这一观点，播音员要透彻认识稿件，掌握稿件的价值，必须发挥主观能动性，使文字稿件获得现实的生命。

备稿的能动性主要表现在对稿件的理解感受当中。所谓能动性，是指在备稿过程中要有积极灵敏的思维，以及活跃灵动的感受。一拿到稿件，播音员就要集中精力，开动脑筋，随着一行行文字映入眼帘，迅速接受文字符号的刺激，辨析意义、理解判断，同时打开感情的闸门，置身于稿件构成的环境当中，展开联想、想象等一系列思维和情感活动，从而在心中形成与稿件相一致的思想感情运动线。备稿是一个有序的持续过程，呈现出"专注—活跃—冲动—外化预想"这样一个心理运行轨迹。

理解是基础，感受是关键，这是我们在解决备稿问题时必须反复强调的重要观点。在播音员认识和把握稿件过程中，理解和感受是紧密结合在一起，并不断深化的。备稿的能动性集中反映在理解与感受的水乳交融上。

在此值得一提的还有备稿中的初步感受和独特感受。初步感受或称第一感受，十分宝贵，有新鲜活泼的特质，最能促使播音主体的感情处于运动状态，因此备稿时要善于捕捉初步感受的刺激和反应。然而，播音员又不能满足于初步感受，滞留于此，因为初步感受尚缺乏深刻理解的依托，往往显得简单、粗糙、零散，甚至不够准确。也就是说，初步感受具有一定的浅表性和不稳定性，需要在深入理解的过程中进一步检验、校正和深化。

独特感受的产生，需要以丰富的人生阅历、精辟的见解、广博的知识和高雅的审美情趣为根基，因为独特感受是以人的个性的全部内涵，尤其是以他(她)对物质世界和人类社会的认识为导向和根据的。并不是所有与众不同的感受都可称为独特感受。独特感受应合情合理，是出乎常人意料之外，却又在情理之中。

(3)摆正播音员和稿件的关系

播音员是稿件与受众之间的中介，在处理好创作主体、创作客体、创作对象这三者关系时，首先要摆正播音员和稿件的关系。

播音员对稿件的态度直接影响创作的心境和效果。在播音员和稿件这对矛盾中，播音员是矛盾的主要方面。从客观因素的影响看，待播出的稿件，由于写作水平参差不齐，确有高下、优劣之分。稿件中的上乘之作会令播音员爱不释手，如遇知音，会情不自禁地“钻”到稿件中去，产生很强的创作愿望。相反，不太理想的稿件，则常常使播音员兴味索然，影响备稿的积极性和创作愿望。稿件质量有高有低，播音员的任务，就是要通过备稿，努力挖掘稿件的精髓，争取以自己的创造性劳动，使好稿件锦上添花，为不尽如人意的稿件增色。

2.备稿的要求

(1)准确、迅速、深刻、精细

播音员日常担负的工作以新闻性节目播音为主。这样的工作性质和业务范畴，决定了播音员必须具有高质量和高效率的意识。具体到备稿这个环节，从质量上说，要求把握稿件的深刻、精细；从效率上说，要求备稿迅速、熟练。可以说，备稿也是播音员所应熟练掌握的业务基本功之一。

播音员的备稿时间，通常是三倍于稿件播出的时间。专题节目的稿件能够尽早送到播音员手中，因而有较充裕的时间准备。而新闻(消息)稿件则来得较急，稍事准备就要播出。碰到“刚刚收到的消息”，很可能连浏览一遍的时间也没有。

当然，要求备稿迅速，不是查查生字、顺顺句子草草了事。备稿快，不等于备稿粗疏。我们不仅要求备稿快，同时还要求备稿精细、深刻。作者的思维过程要在自己头脑中“走通”，作者的思想感情要悉心加以感受体验，并引起共鸣，做到稿件的语词序列、感情变化、情节进展、论证展开都了然于心。

受众对信息的准确还有更高层次的要求，这便涉及备稿的深刻和精细了。也就是说，要深刻把握稿件的精神实质，不仅要准确弄清稿件说的“是什么”，更要明白“为什么”，体味出稿件的深层含意，这样，才能为播好稿件提供驱动力。备稿的深刻精细还特别体现在善于抓住稿件重点，做深入的理解，获得具体深切的感受，这样做才能为生动地、富有感染力地传达稿件提供充实的心理依据。总之，深刻精细地准备稿件，绝不是停留在文字表面上，不是浅尝辄止。同样一篇稿件，不同的播音员播出，其效果有时竟有天壤之别。这里除了表达技巧、话筒前状态等方面的差别，根本原因就在于对稿件理解感受深度和精细上的差异，而这种差异在备稿阶段就已经开始积淀。

综上所述，备稿的快速和精细是辩证地统一在一起的，我们既要求备稿的快速准确，也要求备稿的精细深刻，唯其如此，才能适应广播电视工作及受众的要求。

(2)把稿件变成自己要说的话

备稿的直接目的是播出，不是对稿件做文章评析或欣赏。老一辈播音员从他们的实践中总结出一条宝贵的经验，“把稿件变成自己要说的话。”如果做不到这一点，准备工作就不完全、不彻底，转化为有声语言时就脱不掉呆板的“念”味，就少了由衷地对受众“说话”的鲜活气息。

把稿件变成自己要说的话，主要包括两层意思：一是指激发播讲愿望，产生积极的言语发动心态；二是指备稿的终结，要在头脑中形成与稿件一致的思想感情运动线，以及与之相应的声音变化的大致轮廓。

三、备稿的基础——广义备稿

我们习惯把具体稿件的准备过程叫作狭义备稿。每一次具体的备稿，都需要调动播音员的全部知识储备，以及政治素养、艺术修养。可以说，播音员各方面的修养就是具体备稿的基础。

一个人的修养不是一朝一夕养成的。这就需要在实践中不断地学习和积累。这正是人们常说的广义备稿。广义备稿主要包括思想政治、文化知识、专业技能三大方面。

1. 较高的思想政治觉悟和理论水平

播音员是新闻工作者，应不断提高思想政治觉悟，具备较高的政治理论修养和政策水平，能够以正确的思想理论为指导，分析认识现实生活中的各种问题，善于在播音中体现党的政策分寸，争取成为一个敏锐、清醒的新闻工作者。

政治素养中当然包括感情问题，播音员应在立场、感情上自觉地与党和人民站在一起，除了注重平日的政治理论学习，要特别强调深入生活、接近群众。唯其如此，才能准确地触摸到时代的脉搏，真切地感受到人民群众的喜怒哀乐。熟悉生活、熟悉服务对象，备稿就不会雾里看花。深入生活、熟悉群众，对稿件中反映的社会生活、群众的思想，就会有实实在在的感受，就会丰富我们的感情，而不至囿于“小我”当中。

2. 广博的文化知识

播音员接触到的稿件反映社会生活的方方面面，播音员不可能全知全觉，但必须尽量知道得多一些。有些播音员因知识匮乏而错字连篇，造成许多贻笑大方的差错。这些完全可以用广泛阅读、加强学习的办法来加以避免。

3.深厚的专业基本功和艺术修养

播音员要苦练专业基本功，熟练掌握语言表达技巧，具有良好的驾驭有声语言的能力。声音是播音员唯一的、最重要的劳动工具，如何运用自己的声音，如何以恰切的语言技巧为稿件锦上添花，又如何使播音的声音形式与稿件的体裁及风格和谐一致，这都是播音员磨砺专业基本功中的关键问题。集中到一点，就是播音语感的有无和强弱问题。张颂教授曾指出："有声语言造诣，最重要的是语感，即接受和储存语言信息，发出和驾驭有声语言信息的悟性能力。"语感是语言的一种社会现象，它是人们在千百万次的语言实践中逐渐形成，并在社会历史文化中不断丰富和发展的。语感是一种综合的心理反应能力，而不是对语言现象个别的、孤立的、机械的反应。从语言信息的接收到传达，都离不开感觉、知觉、情感、记忆、联想、想象、思维等心理活动的影响和制约。语感也有其专业性。专业性语感是建立在专业理论知识和较为丰富的感性经验积累之上的，只有比较透彻地熟知某种语言的特点，并将这些特点纳入自己的认知因式，才可能迅速、敏锐地感受这种语言，并把握它、驾驭它。播音员的语感，要求对语言，特别是有声语言中包含的语音、语法、语义、情感等信息，有精细、敏锐的直觉能力，并可以凭着准确的语感，熟练地驾驭语言。良好的播音语感是播音创作的重要因素，也是形成播音风格的重要条件。在学习播音及播音创作的各个阶段，语感都起着举足轻重的作用。

播音是一门语言艺术，人类各门艺术之间都有共通的东西，加强艺术修养，不仅可以培养艺术通感、活跃感受力、丰富想象力、提高审美情趣，也可以从其他艺术中汲取营养，增强播音的表现力。因此，播音员要向话剧、电影、戏曲、美术、摄影、音乐、舞蹈等姐妹艺术学习，努力提高自己的艺术鉴赏力和表现力。

总之，广义备稿是狭义备稿的坚实基础。平时的学习和积累越丰厚，狭义备稿的质量越高，速度就越快。而每一次具体的备稿，就体现着广义备稿的成果，同时也在为广义备稿提供新的知识和体验。广义备稿和狭义备稿，二者互为因果、互相促进、互相补充，从而使备稿能力得到全面提高。

四、备稿的方法

从备稿的程序上看，不管什么人，拿到什么稿件，总是要从阅读稿件开始。遇到生字生词、不懂的术语、看不清的字迹等文字上的障碍，要通过查字典、向编辑请教甚至向有关单位查询等办法搞清楚，才能顺利地认识稿件。在备稿过程中，阅读和思考是反复进行的。思考，包括对稿件的深入理解、感受体验，也包括对表达技巧的构思设计。为了加深对稿件的认识，为了有更理想的传达效果，还可以向编辑或记者了解有关背景。最后，在把握稿件的基础上，如果时间允许，常常要上口试播，或把拗口的句段多读几遍。总的来看，在阅读中边看边想，在阅读的基础上集中思考，在时间允许的情况下上口试播，是备稿的主要程序。

在实际工作中，由于各人的水平不同，备稿习惯不同，可供备稿的时间长短不同，这些备稿的基本程序，有的可能会省略，如时间紧迫的情况下就来不及上口试播；有时某些程序要简化，如遇急稿，只能边阅读、边理解、边感受、边做表达设计，不可能再有集中思考、反复思考这道程序。从备稿必须涉及的内容看，我们总结出备稿六步(即层次、主题、背景、目的、重点、基调)，概括播音备稿的共同规律，同时又显示出区别于其他语言艺术案头工作的个性特点。备稿六步是在广大播音员的实际经验中总结出来的，它符合播音的正确创作道路，适应新闻工作的要求。

备稿六步是一环扣一环的，明确了前一个问题，就使后一个问题的解决有了根据。对于已经比较熟练地掌握了备稿方法的播音员来说，备稿六步更突出、更重要的是它的内容意义，即无论多急的稿件，无论什么样的备稿习惯，要吃透一篇稿件，必须把这六方面的问题搞清楚，此时备稿六步的步骤意义，已不必强求。那时，很可能是“六步并作一步走”，或“六步并作两步走”。总之，是由备稿内容的综合性代替了步骤的分解性。

下面分别谈谈备稿六步的具体做法及作用。

授课:备稿六步

第一步:划分层次

播音让受众听得清楚明白，这是起码的要求，但是真正能做到这一点并不容易。划分层次，就是要求播音员在弄清稿件内容的基础上，进一步了解稿件的布局结构，掌握稿件的铺陈线索和语言序列，以便能够清楚明白地传达稿件。

从文章学的角度看，稿件的自然段是篇章的最小组成部分。为了便于把握稿件的内容结构，驾驭播音语言，我们以自然段这个语言单位为起点，对稿件做进一步的整理。这里有两步工作要做:一步叫作归并，一步叫作划分。

归并，即着眼于全篇，使自然段由分到合，把内在联系比较紧密的段落归并为一个层次。这样，播音员可以透过大于自然段的语言单位提纲挈领地掌握作者的思路和文章的结构，即文脉。同时还要对层次及层次间的关系做进一步的分析，以便在整体上对稿件有比较全面、深刻的了解和把握。这样，播音时才可能表现出明晰的条理性和有机的完整性。

在具体做法上，如果稿件篇幅较长，内容较多，还需要把联系比较紧密的层次归并为一个部分。文章中的一个部分，可以由一个或几个层次组成。层次可以由一个或几个自然段组成，这全由内容意义上的松紧关系而定。如果稿件篇幅短，只有两个自然段，当然不必作归并。

拿最常见的几种广播文体来说，通讯报道、小故事等以叙事为主的稿件，可以根据情节的发展、矛盾展开的不同阶段，或时间顺序、空间位置的变化来归并层次。广播评论、广播谈话等以议论为主的稿件，可以根据“提出问题，分析问题，解决问题”的行文来归并。新闻稿件，通常按导语、主体、背景、结尾的结构来归并；只有一个自然段的短新闻，即“一句话新闻”，则无所谓归并了。知识性或对话稿件，就要按事物构成特点，或按方向顺序，或依人的认识过程，或据话题的转换来做归并。总之，通过归并层次，搞清文章发展的脉络，作者的思路在播音员头脑中理顺了，播起来才不至于零散、混乱，让听众不得要领，影响宣传效果。

每一个自然段都要概括大意，同样，层次或部分也应概括出大意。大意可以是一句话，或一个短语，也可用一两个词概括。总之，要简单明了，要反映出主要内容及思路的推进，要反映出文章的发展脉络，起到播音“提纲”的作用。

划分，是为了“便于听”，而把自然段化整为零，区分出语言推进的小层次。透过语意上的最大单位——小层次，精细地把握稿件的语脉，从而帮助我们在播音时按语意把句子“串成线、抱成团”，播得流畅、连贯，语意清晰完整。“串成线、抱成团”，是有经验的老播音员对在播音中组织好语意的形象比喻，它是针对有声语言传达中句子零散孤立、缺乏内在联系的弊病提出来的。国外播音界对这个问题也有类似的提法，认为播音员的水平越高，掌握的语言“单位”越大；另外，从传播对象一方的收听习惯看，也是要求获得完整的语意，而不是互不关联的语言片段。所以说，虽然播音时要在某些重点语句和词语上下功夫，但驾驭有声语言的基本单位应在自然段内的小层次上面，即以小层次为驾驭语言的基本单位。

小层次，可以是一个句子，也可以是一个或数个句群。句群是由两个或两个以上的句子组合而成。它们在意义上有紧密的逻辑关系，共同表达一个较为复杂的思想，是相对独立的语言单位。把自然段划分成小层次，并搞清小层次间的联系，就是摸清了稿件的语脉。语脉，体现着具体的思想脉络，感情转换。可以说，小层次既反映着内容发展变化的层次，也反映着感情变化的层次。划分小层次，对把握稿件的语脉，对语气的运用有重要意义，它能够帮助我们把体验到的逻辑感受、形象感受，通过恰当的停顿和贴切的语气表达出来，对克服刻板的“念稿”，具有实际意义。因此,划分小层次,是播音员备稿必不可少的一项工作,是把文字语言转换为有声语言时使之清楚易懂的基本方法。

第二步:概括主题

主题,就是稿件的中心思想,是稿件提出的核心问题,是作者通过具体人物、事件所反映出来的看法、主张、态度。中心内容不是主题。备稿不能停留在对稿件内容的一般了解上,不能只知来龙去脉,而不把握其核心。概括主题是由具体到抽象、向理性认识飞跃的过程,是深入了解作者创作意向、进一步掌握稿件精神实质、激发播讲愿望的必需。

概括主题,就是要抓住稿件的主要内容、主要事件,透视其实质。通讯一类稿件的主题是从人物的言行或事件的发展中挖掘出来的人或事的思想和精神。评论性的稿件其主题就是中心论点。

主题的概括,要切中题旨,言简意赅,要注意它的明确性、具体性和行动性。

所谓主题的明确性,就是指概括主题要有思想深度,要准确。如果理解感受出现偏差,曲解了作者的创作意图,就不可能概括出准确的主题。

所谓主题的具体性,是指概括主题不要离开稿件内容的个性,不可空洞笼统。

所谓行动性,即概括主题不冷漠,有一定的感情色彩。主题应是自己在对稿件反复深入理解和感受后得出的。一见这个主题,便有了“播出去”的行动意向。

要想概括好主题,必须提高自己的分析能力和概括能力,以达到上述有关要求。

第三步:联系背景

背景,主要指的是播音时的背景。任何一篇供播出的稿件都有几种不同层面的背景。

稿件内容所反映的时代,是历史背景,它是理解稿件内容时必须搞清楚的;作者写作的时代,是写作背景,它是了解作者创作意图,并深入理解稿件应该搞清楚的;播音背景是指播音时的具体背景。在实际工作中,新闻稿件占的比重最大,这些稿件的所谓历史背景、写作背景与播音背景基本上是一致的,一般情况下,只要提播音背景就可以了。如果拿到的稿件不是现在时的,比如一些中外文学作品或历史文献,就一定要分别搞清这三个不同层面的背景,方能全面、深刻、准确地理解稿件和丰富自己的感受。

播音背景,包括两方面的内容:一是与稿件内容有关的党的方针政策“上情”;二是当时的国内外有关形势及社会的现实情况(一般称为“下情”)。下情又包括主流和支流两个方面。联系背景特别需要广义备稿的工夫。只有平时注重党的方针政策的学习，关心国内外大事，具备较强的新闻素质，只有积极深入生活，接近群众，了解群众，才能迅速地把储存在大脑中的有关信息提取出来，获得对播音背景的深刻认识。

联系背景，要具体，不可空泛笼统，不可漫无边际。背景一定要紧扣稿件内容和主题来联系，这样对理解稿件才有实际的帮助，避免陷入空泛、杂乱的情况而干扰对背景的准确认识。

联系背景是激发播讲愿望的重要步骤，因此联系背景要有“可感性”，即要把自己摆在现实生活中，产生一种此事此人“我有所闻、我有所感”的积极、贴近的心态。这样联系背景想到的是熟悉的人和事，有过感受体验的事，因而使自己与稿件贴近，与现实生活贴近，与人民群众的思想贴近，才能为产生具有时代气息和生活热力的播音提供充实的依据。

联系背景是为了进一步深入理解稿件，因此还要善于从事物发展的纵向和相关事物的横向上考虑背景。是否能够准确地把握稿件反映的事物在社会坐标系上的位置，直接关系到播音的基调是否恰当，体现出来的政策分寸是否合适。曾经有过这样的事，因为播音员不了解某次重大国际比赛的各种背景材料，不管获得金牌数是否达到赛前的预测，只要报道获得金牌的消息，就喜上眉梢，神气十足，结果与体育爱好者的感受达不成默契，没有共识，反而被受众认为是播音员对体育事业的肤浅无知，其表现出来的喜悦和热情也被看作是虚情假意。可见，联系背景影响对稿件把握的准确度和深度，关系着实际的播出效果。如果对背景分析不透，播音时轻则苍白无力，重则会因分寸失当，而使受众对事实的真实性产生怀疑。

联系背景时，对事物的主流、支流也要把握得当。看不到主流，一叶障目，就容易迷失方向，影响宣传的坚定性；看不到支流，天下太平，就会心中无数，影响宣传的针对性。

第四步：明确目的

语言活动总是与具体目的相联系的。作者写稿件有具体的创作意图，电台、电视台选择和组织这些稿件是因为这些稿件的具体宣传目的体现了宣传总目的。播音员要把这些稿件准确、鲜明、生动地传达出去，就一定要明确稿件具体的宣传目的，因为这也就是播音员的播讲目的。

语言学理论告诉我们，语言本身表现为多层次结构，大体可分为表层结构和深层结构：表层结构包含音位层、词位层、义位层。任何写出来或说出来的话语，都属于表层结构，直接体现出来的是其概念意义。而深层结构的情感意义、功能意义，要靠语言接受者去体味。不过，由于有声语言具有可感性的特点，这就为语言发出者揭示其深层结构提供了可能。关于这一点，李国涛指出："传达不只是叙述一个故事，它同时要表达一种附着于语言上的意味。意味比故事还重要。"[①]这里所说的"意味"，正是我们从播音角度所说的"目的"。

看重写作技巧讲究宣传方法的人，一般是不会在稿件的表层结构中言明宣传目的的，而是将目的渗透于稿件的字里行间，隐含在稿件内容之中。播音员播别人撰写的稿件，必须近似掘出其宣传目的，否则作者的创作意图就有失落的可能。更不用说，如果没有准确的宣传目的，播音的语言传达中就会存在偏离目的的危险。明确播讲目的，是备稿中十分重要的工作，是不可或缺、不可替代的内容。播讲目的，是指稿件在德、智、美三方面所能实现的社会意义和作用、所能达到的预期效果、所要遵从的诱导方向。

播讲目的是播音员从稿件内容及主题中引申，并在联系背景的过程中准确把握到的。主题囊括不了播讲目的的含义，也不可能取代它的作用。主题是指稿件反映了什么思想，基本上还是就稿论稿、就事论事，很少顾及播音背景，很少考虑受众心理和针对性。播讲目的，则要说明稿件的认识价值和社会意义，必须联系背景，站在稿件之上、结合稿件之外的情况来考虑。正因为明确播讲目的，要准确体现党的方针政策，要敏锐地把握现实，要真切地感受群众需求，因而播讲目的要比主题来得更积极、更有高度、更具指导意义。

我们还注意到，在"现在时"的稿件中，播讲目的一般与主题胶着在一起，是主题的升华；在"过去时"的稿件中，由于所选择的稿件往往是"历久弥香"的优秀作品，它们的主题常常呈现多义性。故此，在不同的时代、不同的播音背景里，播讲目的会有变化，它依据播出时的针对性，在主题某一方面延伸，体现出新的意味。播讲目的，产生于对稿件的正确认识、生动体验，而且对播音创作有巨大的能动作用。播音员动脑、动心之后，悟到稿件播出的必要性和迫切性，这是主观与客观相结合的产物，最终表现为强烈的播讲愿望，产生了要把稿件的内容及精神实质外化为有声语言的内驱力。播讲目的把握着思想感情运动的正确方向，不使具体感受因拘泥于细枝末节而失去准确性，以致偏离稿件的主题和目的；播讲目的还使我们胸中有全局，在技巧运用上有恰当的配置，始终保持积极的播讲状态，认真进行播音创作。可以说，播讲目的对备稿和播音都有统帅意义，发挥着重要的引导、规范、深化、激励的作用。

---

① 李国涛：《语言的纠缠与文体的形式》，转引自《中国播音学》。北京广播学院出版社 2003 年版，第 211 页。

在表述播讲目的时，第一，要注意不应与主题的表述混淆，要有纲领性；第二，要从背景中的“上情”着眼，考虑其现实意义，不可空泛，要有感染性；第三，注意目的集中，不要面面俱到，更不可主次颠倒，要体现准确性。

总之，每一篇稿件，都可以从德、智、美几方面来挖掘其播讲目的。它们或表现在其中一方面，或几方面兼而有之，总会有起核心作用的播讲目的。

第五步：分清主次

我们说过，备稿要从稿件的局部到全篇，在把握稿件的精神实质后，还要再回到稿件的具体内容上来。因为稿件主题的显现，播讲目的的落实，要通过对稿件的细致处理才能实现。分清稿件的主次，突出重点，是落实播讲目的的重要保证。试想，如果只凭热切的播讲愿望，从开始到结尾处处用力，似乎哪里都重要，往往会适得其反，听着吃力，播着费劲，反而淡化或淹没了播讲目的。实际上，稿件的各个部分、层次、段落、语句在表达作者意图时起着不同的作用。拿段落来说，有的起过渡作用，有的起支撑作用，有的起铺垫作用；拿语句来说，有的是起始句，有的是中心句，有的是归结句。同样，选材时也必须有详有略，有的几笔带过，有的不惜笔墨。我们在播音时，只有分清主次，突出重点，才能使内容传达得清晰，使播讲目的落到实处，给受众留下深刻的印象。

分清主次，首先要抓住重点。

稿件中，“那最集中、最典型地表现主题的地方，那最得力、最生动地体现目的的地方，那最凝聚、最浓重的抒发感情的地方，那最直接、最恰切地感染受众的地方都属于重点”（张颂语）。只要紧扣主题和目的，是不难找到重点的。

由于稿件写法不同，有的重点比较集中，多表现为有一两个重点部分或重点层次、重点段落；有的重点散见全篇，多表现为分散在一些部分、层次、段落中的重点小层次和重点语句。当然，前者的重点部分、重点层次、重点段落中，一定包含重点小层次、重点语句，而且非重点之处可能有重点小层次或重点语句。

抓住重点，是为了更好地传达，因此备稿时，要对重点语句、小层次、段落等运用情景再现等调动思想感情的方法，进行深入具体的感受和体验，并反复揣摩有声语言表达形式，这样才可能在播音时达到预期效果。

其次，要处理好主次关系。抓住重点，不等于播音时对非重点处就轻描淡写。重点不是孤立地存在于稿件中，重点与非重点都有一定的内在联系，非重点有的是对重点起铺垫作用，有的是补充说明，有的是交代过程，有的是对比映衬、重点与非重点形成有机的整体。只有弄清稿件的主次关系，重点的表现才不会突兀，非重点之处也不会游离零乱。老播音员深谙其中的道理，形象地把目的比喻为红线，把重点和非重点比喻为大小不等、色彩纷呈的珠子。主张用红线（播讲目的）把大小珠子（重点与非重点）巧妙地连缀成精美的艺术品（完美的播音作品）。

总之，分清主次、突出重点，是使播音既能生动感人地表达，又能深刻鲜明地落实播讲目的的重要保证。能否处理好主次关系，与播音质量高低有很大关系。因此，必须从备稿开始就予以足够的重视。

第六步：把握基调

我们在备稿过程中，从许多不同的角度对稿件进行了深入的分析和具体的感受，我们的感情也随之运动起来，并最终以准确清晰、富有变化的有声语言传达出去。在备稿过程中，对稿件的情感特点及其变化把握得是否准确，关系到语言表达的效果，关系到播讲目的能否得到生动的体现。

基调，是指我们播送一篇稿件时所把握的总的感情色彩和分量，而绝不是简单地指播音时声音的高低。基调，一方面是指稿件本身所蕴含的感情色彩和分量上的特点；另一方面还应融入播音员在播讲目的指导下产生的具体态度，以及有关的政策对播讲态度的制约。这是在播音创作基础理论范畴内对基调把握的要求层次，如果从创作整体效果来看，当然还要考虑节目形式、受众心理及接受习惯、传输方式（如电台、电视台）、创作氛围等方面对播音基调的影响、要求和制约。播音基调，是将稿件转化为有声语言时的一种总体把握。它既包含稿件本身固有基调，同时，也必须含有播讲者在播讲目的制约下的播讲态度。

实质上，基调要求播音的表达与理解感受的统一；要求声音形式与稿件体裁风格的统一。可以说，一篇稿件播得是否成功，基调提供着最"直观"的判断依据。如果播音基调与稿件反映的思想感情不符，与播讲目的所要求的态度分寸不符，或相左，或过火，或不及，都会给人"不对味"的感觉。对于基调不当的播音，受众在感情和心理上是不能接受的，轻者不予认同，重者会引起反感，甚至强烈不满，而且势必程度不同地影响播出目的的实现，给节目的整体效果带来不利的影响。

基调对于播音创作如此重要，我们应从哪些因素来考虑呢？

首先，应从稿件本身，即稿件的内容和形式两方面得到综合的、升华的感情色彩及分量的把握。也就是说，在对稿件有了前面五步的理解感受的基础上，再次对稿件中的人物和事件、对作者的倾向和主张、对文字的语言风格等做深入的总体的分析和体验，从而概括出"这一篇"稿件的基调特点。如可以概括为"坚定有力""活泼幽默""轻松舒展""深沉凝重""朴实含蓄"等等。

其次，要从稿件的外部因素中把握播讲的具体态度及政策分寸。在学习播音创作的基础理论阶段，主要应围绕播出背景和播讲目的，抓住播讲“这一篇”稿件的态度分寸。它可以概括为“热情赞扬”“深情缅怀”“热情讴歌”“积极倡导”“严肃批评”“愤怒谴责”“耐心说服”“循循善诱”，等等。

在把握播讲基调上有两点基本要求：一是要求基调贴切，有个性；二是要求基调统一，又有变化。

播讲时基调把握是否与稿件贴切、是否符合播出目的要求，这是衡量播音创作成功与失败的重要标尺。如果把这篇例稿播得平淡轻松，无疑是失败之作；如果播讲态度不积极，就不符合颂扬的要求；如果过于低沉，以至哀婉悲切，也无法实现播讲目的。

现实中，一些播音员在基调把握上常犯类型化的毛病。遇赞扬稿，就“喜滋滋”；遇批评稿，就声色俱厉，缺乏“这一篇”的具体个性。这个偏差，问题出在对于感情和态度分寸把握不细，失之于笼统，摸到共性，浅尝辄止，又纳入有某种固定格式的声音形式。因此，在把握基调时要细细揣摩，使基调恰如其分，具有稿件的个性。这是提高播音质量的一个重要根基。

“基调统一”，是要求播音有整体感，播音基调应使受众在不经意中获得鲜明的印象和较强烈的感受。一篇稿件总的感情色彩和分量，总是在稿件的各个重点层次、段落及词句上体现得最为鲜明和突出。清醒地把握住基调在稿件重点处的体现，才能有效地显露出主题和播讲目的的红线，而且能够保证声音形式负载的感情色彩及分寸不会“走板”、飘移。

在基调贴切、统一的前提下，播音基调在一篇稿件中不应是“一锤定音”“一成不变”的，播音基调应随稿件内容的发展而有相应的变化。这样把握基调，一方面能清晰地表达出事件或思想发展的脉络，并能细腻地表现感情发展的变化层次，另一方面，有变化的基调也给播音作品带来曲折、波澜，避免或减少平板乏味、单一枯燥的声音形式，增强感染人的力量，从而艺术地、巧妙地达到宣传效果。

总体来看，层次、主题、背景、目的、重点和基调这六个方面，是备稿中必须考虑的、必须明确的。无论是按部就班地分“六步走”，还是“六步并作一步（两步）走”，理解越深，感受越具体，认识越全面，对稿件的把握就越准确，就有了“把稿件变成自己要说的话”的坚实基础和丰富的内心依据，才能较好地驾驭语言。

第四节 备稿部分的实训安排与回课记录

例稿分析

听课嘉宾

邓必彦

1. 哥哥从家里去广州做工，特地到学校来看我。

2. 哥只大我一岁，他很喜欢画漫画。高三那年，他没考上美术学院。眼看着我也要上高三，弟升高一，哥对妈说："弟妹读书要很多钱，我不读了，我去广东打工吧。"钱啊，妈也没办法。哥这一去到如今，5 年了，他用每个月刷油漆、做木雕的 1000 块钱供着我和弟弟读书。

3. 哥站在我面前，笑着说："大学生，带我去你们课堂上听听，看你们都学些什么东西。"

4. 这节是古诗创作与鉴赏课，同学们一如既往地聊天、睡觉、看小说。哥哥惊奇地问我："你们这些大学生就是这样上课的呀？也太浪费家里的钱了吧？"他无奈地摇摇头，认真听起课来。

5. "孔夫子"老师大声说道："虽说古诗的形式已经不适应今天的时代趋势了，可是能写出好句子、能品出好诗的神韵，可不是三脚猫的文学修养可以办得到的啊！来来来，今天谁能对出我的下句，我就违反教学纪律——提前下课！"

6. 教室里顿时哄叫起来。"孔夫子"大叫："乾坤容我静——"

7. 大家安静了一秒，又吵闹起来。哥哥很兴奋，然后好一会儿没作声，眨眨眼睛，在纸上写了几个字，推推我说："阿妹，你试试这一句。"

8. 我一看，立刻举起了手。"孔夫子"眼睛一亮，指着我："想必是位才女，念来听听！"同学们都笑着叫道："才女，提前下课就靠你啦！"我却使劲推哥哥，小声催他站起来念。大家都惊奇地看着我俩。哥哥涨红了脸，只好站起来大声说："乾坤容我静，名利任人忙！"

9. 全堂哗然！大家忽然鼓起掌来，"孔夫子"眼睛大放光彩："难得，难得！才思敏捷，对仗工整，意境高超，实在难得！你叫什么名字？把学号报上来，我要给你加分！"

10.课堂上一阵哄笑,“他是中央派来的听课嘉宾!”“孔夫子”连连称道:“那更是难得!”

11.哥哥激动地坐下来,我知道,他很开心。

12.下一节课,我们到多媒体教室去上外国文学史。哥哥看着墙上的电脑投影画面,很羡慕地说:“你们可真幸福,能享受这么现代的教学,怪不得学费这么贵!”

13.我还带哥哥去上网,看我们学院的“容谷”网站,打开漫画频道让他看学生的作品,鸟山明风格的有,北条司风格的也有,还有蔡志忠的。哥哥仔细看完后,扭过头很认真地跟我说:“阿妹,要是我像你们一样有空,我绝对比他们都画得好,你信吧?”“那当然!”

14.哥哥的神情却黯淡了下来:“我要是能上美术学院,现在或许已小有成就了。”我鼻子一酸:“哥,以后你把你画的画寄过来,我帮你传到网上去,让别人也看到你的作品,还可以投稿呢。”哥哥长吁了一口气,伸出手来给我看:“这么久雕木头、刷油漆,我的手指都硬了,拿笔的感觉没以前灵敏了。”他又笑起来,“不过一有空,我还会画的。”

15.晚上我送哥哥去车站搭汽车,车快开时,哥哥忽然从又臭又闷的车厢里探出身子来,叫我到面前来小声说道:“阿妹,认真听点课,挺好听的,别浪费钱。行了,你回去吧。”

16.我站在车窗边抽着鼻子,不争气地流着眼泪。长大以后,我还没在哥哥面前哭过。我看着车子走了,我知道哥哥回去后,就像许多年少出门打工的人一样,常常只靠成龙、周星驰的影片来获得短暂畅快的笑声。电影结束后,明天的劳苦又在等待着他们,冷酷而沉默。

作品:《听课嘉宾》

锦声演播

第一步　划分层次

这是一篇记叙文,有16个自然段。段落虽然多,但是通过层次的分析,理清线索,可以使内容紧凑、清晰、集中,让听众容易听清来龙去脉。

全篇分成三个部分:

第一部分　1—2自然段　交代哥哥辍学打工的背景

第二部分　3—14自然段　哥哥“蹭课”的整个过程

第一层　3自然段　哥哥对大学课堂有兴趣,要听课

第二层　4—11自然段　哥哥课堂上的“优异”表现

第三层　12—14自然段　哥哥对学校的向往

第三部分　15—16 自然段　哥哥对妹妹的期许

第二步　概括主题

通过辍学打工的哥哥到妹妹所在的大学听课的故事,鞭挞了现代大学生中存在的不良学风。

第三步　联系背景

上情　在科教兴国、可持续发展战略的背景下,高等教育事业得到重视,深化教育改革和推行素质教育正在全面实行,高等教育对社会的作用已经得到社会各界的高度认同。

下情　主流:多数学生积极进取,自觉学习。支流:但也有部分学生学风不正,60 分“万岁”“挂科”补考现象严重,浪费了良好的学习机会和大好的青春时光。

第四步　明确目的

呼吁加强高校学风建设,珍惜学习机会。

第五步　分清主次

重点层次是第二层。

第六步　确定基调

耐心说服,循循善诱。

细腻真诚、意味深长。

实训稿件(提示与回课)

实训提示:分析以下文章,写出备稿六步。

1. 通讯(故事)《周总理外交风云录》　节选

作品:《周总理外交风云录》故事:施玲演播

周恩来总理在几十年的外交生涯中一直以德高望重、幽默风趣著称。不管在什么场合,遇到什么样的对手,他都能唇枪舌剑,以超人的智慧,应对自如,对手甭想占到便宜。

有一次周总理应邀访问苏联。在同赫鲁晓夫会晤时,批评了他在全面推行修正主义政策。狡猾的赫鲁晓夫却不正面回答，而就当时敏感的阶级出身问题对周总理进行挑衅。他说："你批评得很好，但是你应该同意，出身于工人阶级的是我，而你出身于资产阶级。"言外之意是总理站在资产阶级立场上说话。周总理只是停了一会儿，然后平静地回答："是的，赫鲁晓夫同志，但至少我们两个人有一个共同点，那就是我们都背叛了我们各自的阶级。"

此言一出，立即在各共产党国家传为美谈。

回课记录

2.《我交给你们一个孩子》 张晓风

小男孩走出大门，返身向四楼阳台上的我招手，说："再见！"那是好多年前的事了，那个早晨是他开始上小学的第二天。

我其实仍然可以像昨天一样，再陪他一次，但我却狠下心来，看他自己单独去了。他有属于他的一生，是我不能相陪的，母子一场，只能看做一把借来的琴弦，能弹多久，便弹多久，但借来的岁月毕竟是有其归还期限的。

他欢然地走出长巷，很听话地既不跑也不跳，一副循规蹈矩的模样。我一个人怔怔地望着巷子下细细的朝阳而落泪。

我想大声地告诉全城市，今天早晨，我交给你们一个小男孩，他还不知恐惧为何物，我却是知道的，我开始恐惧自己有没有交错。

我把他交给马路，我要他遵守规矩沿着人行道而行，但是，匆匆的路人啊，你们能够小心一点吗？不要撞到我的孩子，我把我的至爱交给了纵横的道路，允许我看见他平平安安地回来。

我不曾搬迁户口，我们不要越区就读，我们让孩子读本区内的国民小学而不是某些私立明星小学，我努力去信任自己的教育当局，而且，是以自己的儿女为赌注来信任——但是，学校啊，当我把我的孩子交给你，你保证给他怎样的教育？今天清晨，我交给你一个欢欣诚实又颖悟的小男孩，多年以后，你将还我一个怎样的青年？

他开始识字，开始读书，当然，他也要读报纸、听音乐或看电视、电影，古往今来的撰述者啊，各种方式的知识传递者啊，我的孩子会因你们得到什么呢？你们将饮之以琼浆，灌之以醍醐，还是哺之以糟粕？他会因而变得正直、忠信，还是学会奸猾、诡诈？当我把我的孩子交出来，当他向这世界求知若渴，世界啊，你给他的会是什么呢？

世界啊，今天早晨，我，一个母亲，向你交出她可爱的小男孩，而你们将还我一个怎样的呢？！

回课记录

3.**《赤壁赋》**（宋）苏　轼

壬戌之秋，七月既望，苏子与客泛舟游于赤壁之下。清风徐来，水波不兴。举酒属客，诵明月之诗，歌窈窕之章。少焉，月出于东山之上，徘徊于斗牛之间。白露横江，水光接天。纵一苇之所如，凌万顷之茫然。浩浩乎如冯虚御风，而不知其所止；飘飘乎如遗世独立，羽化而登仙。

于是饮酒乐甚，扣舷而歌之。歌曰："桂棹兮兰桨，击空明兮溯流光。渺渺兮予怀，望美人兮天一方。"客有吹洞箫者，倚歌而和之。其声呜呜然，如怨如慕，如泣如诉，余音袅袅，不绝如缕。舞幽壑之潜蛟，泣孤舟之嫠妇。

苏子愀然，正襟危坐，而问客曰："何为其然也？"客曰："'月明星稀，乌鹊南飞。'此非曹孟德之诗乎？西望夏口，东望武昌，山川相缪，郁乎苍苍，此非孟德之困于周郎者乎？方其破荆州，下江陵，顺流而东也，舳舻千里，旌旗蔽空，酾酒临江，横槊赋诗，固一世之雄也，而今安在哉？况吾与子渔樵于江渚之上，侣鱼虾而友麋鹿，驾一叶之扁舟，举匏尊以相属。寄蜉蝣于天地，渺沧海之一粟。哀吾生之须臾，羡长江之无穷。挟飞仙以遨游，抱明月而长终。知不可乎骤得，托遗响于悲风。”

苏子曰：“客亦知夫水与月乎？逝者如斯，而未尝往也；盈虚者如彼，而卒莫消长也。盖将自其变者而观之，则天地曾不能以一瞬；自其不变者而观之，则物与我皆无尽也，而又何羡乎！且夫天地之间，物各有主，苟非吾之所有，虽一毫而莫取。惟江上之清风，与山间之明月，耳得之而为声，目遇之而成色，取之无禁，用之不竭，是造物者之无尽藏也，而吾与子之所共适。”

客喜而笑，洗盏更酌。肴核既尽，杯盘狼藉。相与枕藉乎舟中，不知东方之既白。

回课记录

4. 习近平主席致电津巴布韦总统姆南加古瓦

国家主席习近平日前致电津巴布韦总统姆南加古瓦。习近平在贺电中指出，建交 40 年来，中津始终彼此信赖、相互支持，双边关系经受住了时间和国际风云变幻的考验。我同姆南加古瓦总统就建立和发展中津全面战略合作伙伴关系达成重要共识。我高度重视中津关系发展，愿同姆南加古瓦总统一道努力，以两国建交 40 周年为契机，推动共建“一带一路”、落实中非合作论坛北京峰会成果同实现津巴布韦“2030 年愿景”紧密对接，拓展各领域务实合作，在涉及彼此核心利益和重大关切问题上更加有力地相互支持。当前，中方愿同津方加强合作，共克时艰，携手战胜新冠疫情。

回课记录

5. 北京:垃圾分类责任将立法

每天产生近2.6万吨的生活垃圾,人均1.1公斤。全市29个垃圾处理终端设施满负荷运转……在首都这样人口规模过千万的大都市,不断增量的生活垃圾已成为城市管理的一大难题,垃圾源头减量、垃圾分类势在必行。

日前,北京市城市管理委领导在接受访谈时透露,北京将通过健全日常执法检查,积极推动垃圾分类立法,明确单位、个人垃圾分类责任,让软约束逐步"硬起来"。事实上,北京多年来一直积极推进垃圾分类。为此,北京还提出了解决之道——设立垃圾分类示范片区,试点创新垃圾分类收集方式,用经济杠杆来撬动。

数据显示,目前北京30%的街道、乡镇创建了100个垃圾分类示范片区。2019年,示范片区覆盖率要达到60%,覆盖200多个乡镇街道。何为"示范片区"?据介绍,示范片区是在充分借鉴国内外垃圾分类成熟经验,征求居民意见后确立的,利用手机等现代化应用实现垃圾分类回收的区域。

这些示范片区将试点4种垃圾分类收集方式。一是设置有人值守的垃圾分类驿站,鼓励居民参与垃圾分类,并给予相应的积分奖励;二是设置智能投放箱,减少人工成本,扩展垃圾分类服务范围;三是上门或定点回收再生资源、厨余垃圾,方便群众投放;四是撤桶撤站,定时定点流动收集。

业内人士指出,垃圾分类需要全民参与。从根本上看,垃圾源头减量、强制分类需要得到立法支持,让软约束逐步"硬起来"。

回课记录

6.《童心永在》

“我在马路边,捡到一分钱……”读到儿歌作家潘振声病逝的消息,耳畔不禁响起熟悉的歌声。

每个人心中,都藏着一个美好的往昔,每一段逝去的岁月,都有它美好的象征。《一分钱》在很多人心目中,是一个纯真年代的象征。

这首歌从 20 世纪 60 年代开始流传,几十年前,歌声是那样清澈、明亮;谁也没有想到,有一天,想起它,能让人心里五味杂陈。

经中国文物局鉴定,《我在马路边捡到一分钱》的手稿、曲谱被评为“现代革命一级文物”。上海公安博物院收藏这两件文物时,给潘振声开价 10 万元,潘振声表示:“孩子把一分钱交给叔叔,这份手稿,我当然也要交给警察叔叔,一分钱不要!”

作曲家不要这 10 万元,因为他不想失去比 10 万元更珍贵的——童心。很多人,在不知不觉中,丢失了自己的童心,也无视他人的童心。

去年 9 月,淮阴县公安局在网站上发出失物招领启事,“标的物”是区区五毛钱,因而被指“作秀”,一些人还写文章说,为了五毛钱,占用网络资源,太不值得。该局解释说,这是一个小学生交来的,我们不能让孩子失望。在这个只懂得用金额衡量一切的年代里,还有这样懂得孩子,爱护孩子的,实在不多;换一个人,愿不愿意伸手把这五毛钱从孩子手里接过来,都是问题。

今天的孩子,也和以前的孩子不一样了。沈阳一个 9 岁男孩,捡到 50 元钱,跟母亲说要分 5 次上交老师,因为 1 次上交,只有 1 次加分,分 5 次交,有 5 次加分。拾金不昧还讲“战略战术”,叫人哭笑不得。这也是社会发展的一个象征吧。只是“发展”不一定都是进步。

我们送别了作曲家,但愿没有送走童心。

回课记录

7.《盲人花园》

在美国纽约市的长岛，有一座与众不同的花园——“海伦·凯勒盲人花园”。每天，前来这儿赏花的盲人络绎不绝，川流不息。他们虽然双目失明，面前一片黑暗，但是却能凭着敏锐的嗅觉、听觉和触觉，闻到那令人欲醉的鲜花芳香，听到小鸟蜜蜂甜蜜的歌声，触摸到形状各异的花瓣。置身于花团锦簇的环境之中，盲人们深切地感受到了大自然的美，增添了对世界和生命的爱。

这座花园充分考虑到盲人游客具体的身体状况和独特的生理条件，在设计上另辟蹊径，富有创造性。

首先，整个花园突出了“花香”，在这一点上大做文章。据统计，现已栽种的能发出“奇香”和“怪味”的花草树木多达几百种。其中月季花千姿百态，丁香花形形色色，薄荷草、薰衣草和杜松等五花八门……让盲人们在扑鼻的花香中闻得如痴如醉，度过快乐的时光。

其次，培植拥有特殊形状或长有粗大叶脉的植物为主，以便失明者抚摸，体会到绿的魅力。盲人们对黄杨、无花果树、水松、日本冬青的叶片情有独钟，爱不释手。随着迎面吹来的阵阵微风，宽大的绿叶发出“哗哗”的响声，令盲人们兴奋不已，流连忘返。

其次，为了让失明者进一步了解花园里的植物，在绝大多数的花草树木旁边都立有“标示”牌，上面印着盲文。通过抚摸诵读，他们能知道自己正在“观赏”的是哪种花卉或草木，以拓宽知识面。

最后，布局上充分考虑了失明者的“参观”需要，将全部的花卉和花盆都集中在来往方便的地方。花园里气氛融洽，不少正常人自愿地为盲人游客服务，或主动地导游带路，或详细地介绍花草树木的情况。这里还是失明者以“花”会友的好场所，大家互诉衷肠，十分开心。

长岛的这个花园之所以命名为“海伦·凯勒盲人花园”，有着特别的意义。海伦·凯勒是一位美国女盲聋人，她与坎坷的命运顽强抗争，终于成为大文学家和大教育家，在世界上享有盛名，被盲人视为自己的楷模和骄傲。用她的名字作为园名，在于弘扬一种热爱生活、积极向上的精神。花园自建成以来，免费向失明者和盲人开放。

在众多的盲人游客中，不仅有美国的，还有来自西欧、南美和大洋洲的。一位60多岁的失明者“参观”后激动地说：“在这座花园里，我真正地感受到鲜花和绿叶的存在，深深地体会到自然和生活的美好。我从来没有像今天这样，有着好好活下去的强烈愿望。”他的话道出了盲人游客的心声。

回课记录

8.《站牌下的约定》

西湖往南，一路景区。有一个公交车站，叫九溪。每天一早，这个公交站牌下，就会站满了人，赶着上班的，背着书包去上学的，转车去景区看风景的。

一辆公交车来了，一辆公交车开走了。

早晨的阳光，淡淡地将树梢点亮。

不知道从哪一天开始，站牌下出现了一对母女。女孩手里捧着一本书，妈妈弯下腰，手指着书，一行行教女孩读。偶尔会抬起头，看看公交车来的方向。

春寒料峭，女孩的双手和小脸都被冻得红红的。女孩的读书声清脆、响亮，细听听，还有一点点颤音。

候车的人纷纷侧目，好奇地注视着这对母女。连等车的时间都不放过，教孩子拼音识字呢。这个母亲，可真够操劳，真够费心的。

一辆开往郊区的公交车驶来了。妈妈匆匆交代女孩几句，跑向公交车。妈妈跳上了车，女孩捧着书，看着车门关上，目送公交车开远，才捧着书，走开。

每天早晨都是这样。

奇怪的是，有时候是妈妈先到公交车站，有时候却是女孩先到。

遇到天气不好，妈妈就会领着孩子到车站边的一家单位的门廊下，教孩子读书，一天也没有间断过。

有一天，终于有位乘客忍不住，走过去问妈妈："你女儿学习真用功，几岁了？"

妈妈抬起头，摇摇头，她不是我女儿。

"那你们是……""妈妈"说，我也是等公交车的。她是附近一个清洁工的女儿，我见她没学上，经常一个人在车站附近孤单地游荡，我就想，能帮她一点儿是一点儿。所以，我就和她约定，每天我早一点来等车，教她十几分钟。

原来是这样。

说完，"妈妈"走到一边，继续教孩子。那天，教的是课文《春天来了》："春天像个害羞的小姑娘，遮遮掩掩，躲躲藏藏。我们仔细地找啊，找啊。小草从地下探出头来，那是春天的眉毛吧？早开的野花一朵两朵，那是春天的眼睛吧……”

那位乘客，偷偷地用手机拍了几张照片，寄给了报社。

报社进行了跟踪报道。记者很快了解到，女孩叫花花。花花在老家已经读过一年级了，今年春节之后，在杭州做环卫工的父母，将花花从老家接了过来，却一直没联系上学校。花花每天孤单地跟着父母去扫马路，遇到了等公交车的“妈妈”，于是，便有了这个公交站牌下的约定。

公交站牌下“妈妈”的故事，感动了杭州。热心的人们四处奔波，为花花联系学校。很快，花花的学校落实了下来。花花可以像别的孩子一样，每天背着书包，去宽敞亮堂的学校读书去了。

而那位公交车站的“妈妈”，记者根据其本人意愿，没有透露，人们只知道，她是一位普通的职员，也是一位普通的母亲，她的孩子，正在读中学。她给记者发了一条短信：“不要把笔墨放在我这里，好心人很多，谁都会去做的。”

回课记录

第五节　名家名作有声作品欣赏之一——《人民万岁》

一、张家声

张家声，1935 年出生于河北沧州，回族人。国家一级演员、导演、朗诵艺术家。毕业于中央戏剧学院。在他六十多年的艺术生涯中，参与创作作品达一百多部。主要从事话剧表演及导演、电视剧表演及配音、电视片的解说等，几乎涉猎了所有有声艺术语言的表现形式。1991 年被中国广播电视学会评选为“全国听众喜爱的演播艺术家”。演播了《钢铁是怎样炼成的》《故土》《超越自我》《复活》《毛泽东的故事》《抉择》《十面埋伏》《中国金融黑洞》等数十部长篇小说，其中《毛泽东的故事》《抉择》获中国广播文艺政府奖一等奖。

张家声

张家声在舞台上主演过的《北京人》、莎士比亚的《温莎的风流娘们儿》等几十部话剧，并获全国话剧演员“金狮奖”。主演过《武士敏》等电视连续剧和电影《党小组长》；在电视连续剧《师魂》中饰演教导主任，该剧曾荣获电视剧“飞天奖”。他还曾导演、主演过多部话剧、歌剧、电视剧、广播剧。因主演广播剧《喜剧演员》而获全国最佳广播剧男演员奖；执导的歌剧《刘胡兰》在全军文艺会演中获演出一等奖、导演一等奖。解说了大量的电影、电视专题片，如电影《大决战》、大型专题片《孔子与中国》《先生鲁迅》等作品。曾担任北京电视台的《看中国》专栏中主持人。撰写发表了《论语言个性化》等专业论文数十篇。解说的电视散文《梦中的哈纳斯》获全国一等奖。应邀为全国多家电视台主持栏目、晚会。多次赴台湾、香港讲学，反响热烈。

2021 年 10 月 4 日，张家声在北京友谊医院逝世，享年 86 岁。

二、王怀让的诗歌作品《人民万岁》

王怀让，1942 年 5 月 6 日生，河南济源人。中共党员。1966 年毕业于河南大学中文系。1967 年参加工作，历任中共兰考县委宣传部干部，开封地区文化局创作员，河南日报社编辑、文艺处处长、编委，高级编辑。郑州大学特聘教授。河南省文联主席团成员，河南省作家协会副主席，河南省报纸副刊协会会长。郑州市荣誉市民，享受政府特殊津贴。1958 年开始发表作品。1980 年加入中国作家协会。2009 年 4 月 7 日因病在郑州逝世，享年 67 岁。

王怀让自 1958 年起创作诗歌，发表诗作五千余首，文两百多万字。结集出版诗文集二十一种。主要有：诗集《风雷集》《十月的宣言》《诗为杨皂而作》《神土》

王怀让

《人的雕像》《王怀让诗集》《王怀让诗词选》《王怀让抒情诗 300 首》《中国人：不跪的人》、《王怀让自选集》，儿童诗集《小孩子和大世界》《王怀让儿童诗集》，杂文集《今夕是何年》，散文集《王怀让散文选集》，报告文学集《太行浩气民族魂》《中国有条红旗渠》《我骄傲，我是中国人》等，另有海内外 40 余部诗集收编入他的诗作。他的诗歌创作成就，使他成为第 28 届斯特鲁卡国际诗歌节最高奖"金杯奖"的最后候选人。1997 年，中国作协在北京举办王怀让诗作研讨会，评价王怀让为"人民诗人"；同年，诗集《我的中国》被斯特鲁卡国际诗歌节最高奖评委会以英文译介到欧洲。

作品原文

人民万岁

王怀让

你从韶山水田的黄色的阡陌上走来，
你从安源煤矿的黑色的巷道里走来，
你从湘乡的那颗垂挂着许多苦难的老葡树下走来，

你从长沙的那口映照着许多血泪的清水塘畔走来，
你走来，
径直走上天安门城楼，
向着创造历史的人民，
用深沉的湖南口音高呼——人民万岁！
你从可以望到民族志气的上海望志路走来，
你从可以看穿世纪烟雨的南湖烟雨楼走来，
你从八百里井冈的很有特色的中国的秋收里走来，
你从二万里长征的很有气魄的中国的长跑中走来，
你走来，
大步走上天安门城楼，
向着改造历史的人民，
用洪亮的湖南口音高呼——人民万岁！
你从万里雪飘的北国风光走来，
你从顿失滔滔的大河上下走来，
你从《史记》里的秦皇汉武的赫赫武功中走来，
你从《资治通鉴》中的唐宗宋祖的奕奕文采里走来，
你走来，
很现实地走上天安门城楼，
向着扭转乾坤的人民，
用可以穿透乾坤的湖南口音高呼——人民万岁！
你从照耀人民智慧的西江月辉里很抒情地走来，
你从奔腾人民力量的满江红浪里很激情地走来，
你从《送瘟神》的浮想联翩的兴奋的韵脚中走来，
你从《到韶山》的夜不成寐的振奋的平仄里走来，
你走来，
你走来，
你浪漫地走上天安门城楼，
向着叱咤风云的人民，
用可以驾驭风云的湖南口音高呼——人民万岁！
你走上天安门城楼是为了高呼人民万岁，
人民才用自己的身躯把天安门托得如此峨峨巍巍，
你走上天安门城楼是为了高呼人民万岁，

人民才用自己的血汗把天安门染得这样如描如绘，
这就是你教给我们的真理。
呼人民万岁的人，
他活着的时候人民才会向着他高呼万岁
你走上天安门城楼是为了高呼人民万岁，
把握历史的人民才让你在史册上永放光辉，
你走上天安门城楼是为了高呼人民万岁！
主宰世界的人民才让你在世界上万古永垂！
这就是你教给我们的哲学
呼人民万岁的人，
他死了他的思想却可以万岁
万万岁——人民万岁！

这首现代诗是1993年为纪念毛泽东诞辰100周年而作。文采斐然，具象又抒情，情绪饱满推送自如。在这首49行、720余字的诗作中，诗人通过两个章节和六个段落，把对高呼“人民万岁”的毛泽东的情感表达得淋漓尽致。王怀让是一位史诗意识强烈的诗人，他的诗作因其鲜明的人民性和时代感而受到读者的广泛欢迎。他在诗歌创作中主张把中华民族优秀的文化传统和改革开放的现代意识结合起来，营构一种既植根于深厚的生活土壤、又遨游于广阔的理想天空的诗风。他的诗因其抒情主人公总是劳动者及其劳动与创造，因其劳动的节奏与劳动的韵律，所以能够在劳动者当中不胫而走，许多篇章成为节日、集会、课堂的朗诵保留节目。他的诗也因其对和平、环境、进步、发展等人类命运的热切关注，而显示出深邃、宏阔且浑然天成的中国气派。

在这首歌颂毛泽东一生的诗作中，诗人从走出家乡寻找真理、建党起义开辟根据地、抗日战争取得胜利、打败蒋家王朝建立新中国等史实中落笔，以带领人民取得“中国人民站起来”的新中国胜利为点睛之处，通过“径直走上天安门城楼”“大步走上天安门城楼”“很现实地走上天安门城楼”“你浪漫地走上天安门城楼”等形象，再现中国人民翻身当家作主人的豪迈与铿锵。在《人民万岁》诗作中，“人民”是领袖反复提及和呼喊的主体，诗人用“创造历史的人民”“改造历史的人民”“扭转乾坤的人民”“叱咤风云的人民”等修饰，对人民创造历史和推进社会的作用给予热情歌颂——人民是历史的创造者，人民是真正的英雄。

三、朗诵视频《人民万岁》赏析

作品:名家朗诵
《人民万岁》张家声

你从韶山水田的黄色的阡陌上走来,
你从安源煤矿的黑色的巷道里走来,
……

这里,韶山水田,毛泽东的童年;安源煤矿,毛泽东的青年;后面的上海望志路、南湖烟雨楼、八百里井冈,这些具体的意象都是毛泽东革命脚步的生动缩影,诗意盎然,意象开阔!

此篇一大半的句子都采用“从……走来”这样的句式,这种重复的句式结构如果处理不好特别容易单调。但是张家声老师用他对老一辈革命家的深厚感情、稳健的呼吸、清晰有力的口齿、超强的情感控制力以及独特的语言风格非常好地在舞台上呈现了这首诗歌,给我们朗诵语言学习者提供了一个典范作品!

相信大家看完视频心情一定非常激动。张家声老师口齿清晰、呼吸自如,节奏控制张弛有度,绝不拖沓,情绪极其饱满。特别是适时使用了湖南方言,由于这样的设计基于饱满的感情和对毛主席的湖南方言浑然天成的模仿,收到了非常好的效果,在诗歌的高潮部分,充分酝酿之后,缓顿片刻,再倾力地“纵”出去!这样的结尾令观众热血沸腾、回味良久。张家声老师本身的气质与王怀让的诗歌,以及他们共有的对毛泽东等老一辈革命家的深厚情感,在这个视频作品中浑然一体。听完他的朗诵心情澎湃、余音绕梁!

单元测试(备稿播出以下稿件)

1.《生死抉择》

天还没有亮透,203路公交车司机滨子已经走在上班的路上了。今天是开第二班的车,所以时间还来得及。

雪花漫天盖地地洒下来,滨子有一些抱怨。虽然冬天的雪景很美,但作为司机,他最讨厌这样的天气。

距离单位还差两个街口,滨子却突然停了下来。在他左侧路口,一辆203路公交车摇摇晃晃,似乎正准备停下来。要知道,那可是一个十字路口,稍有一些驾驶常识的人都知道这样的天气,这样一个正值上班高峰的时候,这是哪个司机?吃了豹子胆!

滨子的心突然紧张了起来,几辆“小轿”疾驰而过,似乎为了躲避,公交车速度缓慢，看来并非为了抢道。滨子稍稍放松紧绷的神经。

还好，那辆公交车在拐过路口之后，稳稳地停在了路边。随即，应急灯闪亮起来。乘客们神色慌张，踉踉跄跄地吵嚷着下车。

出问题了！肯定出问题了！

容不得多想，滨子调转方向，加快脚步。

走到近前，看清楚车牌号，滨子知道那个吃了豹子胆的人是谁了。按理说，小兄弟何国强打进车队算起，五年了，可从来没出过任何事故，至于车，更不可能出现状况，这是全车队刚刚买进的最好的一辆车，队长就是因为最信得过他何国强，才让他驾驶来着。可今天是怎么了？

滨子有些着急……

乘客们已经全部下车。滨子迅速登车查看："小何，出了什么问题？车子怎么停下来了？"

何国强端坐在驾驶座位上一动不动，一声不吭。这让滨子有些恼火："怎么回事儿？说话呀！有啥困难有哥们儿呢！"

滨子边说边走到何国强身旁，拍拍他的肩膀还准备多说几句，却见何国强双眼紧闭，表情痛苦，身体极其僵硬地靠在椅背上。

"小何！小何！小何！"滨子方觉不对，连声呼喊，却不见何国强有任何反应……

救护车第一时间赶到。不是一辆，而是好多辆。因为，在打110的时候，何国强说：有位公交司机在车上突发急病……所以，负责的医护人员觉得事情紧急，伤亡情况可能会很严重，便及时调来了多辆救护车。不仅如此，医院方面也紧急加派人手，增加救援力度，做好了重大交通事故的抢救准备。

但是，离去的，的确只有公交司机——何国强。

经过诊断，何国强是因为突发脑干出血……医生说，脑干出血发病速度很快，甚至一两分钟之内病人就会昏迷，病人感觉非常痛苦。同时，病人在发病时，极有可能会出现头晕，视网膜模糊双影，一侧肢体瘫痪等症状……

滨子一个刚强的东北汉子，面对着众多医生护士哭得不能自已！

他说，他登上车的时候，熄火的公交车已经拉上了手刹车。也就是说，何国强在临终的时候，不仅将车安全地停在路边，打开警示灯，还拉起手刹，打开车门。这几个对平常司机来说非常简单的动作，可对于当时的何国强来说那是何等的艰难，那是他克服了身体上多大的痛苦才完成的啊！

用生命来捍卫职责，绝不仅仅是一个传说！

2. 电视新闻一组

福州电视台新闻节目《东南报道》片段：

观众朋友，你们好，欢迎收看东南报道，今天是1998年12月28日，星期一，距离中国政府对澳门恢复行使主权还有357天，首先请看这次新闻的主要内容：

在新的一年即将到来之际，福建中旅集团公司以卓著的业绩迎来了10周岁生日。请看报道：

（配片）十年前的1988年12月28日，福建中旅集团公司在福建旅行社基础上组建成立，十年来，接待海内外宾客近600万人，创营业收入47亿元，实现税利6.5亿元，多次被中国产业评价中心评为福建省旅游榜首企业。经过10年的努力，中旅集团有效地发挥了品牌优势、网络优势和主体基础较为雄厚的优势，开拓国内外旅游市场（同期声），目前福建中旅集团已经发展成为集吃、住、行、游、购物、娱乐于一体的中国南方最大的旅游企业集团之一。本台报道。

△1. 下面请看一组简明新闻：国家出入境检疫局最近公布了第三季度我国进口商品的质量情况，检查显示，进出口商品质量不合格提高了约17%。记者从昨天召开的广东企业专利工作会议上获悉，广东即将出台关于加强广东省企业专利工作的若干意见，以推动企业重视并实施专利工作，增强技术创新能力。下面请看一组来自北京、上海等地的消息：

△2. 北京台消息，一项通过检查尿液来判断是否患艾滋病的方法近日开始在我国使用。这一方法是由我国医学专家曹运真教授在世界上率先发明的。血液检测一直是判断是否感染艾滋病的主要方法，十年前，从事艾滋病研究的曹运真教授却发现感染艾滋病病毒的各种病期的病人，尿液中均含抗艾滋病病毒的抗体。此后，他又在对数千例标本检测后发现，血液和尿液的阳性率十分接近，不久前曹运真与美国合作的尿检试剂获准在全世界推广使用。据悉，这种简便易行、成本低的尿液检测法，将首先利用于我国艾滋病高发区。

△3. 上海台消息，国内首制的1236箱高速无仓盖集装箱船近日在江南造船集团公司命名下水，它标志着我国研制开发高技术含量的船舶水平再上新台阶。高速无仓盖集装箱船是世界上新一代的集装箱运输船，在我国属于首次开发建造，它长217米，宽27米，深20米，其最大的特点是船体线型设计为世界上新型的瘦削型。

△4. 好，感谢您收看今天的东南报道，我们明天同一时间再见。

本章思考题

1.什么是“十六字方针”？根据播音员性格、素养、语言功力与坚持正确播音创作道路之间的关系，结合自己的理解，谈谈正确的播音创作道路。

2.简述播音语言的特点。

3.什么是广义备稿和狭义备稿？备稿分为哪六步？

第二章 情景再现

从本质上说，播音创作是播音员对现实世界的认识和反映的实践活动。因此，认识播音创作活动中感知、感受的规律，对于播音创作来说，具有十分重要的意义。

第一节 感知觉与播音创作

授课：感知觉

一、研究播音创作的逻辑起点——感知觉

研究一门学科的理论有一个基本的出发点，也可以称之为逻辑起点。

结合马克思对《资本论》逻辑起点的确定和列宁的有关论述，逻辑起点的基本特点可以归纳为5个方面，即①起点是最抽象的东西。②起点是最简单的东西。③起点是构成体系的细胞的、元素的形式。④起点和终点是辩证统一的。⑤历史起点和逻辑起点是一致的。[①] 马克思在研究资本的时候，不用“买卖”关系、矛盾或问题作为逻辑起点，而是使用“商品”作为逻辑起点。

新闻学的理论研究过程中长期存在一种“新闻无学”的观点。“信息概念”导入中国新闻学后，解决了中国新闻学研究的三大问题：一是新闻的本质，信息才是新闻最基本的本质规定。二是“信息概念”是新闻学研究的逻辑起点，从而对其发展着的多层次内涵逐步展开，或者说，可以因此而建立一个关于新闻的具有逻辑层次的定义体系。三是使新闻学学科建构具有合法性。[②]

那么，我们研究播音创作的逻辑起点在哪里呢？

---

① 周越，徐继红：《逻辑起点的概念定义及相关观点诠释》，《内蒙古师范大学学报（哲学社会科学版）》，2006年第35卷第五期。

② 詹杏芳：《回顾新闻学的逻辑起点——以信息概念的引入为话题》，来源：中华传媒网。

我们知道，感觉是人脑通过感觉器官对外界事物的个别属性的反映，是客观事物在人脑中的主观印象，如通过视觉感受色彩、形状、大小；通过听觉感受声音；通过触觉感受温度、硬度；通过嗅觉感受气味等等。感觉是我们认识客观世界的最简单、最初级的形式，同时也是一切复杂心理活动的起点和基础。只有通过感觉，播音创作主体把握了创作客体的各种感性状貌，才可能引起更高级的认知和感受活动。

知觉是比感觉更高一级的认识形式，是人脑对直接作用于各种感觉器官的客观事物的整体的反映。它是在反映事物个别属性的感觉的基础上形成的。当人的感觉器官接触到某个外界事物时，感觉器官的神经细胞便把兴奋冲动传达到大脑形成感觉，各种不同感觉（视、听、嗅、触等）形成联系，综合成知觉的形象，即事物整体的印象。知觉的主要特点在于，它不只反映事物的个别特性和属性，而是把感觉联合成为完整的形象。要知觉一个苹果，就要感觉苹果的颜色、形状、气味等个别特征。感觉到外界事物的个别特性越丰富，对此事物的知觉也就越完整。知觉的形成往往受制于社会性因素，在一定程度上，需要由以往的经验、知识来补充，经验、知识常常影响着知觉的内容。同时，主体的主观因素的差异，也使得不同人对同一对象的知觉往往也不相同，甚至同一个人在不同时空条件下，或由于主观情结的变化，对于同一对象的知觉也可能不同。另外，知觉是受想象制约的，想象以各种联想方式加工和改造着知觉材料。因此，人对同一事物的知觉也可能不同。知觉在播音创作认知活动中具有重要意义。

播音创作从创作形态上可分为有稿播音和无稿播音两大类。而无论有稿还是无稿，它的最初的起点都是感觉和知觉。感知觉是个单纯的感念，是播音创作理论构成体系的细胞的、元素的形式，是播音创作理论研究的历史的和逻辑的起点。

二、播音感受及其特征

1. 感受

播音创作中的感受，就是“感之于外，受之于心”。感之于外，就是通过视觉、听觉感受器官，不只是感到文字、声音的存在，而是透过文字、声音的符号，感觉到这符号所代表的具体的客观事物的存在。同时，也正是由于文字、声音符号打开了现实的大门，播音员才可以接受外界的各种刺激，从而受之于心。感受，是播音员因语言符号（文字的、声音的）达于客观事物，从而接受其刺激并主动体验产生内心反应的过程。它是语言符号的生成物。但是，播音员如果无视第二信号系统与第一信号系统的内在联系，仅仅停留在字句的理解上，既不达于客观事物的现实存在，不接受其刺激，也不主动体验，毫无内心反应，那么，感受就会被抑制，字句的含义便会概念化、肤浅化。

授课:感受

2.特征

播音创作中的感受有如下基本特征。

(1)间接性与敏感性的统一

播音员有稿播音时,通过稿件文字符号感知客观事物与直接感知外在事物是不同的。这时播音员的感知带有间接性的特点。尽管文化修养和长期经验使得播音员理解文字符号含义并不困难,但是,从文字符号获得的间接刺激毕竟不如来自实物的刺激直接、可感。因此,播音员需要在文字符号面前保持一种高敏感性,使自己的感觉神经始终处于一种积极、活跃的兴奋状态。播音员不仅要善于感受来自语言符号的间接刺激,同时,还要善于以点带面,一触即发地主动体验,这样才能把物化形态的文字变成活脱的感受,并将感受引向深入。

(2)目的性与传导性的统一

播音员作为传播的中介,他的感受与一般读者不同。读者阅读,没有转达和传播的使命,因此,作为读者的感受可有可无,可深可浅,完全是一种"无意识的行为"。而播音却不同,播音员阅读稿件、准备话题和节目是为了转达,负有传播的使命。传播的目的性、使命感使他必须超越作为一般读者的心态,而向作者的心态靠拢。他必须有感受,而且必须沿着文字语言序列的指向有目的地感受,使感受具体、深化,并外化为形象、生动的有声语言,把融合着自己独特感受的作者的感受传导给受众。正因为播音员的感受是为了传导,它不能"浅尝辄止",必须不断发展、深化,达到明确的目的性和传导性的有机统一。

(3)单一性与多样性的统一

无论是有稿播音还是无稿播音,播音员对稿件的感受与演员对角色的感受是不同的。这个不同就在于感受手段、途径的单一性和感受对象、客体的多样性。演员感受角色的手段、途径是多样的:台词、布景、道具、人物之间的关系、规定情境、导演的提示等等,这些多样性因素可以使演员在一个"近似真实"的氛围中去感受、体验角色。同时,演员感受的对象又是单一的、贯穿始终的和完整的。而播音员感受的手段、途径往往却是单一的;特别是在有稿播音时只能借助自己的经验与想象去感知一个个方块字,并从这大堆文字符号的碎石里,去重构稿件作者表达的主题。同时,播音员感受的对象和客体还是多样的:不同的节目、不同的栏目、不同的稿件、不同的题材和体裁,都要求播音员做到心领神会、有感而发并"准确、鲜明、生动"地播出,这的确需要有一种特殊而又高效的感受能力。

(4)序列性与扩展性的统一

有稿播音，播音员的感受是沿着稿件文字语言的序列展开的。无稿播音，播音员、主持人边想边说，现想现说，或与对手，或与参与节目的受众沿着相互搭好的思维的阶梯攀谈，语言也是与感受相生相伴的。语言的序列有着自身的结构，体现着一种线性的逻辑的规范与严整。而语词的感知，却要有一定的形象性的扩展。没有一定的形象性的扩展，语言必将成为干巴巴的几条筋。然而，扩展又是在序列中进行的。枝蔓横生，势必干扰主干，支离局部与整体；而序列性过强，束缚了扩展的手脚，则会严谨有余，生动不足。因此，播音感受又是形象的扩展性与逻辑的序列性的辩证统一。

(5)新闻性与艺术性的统一

播音从根本性上来说是新闻性质的工作，从其所运用的有声语言手段和感受方式来看又具有一定的艺术性。另外，从播音员每天播送的大量稿件、节目来看，有的是新闻性的，有的是知识性、服务性和文艺性的。这就需要播音员在创作的感受阶段处理好新闻性与艺术性的关系，做到二者的有机统一。播新闻性内容的稿件，主持新闻性的节目，其感受的艺术性要服从于新闻事实客观、公正的要求，一般来说，感受的序列性要强于扩展性；而播文艺性等内容的稿件，一般来说，感受的扩展性可强于序列性，但还应注意感受的艺术性不能脱离传播的引导、教育、说服功能的制约。播音感受和表达的艺术性是为更好地传达新闻性内容服务的。

(6)理解性与感受性的统一

从播音创作过程来看，理解在先、感受在后，但二者又是相辅相成、相互渗透的。理解与感受的关系是：在理解的基础上感受，在感受中加深理解。不理解或理解不深会使感受偏离稿件精神实质，而感受的深浅程度又影响理解的程度和水平。理解为感受导向，感受使得理解深化。因此，播音员在创作中要注意二者的统一，不能忽视或偏废任何一方。

第二节　感受的理解与运用

播音，作为一种创造性的有声语言艺术活动，其创作中的感受不能不属于艺术感觉的范畴。艺术感觉的世界是感觉知觉的世界。对于播音艺术来说，播音员对于稿件既有一种能动的反映，同时，更表现为一种主体感应。因为反映是有限的，感应则是无限的。感应可以超越一切时空界限，可以使播音员以自己的精神主体为中介去感受现实、参与现实中各种人的情感经历。

授课:情感与再现

播音感受作为艺术感觉的"感应"方式是既诉诸感官又超越感官的。"感"是文字符号所代表的外部世界对于播音创作主体感官的诉诸(刺激);"应"则是超越感受器官的信息的积累和主动体验的因素,这就是"觉",也就是"悟性"。因此,"这种'感应'是以某个新的参照系骤然之间闪耀在人们对于生活底蕴的理解上,使感觉主体无形中得到感悟,从而悄然地完成某个精神的升华。它表现的是一种取自实在而又超越实在的感觉"[①]。那么,从这个意义上来说,播音创作中的感受也就有了审美的特征。审美的根源在于感受力,它既要服从于稿件文字所表现的外部世界的全部丰富性,又要以客观存在的无限性使人们看到"物质带着诗意的感性光辉对人的全身心发出微笑"[②]。

一、表层感触的物理场——具体感受的定位选择

1.感受的基本要素:形象感受

播音创作主体的感受首先是从对稿件、话题、节目内容的"表层感触"开始的。而语词形象的感知是播音感受的起点。形象感受是播音感受中最基本的要素。

客观事物、稿件文字作用于播音员的感官,首先引起了视觉、听觉、嗅觉、触觉、时间空间知觉、运动知觉的运动,形成一系列相应的形象的感知,这是语词第二信号系统所引起的记忆表象的运动的结果。心理学研究表明:人从外界接收的信息中,80%~90%是通过视觉获得的,听觉次之。视觉和听觉都是与认识活动关系最为密切的感官。从人类的艺术实践来看,其全部艺术形式都可以被解剖为视觉艺术和听觉艺术。而其他种类的感觉,在感觉行为和审美行为中一般只起辅助作用。

在形象感受之中,各感觉不是孤立的,而是互相联系、互相渗透、互相促进的,已经开始进入综合感知的领域。这一点在播音中极为重要,在形象感受之中,一切感知觉都处于整装待发的状态。

2.感受的结构要素:逻辑感受

在播音感受的初级阶段,播音员不仅感触到语词所代表的客观世界的形象,同时,也感触到语言序列的内在逻辑。我们把它称为逻辑感受,即播音员在播音创作过程中对文字、声音符号所反映的客观事物间的关系的主观体验。逻辑感受包括从语言序列中获得的并列感、对比感、递进感、转折感、主次感、因果感等多种感受。从表面上看,逻辑感受似乎更具抽象色彩,不如语词的形象直观可感,实则

---

① 杨建民:《艺术感觉论》,人民文学出版社1989年版,第16页。

② 马克思和恩格斯:《神圣家族》,《马克思恩格斯全集》(第二卷),第16页。

这种“逻辑”的感触在稿件文字的感受中随处可见。如：

①“因为我们是为人民服务的，所以，我们如果有缺点，就不怕别人批评指出。”

——要有一种因果关系的逻辑感受。

②“他可能有过许多敌人，但未必有一个私敌。”

——要给人以转折的感受。

从感受的过程来看，逻辑感受似乎比形象感受具有更高一级的阶段性，但是，这由文字符号、声音符号所体现的逻辑又的确是具体可感的，是能够被播音员的感官所“触摸”得到的。逻辑感受是播音员把物化形态的稿件文字串成起、承、转、合、环环相扣的有声语言的逻辑链条，是构成全篇稿件整体感受的结构性要素。只有形象感受而没有逻辑感受，播音创作就会有句无章、有点无线。

3. 感受的物理场与定位选择

按照格式塔心理学派的观点，人的感受最初接触的外来刺激，体现为物理的性质，如视觉感觉光，听觉感觉声音，嗅觉感觉气味，等等。那么，人之所以能把这些无序的、各自独立的外来刺激总结为整体性的事物，就在于人的神经系统有一种“物理场组织作用”。艺术感觉理论，把艺术家感觉的初级阶段称之为“物理场”，即艺术家最初的感觉世界与他所面对的外在世界的物理事实之间的关系。对于播音员来说，他通过文字符号接受的物理刺激与外界客观世界之间是“物理场”关系。在播音员神经系统的“场组织作用”下，播音员把得到的物理刺激知觉作为客观事物的整体。这个神经系统的“场组织作用”实质上就是播音员感觉的界限。“物理场组织作用”能力强，说明感觉界限小，感觉、感受力强，反之亦然。因此，播音员不能忽视感觉的重要性，要不断加强和提高自己从语词中获得感受的能力。

当然，播音创作主体对稿件文字语言的感受与人直接感受现实还是不同的。生活中外来的刺激是各自独立的、无序的。而文字语言对播音的可贵之处在于它造就了客观事物的整体知觉刺激，反映事物个别属性的感觉已融化于这个整体之中。这使得播音员在从文字中获得感受时，摆脱了认识客观事物的“表面的、原始的、蒙昧的、混沌的状态”。如同任何事物都具有两面性一样，稿件文字在使播音员对客观事物的认识变得相对容易的同时，也造成了感觉过程的短暂和简化。加之，文字符号表达事物的简约性、概括性、抽象性和播音创作主体长期经验对文字语言理解性的因素，往往容易造成播音员对感觉、感受的忽视和淡漠。作为播音员，只理解不感受，是不能把自己的理解全部表达出来的。

在感受的表层感触阶段，播音员就要随着稿件和话题语言序列的展开，在理解文字、声音、含义的同时，调动一切感官，“触”到语词符号所代表的客观事物——形象的、逻辑的物的存在，“感觉”要到位。没有这个“感”的形式，感受便不能深化，也就不会有生动的播音创作。

二、中层感入的心理场——整体感受的导向选择

1.具体感受的逐级整合

由稿件、话题和节目获得的形象感受、逻辑感受对播音创作主体来说是珍贵的，它使播音获得了“感”的形式，开始摆脱“无动于衷”的冷漠状态，但不能因其珍贵而徘徊不前，或以第一次感受为终极目标，看不到更高的要求。感受还应向更高深发展，这样才能巩固和深化。如果一味在最初的情景中徜徉，播音感受就只能停留在播音员感受外界现象的物理场的氛围之中，而不可能进入心理场和它的最高层次——审美场的范围。

随着语言序列的展开和对稿件、话题和节目内容理解的深入，随着对语词文字符号形象感受、逻辑感受量的积累，播音员的感受逐渐地脱离相对孤立的语词感受的材料，而逐渐进入抽象、本质、概括、整体地认识表象的阶段——中层感入。

中层感入是感受由分散的具体导向综合的整体的过程，就是播音感受由量的积累导向质的飞跃过程，就是由“感”的形式的“物理场”导向“觉”的形式的“心理场”的超越的过程。

2.双重积淀的文化心理结构与“知觉点”的形成

“心理场”，可以说意味着播音创作主体“艺术感觉”中的一种张力，它是播音员对自身宇宙的一种整体的、综合的体验。在这一阶段，由文字符号引起的物理刺激的知觉，已不是一种机械的因果关系，或者是单一的对应关系，而是一种刺激和反应相互作用的双向运动，播音创作主体在长期社会实践中形成的观念系统和经验系统双重积淀的文化心理结构，在感受的心理场阶段开始显示其巨大的作用。这一点，在许多优秀播音员出色的播音创作中都能得到证实。

例如，齐越在播送《县委书记的榜样——焦裕禄》之前，曾在山西五台县农村参加社教运动，与当地干部、农民同吃、同住、同学习、同劳动。他深切地感到，农村非常需要一个带领农民改变农村面貌的有胆有识的带头人。正是在社会实践中形成了这样的观念和实际感受，齐越在拿到《焦裕禄》的稿件之后，随着内容的展开，“一种蓄积内心的强烈播讲愿望在胸中奔涌，一年前农村生活的体验，帮助我很快就沉浸在通讯描写的情境中，想焦裕禄所想，急焦裕禄所急，流着热泪，几乎是一气呵成录完长达70分钟的通讯”[①]。因此，齐越在谈到他的创作体会时说：“播音员依据稿件进行播音再创作也需要经常深入火热的生活。一个播音员如果

① 齐越：《献给祖国的声音》，中国广播电视出版社1991年版，第86页。

没有生活的体验和感受，缺少对现实生活的真情实感，只简单地把文字变为声音，无论如何也不可能把稿件的精神实质、人物的内心世界揭示出来的。”

苏轼曾经说过：“求物之妙，如系风捕影，能使是物了然于心者，盖千万人而不一遇也。”在观念和经验双重积淀的文化心理结构的观照下，播音创作主体的感受被导向了最终的知觉位置——“知觉点”，即稿件、话题和节目内容的精神实质、整体意蕴。此时，稿件内容的结构、主题、背景、目的、重点、基调已了然于胸，局部的具体感受已开始进入全篇统摄整合的整体感受，创作的“心理期待”已开始酝酿形成。至此，播音创作主体完成了由“物理场”向“心理场”的超越。

三、深层感悟的审美场——独特感受的价值选择

1. 审美体验——播音感受对心理场的超越

播音创作主体“心理场”的建立，并不意味着感受的终结，因为艺术感觉的进程总是以它自身不断建构起来的载体走向审美自由度。尽管播音员在“心理场”知觉层次超越了物理时间和空间，使文字所反映的外在世界达到一定程度的心理化“破译”，并以此建构了相对稳定的心理知觉模型。对于“知觉点”的导向选择又使得播音员再一次获得建构审美知觉模型的内驱力，使播音感受进入了审美层次。而播音感受只有完成从“物理场”感觉到“心理场”知觉再进入“审美场”知觉的进程，才算达成了它的全部系统性。

播音感受的审美场，体现为创作主体对客观事物和文字语言刺激的主动应激及对稿件、话题和节目内容的深层感悟。这时的感受已带有审美的性质，升华成一种审美的体验。“审美体验是人类各种体验形式的最高层次，它表达了全部人类经验形式的终极经验。所有的人类艺术，都只能诞生于审美体验之中。”①对于播音员来说，审美体验意味着他对自身局限和生活表象（稿件文字反映的）的不断超越。播音员在审美体验活动中，绝不是被动地接受稿件文字，而是带着某种强烈的主动意识，通过自己独特的方式去体验，从而将稿件反映的现实客体及其价值主体化、人格化、情感化。与感觉相比，体验具有更大的主动性。因此，播音创作活动中的感受，也绝不仅仅是创作主体接受文字符号的刺激并简单地反映这种刺激的活动。而当播音员以审美体验的态度来展开他的艺术感觉，那么，这种感受活动就被赋予播音员的主观能动性，而这种在审美体验中所产生的主观能动性，能够使得播音员的感受活动呈现出一种主动性。这种主动性驱使播音员在接受客观现实和稿件文字刺激形成具体感受的基础上又主动地感受客观现实和稿件内容的意、理、情、

① 杨建民：《艺术感觉论》，人民文学出版社 1989 年版，第 348 页。

趣、蕴。在这里，具体感受已深化为整体感受，整体感受已明显地带有创作主体个体独特性的特点。独特的体验和感受产生的对稿件鲜明的态度和真挚情感，激荡着内心，物我一体、一触即发、一吐为快的创作应激状态就产生了。

2. 独特感受——播音感受的最高形式

独特感受是播音感受系统中最高层次的感受。“具体感受与整体感受中，都以稿件为依据，但不可避免地掺和着播音员个人的感知、认识、修养，那完全吻合稿件要求的，便可以称为播音员的独特感受。”[①]独特感受是播音员对稿件内容深层意蕴的一种独到的审美认识、发现和感悟能力，同时，独特感受又是独特的有声语言表达的内在依据，每一个具有鲜明创作个性的播音员，对稿件内容以及稿件所反映的现实世界都有一种不同于其他播音员的独特的感受力。

播音感受，无论是有稿播音的感受，还是无稿播音的感受都是播音创作过程中继理解之后的重要环节，是理解到表达的桥梁。在这里，我们特别强调表层感触阶段具体感受的不可忽视，它是感受深化的基础，有声语言表达的关口。播音感受，作为一个开放的系统，它的功能就在于它的整体性，因此，它一般不强调阶段性意义，而更重在整体的效应。我们的描述，之所以把它划分为三个层次，是为了更清晰地认识它的系统性，即播音感受是建构与选择的统一。

综上所述，播音感受是播音创作主体接受客观事物和稿件文字的刺激产生内心反应、体会、体验的过程。它既诉诸感官又超越感官，既来自普通感知觉又超越感知觉，它是播音创作主体对客观世界的一种“感应”方式。而这种感应方式首先必须是一种“感”的形式。这种“感”的形式是形成播音感受的发生过程的一个重要的历史和逻辑的起点。从这个起点出发，播音感受将走通三级台阶：表层感触的物理场—中层感入的心理场—深层感悟的审美场，从而跨向它的“觉”的形式——“悟性”形式。至此，播音感受的“感应”方式才得以完整实现。

第三节　情景再现

一、情感的引发与聚积

1. 情感的特征

什么是情感？情感就是人们对与之发生关系的客观事物的态度的体验。不

---

① 张颂：《播音创作基础》，北京广播学院出版社1990年版，第43页。

同体验，是以人的不同的态度为转移的，因此情感和情绪是人对客观事物的态度的一种反应。如报道科研成果、生产捷报、发现大型金矿或宣传各条战线上的英雄人物的业绩等等，这就使人产生兴奋、喜悦、赞颂等情感的体验；那些虐待孩子、赚昧良心钱的行为等则使人产生不满、愤恨、谴责等情绪的体验。可见，情感与态度有关。人在社会生活中总是会同客观世界的许多事物发生关系。

人对于客观事物和自身状况持有肯定或否定的态度还不够，必须是由这种态度引起的以个体的某种生理感觉为特征的体验，并导致心理的一系列反应。

感情有三种属性，即强度、持续时间和性质。

强度是一种尺度，如"略觉愉快""愉快""很愉快""非常愉快"，情感由弱到强。

一种感情状态可以延续短时间或长时间。短的，可以是瞬间、暂时性的；长的，一种心境可以持续几天。

情感强度属性又派生出强度差异的情感状态。那么它们的特点又是怎样的？

激情状态：一种强烈而具有暂时勃发性的情感或情绪，它能在瞬间爆发出巨大的情感能量。播音创作中的激情是指积极的能给人以动力的激情，在生理和心理上的特征是心跳呼吸都有明显变化，表现出高度的活跃或抑制，注意力也处于高度的集中状态。

心境：一个人在某一段时间内所具有的一种持续性和一般性的情感或情绪状态，往往以同样的情绪状态看待一切事物，此时的许多心理活动都染上这种情感色彩。它的情感能量强度小，是弥漫性地平淡地溢出的情绪色彩。它来自对生活的长久的潜移默化的感受，取决于自己的立场观点，它不指向于确定的事物。具有宽泛性，更容易带有普遍性，良好的心境对于创造是很重要的，要学会驾驭心境。

热情：对一定事物而生的某种深厚、坚定的情感。它目标明确，有冲动感，急欲发泄而后快。它的满足过程常常伴随着意志活动。

情感的性质：人的情感复杂多样，可以从不同的观察角度进行分类。由于情感的核心内容是价值，人的情感主要应该根据它所反映的价值关系的运动与变化的不同特点进行分类。

第一，根据价值的正负变化方向的不同，情感可分为正向情感与负向情感。正向情感是人对正向价值的增加或负向价值的减少所产生的情感，如愉快、信任、感激、庆幸等；负向情感是人对正向价值的减少或负向价值的增加所产生的情感，如痛苦、鄙视、仇恨、嫉妒等。

第二，根据价值的强度和持续时间的不同，情感可分为心境、热情与激情。心境是指强度较低但持续时间较长的情感，它是一种微弱、平静而持久的情感，如绵绵柔情、闷闷不乐、耿耿于怀等；热情是指强度较高但持续时间较短的情感，它是一种强有力、稳定而深厚的情感，如兴高采烈、欢欣鼓舞、孜孜不倦等；激情是指强度很高但持续时间很短的情感，它是一种猛烈、迅速爆发、短暂的情感，如狂喜、愤怒、恐惧、绝望等。

第三，根据价值的主导变量的不同，情感可分为欲望、情绪与感情。当主导变量是人的品质特性时，人对事物所产生的情感就是欲望；当主导变量是环境的品质特性时，人对事物所产生的情感就是情绪；当主导变量是事物的品质特性时，人对事物所产生的情感就是感情。

第四，根据价值主体的类型的不同，情感可分为个人情感、集体情感和社会情感。个人情感是指个人对事物所产生的情感；集体情感是指集体成员对事物所产生的合成情感，阶级情感是一种典型的集体情感；社会情感是指社会成员对事物所产生的合成情感，民族情感是一种典型的社会情感。

第五，根据事物基本价值类型的不同，情感可分为真假感、善恶感和美丑感三种。真假感是人对思维性事物（如知识、思维方式等）所产生的情感；善恶感是人对行为性事物（如行为、行为规范等）所产生的情感；美丑感是人对生理性事物（如生活资料、生产资料等）所产生的情感。

第六，根据价值的目标指向的不同，情感可分为对物情感、对人情感、对己情感和对特殊事物情感等四大类。对物情感包括喜欢、厌烦等；对人情感包括仇恨、嫉妒、爱戴等；对己情感包括自卑感、自豪感等。

第七，根据价值的作用时期的不同，情感可分为追溯性情感、现实性情感和期望性情感。追溯性情感是指人对过去事物的情感，包括遗憾、庆幸、怀念等；现实性情感是指人对现实事物的情感；期望性情感是指人对未来事物的情感，包括自信、信任、绝望、期待等。

第八，根据价值的动态变化的特点，可分为确定性情感、概率性情感。确定性情感是指人对价值确定性事物的情感；概率性情感是指人对价值不确定性事物的情感，包括迷茫感、神秘感等。

第九，根据价值的层次的不同，情感可分为温饱类、安全与健康类、人尊与自尊类和自我实现类情感四大类。温饱类情感包括酸、甜、苦、辣、热、冷、饿、渴、疼、痒、闷等；安全与健康类情感包括舒适感、安逸感、快活感、恐惧感、担心感、不安感等；人尊与自尊类情感包括自信感、自爱感、自豪感、尊佩感、友善感、思念感、自责感、孤独感、受骗感和受辱感等；自我实现类情感包括抱负感、使命感、成就感、超越感、失落感、受挫感、沉沦感等。

七情按《礼记》的观点指喜、怒、哀、惧、爱、恶、欲，按儒家的说法是喜、怒、哀、惧、爱、恶、欲，按佛教的说法则是喜、怒、忧、惧、爱、憎、欲，而医家的七情是喜、怒、哀、乐、爱、恶、欲。

情感的属性和形态在播音创造中往往是综合体现。一般的创作热情必须有，心境也得具备，而激情的运用则因人因内容而异。

2.情感的引发过程

情感，是更高一级的心理体验，这种体验比感受更深刻，是感之于外、受之于心的更积极、更炽热的反应。同时，情感也反映着态度的差异，反映着感受的凝聚，但更具外射功能和主观特征。一个优秀的播音创作者，应该使自己的感情处于一种积极的运动状态，同稿件的人物同呼吸、共命运、同喜共忧、同笑共哭，才能深深打动听众。

列夫·托尔斯泰谈到情感时指出："人们用语言互相传达思想，而人们用艺术互相传达情感。"既然如此，从播音心理学的角度把感情要素加以探讨，就非常有必要了。播音作品要唤起听众、观众的情感反应，当然也必须合乎人们在生活中的情感的动态常势，并把这种常势——情感活动的一般趋向、一般规律作为播音形态的趋向和规律。

(1)情感的积累

情感的积累是由弱到强，由单一到复杂的，这是最常见的情感变化方式。

例稿《草地夜行》中"红小鬼"的感情就是经历了由疲惫不堪到不爱理睬到逐渐有好感、亲近到对老红军由衷地钦佩；当老红军陷进泥潭时，"红小鬼"的情绪焦急万分，继而悲痛一化悲痛为力量，情感一步步推进，由弱到强，由单一到复杂，在变化中感情发展到顶点。基于情感变化的这一趋向规律，播音感情常经历这种积累蓄积的动态常势。

如果没有这种积累，就没有情感的动态美。播音员每天报道各条战线上的先进人物和事迹，其中含有丰富的情感。如果播音员的感情世界贫乏，就犹如缺少动力系统的机车，寸步难行，这样的播音必定淡而无味。只有通过稿件文字词句的概念及其运动的刺激，才会迅速让全部的外在感官和内在感官都调动起来，全身心地激活起来、运动起来，从某种意义上讲这是完成整个播音创作的心理准备，又是播音创作的动力源泉。

(2)内心的感受

感受是播音员因语言符号达于客观事物从而接受其刺激产生内心反应的过程。播音中的感受是指通过词句文字的概念及其运动的刺激，引起我们对客观事物的表象联想和想象、体验的过程。这种由文字引起的相关事物的表象是播音员思想感情运动的初级阶段，初步产生的感受是可贵的，在播音创造中能起到某种契机的作用，它使我们脱离了冷漠状态。但不能就此止步，而应细嚼慢咽，反复琢磨，使初步印象向更准确、更深刻、更丰富过渡，以便深入领会，它的作用不仅表现在理解作品方面，而且还表现在从理解到表达的很长的过程中的桥梁作用。

感受含有先天的因素，又是一个自然积累、潜移默化的过程。有人做过试验，同时给两个人讲述鬼的故事，过后，阅读过蒲松龄的《聊斋志异》的人在复述关于鬼的描述时增加了许多枝节；而另一位在复述中却大为简化了。可见，知识的积累、生活的经验都对不同人的感受起着制约作用。同样一篇稿件，给不同播音员播读，思想深度会不同。有些人只能进行字表肤浅的理解，有些人却能精细灵动地感受其内蕴，播得情真意切。这都取决于他们是否具有自主积累的经验和能力。

播音员对作品的感受首先取决于作品语言的形象性，文字语言所具有的形象性，是思想感情给人以感染力的明显因素。在形象感受中只要语言符号引起刺激，播音员对此有敏锐的感受，体验就会一触即发，媒介仿佛已经被赋形了，一看到这些文字，一种情感就激荡着内心，情不自禁地犹如喷泉涌出。

事实上，每篇稿件都离不开逻辑感受和形象感受，前者是稿件的脉络和神经，后者是稿件各段的扩展和血肉，只是在不同稿件中，两者各自显示的作用有所不同罢了。它们都是从具体稿件的具体环节上产生，都属于具体感受。而要达到感受的深化，就要超越具体感受，进入整体感受，使内容和形式达到完美统一。若没有感受，对稿件无动于衷，超然脱俗，就传达不出稿件的精神实质，甚至违背稿件的播讲目的。

3.情感的强化过程

视觉、听觉、触觉等不同的感官越是被充分地调动起来，以接受和传入信息，它们所形成的情感合流就越强有力。在播音感情的表达中，这种情感活动的能量在积累中不断增强，成为大脑皮层上的优势兴奋中心。凝聚强化的办法是多种多样的。而逆向强化是指由强化条件所唤起的情感，其性质与被强化的情感性质相反，但由于被强化情感的优势地位，与之相反的强化情感不仅没有削弱它，反而对它起到了强化作用。

以列举的《草地夜行》看，一方面是干粮吃光了，皮带也都煮着吃了，空着肚子继续往前走，“红小鬼”疲惫地恨不得“在稀泥地上躺一会儿”，后来从军部走回来找掉队小鬼的老红军帮助小鬼把枪扛过去往前走，一会儿又落下一大段，老红军不容分说，背起“我”往前走……老红军被可恶的草地夺去生命，以这一逆向强化，一下子把感情凝聚到饱和点上。“红小鬼”此时的情绪着急悲痛，老红军为了保存他而宁愿牺牲自己。老红军这种舍生忘死的崇高革命精神激励着他，“红小鬼”虽然疲惫不堪，但一想到老红军的形象，他内心凝聚的这股力量就使他再一次地坚强起来，“我抬起头，透过天边的风雨，透过无边的黑暗，鼓起勇气，迈开大步向着部队前进的方向走去”。这就是神经活动的兴奋与抑制过程的相互诱导，即兴奋过程的激励作用可以使抑制过程加强，抑制过程的激励作用也可以使兴奋过程加强。在这相互诱导中，情感就被强化了、凝聚了。

4.情感的触发过程

情感在不断的积累中被强化，播音员的思想感情在一步步地运动着：一方面，播音员要调动起一定的情感经验，另一方面，要点燃触发点，使感情在积聚的基础上点燃起来。这触发点必须具有能够引起播音创作主体的一定态度，它越是唤起创作主体的强烈愿望，就越为情感活动提供动力。

情感也是一种态度的体验，齐越同志在分析理解稿件时，由表及里，十分注意挖掘先进人物身上的本质特征。表达时做到想人物所想、急人物所急、恨人物所恨、爱人物所爱，与之同呼吸共命运，从而深深地感染了听众，产生了感情的共鸣。在凝聚的感情基础上找到触发点，使之燃烧起来，此时的情感状态在生理上和心理上都表现出明显的激情特征，如心跳的变化、呼吸的变化、肌肉活动的变化等，心理活动的高度活跃、注意力的高度集中就是处于一种激情状态，它能在瞬间爆发巨大的情感能量。

从以上所举的例子已经可以看出，感情经过积累、感受强化的过程，实则在凝聚。“蓄之既久，发之愈烈”，情感集中凝聚形成了焦点，已达饱和状态，此时播讲目的也将成为触发点使其爆发。此时的触发点是容易寻觅的。

情感的唤起过程通常抒情类稿件居多，唤起过程是你中有我，我中有你，互相融合，很难清晰体现阶段性。

二、情景再现的概念

普通心理学告诉我们，联想是回忆的一种常见的形式，它反映了事物的相互联系；想象是在头脑中改造记忆中的表象而创造新形象的过程，也是对过去经验中已经形成的那些暂时联系进行新的结合的过程。这就是说，联想是回忆性的，想象是创造性的。想象有创造想象和再造想象两种。

创造想象：不依据现成的描述而独立地创造出新的形象；文学家的作品是创造想象的产物。

再造想象：根据词的表述和条件的描绘（图样、图解、说明书等），在头脑中形成这一事物的形象。人们通过语言获得的作品中的形象只能是再造想象的产物。

播音中的想象又是怎样的情形呢？

播音员不能没有想象，而且要比一般人具有更丰富的想象力。但稿件的确定性使播音员的想象不能任意驰骋，必须以符合稿件的需要为前提，以稿件提供的材料为原型。稿件已经规定了想象的目的、想象的性质、想象的范围、想象的任务。尽管在具体性上不会与稿件完全吻合，但再造想象的特点是明确的。

任何一个读者都可以从作品中进行再造想象。在再造想象时，以读者的情况为转移，或无动于衷，或涕泪横流，或看完了事，或推敲再三，可与作者意图相同，也可相异；读者不可能以传播为己任，作品的社会效果到此已经中止。仅此看来，读者的再造想象作为一种心理过程随着作品的终篇，也就完结了。

播音员在准备稿件过程中，不能混同于一个普通的读者，不能采取“自由主义”的态度。播音员在自身工作过程中的感受、态度、感情是一回事，从稿件中获得的感受、态度、感情是另一回事，二者统一于播音员的内心体验中。不过前者以忠于职守为核心，后者以依据稿件为原则。播音员对稿件的开掘和驾驭，完全是为了播出，为了让受众接受。于是，播音员的再造想象有着自己鲜明的特点，我们认为，“情景再现”是播音员再造想象特点的恰当概括。

稿件中的人物、事件、情节、场面、景物、情绪……在播音员的脑海里像电影那样，形成连续的活动的画面，同时，这画面是带有播音员的感受、态度、感情的，带有稿件本身蕴涵着作者的感受、态度、感情及播音员因此而产生的评价体验的“映象”。也就是说，从播音员理解和感受稿件中，不但感受到了内中的形象——“景”，而且感受到了内中的神采——“情”，从而达到了情景交融的境界。这个过程是运动的，不是静止的；是融合的，不是孤立的，我们就叫它“情景再现”。

稿件包含的情景，是作者对生活素材加以提炼、概括而成的，对生活来说，稿件是一种“再现”；播音员的播音，是把稿件中的情景再现出来的过程。在这一点上，也可以说是播音员对生活的再现。正因为如此，车尔尼雪夫斯基才指出：“再现生活是艺术的一般性格的特点，是它的本质。”

我们并不满足于这种一般的“再现”，而是更具体地考察播者员是怎样再现的。播音员的情景再现，由内部语言引起和制约，在语言内容的发展中，播音员的情景再现也随之发展。不论是纵向序列和横向扩展，都不能游离于语言之外。不必显示自己“视通万里”的能力，但一定要展现自己“登山则情满于山”，“眉睫之前，卷舒风云之色”的本领。

情景再现，以情为主。脑海里有了活动的画面，这只是一个方面，更重要的方面是伴随着画面引发出具体的态度、感情。我们的目的是通过情景再现促使思想感情进入运动状态，达到播讲目的。[1]

三、情景再现的步骤

情景再现，是指播音员为把稿件准确生动地再现给听众、观众，而采取的迅速调动情感的一种手段。这是一种联想想象活动，是以稿件提供的文字为根据，展开再造想象，使稿件中的人物、事件、情节、场面、景物、情绪等在播音员脑海中不断浮现，形成连续的活动的画面，并不断引发相关的态度和情感的过程。

情景再现当然不是被动的自然物。它必须依靠播音员的主动进取，其过程大略如下。

1. 理清头绪

我们脑海里那连续的活动的画面开头是什么？接下去怎么变化？以后又怎么发展？结果是怎样的？哪里是横向扩展的？怎样扩展？详细到什么程度？哪里是重点的“特写镜头”？哪里是较为粗疏的“远景”“全景”？哪个“镜头”大笔勾勒，哪个镜头是工笔细描？这些要心中有数，不可走过场，也不可陷进去。这是情景再现的基础，其中的理解、感受稿件的成果是不言自明的。

2. 设身处地

要把稿件所叙述、描写的一切作为亲眼所见、亲耳所闻、亲身所历，进入具体的事件、场面中去，不能袖手旁观、闭目塞听。置身其中，并不是“忘乎所以”，而是处于情理之中。设身处地主要是获得现场感。现场的环境、气氛等也能同时感受到，虽然不同于戏剧中的“我就是”，但应该像是“我就在”，这对于情景再现极为有利，对于掌握区别于“扮演”，区别于“旁白”的“转述”，也是很有好处的。

稿件中的情景，有的是我们亲身经历过的，如欢庆节日等，有的恐怕大多数人是没有经历过的，如火山爆发等。在没有经历过的情景中，有的是与经历过的有些相似，有的是见所未见、闻所未闻的。由于一个人的亲身经历毕竟是非常有限的，世间的事物不可能都知都懂，所以，我们要借助现代化的手段，增长自己的见识。深入社会，深入生活，开阔视野，博闻强记，在观察、体验、分析、积累中，提高自己设身处地的能力，提高自己透过文字语言加深形象感受的能力。

3. 触景生情

当某种生活图景在脑海里浮现时，我们一定要作出积极的反应。稿件是写情于景的，我们就要触景生情。只有景，是不可能达到情绪的彼岸的。

---

[1] 张颂：《播音创作基础》，中国传媒大学出版社2004年第2版，第61～65页。

授课：情景再现的步骤

触景生情是情景再现的核心。“情绪记忆”对于类似情绪的借助是有用的，但记忆中的情绪容易消逝，借助起来容易空泛，总不如触景生情来得具体、实在，对播音员来说，临时翻检记忆的仓库，不大便捷。我们特别强调“积极的反应”，那是一种“水到渠成”的心理机制。在毫无准备的情况下，一个具体的“景”的刺激，马上引起我们具体的“情”而又完全符合稿件的要求，这不是“心血来潮”，而是在刹那间动员了全部经验积累和张开了全部认识神经达到的“顿悟”。这种境界只有通过刻苦的训练才能达到。

4. 现身说法

既然稿件中的情景始终是“我就在”，那么，把这情景再现的过程转述出来，正是播音员始而有意、继而实现的责任。播音员头脑中再现了稿件中的情景，经过自己的消化吸收，加工制作，使受众产生某种情景的再现，从中受到感染，才算完成了自己的任务。

在通过情景再现，使思想感情处于运动状态的过程中，有三个问题需要注意：

第一，必须以播讲目的为中心，避免为“情景再现”而“情景再现”的现象。在情景再现的运用上，要因主次、详略而不同，粗放时不失点染，细密时不宜庞杂。那种不顾播讲目的，不放过任何“情景再现”的机会，大搞“情景再现”的展览的播音，是不足取的。

第二，在为播讲目的服务的主要情景上，要学会用自己的经验、经历去补充和丰富，也可以用间接的经验、耳闻目睹的情况去补充和丰富，使情景更逼真。也就是说，那“景”就是稿件所描述的“景”，那“情”也是因景而生的具体的“情”。播音员要善于抓住情景的特点，然后生发开去，才会有“神来之笔”。

第三，在备稿时，在深刻理解、具体感受的过程中，在目的明确、感情深化的过程中，情景再现可以达到细致入微的程度，可以占用比较长的时间。稿件中仅仅是画龙点睛的几句话，我们却可以有丰富的情景再现。这样，在我们的头脑里便能留下深刻的印象。这时，我们要善于捕捉那“牵一发而动全身”的“一发”，以利于在话筒前播出时以点带面。在播音时，只需要重新唤起备稿时的具体感受，甚至只需要抓住某一点的感受，引起思想感情的运动就可以了，而不要把备稿时的那么细致、那么长时间的情景再现过程重复呈现一遍。我们的情景再现，由语言引发出来，还要浓缩到语句中去，不让思想感情的运动线中断、游离或停滞。

就稿件所叙述的事件过程、时间、空间的推移来说，播音中有声语言的表现与现实情况是不同的。有时，现实生活中一秒钟的事，有声语言可能要用数分钟表现,如心理描写、深思遐想等,对这样的内容,播音时要求细腻,初学者往往容易匆忙、粗糙。我们也需要注意另外的情况,即现实生活中具体过程时间较长,而我们用有声语言表现时,却显得短促得多、迅疾得多,以表现迅疾和惊险,不可机械地将“景”做真做细,忘了稿件的主旨和目的。

第四节 情景再现部分的实训安排与回课记录

例稿分析

根据小说《丰碑》改编的微型小说《军礼》是一篇朗诵佳作,曾打动过千万个观众,震撼过千万个心灵。该文写的是发生在红军长征路上的一个故事,在“气温骤然降到零下30多度,把温暖和希望都降到了最低限度”的情况下,红军军需处长把生留给了战友,却把死留给了自己。这是一曲悲壮的哀歌,也是一曲英雄的赞歌。《军礼》篇幅虽短,却情节曲折,具有悬念,扣人心弦。文章本身的思想性、艺术性为我们播送好这篇作品提供了基础保障。

军 礼

鹅毛般的大雪,在铅色的天空中飞舞着、飞舞着,天很沉重,风很沉重,雪很沉重。

一支由军长亲自率领的红军队伍,冲破了枪林弹雨的围追堵截,艰难地行进在茫茫的风雪中。气温骤然降到零下30多度,在这片把温暖和希望都降到了最低限度的风雪中,只见那红色的帽徽,像一颗颗火种在闪闪地跳动、跳动着……

突然,队伍停了下来,有人喊:“前面有人冻死了!”军长一震,疾步朝前走去……在一棵高大的松树下,一位战士背依着树干,坐在雪窝里一动也不动。他的左手夹着半截子用树叶卷成的烟,小心地放在胸前,仿佛在最寒冷的时刻还在渴望着一支烟的温暖,他的右手握着一个小纸包,脸上还挂着一丝已经冷却了的笑容。军长忍住心头的悲痛打开了纸包,一颗红红的小辣椒跳进了军长的眼帘,这是辣椒吗?不,在最寒冷的时刻这是温暖,这是希望,这是生命啊!军长的眼睛湿润了,他用颤抖的手轻轻拂去战士肩头的积雪,突然,他惊异地发现,那战士穿的是那样的单薄,单薄得如同一张纸裹着他瘦弱的身躯。“棉衣呢?为什么没发给他棉衣?!”军长火冒三丈,两眼发红,大声吼道:“军需处长呢?”警卫员呆呆地望着军长

作品:《军礼》
于芳播送

愣住了。“给我找军需处长!”还是没有人应声。“快!给我去找军需处长!”警卫员再也忍不住了,说:“报告军长,他就是刚任命的军需处长……棉衣不够了,每人发的御寒辣椒他都没舍得吃一口……”

军长愣住了,他望着雕像般的军需处长,眼泪不由得流了下来。他用仅有的几根火柴慢慢地点燃了军需处长手中的半截烟,又把那颗红辣椒高高地举过头顶,就像举起一把火炬照耀着前程。在这火炬下,一只又一只右手在缓缓地举起。军礼是那样的庄重!

狂风呼啸,如同一曲悲壮的歌曲,在雪地的上空久久、久久地回荡。

下面就从“情景再现”以及用声和表达的其他技巧方面做个简单的分析:

这篇文章以叙述语言为主,叙述语言应使用本人的自然声区(中声区)。

人物语言应依据人物的年龄、性别、性格、身份等因素来确定。

军长:用声应稍靠后,气息深厚扎实,多用低声区共鸣(胸腔共鸣),说话坚实有力。

警卫员:声音稚气、靠前,气息较浅,宜用克制的痛哭来处理。

第一自然段是环境描写,类似于电影中的环境确定镜头,起到烘托气氛的作用;这一段应该先出内心视像,运用想象力唤起内心视像即看到眼前昏暗的天空、狂风摇曳的枯树、满天飞舞的大雪,在看到这一切后再用凝重沉缓的声音说出第一自然段的内容。

第二段主要点明了人物和他们所遇到的困境及存在的希望。语气应凝重、低沉。联想到战场上的各种行军状态,“冲破了……围追堵截”语速要稍快,“艰难地进行在……风雪中”语速渐慢。“只见那红色的帽徽……跳动着”眼前仿佛看见严寒风雪中的队伍,看见帽徽和战士们挂满霜花的眉睫。

第三段,写的是被冻死了的红军战士。

“前面有人冻死了”宜以“喊的人”的口气出现,语调应上扬、拖长,用声要虚一些,造成一种声音由远处传来的感觉。喊声过后,语速转疾。接下来运用内心视像看到背依树干的军需处长……先全身,再左手的烟,右手的纸包,最后移到“挂着一丝已经冷却了的笑容”的脸上。“一颗红红的辣椒”带着惊讶的轻柔的心疼的语气。“这是辣椒吗?……这是生命啊!”语势渐强、语调扬起,掀起一个小高潮。叙述语言“军长火冒三丈,两眼发红,大声吼道”,语速加快。三声“给我找军需处长!”根据对当时情景的联想和感受,应使用不同的处理方法:第一次的语气是愤怒而沉重带着急切;第二次的语气提高一些带着“怎么还不去找”的责怪;第三次是怒不可遏,情绪爆发。“警卫员再也忍不住了,说”,语速渐快。警卫员的话应使用克制的哭来处理，这里是本文的又一个小高潮。

第四段是对军需处长的哀悼，是全文的高潮。由哀悼内容的不同引起节奏、语速、语调、语势的变化。“点烟”语调低沉，语速轻缓；“举起红辣椒”语调上扬、语速转疾；“敬礼”一段：“紧接着一只又一只右手在缓缓地举起、举起……”语调凝重、语速沉缓。

第五段：情景交融，与第一自然段相呼应，烘托出“军需处长”牺牲的悲壮。这一段语气凝重、沉稳。情景视像是镜头渐渐拉出，渐远，语调是令人回味、感叹的。

实训稿件(提示与回课)

1.《瓦尔登湖》片段 亨利·戴维·梭罗

一个湖是风景中最美、最有表情的姿容。它是大地的眼睛；望着它的人可以测出他自己的天性的深浅。湖所产生的湖边的树木是睫毛一样的镶边，而四周森林蓊郁的群山和山崖是它的浓密突出的眉毛。

作品：《瓦尔登湖》浙工大播音系2018级钱欣晨2021级刘若瑶作业

在这样的一天里，九月或十月，瓦尔登是森林的一面十全十美的明镜，它四面用石子镶边，我看它们是珍贵而稀世的。再没有什么像这一个躺卧在大地表面的湖沼这样美，这样纯洁，同时又这样大。秋水长天。它不需要一个篱笆。民族来了，去了，都不能玷污它。这一面明镜，石子敲不碎它，它的水银永远擦不掉，它的外表的装饰，大自然经常地在那里弥补；没有风暴，没有尘垢，能使它常新的表面黯淡无光；这一面镜子，如果有任何不洁落在它面上，马上就沉淀，太阳的雾意的刷子常在拂拭它，这是光的拭尘布，呵气在上，也留不下形迹，成了云它就从水面漂浮到高高的空中，却又立刻把它反映在它的胸怀中了。

实训提示：注意远景和近景的语气变化，叙事与描摹、抒情与议论的基调把握。

回课记录

2.《荷塘月色》片段　朱自清

作品:《荷塘月色》
林如、康辉演播

月光如流水一般,静静地泻在这一片叶子和花上。薄薄的青雾浮起在荷塘里。叶子和花仿佛在牛乳中洗过一样;又像笼着轻纱的梦。虽然是满月,天上却有一层淡淡的云,所以不能朗照;但我以为这恰是到了好处——酣眠固不可少,小睡也别有风味的。月光是隔了树照过来的,高处丛生的灌木,落下参差的斑驳的黑影,峭楞楞如鬼一般;弯弯的杨柳的稀疏的倩影,却又像是画在荷叶上。塘中的月色并不均匀;但光与影有着和谐的旋律,如梵婀玲上奏着的名曲。

实训提示:利用视觉、听觉还原文字的情景,充分运用声音的虚实、轻重、色彩恰当地再现这番景色与心情。

回课记录

3.《二十世纪末的一个黎明》片段　韩春旭

你身体所有的部位给予我的都是惊喜。你的手指透明得像粉红色的虾壳瓣,小脚跟我的一个手指一样长,你的小头发黑亮亮的,眼底清澈得像蔚蓝的海洋……你贪婪地吮吸着:当你吃不饱的时候,你不顾一切地将啼哭扩大到震耳欲聋的程度,两只握紧的小拳头,在空中愤怒地打来打去;吃饱了,你含着最纯粹的笑,安然地睡去。

实训提示:充分感受由文字描写带来的感官刺激,调动对可爱的婴儿的视觉、嗅觉、触觉等感觉记忆,体验感同身受,继而上升为态度和评价,贴近播讲目的。

回课记录

4.《一生》片段　莫泊桑

什么也不能教她暖过来；她的脚冷得发木，从小腿直到臀部都发着抖，使她不停地翻来覆去安不下心，神经焦躁到极点了。

作品：《一生》片段浙工大播音系2018级王默菲作业

不久，牙齿咯咯作响；两手发抖；胸口紧压得难受；心怦怦地跳得很慢，有时简直像停止跳动了；嗓子仿佛就要喘不上气来。

难以抵挡的寒冷一直透入她的骨髓，同时她精神上也产生了一种极度的恐怖。她从来没有过这种感觉，从来没有这样地受到过生命的威胁，简直就只剩下最后一口气了。

实训提示：调动记忆中对寒冷的感觉印象，注意呼吸和肌肉的压抑与紧张的感觉唤起，气息低沉。

回课记录

5.《海棠花》片段　张雪玲

1961年周总理去日内瓦开会。因为他生平最喜欢海棠花，4月间，海棠花盛开时，邓大姐就把花压在书中，托人去日内瓦时带给他。邓大姐说，恩来同志那时工作十分繁忙，顾不上回答我，就让秘书同志压了一朵芍药带回来。大概是因为日内瓦的芍药和我国芍药差不多吧，后来，恩来同志回北京时又把那枝海棠花带回来了，邓大姐用一张纸衬托着，把它们都放在一个镜框里挂起来，人们看见了，都以为是幅油画呢。

实训提示：阅读全文，具体感受周恩来与邓颖超的热烈绵长的爱情以及他们的朴素的表达方式。充分理解“海棠花”的每次出现和意蕴，并且深情表达。

回课记录

6.《妞妞——一个父亲的札记》片段　周国平

做父母的都知道，世上没有比孩子更让人牵挂的了。现在我又成了一个没有孩子的人，又好像回到了无牵无挂的岁月。

对于死者，我们不复牵挂，只是怀念。

然而，我怎么能把你想象成一个死者，我对你的怀念多么像一种割不断的牵挂。

那天夜晚，是我亲手抱着你的小尸体，给它裹上殓尸布，放进了医院太平间的冰柜里。在踏上归途的瞬间，我突然惊恐地想到，你被孤单单地遗弃在永恒的黑暗中了。你那么弱小无助，从未离开过爸爸妈妈，我们竟让你一个人出远门，你那双还没有学会走阳间的路的小脚丫，竟要独自去走那条阴森的冥路了。

这些天，妈妈连日不眠，流着泪对我说："妞妞不知怎样了，我们去看看她，好吗?"

我明白了，世上没有什么东西能割断父母对孩子的牵挂，连死亡也不能。这牵挂的线团系在你的远逝的小躯体上，穿透生死的壁垒，达于另一个世界。我们明知你不复存在，仍然惦记你犹如惦记一个失踪的游子。

实训提示：阅读全文，充分理解作者写作此书的用心。利用相似的失去亲朋爱友的经历感受其丧女之痛，以充沛的感情再现这段父爱的深沉与凄美。

回课记录

7.小说《活着》序言 余 华

我不知道应该怎样来解释这一部作品,这样的任务交给作者去完成是十分困难的,但是我愿意试一试,我希望韩国的读者能够容忍我的冒险。

这部作品的题目叫《活着》,作为一个词语,“活着”在我们中国的语言里充满了力量,它的力量不是来自于喊叫,也不是来自于进攻,而是忍受,去忍受生命赋予我们的责任,去忍受现实给予我们的幸福和苦难、无聊和平庸。作为一部作品,《活着》讲述了一个人和他的命运的友情,这是最为感人的友情,因为他们互相感激,同时也互相仇恨;他们谁也无法抛弃对方,同时谁也没有理由抱怨对方。他们活着时一起走在尘土飞扬的道路上,死去时又一起化作雨水和泥土。与此同时,《活着》还讲述了人如何去承受巨大的苦难,就像中国一句成语:千钧一发。让一根头发去承受三万斤的重压,它没有断。我相信,《活着》还讲述了眼泪的广阔和丰富;讲述了绝望的不存在;讲述了人是为了活着本身而活着,而不是为了活着之外的任何事物而活着。当然,《活着》也讲述了我们中国人这几十年是如何熬过来的。我知道,《活着》所讲述的远不止这些。文学就是这样,它讲述了作家意识到的事物,同时也讲述了作家所没有意识到的事物,读者就是这时候站出来发言的。

余 华

北京:1996 年 10 月 17 日

实训提示:阅读小说全文。注意第一人称的表达方式,发自内心的语气。陈述自己的观点、感受。语气自然含蓄。

回课记录 ________________________________

____

____

____

8.上海东方电视台《东视新闻》一条

(导语)进入数九严寒,上海气温也降到了零度以下,谈起上海动物园,人们也许会说那里的动物们也该进入冬眠状态了吧,是不是这样呢?请看东视记者在上海动物园拍摄到的情况。

最应该冬眠的是两栖爬行类动物,可一走进爬行馆,就仿佛来到了热带雨林。乌龟、扬子鳄在温水里、浅滩上悠然地爬来游去,眼镜王蛇仍然不失其王者威严,虎着头颈、吐着信子。略小一号的眼镜蛇也吵吵闹闹，斗个不停。小白鼠身在笼中，却好像还不知道自己马上就要成为别人的一顿美餐。

这条长 8 米、重达 60 公斤的大蟒怡然自得地攀上树杈，睡起了午觉。而翻飞的蝴蝶出现在这寒冬腊月，不能不说是个奇迹。上海动物园的科研人员经过努力，已经成功地进行了玉株凤蝶的冬季繁殖，这些美丽的蝴蝶已经繁殖好几代了。水族馆里更是一种热带海洋的风光，斑斓的玳瑁与彩绸般的鳗鲡在水中翩然共舞。看到这些海龟流动的矫健身姿，谁能想到它们都是些重达 100 公斤的家伙呢。今年上海动物园着重加强了园内的保温工作，有些馆内的温度甚至达到摄氏 30 度，难怪这些本该昏昏睡去的家伙忘记了寒暑。

1997 年 1 月 10 日

东视记者报道

实训提示：导语应以自然热情的口语方式过渡到新闻主体。可将第二、第三自然段设计为新闻的画面配音，充分再现蛇类、蝴蝶及海洋鱼类的不同的体态、身姿、动作，播出这条稿件的趣味来。

回课记录

9.《东方时空·面对面》　敬一丹

您好，观众朋友，欢迎收看《东方时空》。

辞旧迎新的日子是发出祝福，也是收获问候的季节。这几天，《东方时空》编辑部贺卡大丰收，在很多贺卡中，有一张贺卡非常引人注目。您看，就是这一张。这是吉林毓文中学的同学们亲手画的。我们可以看出在这张贺卡上，同学们画上了《东方时空》的标志。而且在这个标志里面，还填上了一双手和一个绿色的萌芽。我想这里面，表现了同学们丰富的想象力，也可以看出同学们对我们《东方时空》节目独特的感受和理解。他们的老师赵谦祥在信中告诉我们，毓文中学实验班的 91 名同学每个星期二到星期五的早晨都要在教室里集体收看《东方时空》节目，并且每周写出一篇观后感。几个月以来，他们已经和《东方时空》节目建立了深厚的感情。新年来临之际，这 91 名同学每个同学都写了一段话，一起寄给了我们《东方时空》。我们的编辑、记者看了这些话以后都非常感动，在这里我选择几段念给大家听听：

李义同学写道，《生活空间》让我从一粒沙里看到了世界。

李赢同学说，《时空报道》教我分辨是与非。

侯敬同学说，每天那《面对面》，心贴心的交流便是你最好的馈赠。

范照敬同学说，《东方之子》以前我羡慕你，现在我学习你，将来我要成为你。

胡宁同学写道：在与《东方时空》相伴的日子里，忽然发现自己长大了许多，世界太大了，以至于它是如此的多元、多姿、多彩。世界太小了，因为我竟能感受到千山万水以外的心跳。

遗憾的是在这里我不能把这些话一一地念给大家听。我想，以后每当我面对镜头的时候，就会感觉到这 91 双清澈的眼睛和亿万双观众的眼睛一起在注视着我们，在这目光中，我们将一起走进新的一年。那么在这里，我要对所有《东方时空》的观众说一声谢谢你，因为我们将拥有一个共同的、美好的一九九七年。

1996 年 12 月 31 日

实训提示：客观介绍，加上抒发真实情感，着重练习现身说法，讲述真切的感受。可以准备几张模拟的卡片实物操练。

回课记录 ______

______

______

______

10.《钱学森回国》（舞台朗诵稿）

【追光】1955 年 9 月 17 日，一艘从美国旧金山开往香港的邮轮停靠在洛杉矶港口。一对中年的华人夫妇，携着一双儿女匆匆地登上了甲板。

当轮船缓缓离开港口驶向大海，中年男人长长地嘘了口气。——他要回家了！为了这次归程，他准备了整整五年！

【面光】他叫钱学森。

六年前，钱学森得知祖国发生了天翻地覆的变化，一个新的中国正燥动于母腹之中。新中国的领导人希望他能早日回到祖国！

同样，这也是他父亲的愿望。

但在二十年前他们分别时，钱学森曾与父亲就是否攻读航天理论发生过激烈的争执。

十年了，严厉而又仁慈的父亲终于理解了儿子：儿子要的并非只是一门养家糊口的技术，他要的是超越列强、崛起中国！

是的，在钱学森心中，甲午的硝烟还未褪尽，圆明园的伤痛犹在心底，九一八的炮声又萦绕耳际，南京城的血海流在梦里……弱国贫民、兵连祸结，灾难深重！

发奋啊！30岁的钱学森取得了航空、数学博士学位，成为世界级的空气力学家。36岁的钱学森，又成为麻省理工学院最年轻的终身教授。40岁的钱学森，又是美国国防部空军咨询团和美国海军研究所顾问。

然而，这位科学的骄子，并不属于美国！【面光灭】

【追光　沉重地　给冷光】他站在甲板上，遥望着那渐渐消失的特米娜岛。在那个小岛的囚禁室里，钱学森渡过了黑暗而又屈辱的15天。15天之后，他的夫人去接他，他形同骷髅，体重减少了15公斤；他不再说话，他以沉默表达着最深沉的愤怒！

——这个在东海岸竖起了自由女神像的国家，却在西海岸关押了一个只是渴望自由、渴望回到父母身边的孩子！

为什么？

一位美国将军回答道："无论在哪里，他都能抵得上五个海军陆战师，宁可杀了他，也不能放他走。"

一位美国科学家说道："美国如果失去了钱学森，就是一个无法估量的损失。"

科学没有国界，科学家却有自己的祖国。他，不属于美国！

【追光＋暖光】邮轮驶入了公海，太平洋的上空已经罩上了浓浓的夜幕。钱学森想：地球的那一面，正升起黎明的曙光。——那里，就是自己的祖国！他的生命之帆在那里升起，他的力量的源泉也同样来自那个方向。

就在两个多月前，那张写着钱学森急切呼救声的香烟盒纸，远涉重洋，辗转飞到了共和国总理周恩来的手中："我身陷囹圄，省亲探友之愿难偿，回乡报国之梦难圆……恳请祖国，助我回家。"

周恩来拍案而起："好，这就是铁证。看他们还有什么理由阻挠华人和留学生回国！"

谈判桌上，那张烟盒纸，让那些鼓噪"民主、自由、人权"的对手哑口无言！

【面光＋追光　光渐暖】钱学森离开美国的那天，洛杉矶《帕萨迪纳晨报》上印着特大字号的通栏标题——"火箭专家钱学森今天返回红色中国"；21天后，新华社向全世界发出电讯，醒目的标题是："钱学森到达广州"。

(长长的汽笛声)一声汽笛长鸣！他的眼泪夺眶而出：(近于呐喊)"我回来了！我的祖国！！！"

钱学森离开洛杉机时，一位美国学者说了一句意味深长的话："钱学森回国绝不是去种苹果树的。"

钱学森到达广州时，一位美国战略家道出了一句真实的预言："由于钱学森的归来，红色中国的'两弹一星'提前了半个世纪。"

实训提示：这是一篇配合舞台效果的朗诵稿件。要把故事讲得生动，情景再现必须做到位。朗诵者就如同用声音在舞台上再现一部讲述钱学森回国的电影一样。音效和灯光可以有效地帮助朗诵者达成情景再现。

回课记录 ____________________

____

____

____

第五节　名家名作有声作品欣赏之二——《木兰诗》

一、雅坤

雅坤

雅坤，原名佟雅坤。1942年生，辽宁沈阳人。中共党员。中央人民广播电台著名播音员、节目主持人，播音指导，中国广播电视学会主持人节目研究委员会副会长。享受政府特殊津贴。雅坤1961年进入中央人民广播电台从事播音工作，曾担任新闻、专题、音乐、戏剧、文学等各类节目的播音。除担负日常播出，也参与很多台内外大型节目及重要节目的播音、主持工作。由她担任播音的作品获全国《金话筒》奖金奖、中国播音作品奖一等奖等，两次获亚广联娱乐节目奖，一次获亚广联信息节目奖特别推荐。主要作品《东方神话——从哑女到神童》《祖国不会忘记》《边关军魂》《太阳之歌》《上下五千年》《永不消逝的歌声——纪念音乐家王洛宾》等。1987 年中央台节目改革，她创办了综合文艺节目《今晚八点半》，1987 年 1 月 1 日调到文艺部受聘担任了此节目的主持人，直到 1998 年这个节目切换改版。

二、南北朝叙事民歌《木兰诗》

《木兰诗》是一首北朝民歌，宋郭茂倩《乐府诗集》归入《横吹曲辞 · 梁鼓角横吹曲》中。这是一首长篇叙事诗，讲述了一个叫木兰的女孩，女扮男装，替父从军，在战场上建立功勋，回朝后不愿做官，只求回家团聚的故事，热情赞扬了这位女子勇敢善良的品质、保家卫国的热情和英勇无畏的精神。全诗以“木兰是女郎”来构思木兰的传奇故事，富有浪漫色彩；详略安排极具匠心，虽然写的是战争题材，但着墨较多的却是生活场景和儿女情态，富有生活气息；以人物问答及铺陈、排比、对偶、互文等手法描述人物情态，刻画人物心理，生动细致，神气跃然，使作品具有强烈的艺术感染力。

《木兰诗》原文：

唧唧复唧唧，木兰当户织。不闻机杼声，唯闻女叹息。

问女何所思，问女何所忆。女亦无所思，女亦无所忆。昨夜见军帖，可汗大点兵，军书十二卷，卷卷有爷名。阿爷无大儿，木兰无长兄，愿为市鞍马，从此替爷征。

东市买骏马，西市买鞍鞯，南市买辔头，北市买长鞭。旦辞爷娘去，暮宿黄河边，不闻爷娘唤女声，但闻黄河流水鸣溅溅。旦辞黄河去，暮至黑山头，不闻爷娘唤女声，但闻燕山胡骑鸣啾啾。

万里赴戎机，关山度若飞。朔气传金柝，寒光照铁衣。将军百战死，壮士十年归。

归来见天子，天子坐明堂。策勋十二转，赏赐百千强。可汗问所欲，木兰不用尚书郎，愿驰千里足，送儿还故乡。

爷娘闻女来，出郭相扶将；阿姊闻妹来，当户理红妆；小弟闻姊来，磨刀霍霍向猪羊。开我东阁门，坐我西阁床，脱我战时袍，著我旧时裳。当窗理云鬓，对镜帖花黄。出门看火伴，火伴皆惊忙：同行十二年，不知木兰是女郎。

雄兔脚扑朔，雌兔眼迷离；双兔傍地走，安能辨我是雄雌？

《木兰诗》在写作上叙事完整，内容剪裁得体。从时间上说长达十年，从空间上说从家庭到战场、到朝廷，再到故乡。面对丰富的材料，作者并不是平铺直叙，而是对事件的整个过程进行了精心的剪裁。本诗对木兰从军的缘起、准备出征和思念亲人、辞赏还家等情节的描写比较细腻，而对木兰十年的征战生活，则一笔带过。浓郁的人情味和生活气息，使人感到木兰是一个有血有肉的英雄。诗歌使用了排比、对偶、比喻、夸张、叠字等多种修辞手法，也增强了诗歌的表现力和生动性。另外，诗歌以五言为主，兼用七言和九言，几句一换韵，节奏明快而流畅，富有音乐的美感。

三、朗诵视频《木兰诗》赏析

作品：名家朗诵《木兰诗》雅坤

第一段写木兰经过焦虑和思考决定代父从军。

故事开端，雅坤老师的朗诵以叙事切入，语气平缓，但不缺乏画面感。音量是中等甚至偏弱的；接下来，昨夜看见征兵的文书，知道君王在大规模征募兵士，那么多卷征兵文书，每卷上都有父亲的名字。注意雅坤老师几个重音的妥善处理，“可汗、大、十二、爷”，这几个字落上重音，实际上是木兰的表白以及对父亲和家庭的勇敢承诺，语气中带着那种经过深思熟虑、毫不犹豫，甚至不由分说充满献身精神的激情，朗诵的节奏变得快起来，语气利落坚定，飒气临风。

第二段写木兰准备出征到奔赴前线。

这是出征前的准备。两个“不闻爷娘唤女声”后面跟的意象不同，一个是露营，一个是即将迎战，是两个不同的心情，雅坤老师对此处理得很细腻。

第三段写木兰十年征战的过程。

这里我们似乎可以从雅坤老师的声音里听到温感、光感与质感，充分展现精炼的几句诗里的战争岁月。

第四段、第五段写木兰归来。

这是归乡的画面，非常生动，可以说是本诗的高潮部分。雅坤老师的朗诵中人物的情感与动态鲜明，爷娘的身影姿态、姐姐的欣喜表情、弟弟的豪爽动作，都在语气里表现出来。接下来的回房装扮，更是带有很强的镜头感，轻轻地，并且注意方位和心态，把回到姑娘身份的木兰的复杂情感和姿态都展现出来了。

第六段以妙趣横生的比喻结尾。

对结束的几句，雅坤老师用轻松含有些许得意的语气来表现显得更接地气，而不是昂扬高亢地结束整首诗的诵读。

《木兰诗》以人物问答及铺陈、排比、对偶、互文等手法描述人物情态，刻画人物心理，生动细致，神气跃然，使作品具有强烈的艺术感染力。雅坤老师的朗诵优雅大气，感情细腻、画面感强，希望对她诵读的阐释能够帮助大家更好地用声音再现这篇经典诗歌。

单元测试(备稿播出以下稿件)

第一类：新闻　杭州人民广播电台 现在报告新闻：

本台消息：

举世瞩目的宋代古沉船“南海一号”沉睡800年后将在2009年5月重见天日。

作为迄今世界上发现的年代最早、船体最大、保存最完整的古代远洋贸易商船，“南海一号”承载着巨大的文物信息。在2007年12月28日成功入住广东海上丝绸之路博物馆“水晶宫”后，一直封存在巨大的沉井中，无论是考古学者还是普通民众，都在关注着“南海一号”在2009年5月实现开箱挖掘，露出真容。

本台记者报道：

北京奥运会上，刘翔的告别演出一石激起千层浪，不仅成为媒体的焦点，观众的谈资，甚至成了两口子打架的原因。关于刘翔退赛，有人流泪，有人愤怒，有人支持，有人沉思。

事实上，自退赛之后，刘翔代言的广告出镜率普遍下调，不少广告商甚至对刘翔所拍摄的广告进行了技术处理，以达到削弱或者删减其在广告中的分量。而即将于9月20日开战的上海黄金田径大奖赛，由于没有刘翔，在距离比赛还有不到半个月的情况下，赛事门票仅仅销售了约五成。

新华社曼谷消息：

泰国宪法法院9日下午判决沙马在出任泰国总理后主持烹饪电视节目违反宪法，被立即剥夺总理职务。

法院在判决书中说，沙马违反宪法关于内阁成员不得受雇于私营公司的第267条款。宪法法院的9名法官一致判决，沙马失去担任总理的资格。沙马成为泰国历史上被法院判决违法而被剥夺职务的第一位总理。沙马当天没有出庭。

根据宪法，国会下议院将在30天内完成推举新总理工作。

新京报消息：

为了改善印度人对犬类动物的看法，近日有超过400只的印度小狗在一个特别的安排下完婚。

这是一场盛大的聚会，人们为同一品种的小狗配对并“结婚”。有的小狗被主人装扮上鲜花和“婚纱”。为了争夺“最佳表现奖”，所有的小狗都在主人的带领下卖力表演。

34岁的查克拉博蒂是这次盛典的组织者，他说：“印度人一般都不喜欢狗，我们就是想让人们改变这种看法。”

新闻报告完了，是×××报告的，感谢收听。

第二类：评论　中国盛产“美国博士”何等讽刺

9月8日《中国青年报》报道：当今“出产”美国博士最多的3所学校是清华大学571人，北京大学507人，加州大学伯克利分校427人。2000年后，中国内地和香港留美学生获得博士后，留在美国的比例超过90%。

这个结果一经披露，确实叫人瞠目结舌。有人禁不住问：这人才不是都为别国培养了，是在为他人作嫁衣吗？

是啊！要是这些留美博士都回国，为国家出力做贡献，那该有多好啊。

作品：《评论：中国盛产“美国博士”何等讽刺》浙工大播音系2014级邵鼎昌播送

可是，我们再来看看9月6日《新快报》的一则报道：“深圳一个处长职位，有40个教授来争。”国务院学位办主任杨玉良院士曾透露：“以前博士毕业后，九成以上在高校和科研院所工作，现在博士就业可不同了，半数以上进入政府，当上了公务员……”

每年一到公务员招考的时候，那可真堪称是：“博士一走廊，硕士一礼堂，本科一操场”；而与之对应的则是，在高校里：“厅级干部一走廊，处级干部一礼堂，科级干部一操场”。

要是一个人既满怀“学术追求”，又愿意回到国内，那如何是好呢？与其屈从于种种“官场潜规则”，备受煎熬，以致湮没于无闻；还真不如去国外——在学术事业上做出成就来，譬如李政道、杨振宁荣获诺贝尔物理学奖，兴许让我们因了“血浓于水”的关系，反而沾一沾光。

这么说不是“长他人志气，灭自己威风”，拿什么制度、环境来吸引人才，难道不是首要的问题吗？古人说得好：“临渊羡鱼，不如退而结网”；与其坐看“孔雀‘西方’飞”，还不如矢志于破除“官本位”，尽早建立起现代大学及优良的学术制度吧——如若不然，恐怕面对此景，只能徒然长叹而已！

第三类:通讯　2007感动中国人物事迹及颁奖词

事迹:

孟祥斌　为救落水者牺牲的年轻军人,男,28岁。第二炮兵某旅机要参谋。

2007年11月30日上午,孟祥斌带着妻子叶庆华和女儿到市区购物。11时20分左右,在经过通济桥时,一名轻生女青年从10余米高的桥上跳下,孟祥斌一边冲向桥边,一边脱掉身上的衣服,不顾江水寒冷,跳水救人。

10分钟后,前来救援的摩托艇渐渐靠近了他们,孟祥斌用尽最后一丝力气将女青年托出水面,交到救援人员的手中,自己却再次沉入水中。13时40分,被打捞起来的孟祥斌被送往医院急救,但是却没能挽留住他年轻的生命。

12月4日,在孟祥斌的葬礼上,浙江金华市近3万名群众自发从四面八方赶到金华市殡仪馆,为舍己救人的英雄孟祥斌送行。

孟祥斌1997年12月入伍,山东齐河人,爱学习、肯钻研,曾当选第二炮兵工程学院第七次党代会代表。

推荐词:

感动中国推选委员彭长城对孟祥斌这样评价:我们常常追问自己人生的意义,也许意义不在于追问,而在于行动。而孟祥斌用纵身一跃放大了自己生命的价值。

感动中国推选委员纪宝成在推荐孟祥斌的时候这样写道:真的仁者视他人的生命如自己的生命,真的勇者愿为他人的生命付出自己的生命。

颁奖词:

风萧萧,江水寒,壮士一去不复返。同样是生命,同样有亲人,他用一次辉煌的陨落,挽回另外一个生命。别去问值还是不值,生命的价值从来不是用交换体现。他在冰冷的河水中睡去,给我们一个温暖的启示。

本章思考题

1. 为什么说感知觉是研究播音创作的逻辑起点?

2. 播音中的感受有哪些特征?

3. 情景再现是什么?分为哪些步骤?

第三章　内 在 语

第一节　想象的特点与运用

一、想象

《现代汉语词典》对想象的解释是："心理学上指在知觉材料的基础上，经过新的配合而创造出新形象的心理过程。"

科学家、发明家的大胆假设，作家新作品的问世，都是先在脑海中浮现出创造的形象之后才开始一步步创造的，他们的想象都是不依据现成的描述而独立地去创造的，在普通心理学中称为创造想象。

文艺范畴的想象有自己的特点，人们的想象多是依据现成的文字描述，结合自己的阅历去展开并补充文字所描绘的形象。这种通过文字或言语的描述获得作品中形象的想象，在普通心理学中称为再造想象。

任何一个人，当他听故事时，都会在脑海中不由自主地想象故事中的情景，这种想象是被动的无意想象，它和播音中的想象是不同的。播音员的想象是有着很强的目的性和自觉性的，属于有意想象，是按照一定的任务和目的去展开的。播音员的想象，既要以语言内容为依据，又要用播音员自己丰富的生活积累来补充。播音员通过想象，把语言文字描述变成了形象的连续活动的画面，同时引发与语言内容相应的情感，并且把这种情感表达出来，使别人也能体验到。

播音想象不是任意驰骋的，必须遵循语言内容规定的目的、性质、范围、任务，要以稿件提供的材料为原型，要符合内容的需要，服务于视听的需要。播音想象要促使思想感情进入运动状态以达到播讲目的，因此，播音中的想象是调动情感的手段。

在日常生活中，当你向别人讲述刚刚看过的一场电影时，首先要在自己的脑海里看到所叙述的电影中的有关镜头后才能说出一些情节。当你向别人描述长城时，必是先在脑海里闪现长城的雄姿后才说出。简言之，就是看到了再说，这样形象鲜明，感受也具体。

一些在电台跟记者一起参加过采访的同志，回来后再播他所采访的稿件时，就觉得感情充沛，得心应手。这里除了自己亲身经历受到教育，更主要的是在播音时，脑海中不再是空白，不仅有文字的反映，而且有鲜明的现场形象的反映。由文字刺激焕发出情绪记忆库中的有关情绪记忆的表象，催动着情感作用于播音语气，使之绘声绘色，如临其境，如闻其声。

人的大脑有四个功能部位，根据医学报告，一般人较多用的是感受区、判断区、贮存区，而只动用了想象区的15%。因职业不同，运用想象力的多寡也不等，演员的激情为什么调动得那么迅速及时？这与他们的想象力丰富、感受力强是分不开的。作家、科学家、侦探人员都广泛应用着想象力，他们的想象力都很丰富，这也是长期使用的结果。好的播音员也必须是感受力强、想象力丰富的人，一看稿件文字就能迅速及时地运用想象，唤起相应的情感来。

想象是形象感受的基础，形象感受一般已经脱离了个别感知的孤立性，进入了综合感知的领域，这一点在播音中尤为重要。在形象感受中一切感知觉都处于整装待发的状态，往往一篇稿件可以引发多种多样的感受。

授课：想象的特点与运用

二、想象的特点

既然想象是帮助播音员调动情感的一种手段，那么学会如何驾驭它、应用它，并了解它的特点就显得非常重要了。

1. 想象要有具体的视像

当你给别人讲述你看过的一部影片时，你的脑海里顿时会浮现出影片中的一些画面，这些画面尽管不是连续的，也不一定十分清晰，但它的映现立即唤起你有关的情绪，这种不是真的看到，而是在想象中回忆和重新映现画面，俄国戏剧艺术家斯坦尼斯拉夫斯基把其称作“内心视像”，简称“视像”。视像在有声语言的再创造中有什么意义呢？斯坦尼斯拉夫斯基说过：“没有视像就不能表达自己的见解”，又说“应当锻炼自己善于敏锐地正确地激发形象，不仅应当尽力把自己的视像传达给别人，还必须使别人看见他们”。

好的画家能给不在他面前的人画像，因为他内心视觉好；音乐家能奏出刚刚听过的旋律，那是因为他内心听觉好；好的播音员应具备一看见文字稿就能迅速捕捉到有关的形象、敏锐地激发出相应的情感、生动准确地用语言把稿中情景再现给听众的能力。

总之，感受能力越强，想象越丰富，也就越能引起心灵的活动，被激起的感情也就越强烈，播读起来感染力大为增强，也就能深深地打动受众。

2.想象要引发真实的感受

播音工作对感知觉能力要求较高，一个好的播音员得有易感的心灵。如果播音员情感世界贫乏冷漠，就无法播出振奋人心的消息。情感丰富，感受力强，才会有较好的知觉效果。

运用想象调动情感时必须借助感觉、知觉记忆，像听觉、视觉、嗅觉、味觉、运动觉等一定的媒介刺激，诱发出类似的情感，选用什么作媒介可以因人而异，比如有的人听觉记忆好，就可以诱发听觉媒介的参与。如当脑海里一响起《国际歌》的旋律，悲壮的情绪便油然而生，借此迅速进入情景，去播读英勇就义的有关章节，就容易迅速唤起相似的情感，产生真实的感受。任何情感调动都离不开感知觉，都离不开内心依据。

3.想象唤起情绪记忆、联想的参加

播音界老前辈齐越同志为广大听众留下了许多感人至深、让人久久难忘的播音作品，如《把一切献给党》《王若飞在狱中》《在彭总身边》等。他的播音突出的特点是富于激情。当接到《大地的儿子》这个长篇后，他进行了大量的案头工作，如到资料室找来有关总理的画册、资料照片及总理逝世后人民怀念总理的文章等等，又联想到总理对广播事业的关怀，齐越教授说："我永远忘不了周总理视察广播大楼时握着我的手亲切嘱咐：'一定要用延安精神做好工作'；我患病住院时，周总理叫人转来他老人家的亲切关怀……'文革'中我被剥夺了话筒前的工作权利达五年之久，是周总理的关心过问才使我获得解放、恢复了播音，没有总理的关怀就没有我的今天……"齐越同志激情澎湃，开始录音，一气呵成，播出后收到许多听众来信。齐越的经历丰富，想象、联想也极其丰富，引发的情感感人至深，令人难以忘怀，正是是因为他的激情与听众产生了感情上的共鸣，才收到非同一般的艺术效果。

播音员运用想象、联想去感受体验，使自己的情绪动起来，做到与稿件中的人、事、景同呼吸共命运，为他们的痛苦流泪，也为他们的喜悦欢笑。想象、联想中情绪体验越强烈，越使人感动，也越容易与听众产生共鸣。

4.想象要求创作主体置身其中

要把语言内容所叙述描写的一切作为亲眼所见亲身经历，进入具体的事件场景中去，不能无动于衷，与语言内容中的人、事隔着一层。播音员置身其中，必须设身处地，获得一种现场感，好像"我就在"似的，去感受对象的心理过程和心理特征。只有设身处地地想象，才能触景生情，使情感燃烧起来。

例如：

"正在这时，大雨点劈里啪啦打下来。"

这句话既可以播成欣喜的盼雨情绪，又可以播成讨厌的情绪。到底采用何种语气播，就取决于稿件上下文规定的具体情景，为我们的再创造提供了什么样的条件和依据。只要能设身处地展开想象，就能唤起准确、诚挚的感情。

再如《一件珍贵的衬衫》中的一段：

那是1972年8月3日的夜晚，我刚刚学会骑自行车不久，不留神插到了快行线。突然一阵紧急刹车声，一辆大型"红旗"轿车紧贴着我身体的左侧，嘎的一声刹住了。我刚扭过头，见"红旗"车后座旁的窗帘刷地拉开了，周总理那慈祥的面容立即跃入我的眼帘。呵，我仔细再看看，真是我们敬爱的周总理。周总理正亲切地注视着我，目光中充满了关切，充满了爱护，充满了深情，像在询问："同志，碰着了吗？受伤没有？"……

这时总理的司机站在我身旁问我："同志，碰着没有？"我才赶忙回答："没事儿！没事儿！"

有关人员迅速察看了现场，决定留下另一辆"红旗"轿车送我去医院检查，总理的车才开走了。

这个片段就是要求我们置身其中去展开想象，也就是要我们把稿件中的人、事、景当成自己的亲身经历，假如是我处在此情此景中会有什么反应？又是怎样的心情？车祸时的情景：嘎的紧急刹车的刺耳声，窗帘刷地拉开，人们围观上来的情景，想象越细感受越具体。如不这样播此段，可能出现截然相反的感受：一种是持兴奋激动态度；另一种持内疚、惊讶态度。持第一种态度，就认为不管是什么环境场合能见到总理不容易；持第二种态度，强调此时是出车祸的特定语言环境。后来采访作者刘秀新本人，她在谈这一段感受时说："当时出了车祸，人都围过来，我羞得脸通红想快点离开，这场面不好意思。当我看到是总理的车时，我说不上是什么心情，但很不是滋味儿，想让总理的车快走别出事。"透过刘秀新的心理活动，我们不难揣测出后一种"内疚"情绪才更准确。

由此例可以看出，只有置身其中把自己放到车祸的现场中去体验，当成自己的亲身经历，体会在这种情况下会是怎样的反应，什么心情，才能燃起真实感情。

综上所述，想象有四个特点，即要有视像，有真实的感受，还要唤起情绪记忆和联想的参加，并且要置身其中。这四点谁先谁后不必严格区分，因为想象过程的四个特点是相伴随地一同涌现，也会因内容的不同而有所区别、有所侧重，在播音艺术中，想象只是调动情感的手段之一，更何况它也要与其他手段相配合加以运用。

三、想象的运用

1. 条理清晰，有主有从

对稿件的人、事、景展开想象时，要设想到哪些该处理成远景，哪些该处理成近景或特写。脑海中既要有想象画面的变化序列，又要做到有主有从，使想象的运动方向更明确，即它要围绕着作品的主题和目的而展开。凡直接揭示主题、目的的细节就应该细致推敲。反之，与主题目的关系不大的地方，大可不必去想象，笼统带过即可。

有的人了解想象的作用后，不去分析稿件的主题目的，却抓住任何一段细枝末节就尽情想象，结果把稿件播得支离破碎，变成了想象的"展览"。把手段当成一切，这是本末倒置。有的稿件易上口并掀起情感波澜；有的稿件文字工整规矩，但不够生动活泼，播音员不能仅凭兴趣去处理，因为播起来生动的地方，并不见得都是重点，不易出效果的地方也并非都不重要。所以播音员不能毫无准备地跟着感觉走，要学会整体布局，善于突出或削弱，对易上口易出效果而又不是重点的枝枝杈杈要削弱或一带而过，起到陪衬作用即可；而把力量集中使在刀刃上，使重点鲜明、醒目、有分量，一听就能引起注意，应该让播者跟着稿件的目的走，做到一根红线贯穿全篇，使各段各层向目的主题的光点聚集，各找各的位置，各显各的作用。

2. 运用时瞬间闪过

在准备时想象可以细致入微，尤其是对点睛之笔，我们更要花时间反复体味，琢磨、推敲如何表达为好。一旦到了话筒前就不能中断播音去追求视像。

艺术应源于生活，但又要高于生活，而不是生活的照搬。"当驾辕的马惊了，拖着马车顺坡道直奔下去，在坡道的一端，一群孩子正在坡道上玩耍，30 米、20 米、10 米……眼看一场车毁人亡的事故就要发生。"实际上惊马可能要用一定时间才跑完这段距离，但播音中的想象要比现实生活中的情景短促得多，从一闪而过捕捉到让人揪心的紧张、焦急之情就能使文章播得贴切、准确、生动。若是在播 30 米、20 米、10 米时，每个数字之间都停半天，留出车子实际行驶时间，这样，想象必然会冲淡那种特有的紧张惊险的情绪，如此照搬现实生活，想象就变得僵死了。可见运用想象是一瞬间、一闪而过的，目的在于捕捉到应有的情感，使之进入情景，达到情景交融的地步。

3. 以稿件为依据，用生活经验去丰富补充

以稿件为依据，在为播讲目的服务的主要情景上，我们要学会用自己的经验经历去补充和丰富，也可以用间接经验、耳闻目睹的经历去补充和丰富，使情景更逼真。

当然每个人都有一定的局限性，他（她）不可能亲身经历一切事情，尤其是播音员，每天接触的稿件，内容是很广的，不可能对篇篇稿件都有深入生活的经历，要播好这些稿件，就要或多或少地借助间接经验，或者依据生活的积累去丰富、补充。在平时要做有心人，广泛向社会学习，诸如看电影、电视、话剧，读文艺作品，看摄影、绘画、人物传记，听别人介绍……都可以丰富我们的见闻，增强我们的感受。这就要求播音员勤于动脑，善于分析，向生活学习，在日常的所见所闻中积累素材，以便用时信手拈来。

其中直接的生活体验、生活感受仍然是十分重要的基础。没有这个基础，间接经验不可能化为血肉丰满的形象。只有在这个基础上才能合情合理地联想自己未曾经历过的一些事情，才能使间接经验和直接经验、生活感受融为一体，从而创造出绘声绘色的形象去感染人。因此，要想使我们的播音创作做到受众喜闻乐见，就必须有生活，要争取尽可能多地深入生活。

4.注意心理条件的诱导性

运用想象还必须有相适应的心理条件。虽然稿件文字所反映的是客观存在，但如果没有与之相适应的心理条件，就不能正确地感受到其情其景。

心理条件对想象的作用是，既可助一臂之力，起促进作用，又可以反过来起干扰作用。这里应该锻炼和加强自我控制能力，时时处处以事业为重，而绝不以个人心境去左右播音，即使遇到意外事件，也要学会控制自我，排除不利心境的影响与干扰，使之能按稿件内容要求，去迅速调动情感。

心理条件的诱导，归根结底是修养问题。每个人的感受范围和程度都会有很大的差异，这里有经验上的差异，更有知识艺术修养上的差异。正如马克思所说："如果你想欣赏艺术，你必须成为一个在艺术上有修养的人。"播音员不能只局限于个人兴趣的狭小范围，应该从工作需要出发，去培养广泛兴趣，努力加强各方面的修养，因为人的审美心理多具有易感性，只有与作者所描述的东西有相应的感觉，才会最大限度地发挥感人动情的作用。

想象在整个播音创作中应该自始至终都存在着，只有这样才能充分调动情感，使之始终处于运动状态。而思想感情的运动状态的三种形式——情景再现、内在语、对象感都离不开想象，这三项又称作语言表达的内部技巧。

第二节　内在语的含义与作用

在人类运用有声语言交际的实践中，有时或由于性别、性格、语言习惯的原因，或限于说话的场合、环境以及说话双方的身份、地位，或出于得体、礼貌和策略的需要，人们说话经常要委婉些、含蓄些、隐晦些和含糊些，而不能太直截了当。这种"话里有话"的现象，在语用实践中可以说是比较多见的。

播音创作所依据的稿件，是作者实地采访、选择素材、提炼主题、布局谋篇、遣词造句、精益求精的结晶。如果播音员、主持人就稿论稿，就句论句，不去开掘，不求深意，稿件文字深层的含义就会失落。如果播音员、主持人是在话筒前临场即兴组织语句，想要胸有成竹地完成播音任务，在语言表达中却信口开河，不讲究优化词语组合，不注意深入浅出、言简义丰，播出的语言就必然干瘪、浅薄。在实际工作中，播音员、主持人都有这样的体验：乍看一篇稿件，似乎平常，但经过反复分析、感受，就感到味道很浓，含义不浅。这正是播音员、主持人对稿件认识的由表及里深化的结果。从艺术创作的角度看，在平庸中见神奇，于浅近中察深意，在语句的有尽之言中挖掘，赋予无尽之意，这正是播音创作的内涵所在。

语句的"话里有话""弦外之音""味外之味"是内在语。挖掘好内在语是帮助播音员、主持人把稿件变成自己要说的话，把思维成果变为有声语言，使思想感情处于运动状态的重要方法，对播音表达有直接引发和深化含义的作用。

一、内在语的含义

播音的内在语，就是指那些在播音语言中不便表露、不能表露，或没有完全表露出来和没有直接表露出来的语句关系和语句本质。在朗诵艺术、戏剧表演中，演员要支配自己的语言和形体动作，也用这个方法，其术语叫"潜台词"或"潜语"。

戏剧大师斯坦尼斯拉夫斯基曾说过："只有当人们借自己的经验从内部赋予所要表现的作品的潜台词以生命的时候，在这部作品里，同时也在演员自己心里，才显露出作品所要表达的精神实质，创作的意义就在潜台词上。"要确立朗诵者对作品的态度，断定那些能帮助当代人理解作品内容的内在语，并使那些内在语指导其的朗诵，达到对听众进行思想教育的目的。播音，作为以稿件为创作依据，以艺术化的有声语言为创作手段的新闻实践活动，当然与朗诵艺术和角色化的戏剧表演有着本质的不同，但作为有声语言的共性，都要显露出语言的精神实质和逻辑链条，使有声语言富有创作的意义和生命的活力。在播音创作中，内在语有着极为重要的意义。

第一，内在语是承续语言链条的结节点。播音语言总是比生活中的口头语言要精练、简洁。从语句的逻辑链条来看，不要说段落、层次间常常没有明显的承上启下的词语，就是句子、小层次之间也往往省却了衔接转换的关联词，使得语言链条的逻辑关系不明显。播音员、主持人播音时如果不明确隐含性关联词，搞清语句关系，语气就有可能播得不准确、不清楚，缺乏应有的说服力。而内在语（隐含性关联词或关联词短语）则可以帮助播音员、主持人搞清语句之间的关系，播起来语气就容易准确，有益于受众理解。

第二，内在语是语句目的的集中体现。每一篇稿件、每一个话题所包含的具体思想感情总比写出来的文字深广得多。任何时候，不可能也不必要把语句包容的具体内容和思想感情表达殆尽。另外，不同的语言环境、不同的语言目的，即使是同一句话，也会表达出不同的含义和感情色彩。而确定一句话的本质意义，就需要从具体的语言环境中来准确地把握它的语句目的，也就是挖掘出更深一层的意思。准确把握每一句话的内在语，就是准确把握语句的目的和态度倾向，这样才能做到准确、鲜明、生动地表达出这一句话的精神实质。

第三，内在语是确定播音表达语气的依据。播音创作是以语句为基本表意单位的，具体地说，就是通过有声语言的语气把句子的思想感情准确地表达出来。语气包括内在的、一定的具体思想感情和外在的、一定的具体声音形式两方面，而这两方面都是由内在语决定的。比如，同是一句话，由于内在语不同，表达的语气就不一样。有什么样的内在语，就有什么样的表达语气。播音员通过对更深刻的语句本质的挖掘和把握，建立鲜明的语句关系，找到语言表达恰当、贴切的语气，从而体现出“这一句”的独有色彩和分量。

第四，内在语是播音创造性和播音员、主持人创作个性的一个重要标志。播音，是一种创造性的语言艺术活动。它的创造性不单是把文字符号转化成有声语言，不单是把思维成果简单地诉诸有声语言，而更在于通过播音员、主持人的理解、感受，挖掘并表现出词语表面所没有的东西，即想表露而又不便表露，或者无法表露，没有直接表露和全部表露的内涵，给受众带去了信息欲的超值满足和愉悦的声音审美感受。内在语来自播音员、主持人创造性的劳动，来自播音员、主持人深刻的理解和独特的具体感受，因而使得内在语又不能不带有播音员、主持人较为明显的个性色彩，使得不同播音员即使是对同一篇稿件、同一个话题的理解、感受甚至表达也相互区别。实践证明，能否准确、鲜明、深刻而又独特地确定和把握内在语，往往是播音员、主持人播音水平高低、语言功力强弱的一个重要标志。

第五，内在语是新闻播音真实性的一个重要保证。播音工作从其根本性质来说，是党和政府广播电视宣传舆论工具的重要组成部分。播音员日常播出的许多稿件和节目属于新闻宣传的性质。新闻宣传的真实性，要求播音员、主持人不仅要做到内容不播错，而且要做到在态度、感情和反映事物整体和本质方面准确无误。而准确把握内在语则能够确保新闻类内容播音的整体真实。比如，在改革开放的新形势下，又重提发扬“艰苦奋斗”的光荣传统，内在语应为“很有必要”，这在表达的语气上就应是十分肯定、赞成的；如果内在语确定为“没啥必要”，表现的语气就必然是怀疑的，甚至是否定的，与播音目的和具体语句本质相背离，就造成了新闻播音的失实。由此可见，播读字音的准确无误，并不等于就做到了播音的真实准确，而只有准确挖掘出更深刻的含义和把握到鲜明的语句关系，才算是做到了新闻播音的整体真实。

这样，播音员、主持人的播音就不再是一个个孤立的字、词、句，明晰、准确的内在语会激活我们的有声语言，使播音员、主持人切实地把语句变成自己的发自内心想要说的话，传达给受众。所以，运用好内在语，为播音语言表达的准确、鲜明、生动提供了充实的内心依据。当然，内在语只是播音员、主持人的心理活动，它并不在播音有声语言中复现。它对有声语言的表达只起着引发、深化的作用。

二、内在语的作用

内在语的作用概括起来有两大方面：揭示语句本质和揭示语言链条。

语句，无论是文字语言还是有声语言，都是划分出来的最小的表情达意的使用单位。语句的语义结构，也就是句子所需要表达和能够表达的全部思想内容，是由客观事理、语言目的、具体态度和感情评价这四个要素构成的。

客观事理，指句子所要表达的现实中的事实或道理；语言目的，指说话的人说这句话的意图、目的；具体态度，指说话者对所说话中事理的认可倾向，即是真实的，或是虚拟的，还是希望发生的；感情评价，指的是说话者对句子所述事理的褒贬倾向。

然而，句子的语义结构，即上述各意义要素的总和，就等于句子所要表达的思想吗？不一定。只能说，语句的语义结构是句子所要表达思想的基础。而说话者最终通过句子的语义所要表达的思想却要取决于语言环境，即言语的整个片段，主要是指“这一句”的上下文。例如：

“下雨了。”

单看这个句子，其语义是表示说话者对客观存在着的一种自然现象的肯定。但说话者的意图是否就是想说明“下雨了”这样一个事实呢？可能是，也可能不是。说话的人可以通过这句话表达其他的意思。如①谈话时对方想走，说话的人有心挽留，便说：“下雨了。”意思是“别走了”。②谈话的一方问对方：“昨晚上怎么没来呀？”回答说：“下雨了。”意思是说明没有来的原因，而不是想告诉对方“下雨了”这个事实。

因此，对语句的语义要做两个方面的分析：一是脱离开语言环境和上下文，来确定语句的基本意义，我们可以把它看成是句子的表层意义；一是结合语言环境和上下文来确定句子本来所要表达的思想含义，即实际意义，我们可以把它看成句子深层的内在含义。语句本质，就是指句子在具体的语言环境中深层的内在含义、态度感情。揭示了语句本质，可以引发出贴切的语气，使得有声语言深刻、丰富、耐人寻味。

如小故事《中计》一稿中，当写到新战士洪松彪中计承认了是他到菜地帮房东张大爷干活的，并要掏钱赔偿“损失”后，下面有这样一段话：

> 张大爷看到这个情景，倒哈哈大笑起来，大娘也跟着笑了起来。她疼爱地拉着小洪的手说：“孩子，你受委屈啦。”

从“孩子，你受委屈啦”这句话的表面来看，其语义结构是认定洪松彪受委屈这一客观事实。如果理解、感受只是浮于表面，表达的语气就会是同情大于喜爱的，甚至带有难受的色彩，气息和口腔状态则会是“气沉声缓”，语流迟滞感强。但是，这样的表达是不准确的。因为结合上下文语言环境仔细分析，大娘是既为自己所设计谋成功，终于找出帮他们干活的战士而感到高兴，同时看到小战士纯朴、认真、着急的样子，既喜爱，又感动。所以，“孩子，你受委屈啦”这句话，说出来虽有安慰、道歉的意思，但更主要的还是喜爱和高兴的色彩，而绝不能有难受的色彩。其内在语是“孩子，看你还当真啦”，这样以爱为主的色彩，其声音形式必然是“气缓声柔”的，造成一种温和感。这样的表达才准确，同时也深化了稿件军民鱼水情的主题。

可见，揭示语句本质，把握明晰、准确、态度鲜明的内在语，对语气的表达有直接的作用和影响。内在语在指导和引发有声语言方面有着特殊作用。正因为如此，就要求我们把握的内在语能够真正揭示语句深层的内在含义，即语句本质。在稿件的深入理解和具体感受上下功夫，这是准确揭示语句本质的保证。

内在语的作用是把握语句的本质。为什么这句话要这样说而不那样说，这也是挖掘内在语所要考虑的。如《补旧》中，彭总在一次补旧衣服时对秘书讲了他苦难的童年，然后很有感触地说：“那时候，什么活没干过？什么苦没吃过？今天住在这个圆明园，皇帝老子住过的地方啊！”彭总为什么会有这样的感慨？除了自勉，也是为了教育秘书。这两句话的内在语应为：我们现在吃的这点苦算不了什么，该知足了。通过自勉的方式对秘书的感染、教育更深。由此可以看出，非主要语意，即语句的表层意义，往往是认识语句主要意义，即本质意义的途径。参照表层非主要语意的线索，结合上下文语言环境，才能更准确地把握语句目的和语句本质。

内在语第二个方面的作用是揭示语言链条。语言链条是一种形象的说法，实际就是指语句间的逻辑关系。揭示语言链条，就是搞清句与句、段与段、层次与层次是怎样衔接成一个有机整体的。搞清楚它们之间的内在联系，使我们获得或并列或递进或因果或转折或分合或假设等情况的逻辑感受，从而明了文章上下衔接、前后照应的承续关系，接着把我们理解感受到的逻辑关系以内在语的形式显示和引发出来。特别是在稿件那些文气不太贯通的地方；在那些段落、层次需要做明显转换而又不好衔接的地方；在那些需要赋予语言以动作感、形象感，以使状物、抒情更具色彩和感染力的地方；在那些需要与受众交流并唤起他们注意、引发他们思考的地方等等，都可以运用内在语来衔接、过渡、铺垫和转换，以找到恰当、自然和贴切的语气，从而把稿件播得文气贯通，衔接、转换自然，产生一气呵成、浑然一体的效果，增强有声语言的表现力。

我们以小故事《中计》的第三段为例，看看如何设计段落、小层次乃至语句的承续关系的内在语：

> 刚刚18岁的洪松彪，哪见过这个场面啊，小伙子沉不住气了，马上开口说："大爷、大娘别发火，昨天是我跑到菜地里去的。我看你们二老年纪大，大爷成天忙着队上的事儿。顾不了家，就抽空帮你们干了点活。谁知道我不会干，给你们添了麻烦，真对不起你们。有多大损失我一定赔。"说着就伸手掏钱包。

以上这一段话，语气的变化非常丰富：从沉不住气急于表白，到愧疚地安慰劝说；从急切地说明、解释，诚恳地道歉，到实心实意地表示赔偿。句子之间的关系也较为复杂：既有因果关系，又有转折关系，还有递进关系。基于这样的感受和认识，可以这样来设计这一段语言链条承续的内在语：

> (要知道)刚刚18岁的洪松彪，哪见过这个场面啊，小伙子沉不住气了，马上开口说："大爷、大娘(请你们)别发火，昨天是我跑到菜地里去的。(因为)我看你们二老年纪大，大爷成天忙着队上的事儿，顾不了家，(所以)就抽空帮你们干了点活。(可是)谁知道我不会干，(反而)给你们添了麻烦，真对不起你们。(您别着急)有多大损失我一定赔。"说着就伸手掏钱包。

用不同的内在语把这一段话在播音员内心里串起来，使语言衔接、转换都找到准确的心理依据，提示播音员找到恰当、贴切的表达语气，这样再播起来语言就活多了，逻辑脉络清晰、语气衔接转换自然，人物的言情神态就能较好地表现出来。

运用内在语揭示语言链条，既可以用"因为""所以""虽然""但是""如果""结果""那么"之类的关联词，也可以用简洁的短语使上下文自然衔接起来，过渡好上下句、前后段，以便清晰准确、连贯完整地播好每一篇稿件。特别是在评论性、论说性稿件的播音中，内在语揭示语言链条的作用就显得更为重要和不可忽视。这是因为稿件以理服人，论说性强，影响和征服受众靠的是观点鲜明和逻辑严密，而内在语就是展示语句逻辑关系最重要、最有效的手段。尤其是对稿件中那些关系复杂而又省略了关联词的多重复句，则更见功效。播音员可以通过补设隐含性的关联词或短语，使复杂的逻辑链条了然于胸，使逻辑感受更加具体、准确，同时获得色彩鲜明、分寸适当的表达语气。

在直播新闻性节目时，揭示语言链条的内在语就更加显示出它的巨大威力。直播，要求播音员状态积极，全神贯注，思维敏捷缜密。思维与稿件内容的瞬间游离都可能导致口播差错或语不达意。同时，高度紧张的工作氛围和担心出错的巨大心理压力，往往对播音员大脑相应部位的优势兴奋中心产生抑制。这种抑制的结果，常常冲淡播音员、主持人对稿件内容的印象，影响其注意力的集中和情绪的稳定，降低其自信心，最终削弱传播的效果，而内在语则是解决这一问题的有效手段。备稿时，播音员、主持人可用文字将相应的关联词语标在构件句段起承转合的关键之处。直播时，则可利用视觉的提前量从这“逻辑的路标”得到前置提示，以找到准确衔接转换的自然语气。这样，播音员、主持人思维逻辑的走向与稿件逻辑的走向始终保持一致，其思想感情也会依照稿件内容而发展运动。内在语帮助播音员、主持人进入创作的佳境，越播越顺畅，越播越有信心。

内在语作为揭示语句本质和语言链条的重要手段，在电视播音中同样可以显示出其重要作用。电视传播，由于视觉形象因素的介入，增强了播音员、主持人与受众交流的直接性；又由于播音员、主持人面部表情和姿态表情副语言手段的参与，内在语获得了更大范围的施展。播音员、主持人既可以通过抬头来表示稿件逻辑的起承转合，可以用眼神来传达稿件语句深层的寓意，还可以运用面部表情表达稿件文字所暗含的褒贬态度和情感信息。副语言手段的介入和参与，会使言语表情更加自然、和谐，易于接受。因此，电视播音员、主持人应充分利用表情手段丰富多样的条件，运用好内在语的内部技巧取得更好的传播效果。

第三节　内在语的分类和优化

授课：内在语的分类与优化

一、内在语的分类

内在语的运用是比较灵活的，它既可以用在语句、段落、层次之前、之间，又可以用在语句、段落、层次之后。具体说来，它既可以起到发语作用、寓意作用、承接转换作用，又可以起到提示作用、回味作用和反语作用。按其性质和作用的不同，大致可分为六类。

1. 发语性内在语

无论是播一篇稿件、一次节目，还是播节目预告、天气预报，哪怕只是介绍语和串联语，播好开头都是十分重要的。可以说，播好开头是决定受众继续收听下去的关键。发语性内在语可以帮助播音员、主持人把开头播好。所谓发语性内在语，就是在呼号、节目、稿件、层次、段落、语句之前，加上适当的词语。播音员、主持人把这些词语作为开头在内心播出来，并与稿件原来开头的词语自然地衔接，把其“带发”出来。例如：

在呼台号之前加发语性内在语：

(各位听众，我们这里是) ××人民广播电台！

在一次节目开头加发语性内在语：

(青年朋友，俗话说)少壮不努力，老大徒伤悲……

在一篇稿件开头加发语性内在语：

(您知道吗，听众朋友)在祖国西南边陲的密林深处，有一座边防哨卡……

在一个语句、段落开头加发语性内在语：

(司机同志：)车祸往往出在一个瞬间，但它给人留下的痛苦和损失却是深刻而深远的。

由于长年累月地重复，播音员、主持人容易把台号呼得冷漠、呆板、平淡和流于形式。在呼台号之前，加上亲切的发语性内在语，有益于调动播音员、主持人的情绪，把台号呼得热情、亲切、彬彬有礼又富于活力；有的节目，稿件的开头写得比较呆板、突兀，使播音员、主持人不容易找到自然的语气，这时就可在前面加上一个称呼语、问候语，或者一个疑问短语，用这些发语性内在语“带发”，以找到播好开头的恰当的语气；稿件中有一些语句、段落需做明显转换，或需特指强调，可在其前加一呼语或其他短语，可使语句的指向性更强。

除此之外，发语性内在语还是解决某种心理源性发音障碍的有效手段。有的播音员、主持人由于某种心理原因，在要呼台号时，或开始播音时，或见到某些字词处于稿件开头位置时，常常出现发音困难的情况。这是一种心理源性发音障碍。遇到这种情况，播音员、主持人可运用一个适当的发语性内在语做开头，有利于把要播的内容自然地“带发”出来。

总之，播音员利用好发语性内在语，容易使播音一开始就进入良好创作状态，找到亲切、自然、贴切的语气，赢得受众的好感和认同，为进一步的交流奠定良好的基础。

2.寓意性内在语

寓意性内在语是稿件文字的“弦外之音”，是隐含在语句深层的内在含义，是结合上下文语言环境挖掘出来的语句本质和语句目的。需要引起注意的是，我们所说的寓意性内在语所体现的语句本质和语句目的，在褒贬态度、感情评价和客观事理上，一般说来与语句文字表面的意思并不是完全对立的。因为意向截然相反的内在含义一般比较容易判断，语气把握起来也较容易。比如，热恋中的姑娘嗔怪地说男朋友“你真坏”“你真傻”，其实是说他“你真好”“你真可爱”，难以判断和把握的是意向色彩或程度、分寸上的细微差异。我们把这种情况的内在语称之为寓意性内在语。比如，鲁迅的小说《孔乙己》中有这样一句话：

孔乙己是站着喝酒而穿长衫的唯一的人。

到咸亨酒店喝酒的人，大体上有两种：穿短衣的站喝是做工的穷苦人；穿长衫的坐喝是有钱人或阔绰的读书人。这些在小说一开始就作了交代。那么，孔乙己属于哪种人呢？“孔乙己是站着喝酒而穿长衫的唯一的人。”这句话的语句本质是在指明了孔乙己身份的同时又多了一层含义，即揭示了他的性格特征：穷困潦倒而又死要面子——这一内在语与文字表面在方向上大体一致，只不过又多了一层寓意。由此也可以看出，寓意性内在语的挖掘和把握对上下文语言环境依赖性更强。离开上下文语言环境，就很难抓住这“弦外之音”“言外之意”了。

寓意性内在语的把握，除了参照上下文语言环境，还应注意结合作者的写作风格，语言习惯，文章的主题，人物的性格、身份、心理、语言和所处的环境，以及人物之间的关系，甚至还要从全篇整体的高度去分析、判断。例如稿件《补旧》，仅从上下文语言环境就很难把握彭总所说话的内在含义，还必须从当时的时代背景，彭总所处的环境，他的性格、心理以及他与秘书的关系等去综合分析，才能准确把握彭总所说的话的深刻寓意。

新闻稿件中寓意性内在语的把握，还要结合语言简练、言简意赅的特点。作者经过认真选材，精心构思，写作中有时对某些内容，特别是对一些复句的某一部分有所省略，而被省略的部分往往与内在语有关，有的被省略部分本身就是语句“另有所指”的寓意性内在语。如，广播评论《司机同志，请注意行车安全》中，有这样一段话：

我国城乡道路标准低、质量差。这几年我们的经济建设迅速发展，各种车辆又大量增加，客运货运空前繁忙，这是造成车祸的主要原因。解决这些问题不是一朝一夕的事情：道路的标准、质量只能逐步提高；车辆增加，运输繁忙，这是好事。那么，目前怎样才能使车祸减少，减少，再减少，使司机平安、乘客平安、行人平安呢？

难道“道路的标准、质量只能逐步提高；车辆增加，运输繁忙，这是好事”这两句话仅仅只是表达了文字表面所阐述的客观事理吗？显然不是。从语法角度看，它们都各自省略了一个表示结果的分句：

> ……解决这些问题不是一朝一夕的事情：道路的标准、质量只能逐步提高（显然，靠提高道路标准、质量来减少车祸不行）；车辆增加，运输繁忙，这是好事（看来靠减少车辆来降低车祸也不行）……

括号中这两个表示结果的分句就是寓意性内在语。在这里，结构的残缺，却使得语言练达、蕴藉，单位语言片段的信息量加大，更发人深省、引人思考。残缺部分的语意则要通过相应的富于寓意的语气体现出来。因此，结合全篇整体和上下文语言环境，再从语法的角度进行分析，也是把握寓意性内在语的一个有效方法。

对稿件文字、语句深层寓意，即寓意性内在语的把握，是播音员、主持人完成播音创作任务的一个重要方面。这是因为，受众如果作为读者来接受稿件内容（假设具备正常的理解力、感受力），那么稿件语句的内在寓意一般是能够被领悟的（即使有看不懂的地方，也可以停下来玩味、琢磨，或回过头来反复阅读，直至理解）。但是，如果作为听众来感知稿件内容，那情况就不同了。这时，他的理解、感受在很大程度上被播音员、主持人的语气制约住了。因此，播音员、主持人的语气，对受众来说，既是一种引导，也是一种强制。这种传播的特殊性使播音员、主持人的播音会出现两种可能：一种是如果播音员、主持人对稿件文字、语句深层寓意吃透并通过语气准确表达了，那么，受众的理解也随之深化；另一种是如果播音员、主持人的语气只表达出文字表面的意思，而没有表达出文字深层的寓意，或者把这种寓意表达偏了、错了、反了，那么，受众的理解也将出现偏差。所以，播音员、主持人在进行播音创作时，对寓意性内在语（特别是不易辨别的、与语句文字表面意思有差别，但又不是截然对立的寓意性内在语）要给予充分的注意。

3. 关联性内在语

稿件的内容是用逻辑和语法建构起来的。稿件中的语句关系有的用文字表示出来，有的则没有用文字表示出来。所谓关联性内在语，就是指那些没有用文字表示出来的语句关系，具体地说，就是那些体现语句逻辑关系和语法意义的隐含性关联词，以及关联词短语。

> 她打了个寒战，（虽然）风又掀起她的衣襟，（但是）这次她没有去拉。
>
> 中国不坚持走社会主义道路不行，（而）不改革开放也不行。（因为）我们不能再耽误了，（所以说）改革开放的胆子要再大一点，步子要再快一点，（从而）使得经济发展的步子更快一些。

关联性内在语的最大特点，就是通过挖掘出语句间隐含性的关联词或关联词短语，使语句关系更加明晰。并列关系、顺承关系、总分关系、选择关系、条件关系、目的关系、取舍关系、连锁关系，都可以运用隐含性的关联词或关联词短语内在语来衔接，特别是多种语句关系交错的多重复句，则更见成效。稿件中那些没有用文字表现出来的关联词或关联词短语主要是由文字语言的概括、简约和精练使然。要把稿件内容转换为有声语言，就需要通过语气把语句逻辑关系准确地体现出来，从而使受众正确地理解稿件的精神实质。播音员如果忽略对稿件文字、语句的逻辑关系的分析、把握，有时就会造成表达语气的偏差。请看下面的例子：

> 车祸问题是个全社会的问题，需要各个方面配合解决。在这里，我们谨向司机同志们进言：……

对这段话如果不做深入分析，准确把握其语句关系，表达时就很可能形成这样的处理：

> 车祸问题是个全社会的问题，需要各方面配合解决。在这里，我们谨向司机同志们进言：……

这样表达的结果，是把这两句话处理成了并列关系。第一句逻辑的指向仿佛是告诉受众，下面将要阐述社会各方面应如何配合解决车祸问题；而第二句却又说“谨向司机同志们进言”，致使这两句话在逻辑上相互矛盾，造成语意不清和语言目的模糊。如果结合全篇“要司机同志注意行车安全”这一总的播出目的和上下文语言环境，再从语法的角度仔细分析，就会发现两个句子关系是一种让步转折关系。第一个句子是让步部分，居次要地位；第二个句子是转折部分，居直接体现语言目的的重点地位。表达上应这样处理：

> （当然）车祸问题是个全社会的问题，需要各方面配合解决，（然而）在这里，我们谨向司机同志们进言……

这样处理是把第一句“放下来”播，不做特意强调；而第二个句子用加重语气播出，就突出了一个指向明确的语句重心，从而也就突出了“司机是解决车祸问题的关键”的语句目的。

在播音创作中，播音员、主持人就是这样在语句、段落、层次间分析、挖掘出隐含的关联词或关联词短语，而把握其逻辑关系，使前后句、上下文语言链条的衔接更加自然、顺畅和符合逻辑，从而使语意和语言目的表达更加准确。所以可以说，关联性内在语是使播音有声语言的链条向语言目的定向推进的路标，是播音员、主持人表达语气起承转合的重要依据，是播音有声语言所表达的稿件文字、语句富于内在逻辑力量的关键所在。

关联性内在语的准确把握与播音员、主持人的逻辑思维、逻辑感受能力有关。

它是播音员、主持人逻辑思维的结晶。因此，播音员、主持人既要熟悉运用概念、判断、推理等逻辑手段表达思想感情的一般规律，同时还要熟悉现代汉语有关的语法知识（譬如词法、句法知识）；在分析、感受稿件时，不能只注重理解句意，同时还要重视分析句子之间的关系；要善于从句群、语段，即小层次的角度去把握相对完整的语意和语言目的。在这里，要特别注意敢于打破标点符号的限制。有些句子表面上看是各自独立的，但深入分析，可能就是一个完整语意的复句关系。另外，还可以从全篇逻辑、结构的特点上去把握、分析关联性内在语。一篇稿件中，作者运用逻辑和语法手段时往往会表现出某种特点，如频率较高地使用某一种句式，或让步转折，或假设递进等等，一般在重点句、段，这种特点则更为明显。这一特点也可为我们挖掘隐含性的语句关系提供线索。

总之，播音员、主持人应该明确：稿件中用文字表示出来的关联词，只代表全篇稿件部分的逻辑关系和语法意义，而要想使所有语句的表达语气都符合逻辑，就必须在那些没有用文字表示出来的语句、段落和层次间挖掘出相应准确的内在逻辑——关联性内在语。能否准确地把握稿件文字、语句的关联性内在语，这既是播音员、主持人对稿件的理解、感受是否深化的一个重要标志，同时又是对播音员、主持人逻辑思维能力和语感能力高低强弱的检验。

4.提示性内在语

什么是提示性内在语？先请看一组例句：

①“听众朋友，最近有一件事传遍古城西安：（什么事呢？）一位居民提着一口有毛病的铁锅找到市政府，要求帮助退换。”

②“本台消息：根据对全国残疾人抽样调查的结果推算，我国各类残疾人总数约有 5164 万人。（1/20！真是不少啊！）这是一个值得全社会关注的数字。”

③“2 月 5 日 13 时 50 分，正在当班的扳道员谭定德听说变压器旁有个小孩被电击倒了，心里一怔：（不好！）儿子正在那儿玩，莫不是他？”

④“清晨，我到公园去玩，一进门就闻到一阵清香，（啊，荷花！）我赶紧向荷花池走去。”

上面这组例句中括号里的内容就是提示性内在语。

提示性内在语用于语句、段落、层次之间，也是为了解决上下句语气衔接的问题，但与关联性内在语又有所不同。它不是以关联词或关联词短语的形式出现，而且内容上也更加丰富多彩。差别还不仅仅在于此，更主要在于挖掘关联性内在语，虽然也需要播音员、主持人付出创造性的劳动，但从其反映的语句关系来看，主要还是稿件文字本身的逻辑使然。因此可以说，这是一个“沙里淘金”的过程。

而提示性内在语则往往是稿件文字本身所不固有的，它是播音员、主持人发挥主观能动性和创造性所赋予稿件的。这是一个“点石成金”的过程。在语句间，特别是文气不太贯通、前后句转换突兀、语气不好衔接的地方，设计一个恰当的提示性内在语就可以找到下句较为贴切的语气，使语句自然地衔接过渡。如果说，关联性内在语重在使语句的逻辑关系更加严密，那么，提示性内在语则更重在使表达语气富于灵动的活力。

提示性内在语以其形式的灵活多样、内容的丰富多彩，为播音员、主持人创作思维的发挥和创作个性的施展提供了更为广阔的空间。

(1)设问呼应

在两个句子、段落和层次中间，用设问短语过渡，诸如“什么事呢？”“为什么呢？”“什么原因呢？”“那么，该怎么做呢？”“有哪些意义呢？”等等，以找到下句生动、贴切的叙述语气。这种提示性内在语还有利于语言表达与受众心理相呼应。因为这些设问短语往往也是受众听到此处时所产生的自然心理反应，如例句①。因此，运用好这种提示性内在语，也有助于调动受众对传播过程的参与，构成潜在的双向交流。

(2)提醒关注

下句的内容需要播音员、主持人用关注、关切，引起注意、警觉的语气播出，可在该句之前加一个提示性内在语，以提示播音员、主持人在播下句时体现出关注的色彩。这种提示性内在语有的可以由前句引申、概括出来，如例句②。用这个由前句内容中概括出来的“我国残疾人与全国人口的比例数”做提示，引发播下句时的关注色彩；有的可根据不同情况和需要加上一个相应的短语，如“请注意”“要注意的是”“需要特别指出的是”“不容忽视的是”等等，用这些短语来过渡上下句，引发播音员、主持人相应的表达语气。

(3)表现情态

在播表现人物心理活动、人物语言，或需表现某种特定感情色彩的句子时，可在该句之前加一相应提示性内在语，如例句③。加上“不好”这一内在语，可以提示播音员、主持人用语气表现出人物当时的心理状态。有时前后句的感情色彩转换较大，为准确表达下一句，可在两句中间加一提示性内在语，如：

> “砰”的一声，张某一脚踢开炊事班的门。(怎么回事?)炊事班战士小梁见这情景，先是一愣，接着上前询问。

第一句表现的是怒的色彩，第二句表现的是疑的色彩。用这个疑问短语过渡提示播讲者转入疑虑的语气。

(4)展示过程

提示性内在语还可以用来展示判断或动作的过程，如例句④中，最后一句话与前句跳跃性太大，加上一个表示判断的提示性内在语来过渡，以找到下句应有的色彩和分寸，有些表示动作的句子，可用提示性内在语来过渡，来展示动作的过程，使语气生动、形象，富于动感，还有助于调动受众的想象，增强语言的感染力。

(5)感叹强调

在进入重点语句之前，或下句需要表达有感叹、强调等较强烈的感情色彩的语气时，可用一提示性内在语，强调或加重语气，如例句②。

我接过来一看，(可不是嘛！)横是横，竖是竖，补得就是不错。

这句的内在语既有展示又有感叹。

总之，提示性内在语是激活播音语气的一个重要方法。当然，从广义上来说，所有种类的内在语，对播音员、主持人都是一种提示和引导。但是，那种既符合稿件文字、语句的内在逻辑，同时又能够充分展示播音员、主持人的独特感受、独到见解，并富于创造性的"点石成金"的"提示"，才是我们这里所说的提示性内在语的真正内涵。

5.回味性内在语

上文结束，不管漾开缓收，还是戛然而止，都给人以语已尽情尚存的印象。让受众回味什么，思考什么，想象什么，憧憬什么，要靠回味性内在语具体引发。

回味性内在语一般用于段落、层次，特别是全文的结尾处。大体上有四种形式。

(1)寓意式回味

这幅画一直挂在我的书桌前，多年来不曾换掉，因为我需要它。(它常常催我向上！)

这张照片的主人已经不在人间了，照片本身也在一场浩劫中化成了灰烬，但是，当时的情景却永远留在我和妻子的心里。(彭总永远活在人民的心中！)

用内在语把前句的深刻寓意体现出来，并营造一种耐人寻味的氛围。这种形式的内在语与那种用于语句、段落中的寓意内在语有一定的相似之处，即都是体现语句深层的内在含义。但不同之处也是较明显的。寓意式回味内在语处于段落、层次或全篇的结尾，它不仅体现这句的内在含义，往往还负有统括上文和结论全篇的责任；同时，它还要造成某种氛围，让受众有所思索，有所回味。

(2)反问式回味

在有些稿件、节目的结尾，加一反问式呼语，诸如："您说对吗，听众朋友？""听众朋友，您同意我的观点吗？”“您听懂了吗，听众朋友？”这种反问式回味内在语实际上是对前句语意或全篇结论的肯定并有强调意义，同时，对前句句尾语势所表现的色彩具有引申、指向和推送作用，能够进一步沟通传受双方，深化双向交流。如：

小朋友，要想掌握和运用我们祖国优美、丰富的语言，就要学好语文，学懂、学通，一点也不能含糊。（你们说对吗，小朋友？）

虽说现在生活好了，可离“小康水平”还差得远呢。咱们能只顾眼前乐，忘了大目标吗？（您说是不是呢，听众朋友？）

（3）意境回味

这种回味性内在语既好像是“千言万语尽在不言中”，又好像是没有什么确定性的内容，仿佛就是为了营造一种意境和氛围，引导受众或思考，或想象，或憧憬，或感叹，或遐想。它既是前句语势及所表达的色彩、分量的引申和推送，又仿佛是全篇稿件主题思想、精神实质的挥发和伸张。有时甚至用一个简单的标点符号，也可以使播音员、主持人通过视觉的提前量得到前置提示，运用恰当的语气造成相应的意境和回味的无限空间。

冬天来了，春天还会远吗？（……）

我急忙唤回我的猎狗，带着它走开了。（……）

（4）线索式回味

有些稿件中，在一些段落、层次和全文结尾处重复出现相同的句子，如广播通讯《桌子上的表》。在文中和结尾三次出现桌子上的表“滴答滴答”，与战士们几进几出，不曾动它，形成了强烈鲜明的对比，使主题思想得到深刻揭示，使人们对那块“滴答滴答”永远走着的表留下了难忘的印象。对这种线索式出现的句子，应结合上下文和主题，设计相应的回味性内在语，找到恰当的语气，以达到调动受众的想象，深化主题，加深印象的目的。

新闻广播电视宣传具有较强的引导、教育和说服功能，我们播出的任何一篇稿件都不是无的放矢的。恰当地运用好回味式内在语，可以较好地发挥新闻宣传的引导、教育和说服功能，使受众在回味、思索、遐想和憧憬之中受到启迪、熏陶和教育。

6. 反语性内在语

反语性内在语直接体现了语句表层意义与深层内在含义，即语句本质的对立关系或对比关系。一般说，在上下文语言环境中比较容易把握。

（1）对立型反语内在语

对立型反语内在语表现为与文字表层意义相对立的趋向。如：

只要略有知觉的人都知道：这回学生的请愿，是因为日本占据了辽吉，南京政府束手无策，单会去哀求国联，而国联却正和日本是一伙。读书呀，读书呀，不错，学生是应该读书的，但一面也要大人老爷们不至于葬送土地，这才能够安心读书。报上不是说过，东北大学逃散，冯庸大学逃散，日本兵看见学生模样的就枪毙吗？放下书包来请愿，真是可怜之至。不道国民党政府却在十二月十八日通电各地军政当局文里，又加上他们"捣毁机关，阻断交通，殴伤中委，拦劫汽车，横击路人及公务人员，私逮刑讯，社会秩序，悉被破坏"的罪名，而且指出结果，说是"友邦人士，莫名惊诧，长此以往，国将不国"了！（简直是岂有此理）

这里上文中的"大人老爷们"，是指腐败无能的国民党政府；"友邦人士"，是指实为侵略者帮凶的外国势力。鲁迅先生用这种表面意义与深层含义截然对立的形式，鲜明地表达了自己的否定态度和蔑视、嘲讽的感情色彩。这种反语性内在语一般多出现在评论、杂文里的驳斥性、否定性、讽刺性的语句段落，它与宣传目的、主题基调、语言环境的依赖关系显得更为紧密。确定和表达这种对立型反语性内在语，就要紧紧抓住语句本质与表层意义直接对立的趋向，用反义的和否定的语气鲜明地把这种对立体现出来。

（2）反问型反语内在语

反问是通过问句的形式表达确定的意思的修辞方法。同平铺直叙的表达相比，反问语气色彩强烈，能够激发受众的感情，引起深刻印象。如：

中国人死都不怕，还怕困难吗？（显然，也不怕！）

过去三年的一关也闯过了，难道不能克服现在这点困难吗？（完全能够克服）没有美国就不能活命吗？（我们将活得更好！）

问句本来表示判断，具有不确定性，但通过反问的语气却有了确定内容，这种对立是比较明显的：否定句用反问语气说出来就表达肯定的意思，肯定句用反问语气说出来就表达否定的内容。这反问语气的内涵就是我们所说的反语性内在语。可以说，在上下文语言环境中把握、确定反问句的内在语是比较容易的，关键是表达时反问的语气要鲜明、强烈，否则所要表达的确定性的内容就不明显，给人印象也不深刻，会削弱反问句特有的功能。

（3）双关型反语内在语

双关是利用语音或语义的关系，使语句同时兼顾两种事物的修辞手段。这种修辞方法，有意让某个词语或句子有两种意思，表面上说一个意思，实际上却另指一个意思。这个另指的意思是语言目的所在，也就是我们所要把握的反语性内在语。在这里，语句所兼顾的两种事物一般并不表现为截然对比的关系，而是一种对立关系。

这是与前两种形式的反语性内在语所不同的。如：

“雅”要地位，也要钱。古今并不两样，但古代的买雅，自然比现在便宜；办法也并不两样，书要摆在书架上，或者抛几本在地板上，酒杯要摆在桌子上，但算盘都要放在抽屉里，或者最好放在肚里。

利用“算盘”的本义和转义，巧妙地构成双关，表面是说具体的算盘，实际是指“心机”而言，讽刺味道很浓。这是一种利用词语或句子的多义性在特定环境下形成的语义双关形式。与谐音双关相比，语义双关更为常见。播音员在备稿中，要抓住双关反语内在语或句子表面意思对比鲜明的趋向，表达时用较含蓄的、饶有意味的语气，把暗指的意思体现出来，以增强稿件的表现力和有声语言表达的感染力。

(4)非对立型反语内在语

在稿件、文章和语用实践中还有这样一种现象，即有些句、段，即使联系上下文的语言深层含义，大体上也是一致的，同向、同质的，但在表达的语气中需要渗入一定的与语句意义有别的，甚至是相对的色彩。例如：

正因为这样，所以马克思是当代最遭嫉恨和最受诬蔑的人。各国政府——无论专制政府或共和政府——都驱逐他；资产者——无论保守派或极端民主派——都纷纷争先恐后地诽谤他，诅咒他。

无论是表层意义，还是深层含义，都是说马克思遭到反动统治者的驱逐和资产阶级的诽谤和诅咒，而成为“最遭嫉恨和最受诬蔑的人”。那么表达的语气就很容易因句中较多的贬义词而带有否定的色彩。这与全篇赞颂、崇敬和怀念的基调是不和谐的，自然不能说是准确的。如何避免这种情况？就需要进一步从全篇整体，即主题、基调、目的的高度作出判断和评价：马克思所遭受到的这一切，恰恰从反面说明了马克思的事业的不朽和人格的伟大，占人口绝大多数的无产阶级和劳动人民是深深地爱戴、崇敬他的。有了这种理解和感受，表达的语气就会在说清楚的同时，流露出对马克思的崇敬和对反动阶级的蔑视之情，特别在说到那些贬义色彩的词时，要透出一丝对反动阶级蚍蜉撼大树之举不屑一顾的色彩，以淡化这些词语表面的贬义色彩。

由此可见，这种内在语与语句的本义实际上也是一种对比关系。由此，我们把这种表面意义与本质意义大体一致而又要表现一定的反义色彩的内在语，称为“非对立型反语性内在语”。这种反语性内在语不是以与语句文字表面意义相对立为标志，而是以不产生负面效果为目标。对它的把握，除了联系上下文语言环境，更要从全篇整体去分析、感受，做到既准确表达语义，又不出现消极的负面的效果。

总之，稿件中那些反语性语句，往往是作者独具匠心的点睛之笔，播音员运用反语性内在语引发相应的语气加以准确表达，对稿件主题的深化、目的的昭示、基调的统一和感情的抒发有积极的促进作用，会使稿件的表达更具色彩和感染力。

以上划分出的六种类型的内在语，初步展示了内在语的丰富性以及它在调动播音员的感情、引发贴切的表达语气方面的积极作用。但需要指出的是，这只是提供了一个可供参考的基本示范，并没有也不可能囊括内在语的所有形式，也不可能解决所有内在语方面的问题。如果用这六种基本类型去机械地套用和规范千差万别的语句，则无异于削足适履，作茧自缚。

二、内在语的最优化

1. 内在语是对稿件理解和感受的集中概括

内在语作为语句的实在意义是随着语句目的、语言环境的不同而变化的，因此，从孤立的语句中寻觅到的内在语往往具有不稳定性和不确定性。稿件中的语句，作为构成稿件整体的个体局部，是受宣传目的、主题思想和整体基调制约的。宣传目的、主题思想和整体基调一经确定，内在语就有了相应稳定性、确定性和排他性。语句内在语的最优化是服从于稿件的整体，即宣传目的、主题思想和整体基调的。只有深刻理解、感受了稿件的主题思想，准确把握了稿件的宣传目的和全篇总的感情色彩和分量，才有可能确定和把握语句的内在语。离开了宣传目的的统帅，离开了稿件整体基调的制约，具体语句目的就成了无本之木、无源之水，内在语就如同断了线的风筝，飘忽不定。

可以说，稿件的宣传目的就是全篇稿件总的内在语。它落实在语句的主次关系上，通过揭示语句本质和语言链条的作用，从语气上表现出来，鲜明地突出稿件的精神实质和针对性。

2. 在稿件的重点和难点上把握内在语

词语本身文字符号的概括性和新闻语言的直观性和晓畅性，使得稿件中许多语句的内在含义和逻辑关系变得自然与易于把握，因此没有必要句句都找内在语。但是，对重点语句的本质含义则应深入挖掘。重点，是宣传目的和主题思想的落脚点，是全篇的关键所在。重点语句的内在语把握不准，就不能准确传达出稿件的精神实质。同时，还要注意在难点上把握内在语。所谓难点，是指语句本质不好把握，或文气不十分贯通，播起来又不好衔接的地方，似雾里看花，扑朔迷离。往往在难点上，内在语更可以显示其巨大的功效。一个恰当的内在语能够在一定程度上弥补稿件文字的缺陷和不足，使语言表达或柳暗花明，或锦上添花。

如果在重点、难点上把握不准内在语，那么“全篇稿件播音的根基就不牢，语言技巧的运用就会手足无措，播讲目的和社会效果也就落空了”。只要积极开动脑筋，牢牢把握宣传目的和针对性，加深具体感受，就会突破难点的障碍，把握准确、鲜明的内在语。

有些稿件中人物的语言，特别是人物的直接引语要特别注意，作为内在语把握的一个重点，稿件中人物语言的内在语是比较丰富的，有的时候要结合上下文、人物的语言目的、人物之间的相互关系，以及全篇整体，仔细推敲，深入挖掘。否则，表达的语气就难以准确反映人物的身份、性格和语言的目的。

3.要注意语句本质的差异

这里一般有两种情况。首先，要在搞清语句表层意义的基础上，根据语句目的和上下文语言环境，挖掘出语句深层的含义，并准确判断和把握具体的态度分寸。因为有时语句文字的表层意义与深层意义即使是同向、同质，也会有程度、分量和分寸的细微差别，而往往难以把握的正是这样的内在语，所以，需要深入感受、细心揣摩。其次，有些语句，从文字上看，似乎是这样，深入挖掘后，内在语应是那样，即表层意义与深层含义异向。这时的内在语应与语句深层含义的意向相一致，而不被文字表面的意义所迷惑。以上两个方面，都可以大大显示内在语的威力。同一个语句，内在语的意向不同，语意也就不同。“向雷锋同志学习”内在语应为同向，表达肯定的意向；如果内在语改为异向“没啥必要”，就会表达出否定的意向。由此也不难看出，播音员的立场、观点及世界观的正确与否对内在语的确定和把握，乃至对整个播音创作的影响和支配作用是不容低估的。也正是由于此，播音创作的表达功能在很大程度上就被内在语制约住了。播音中表达得不准确，甚至播反了，首先要看看内在语是否恰当。若内在语无误，再去找表达方法上的问题。

4.内在语要鲜明、简洁、有说服力

挖掘、运用内在语的目的是深化对稿件的理解、感受，使自己的思想感情运动起来，获得贴切的表达语气，更好地传达稿件的精神实质。因此，内在语的把握应力求避免朦胧模糊，要鲜明、确切。内在语越鲜明、越确切，我们断定作品某些部分所提出的任务也就越正确、越肯定。内在语的表述应力求简洁、精确可感，有说服力。由于内在语概括表述的精确可感，在话筒前播音时，不必字斟句酌地去重现一遍，只要由此一点，唤起相应的体验即可。鲜明、简洁、有说服力的内在语往往能使播音员产生一种发现的欣喜和惊奇，转而又会产生一种急切的表达欲和一吐为快的创作激情，并使之获得创作的幸福感和满足感，鲜明、简洁、有说服力的内在语催动着、感奋着播音员去生动地创造、准确地表达。

播音员在运用内在语这一调动思想感情进入运动状态的重要内部技巧的时

候，不要忘记和语言血肉相连的思想感情，要准确、鲜明、生动地表情达意。播音既要在总体上把握准全篇的基调，又要播一句是一句，就是播出这一句话来，在脑子里得清晰地明确要表达什么，这一句和另一句之间是有机地、逻辑地联系起来的，就如同我们周身的血脉一样，是一贯相通的。老一辈播音员积数十年播音实践经验总结，阐明了内在语的真谛，值得每一位播音工作者，特别是初学者认真体味，仔细揣摩。内在语的把握与逻辑感受有着极其密切的关系，属于逻辑思维范畴。初学者要学会简约地表述内在语。在备稿时，尤其要注意内在语是否准确可靠。只要勤于琢磨，勤于体验，勤于积累和总结，终会达到熟能生巧、应付自如的地步。

第四节　内在语部分的实训安排与回课记录

例稿分析

补　旧

丁隆炎

来到吴家花园，起初组织上还是要给彭总派护士、派公务员，他不要，他说："我没有病，要什么护士，(你看，我——)现在是个闲人了，(如果)还要人家来打扫卫生、料理生活，那真是岂有此理！"

从此，一切生活上的事，如扫地、洗衣服、补衣服，都是彭总自己动手。他的夫人浦安修同志那时在北师大做领导工作，只有星期日才回来。

冬天来到的时候，彭总找出了他的旧棉衣在屋檐下补着，一边晒太阳，我看他干得十分吃力，对他说："(这位老同志——)眼花手笨的，还是我来吧。"他说："你呀，未必有我这两下子。"

我接过一看，(嘿！)针脚整齐，横是横，竖是竖的，补得就是不错。彭总从老花镜上边看着我，有些得意地说："多多评头论足吧。"(怎么样，还不错吧！)就在这次，他给我谈了他的身世：他童年丧母，家庭很穷，他不但要给人家当苦工，还要照顾两个弟弟。"那时候，什么活没干过，什么苦没吃过？"(今天吃这点苦算什么？)彭总感触很深地说："今天，住到这个圆明园，皇帝老子住过的地方啊！"(该知足了！)

他的这身棉衣，是在抗美援朝期间，有次回国来，为了外出方便买来穿上"打掩护的"。质料很一般，外头连罩衫也没有。(可是，)就是这身棉衣，伴着他在吴家花园度过了六七个寒冬，后来又穿着它到了西南。直到他被林彪、江青派来的一伙人揪上北京，我们最后分别时，他穿的还是这件黑蓝颜色、上头闪着一层油光的土布棉衣。(彭总啊，你对自己太苛刻了！)

记不得是哪个冬天了，也是一个风和日丽的日子，彭总在院子里补衣服，我带着家里人照相玩，走过他面前，故意逗趣地说："这位大爷，照张相吧?"我们都以为他不会干的，还会说，"我这个人长得丑"之类的话，谁知这一回他抬起头来，笑呵呵地坐正了，说："照吧！"(照这张值啊！)

笑声中，我给他拍了一张"老人补旧"的照片。(……)

这张照片的主人已经不在人世间了，照片本身也在一场浩劫中化成了灰烬，但是当时的情景，却永远留在我和妻子的心中。(彭德怀同志永远活在亿万人民心中！)

——摘自《在彭总身边》

作品:《补旧》
刘国建播送

文中讲述的故事发生在20世纪50年代末60年代初，当时彭德怀同志在庐山会议遭到错误的批判，被"罢官"赋闲，家也搬到了荒凉偏僻的圆明园吴家花园。一位为中国革命和人民解放事业立下卓越功绩的老革命，一件旧棉袄补了又补，一穿十几年，这种精神无不令人肃然起敬。文章就是通过对彭德怀同志补旧往事的回忆，歌颂了彭德怀功高不自傲，永葆劳动人民艰苦朴素本色的高尚情操和优秀品德。因此，应饱含对彭总无比钦佩、赞颂之情，用一种凝重、回忆、深情赞颂的基调来播送这篇回忆录(括号中内容为内在语分析)。

第一段彭总的话，既要体现出彭总倔强、耿直的性格，同时又要考虑到他此时的心境。特别是第二句话"现在是个闲人了……"说得要富于含义，与前面的语气有明显的不同，这里得设计一个提示性内在语。

第四段"我接过来一看，针脚整齐……"要注意这两个分句衔接不能太紧，为体现"看"的动作过程，可设计一个提示性内在语来过渡。下面彭总的话"多多评头论足吧"，内在含义是什么(寓意性内在语)也要把握准确。彭总感触很深地说出的两句话，其深刻含义是什么？除了感叹，还有什么含义？应重点挖掘。

第五段，是全篇的重点段之一，也是作者的感情最为浓重、凝聚的地方。第一句应播得和缓、亲切。第二句开始，作者的感情不平静了。由"就是这身棉衣……他穿的还是这身……土布棉衣"，把作者的感情推向高潮。这感情既有对林彪、"四人帮"的激愤，又饱含对彭总无比爱戴、钦佩和无限的感慨。播这一段，一定要体会并抓住作者当时的心情，用一个内在语把这个心情概括并表现出来，从而产生撼人心魄的效果。

第六段，为什么补旧时照相彭总却心安理得，并且很重视？应找到相应的心理依据。

第八段，全文结尾这句话的内在语是什么？怎样播才能给人以思考和回想？

实训稿件(提示与回课)

1.《知音难得》

从前，有一个皇帝特别喜欢弹琴，弹琴成了他的唯一嗜好。可是他弹不成调，听的人简直无法忍受。他在皇宫内找不到一个知音，十分苦恼。

有一天，皇帝突然想出了一个主意。他叫太监找来了一个等待处死的犯人，对他说："只要你说我弹得好，我就免你一死。"

皇帝开始弹琴，犯人站在一旁听着。一曲未尽，犯人便跪在地上请求："圣君，求您别再弹了，奴才宁愿早死！"

（选自《中级汉语教程》）

实训提示：皇帝和死囚的话，分别是什么意思？准确地分析并表达。此文带有幽默色彩，播读时节奏稍放慢，尤其人物对话要找准角色心态、语气和语调，这样才能达到较好的效果。

回课记录 ____________________

____

____

____

____

2.《都走了》

有位大夫姓陈，医术很好，就是不会说话。

陈大夫六十岁生日那天，在临街的一家饭铺里举行宴会为自己庆祝生日，他请了好几十位朋友。可临到宴会开始，客人只来了一小部分。陈大夫急得一个劲儿地搓手："哎，应该来的还没来。"

客人们一听，多心了。他们以为主人说自己是“不应该来的”，很难为情，于是走了二十多人。

陈大夫一看，急得搓手顿脚，说：“不该走的，又走了。”剩下的十位客人以为自己是“应该走的”，于是又走了几个。

只剩下一位最好的朋友。他对陈大夫说：“你说话太不注意了，把这么多客人都气走了。”陈大夫似笑非笑地说：“那些话不是冲他们说的啊！”

这位朋友一听心想：不是冲他们说的，那一定是冲我说的。于是这最后一位客人也走了。

（选自《中级汉语教程》）

实训提示：由于用词不当，不会说话，内在语与说话者的本意完全相反。准确把握陈大夫这几句话的内在语，并用恰当的语气表达出来，达到那种让人听了就想走的效果。同样是幽默故事题材，节奏稍缓。

回课记录

3.《糊涂虫》

作品：《糊涂虫》
浙工大播音系
2021级王子涵作业

有个县官十分糊涂，他常常胡乱审判案子，因此人们给他取了个外号叫糊涂虫，并且到处议论他的糊涂事。

县官听说县里出了糊涂虫，非常生气。一天，他把差役们叫来，大骂：“你们这些混账东西，一天到晚，不是喝酒，就是赌博，成天偷懒。你们没听说县里出了糊涂虫吗？限你们两天抓两个糊涂虫来见本官，如果出了差错，就拿你们的薪水来抵偿。”

差役们觉得可笑，可又不敢违抗命令。只好出城去抓糊涂虫。他们来到城门口，看见一个人拿着一根竹竿要进城。那人先是竖着拿，城门比竹竿低；再横着拿，城门比竹竿窄。因此进不去城。差役们想，这不是个糊涂虫吗？于是，连拉带扯就把他带走了。

还有一个，怎么找也找不到，看看天黑了，只好把抓到的一个先带去见县官。

县官听说抓到个糊涂虫，马上审问。他听了差役们的介绍后说：“你手拿竹竿进城，竖着进，城门矮；横着进，竹竿长，为什么不把竹竿锯断，可见是个地道的糊涂虫。”

差役们一听，立即报告说：“老爷，这第二个糊涂虫也有了。”

县官问：“在哪儿呢，快把他带上来。”

差役们互相看了看，谁也不敢说。

（选自《中级汉语教程》）

实训提示：这个幽默故事小文主要是情节的包袱，叙事要清楚，人物语言的处理也要有一定的体会和设计。揣摩准确的内在语，大胆使用停连技巧。

回课记录

4.《马克思墓前的演说》(节选)　恩格斯

正因为这样，所以马克思是当代最遭嫉恨和最受污蔑的人。各国政府——无论专制政府或共和政府，都驱逐他；资产者——无论保守派或极端民主派——都纷纷争先恐后地诽谤他，诅咒他，他对这一切毫不在意，把他们当作蛛丝一样轻轻抹去，只是在万分必要时才给予答复。现在他逝世了，在整个欧洲和美洲，从西伯利亚矿井到加利福尼亚，千百万革命战友无不对他表示尊敬、爱戴和悼念，而我敢大胆地说：“他可能有过许多敌人，但未必有一个私敌。”

他的英名和事业将永垂不朽！

实训提示：恩格斯在这篇演说中高度评价了马克思为人类历史及共产主义事业所做出的杰出贡献。此段大体上分为两层意思：反动统治阶级和资产者对马克思的憎恨，无产阶级和劳动人民对他的爱戴——从正反两个方面揭示出马克思事业的不朽和马克思人格的伟大。

正是由于马克思敲响了一切剥削阶级的丧钟，所以遭到他们嫉恨和诅咒，但马克思“对这一切毫不在意，把他们当作蛛丝一样轻轻抹去……”读这一段的前一小节，要表现出一种对反动阶级的蔑视和不屑一顾。这就要找到一个恰当的内在语做内心的依托。播后一小节要表现出马克思人格的伟大和事业的不朽，也应该找到一个准确的内在语。

另外，由于演说的对象是比较特殊的，是墓前的群众，要掌握准确的基调，声音高低也要有变化。

回课记录

5.《“友邦惊诧”论》(节选)　鲁迅

作品：《“友邦惊诧”论》
浙工大播音系 2014 级
邵鼎昌播读

只要略有知觉的人就都知道：这回学生的请愿，是因为日本占据了辽吉，南京政府束手无策，单会去哀求国联，而国联却正和日本是一伙。读书呀，读书呀，不错，学生是应该读书的，但一面也要大人老爷们不至于葬送土地，这才能够安心读书。报上不是说过，东北大学逃散，冯庸大学逃散，日本兵看见学生模样的就枪毙吗？放下书包来请愿，真是已经可怜之至。不道国民党政府却在十二月十八日通电各地军政当局文里，又加上他们“捣毁机关，阻断交通，殴伤中委，拦劫汽车，横击路人及公务人员，私逮刑讯，社会秩序，悉被破坏”的罪名，而且指出结果，说是“友邦人士，莫名惊诧，长此以往，国将不国”了！

好个“友邦人士！”日本帝国主义的兵队强占了辽吉，炮轰机关，他们不惊诧；阻断铁路，追炸客车，捕禁官吏，枪毙人民，他们不惊诧。中国国民党治下的连年内战，空前水灾，卖儿救穷，砍头示众，秘密杀戮，电刑逼供，他们也不惊诧。在学生的请愿中有一点纷扰，他们就惊诧了！

好个国民党政府的“友邦人士”！是些什么东西！

实训提示：正确把握文中“大老爷们”和“友邦人士”的反语性内在语及第一段最后一句话中引语的内在语，并用反义的、否定和讽刺的语气播出。

回课记录

6.《贵重的帽子》

刚下过雪，路很滑，一个中学生拼命地在路上跑，为的是买一张足球票。他终于赶到体育场，从一个小青年手中买下了这张门票，而且贵得很——10块钱。他用口袋里所有的钱买下了这张票。

比赛开始了，他前面坐着一位非常时髦的妇女，戴着一顶漂亮的大帽子，挡住了他的视线。

“劳驾，请您把帽子摘下来。”他客气地对她说。但她连头也不回。“请您摘下帽子！”这位中学生禁不住提高声音，气冲冲地又说了一遍。“为了这个位子，我跑了一身汗，花了10块钱，但现在却什么也看不见！”

年轻的妇女照样一动不动，并且很得意地说：“为了这顶帽子我花了25块钱。我要让所有的人都看到它。”

（选自《中级汉语教程》）

实训提示：准确分析中学生三次说话的内在语，注意把握其不同的含义和态度分寸。年轻学生的心态、气质决定他的语气，把握要准确。妇女这句话的内在含义是什么，用内在语准确表达出来，并且要在内心给这位妇女有一个形象、气质的想象，把她的语句表达到位。

回课记录

7.《孔乙己》(节选)　鲁迅

孔乙己是站着喝酒而穿长衫的唯一的人。他身材很高大;青白脸色,皱纹间时常夹些伤痕;一部乱蓬蓬的花白的胡子。穿的虽然是长衫,可是又脏又破,似乎十多年没有补,也没有洗。他对人说话,总是满口之乎者也,教人半懂不懂的。因为他姓孔,别人便从描红纸上的“上大人孔乙己”这半懂不懂的话里,替他取下一个绰号,叫作孔乙己。孔乙己一到店,所有喝酒的人便都看着他笑,有的叫道,“孔乙己,你脸上又添上新伤疤了!”他不回答,对柜里说,“温两碗酒,要一碟茴香豆。”便排出九文大钱。他们又故意的高声嚷道,“你一定又偷了人家的东西了!”孔乙己睁大眼睛说,“你怎么这样凭空污人清白……”“什么清白?我前天亲眼见你偷了何家的书,吊着打。”孔乙己便涨红了脸,额上的青筋条条绽出,争辩道,“窃书不能算偷……窃书!……读书人的事,能算偷么?”接连便是难懂的话,什么“君子固穷”,什么“者乎”之类,引得众人都哄笑起来;店内外充满了快活的空气。

实训提示:鲁迅先生在《孔乙己》这篇小说中,通过对孔乙己这个悲剧性人物的刻画,深刻地揭露了封建文化的虚伪和对人的毒害以及封建制度的残酷。

常到咸亨酒店的人有两类:穿短衣站着喝的——干粗活的穷苦人;穿长衫坐着喝的——家境富裕且有文化的人。而孔乙己属于哪种人呢?此段第一句话不仅点明了孔乙己的身份、家境,同时也隐含着揭示了他的性格特征。此句应挖掘出一个什么内在语,以使表达语气能体现出孔乙己身份、性格两个方面的特征?

文中“他对人说话”到“叫作孔乙己”这一小节,表面上是讲孔乙己“名字”的来历,但文字又暗含了一定的寓意,也要把它挖掘出来,并通过恰当的语气体现出来。

为什么“孔乙己一到店,所有喝酒的人便看着他笑”?“孔乙己,你脸上又添新伤疤了!”又是指什么意思?都要结合上下文准确地挖掘深层含义,并用语气表现出来。

这是小说片段,注意小说体裁播讲时的特色要领,语气舒缓连贯,说的感觉强烈。另外,人物语言神态描摹生动,有一定的音色上的变化。

回课记录

8.《爷爷和孙子》 列夫·托尔斯泰

爷爷已经很衰老。他行动迟缓，耳聋眼花，吃起饭来，鼻涕口水一个劲儿地流。可是他的儿子儿媳嫌他脏，不让他同桌吃饭，把老爷爷一个人赶到墙底角去吃饭。有一天，老爷爷端着瓷碗在墙角蹲着吃饭。时间长了，他想挪动一下。一个不小心"啪"瓷碗掉地下了。儿媳见了就破口大骂，"啊呀！你这老不死的！你怎么把家里东西全打坏了呢！你这么大岁数，待在家里边，什么事也不做，有什么用呢？好啦，明天哪，你就拿木盆吃饭吧！"老爷爷听了，什么话也没有说，只是长长地叹了一口气。

又过了几天，小两口在家里坐着没事，忽然发现他们的宝贝儿子，用木头做东西。

年轻的爸爸就问他："啊，别佳！你在做什么呢？"

"您问我吗，亲爱的爸爸？"

"是啊，你在做什么呢？"

"我嘛，我在做木盆呢。"

"做木盆？"

"是啊。等您和妈妈将来老的时候，也用木盆吃饭，省的打碎碗哪。"

小两口听了面面相觑，感到这样对待老爷爷很惭愧。

从此以后，他们又和老爷爷同桌吃饭，也照顾老爷爷的生活了。

实训提示：这是俄国著名作家列夫·托尔斯泰的作品。文章虽短，但哲理很深，发人深省。它通过一种生活小事，告诉人们为什么要孝敬父母，赡养老人。

文中第一段描写老爷爷的老态和儿子、儿媳对他的态度。要特别注意准确把握描写老人的这两句话的内在语。内在语不同，表达的语气会截然相反。

第二段，儿媳的话以后，要有一个较长的停顿，这个停顿可以用一个对儿媳这番恶毒语言的评价性短语来过渡。"叹了一口气"之后，可加一个耐人寻味的回味性内在语来过渡。

最后一段，小两口幡然醒悟，思想转变后的表现应读得欢快、流畅，给人以云开雾散之感。在这段之前，应加上一个什么样的内在语，才能使这个转变自然、明显而又不生硬？

回课记录 ____________________

____

9.《石头和虫子》

冬天过了，春天降临了。春暖花开的时候，春雨淅沥沥地飘洒下来。干了很久的土地喝足了雨水，青青的麦苗一个劲地往上蹿。

农民高兴极了，都说："春雨贵如油啊。这雨多好哇，我们盼了很久。瞧，才下了两三个小时，田里地里的旱情就都解除了。"

这话，被地里的一块石头听见了。石头心里很不舒服，它嚷了起来："雨有啥了不起呀！"

农夫们根本没听见石头的话，只顾相互庆祝雨水的降临："这雨可立大功了。""可不是嘛，你看，麦苗长得多欢哪！"

石头越听越火，提高喉咙喊："这算什么功劳？只不过飘洒了两三个小时罢了。"

农夫们兴高采烈地谈论着雨，慢慢地向远处走去。

石头在农民身后声嘶力竭地叫道："你们为什么不低下头来看看我？为什么不问问我的身世？我在这儿住了几百年了，一直安安静静，从来不惹是生非。风雨雷电来了，我忍着；你无意中踢了我，我也忍着。可是，你们从来没有想到表扬我！……"

农夫们已经走得很远了。他们到最后，也没能知道石头心中的愤怒。

石头下爬出一只虫子，对石头说："雨下得虽短，但是，土地不再干旱了。你待在这儿的时间虽长，但对谁也没有用处。你就闭嘴吧。"

（选自《克雷洛夫寓言》）

实训提示：注意体会和把握石头几次说话的内在含义，表达时语气要贴切、准确，并注意感情色彩分量的变化。

回课记录

10.《司机同志，请注意行车安全》

各位听众，下面播送本台评论员写的文章，题目是“司机同志，请注意行车安全”。

据本台记者反映，进入冬季以来，全国各地频繁发生车祸事件。比如10月4日下午，在湖南省长常公路汉寿至望成一段，就连续发生车祸8起，重伤5人，损坏车辆6台，经济损失近两万元；10月7日，贵州省的几位乘客由沿河县乘车去顺市开会，一天竟碰上两次翻车。他们先乘的一辆车碰在石坎上，车身翻倒，后乘的一辆从40米高的路面翻下山去，使几十人受伤。

这是很不幸的。这两起事故无论伤亡人员，损失财产，都不是最严重的，比这严重的还有不少。血的教训，触目惊心，车祸问题关系千家万户，尤其现在冬天到来，车祸更易发生，这应该引起我们的高度注意了。

我国城乡道路标准低、质量差。这几年我们的经济建设迅速发展，各种车辆又大量增加，客运货运空前繁忙，这是造成车祸的主要原因。解决这些问题不是一朝一夕的事情。道路的标准、质量只能逐步提高。车辆增加，运输繁忙，这是好事。那么，目前怎样才能使车祸减少，减少，再减少，使司机平安、乘客平安、行人平安呢？

车祸问题是个全社会的问题，需要各个方面配合解决。在这里，我们谨向司机同志们进言：你们手握的方向盘，脚踩的油门，实在关系重大，生死存亡，系于一发。在许多场合，司机是决定出不出车祸的关键。的确司机同志长途奔驰于崇山峻岭，短途往来于街头巷尾，夏顶酷暑，冬冒严寒，饥一餐，饱一顿，为国家和人民做出重大贡献。但是，确有些开“英雄车”“霸王车”的，还有些“要钱不要命”的，他们给自己和他人带来了灾难。

据记者们反映，司机同志在实行承包之后，多拉快跑，多劳多得，调动起了积极性，这当然是好事。可是请注意，要是出了车祸，好事就成了坏事，所以，安全第一，切不可忘记。记者们还反映说，现在司机队伍中着实有些滥竽充数的“南郭先生”，他们本事不大，胆子不小，看到开车是“美差”，就靠不正当手段拿到驾驶执照，甚至根本没有执照，也硬着头皮上路了。吹竽中混个“南郭先生”，倒无妨害，司机中混个“南郭先生”可就其祸无穷啦。希望有关部门今后严格把好发放驾驶执照的关口，并要坚决清退那些“南郭先生”。这是对人民负责，也是对他本人负责。

车祸往往出在一个瞬间，但它给人留下的痛苦和损失却是深刻而深远的。人命关天，同志们警惕啊，千万注意行车安全！

刚才播送的是本台评论员写的文章《司机同志，请注意行车安全》。

实训提示：这篇评论在逻辑上有一个特点，就是某一种偏正复句使用频率较高，而这种复句在文中大部分又没有关联词的提示。因此，需要仔细分析、把握，并找准恰当的表达语气。注意分析第三段第1、2句的语句关系。第三段“血的教训”之前，为引起关注、加以强调，可加一呼语内在语。

第四段之前，为与上文衔接自然又区分明显，可加一发语内在语；重点分析“道路的标准……关键”与前句是什么关系？在其前加一短语，把这种关系体现出来。

第六段，吹竽中混个“南郭先生”……前加一呼语，以增强这句话的指向性。“希望有关部门……”与前面内容是什么关系？

第七段，句前加一发语性内在语（呼语），可使语句的对象性更明显。

回课记录

11.《老人与海》 海明威

作品：《老人与海》
浙工大播音系 2019 级
欧阳洋、许凌嘉演播

（女）：那老人再一次扛起他的桨，朝海边走去。

（男）：已经八十五天了，一条鱼也没有打到。我好像已经老了，开始背运了。可我的胳膊倒还是有着劲儿的。

（女）：他慢慢地升起那张补过的旧帆。那帆看上去就像一面永远不会失败的旗帜。

（男）：太阳升起来了，太阳刺痛了我的眼睛，这耀眼的阳光已经把我的眼睛刺痛了一辈子。我感到我有点儿力不从心了，可年轻的时候我曾经是个好水手啊。

（女）：船划得久了，汗珠从脊背上一滴滴流淌下来。老人想——

（男）：我可以任船漂流，打一个盹儿或者系个绳扣，把鱼绳拴在脚趾上。

（女）：他没有那样做，他相信，那条大鱼就藏在附近的什么地方。不知过了多久，老人发现，那绿色浮杆急速地往水里沉去，他拉了拉鱼绳，感到了沉重的分量。

（男）：我钓住的是一条什么样的鱼啊？我还从来没见过鱼有这么大的劲儿呢！它只要一跳，或者往前一窜，也许会要了我的命。

（女）：老人全身心地等待着他和那条大鱼的最后搏斗。他想，他这辈子再不会遇到这么大的鱼了，他要最后再赢一次。

（女）：太阳落下去了，夜晚来临。那鱼拖着他的小船在海上游了一夜，他没想到等待一场搏斗需要那么长的时间。

（男）：我已经感到了你的力量，让我们面对面地斗一斗吧。我和你谁也没有帮手，这很公平，来吧，我早已做好了准备，我不会后悔，死在一条金枪鱼的手里。

（女）：夜幕再次降临，老人精疲力竭。

（男）：它不会有那么大，不会的！

（女）：它就是那么大，大得出乎老人的意料。

（男）：我只有一次机会，这是生死决斗。不是我叉死它，就是它撕碎我。

（女）：老人觉得自己快要撑不住了。他用绵软的双手努力握紧他的鱼叉。将鱼叉举过头顶，他把鱼叉举到了不可能再高的高度。

（男）：来吧，冲着这儿来吧，让我们做一次临死前的最后的决斗吧！我老了，没什么力气了，我跟你磨了三天，我等了你一辈子了。老兄，我是从来没见过比你更大、更美、更沉着的鱼呢。来吧，让我们看看究竟谁杀死谁！

（女）：那条大鱼挣扎着向老人的小船冲过来。老人拼尽他最后的生命，将鱼叉扎进了大鱼胸鳍后面的鱼腰里。那鳍挺在空中，高过老人的胸膛，老人扎中了大鱼的心脏！那鱼生气勃勃地做了一次最后挣扎，而后轰隆一声落入水中。啊……老人赢了，他战胜了自己，战胜了那条大鱼。他没有发现一群无所畏惧的鲨鱼正嗅着血迹向这里涌来。

（男）：你们这群厚颜无耻的强盗，真会选择时机。但我不怕你们，不怕你们！人，并不是生来就要给你们打败的。你可以消灭他，可就是打不败他，你们打不败他！

（女）：成群结队的鲨鱼向船边的大鱼发起猛攻，那撕咬鱼肉的声音，使老人再一次站立起来。他决心捍卫自己的战利品，就像捍卫他的荣誉！

（女）：当老人终于回到他出海的那个港口，天空第三次黑暗下来。

（男）：人，并不是生来就要给你们打败的。你可以消灭他，可就是打不败他。打不败他……

（女）：老人在船上睡着了。他梦见年轻时的非洲。他梦见了——狮子……

实训提示：这是根据海明威小说《老人与海》改编的一段小说朗诵。女声基本是背景和事件过程的描述，是叙述语言。男声基本是老人的内心独白和老人的话语。前者是第三人称的，后者是第一人称的。两者情绪上需要天衣无缝的衔接。配合适当的音乐可以使得播出效果更好。

回课记录

12. 电影《大腕》台词选段

作品：《大腕》
台词　李成儒

一定得选最好的黄金地段，雇法国设计师，建就得建最高档次的公寓，电梯直接入户，户型最小也得400平方米，什么宽带呀，光缆呀，卫星呀，能给它接的全给它接上。楼上边有花园(儿)，楼里边有游泳池，楼子里站一个英国管家，戴假发，特绅士的那种，业主一进门(儿)，甭管有事(儿)没事(儿)都得跟人家说：May I help you sir?（我能为您做点什么吗?）

一口地道的英国伦敦腔(儿)，倍(儿)有面子！社区里再建一所贵族学校，教材用哈佛的，一年光学费就得几万美金。再建一所美国诊所(儿)，24小时候诊，就是一个字(儿)：贵！

看感冒就得花个万八千的。周围的邻居不是开宝马就是开奔驰，你要是开一日本车呀，你都不好意思跟人家打招呼！你说这样的公寓，一平方米你得卖多少钱?

我觉得怎么着也得2000美金吧?

2000美金?！那是成本。4000美金起！你别嫌贵，还不打折。你得研究业主的购物心理，愿意掏2000美金买房的业主，根本不在乎再多掏2000。什么叫成功人士，你知道吗?

成功人士就是买什么东西，都买最贵的，不买最好的！所以，我们做房地产的口号(儿)就是：不求最好，但求最贵！

实训提示：这是冯小刚电影《大腕》里的台词，是意识流独白式的，包括他想象中的听者的回答（“我觉得怎么着也得2000美金吧”），语句连贯，语气是鲜明肯定，透出反讽意味。原片中语言京味十足，同学们可以用作特色口语练习。

回课记录

第五节　名家名作有声作品欣赏之三——《爸爸爱喜禾》

一、何冰

何冰，1968 年 4 月 26 日出生于北京，1991 年毕业于中央戏剧学院表演系，中国电视艺术家协会演员工作委员会副会长，北京人民艺术剧院演员，国家一级演员。

何冰

1993 年在话剧《鸟人》中饰演人气角色黄毛；1997 年在喜剧片《甲方乙方》中饰演梁子；1998 年在情景喜剧《中国餐馆》中饰演张小京；1999 年凭借话剧《雨过天晴》获得第十六届中国戏剧梅花奖；2001 年在年代剧《我这一辈子》中饰演赵二；2003 年在年代剧《我的兄弟姐妹》中饰演齐忆苦；2004 年凭借话剧《赵氏孤儿》获得中国戏剧梅花奖，同年获得第 5 届中国话剧金狮奖；2005 年在悬疑推理断狱剧《大宋提刑官》中饰演法医学鼻祖宋慈，获得第 23 届中国电视金鹰奖电视剧男演员提名；2008 年凭借话剧《刺客》获得第 18 届上海白玉兰戏剧表演艺术奖主角奖；2013 年在年代剧《亲爱的》中饰演郑坚；2014 年在古装剧《神机妙算刘伯温》中饰演刘伯温；2015 年在《传奇大掌柜》中饰演厉秋辰，同年凭借悬疑推理片《十二公民》获得第 18

届上海国际电影节、第12届电影频道传媒大奖最佳男主角；2017年在年代剧《白鹿原》中饰演鹿子霖；2018年凭借《情满四合院》获得第24届上海电视节白玉兰奖最佳男主角；2020年9月凭借《情满四合院》获得第32届中国电视剧飞天奖优秀男演员奖。

何冰是新生代演员中的演技派代表。他的表演热情洋溢，爆发力强，善于塑造人物和演绎激情。何冰很有观众缘，在舞台上的那种自信，令他的舞台角色很有分量。近些年，何冰参加了一些综艺节目，在节目中一展自己的语言功力，让观众印象深刻，如《声临其境》《见字如面》等。

二、蔡春猪的札记《爸爸爱喜禾》

蔡春猪，原名蔡朝晖。1973年生于湖南一个县城，曾做过时尚杂志编辑、时事脱口秀《东方夜谭》策划兼副主持，现从事影视剧编剧。儿子两岁时被诊断为孤独症后，蔡春猪开设微博“爸爸爱喜禾”，被誉为“孤独症之父”。2011年5月28日，蔡春猪在其新浪博客“犬子在，不远游”发表博文《写给儿子的一封信》，几乎在一夜之间，这封信被浏览数十万次，评论数万条，之后更被推荐到新浪首页。文章感情真挚，充满一位父亲对患有孤独症的儿子的无限爱怜，让人读来不禁潸然泪下。2011年7月出版札记《爸爸爱喜禾》。

蔡春猪

蔡春猪写给儿子喜禾的一封信：

2011 年 5 月 28 日

吾儿喜禾：

这封信本来打算你 18 岁的时候给你写的。提前 16 年写的好处是有 16 年的时间来修改、更正、增补，坏处是 16 年里都得不到回信。

一年 365 天，每天都差不多。但是因为有人在那天出生，那一天就区别于另外的 364 天，有了纪念意义。在你的生日之外，还有一天意义重大。那天，你被诊断为孤独症，你才两岁零六天。

那天你真可爱，一路上咯咯笑个不停，一点都不像个有问题的孩子。你姥姥本来就不同意带你去医院检查，半路上就说不去了。但我还是要带你去。你都两岁了，不会说话，没叫过爸爸妈妈，不跟小朋友玩，你也不玩玩具——知道你是想替父亲省下买玩具的钱，但有些玩具是别人送的，你玩玩没关系的。你成天就喜欢进厨房，看见洗衣机就像看见你的亲爹。你这个样子我怎么能放下心。

专家问了你很多，但我们都代劳了。专家还拿了一张表，让我们在上面打勾打叉。表上列了很多问题：是不是不跟人对视？对呼唤没有反应？不玩玩具……符合上述特征就打勾。每打一个勾，都是在你父母心上扎一刀。你也太优秀了吧，怎么能得这么多勾？

专家说，你是高功能低智能自闭症。你终于得到了一把叉了。你的人生被否决了。你父母的人生也被否决了。

我问专家：孤独症是什么原因造成的？专家去繁就简，一言二字：未知。那怎么医治呢？专家曰：无方！不知道病因，又没有方法治疗，这他妈的什么医院！

那天你父亲哭得就像个娘们，花园的草看到了，你父亲可以拔掉；树也看到了，你父亲没办法，它们受《植树法》保护。杀人的心都有，却奈何不了一棵树。

你母亲为了照顾你，果断地把工作辞了。你父亲只是三日沉沦。沉沦三日，他马上振作了。振作的标志就是：每天在微博上拿你开玩笑，不是讨厌你，是太爱你了。你举手投足都是可爱，你父亲胡言乱语也都是爱。你收到这封信后，我知道你会把它吃掉。你爱吃饼干，但我找遍了全世界，也没找到饼干做的纸，所以你就别在意口感了，至少比烟头泥土好吃吧，你又不是没吃过。

信里面絮絮叨叨说了很多医院的事，那些事情忘不了，索性写出来，你吃掉，以后也就没有了。那些都是你的过去，不是你的现在，更不是你的将来。现在你一天比一天进步，我看在眼里，乐在心里。你势头很猛啊，小朋友，不得了啊。照此发展，你八十岁的时候就可以说：其实我也是个普通人嘛。有的人八十岁还未必能达到。一个曾经的高官现在的阶下囚说：我就想做一个普通人。呸！不经过努力没有奋斗能成为普通人吗？

我对你曾经有很多期待和愿望，这些期待和愿望有的冠冕堂皇上得台面，比方你成为诺贝尔奖文学奖获得者，比方你当上省委书记，比方成为考古工作者，比方成为哪位部长的换帖兄弟承包点工程……这些其实都是浮云，算不得什么。父母对你最大的期待和愿望是：你是一个快乐的人。希望你能帮父母亲完成，我们也会尽力协助，但主要还是靠你自己。

还有，你回信的时候，虽然收信地址还是我们家，收信人就是我，但我还是希望你跑一趟邮局。邮局有个女孩长得不错，追到手我给你腾房。OK？

2018年蔡春猪又出了一本新书《爸爸爱喜禾：你一直在和自己玩》（作者：蔡春猪 绘者：蔡喜禾 出版社：湖南文艺出版社）。父与子，是人类复杂难解的关系之一，或温情脉脉，或严肃紧张，或矛盾对立。爸爸笔下的小朋友叫喜禾，是一个孤独症儿童，这些琐碎搞笑的生活日常背后，是孤独症儿童艰难的认知发展和父母对其沟通教导的无限爱与耐心。喜禾的爸爸是一个普通人，也是一名剧作家。他和其他孤独症孩子的父母一样，负重前行，在绝望中寻找着希望，在生活的每一处细枝末节中寻找着慰藉，盼望看到冰山融化的那一天。

三、朗读视频《见字如面·喜禾》赏析

《见字如面》是由实力文化、黑龙江卫视联合出品，腾讯视频网络独播、首播的明星读信阅读推广节目，前三季节目均12期，第四至五季为每季10期，皆由翟毓红主持。《见字如面》由《中国汉字听写大会》《中国成语大会》团队制作，旨在把中国从古至今的书信做一次集中的扫描和大梳理。手写书信传统悄然逝去，一档专门朗读书信的节目肯定会带领观众重温书信里的时光和记忆，但该节目的初衷并不是怀旧，而是以书信的方式打开那些值得中国人知道的、有意思的、真实的中国故事。总导演关正文认为原本私密的家书、情书、与友人书，具有真实性、个人角色和历史带入感。该节目以明星读信为主要形式，旨在用书信打开历史节点，带领观众走进那些依然鲜活的时代场景、人生故事，去触碰那些依然可感的人物情状和社会风物，重新领会中国人的精神情怀与生活智慧。节目于2016年12月29日起在腾讯视频播出，2016年12月31日起在黑龙江卫视播出。节目反响强烈，

获得业内多项大奖。

何冰作为《见字如面》节目的常驻读信嘉宾，播出了数封名人名篇。这封信更是念得让人笑中含泪，泪中感悟。

孤独症到底是什么？简单来说，孤独症是先天的，遗传性脑部发育障碍所造成的疾病。医学上至今病因不明，既不会后天突然得病，也无法完全治愈，只能通过干预和训练患者的行为来进行治疗。

孤独症三个典型特征如下：

1. 核心症状：社会交往障碍。有的患儿在婴儿期就缺乏与亲人的目光对视，也缺少面部表情。

2. 沉默不语或较少使用语言。大多数孤独症儿童言语很少，情况严重的甚至没有言语，即使在别人大声呼喊他（她）的时候也不做任何应答。

3. 以刻板、僵硬的行为方式应对环境。孤独症儿童常有不寻常的兴趣和非同一般的游戏方式，常常在较长时间里专注于某种或几种游戏或活动，如着迷于旋转锅盖，或自己在地上转圈，即常会对某些物件或活动有特殊迷恋，对迷恋物件会终日拿着，数十天如此。

患有孤独症的孩子和别的孩子一样可爱，有清澈的目光，却极少关注别人。有灵敏的听力，却听不懂妈妈在呼唤他们的名字。

有人说，他们好像与这个世界格格不入，所以生而孤独。他们活在自己的世界里，仿佛来自另一个星球，被称为“星星的孩子”。

但实际上，孤独症没有这么浪漫，他们中的绝大多数需要终身照料。

蔡春猪的文字，笑泪相合，努力用幽默带来战胜苦难的力量。让我们懂得生命，更理解和珍惜生命。

作品：名家朗诵《爸爸爱喜禾之那天你被诊断为自闭症》何冰演播

演员何冰的语言生动活力，角色代入感强，形象朴实，语言也不华丽很接地气，正好符合蔡春猪这个年纪的父亲角色。多年的演绎经验使得他很快抓住蔡春猪的性格特质：善良、幽默、深情、坚强、努力，并能再现出他作为孤独症患儿父亲的特殊的心情。他的口语生动鲜活，内在语挖掘自如精确，重音精准，达意明确。

“你收到这封信后，我知道你会把它吃掉。你爱吃饼干，但我找遍了全世界，也没找到饼干做的纸，所以你就别在意口感了，至少比烟头泥土好吃吧，你又不是没吃过。”——嬉笑自嘲中透着坚韧的信念。仿佛在说：你无论怎么样，我和你母亲都会好好爱你！

“现在你一天比一天进步，我看在眼里，乐在心里。你势头很猛啊，小朋友，不得了啊。照此发展,你八十岁的时候就可以说:其实我也是个普通人嘛。有的人八十岁还未必能达到。一个曾经的高官现在的阶下囚说:我就想做一个普通人。呸!不经过努力没有奋斗能成为普通人吗?”——这段是不是又让你笑中带泪,还真的会想到做个普通人的好处和不容易呢!

所以,这段视频中,演播者何冰和文章作者蔡春猪的珠联璧合,让观众听众笑着哭,哭着又笑,笑泪当中感受到深沉的父爱和对生活的复杂感悟。

除了以上的情感上的收获,何冰的朗读既让人觉得是读信,又充满鲜活生动的感染力,把蔡春猪的文字变成自己心里和口中的话,这一点需要播音生们好好学习揣摩,抛却掉所谓的固定腔调和见字出声的习惯。

单元测试(备稿播出以下稿件)

1.《心田上的百合花》 节选

作品:《心田上的百合花》施玲朗读

在一个偏僻遥远的山谷里,有一个高达数千尺的断崖。不知道什么时候,断崖边上长出了一株小小的百合。百合刚刚诞生的时候,长得和杂草一模一样。但是,它心里知道自己并不是一株野草,它的内心深处,有一个纯洁的念头:“我是一株百合,不是一株野草,惟一能证明我是百合的方法,就是开出美丽的花朵。”有了这个念头,百合努力地吸收水分和阳光,深深地扎根,直直地挺着胸膛,终于在一个春天的清晨,百合的顶部结出了第一个花苞。

百合心里很高兴,附近的杂草却很不屑,它们在私底下嘲笑百合:“这家伙明明是一株草,偏偏说自己是一株花,还真以为自己是一株花,我看它顶上结的不是花苞,而是头脑长瘤了。”公开场合,它们则讥讽百合:“你不要做梦了,即使你真的会开花,在这荒郊野外,你的价值还不是跟我们一样?”

百合说:“我要开花,是因为我知道自己有美丽的花;我要开花,是为了完成作为一株花的庄严使命;我要开花,是由于自己喜欢以花来证明自己的存在,不管有没有人欣赏,不管你们怎么看我,我都要开花!”

在野草的鄙夷下,野百合努力地释放内心的能量。有一天,它终于开放了!它那灵性的洁白和秀挺的风姿,成为断崖上最美丽的颜色。这个时候,野草再也不敢嘲笑它了。百合花一朵一朵地盛开着,花朵上每天都有晶莹的水珠,野草们以为那是昨夜的露水,只有百合自己知道,那是极深沉的欢喜所结出的泪滴。年年春天,野百合努力地开花、结籽。它的种子随着风,落在山谷、草原和悬崖边上,到处都开满洁白的野百合花。

几十年后，远在百里外的人，从城市，从乡村，千里迢迢赶来欣赏百合花。许多孩童跪下来，闻嗅百合花的芬芳；许多情侣互相拥抱，许下了“百年好合”的誓言；无数的人看到这从未见过的美，感动得落泪，触动内心那纯净温柔的一角。

那里被人称为百合谷地。

不管别人怎么欣赏，满山的百合花都谨记第一株百合的教导：“我们要全心全意默默地开花，以花来证明自己的存在。”

2. 国际新闻一组　1999 年 8 月 26 日

天津人民广播电台，现在报告国际新闻。

△南斯拉夫联盟外交部长约万诺维奇 25 号致函联合国安理会和联合国秘书长，就科索沃格尼拉内附近的乌格利亚拉村发生屠杀塞族平民事件表示最强烈的抗议，并要求立即召开安理会紧急会议。

△波黑塞族共和国副总理沙罗维奇 25 号发表声明，谴责奥地利警察逮捕波黑塞族军队总参谋长塔利奇上将。

据南通社报道，塔利奇是在奥地利首都参加国际军事理论研讨会时，以“涉嫌在波黑战争期间犯有战争罪行”被奥地利警方逮捕的。波黑塞族代表团在塔利奇被捕后，立即中断会议返回波黑塞族共和国首府巴尼亚卢卡。

△南斯拉夫联盟科索沃阿尔巴尼亚族代表 25 号断然拒绝了塞尔维亚族代表划分飞地的建议，并拒绝再讨论这个问题。

△纳米比亚总统努乔马 25 号宣布，由于北部的卡普里维地区局势已恢复平静，在这一地区实行的紧急状态法从当日午夜起取消。

△今年前 5 个月外国投资者净出售的美国国库券按年率记达 358 亿美元。如果按这一趋势发展，今年将是自 1974 年以来外国投资者美国国库券的售出量首次超过购入量。分析家认为，这表明外国投资者正在将资本从美国转移到经济开始好转的日本和西欧。

△尽管遇到巨大阻力，德国联邦政府仍于 25 号举行的内阁会议决定，执行削减支出、增加税收的一揽子财政紧缩方案。根据这一方案，德国政府明年的财政支出将减少 304 亿马克，并在此后三年中，政府的财政预算还将继续减少。

△突尼斯总统本·阿里 25 号向世界各国领导人及联合国等国际组织发出呼吁，倡议成立“世界团结互助基金”，以帮助贫困国家和地区发展生产，摆脱贫穷。

本·阿里指出，人类即将步入新世纪，但各国人民之间的贫富差距在不断扩大，许多地区的贫困落后还在加剧，这是全世界所面临的最大挑战之一。

这次的国际新闻报告完了，感谢收听！

本章思考题

1. 想象有什么特点？在播音中运用想象时应该注意什么？
2. 内在语的定义是什么？有什么功能？它是怎样分类的？

第四章　对 象 感

第一节　传者与受者的关系

广播电视的发展日益趋向窄播化，这就要求传者对受众的接受心理做认真的研究与探讨，重视前馈、反馈，以期获得最佳的社会效应。所以要熟悉宣传对象，要重视在收听收视过程中受众的个性心理特征，对受众的不同文化层次与需求及审美态度要进行分析。只有当你了解了受众对所宣传的内容关心与否以及他们的需求与愿望时，你的播音主持才更能做到有的放矢。

一、受众心理定势

受众的思想反馈和行动反馈是极为珍贵的，他们通过广播、电视受到感染，得到启发，精神面貌发生变化，对本人、家庭、社会都将起到不可估量的作用。

按照定势说，外部环境和个体需要是决定人的意识和行为的两个基本因素。个体在需要时，会产生一种焦急不安的状态，而当个体进入需要即将得到满足的情境时，就会形成一种完整的心理状态，这种状态就叫作行为的定势。定势是一种完整的心理状态，是个体对某种行为做好的一种准备。

1. 了解受众的关切点

受众不会是主动想受教育才收看收听节目，他们多是出于主观需要，如期待着在节目中听到最新消息，看到最新的动态，为了扩展、增长知识，或对某方面有浓厚的兴趣。这是广播电视受众的共同心理状态。

新闻工作者的活动是一种社会活动，他们的传播目的离不开收视对象，只有了解熟悉受众的心理需求，才能使传与受沟通起来，为此传者就要有强烈的受众意识并去研究受众心理。

我们的新闻经过长期的探索、锐意改革，迈出了可喜的步伐。像《焦点访谈》《新闻调查》，受到广大观众的好评，收视率排在全国前几名。地方台也涌现出许多贴近受众的好节目。这些栏目之所以受欢迎，是因为栏目的容量大，有深度，对当前的新闻热点和广大受众所关注的重大事件、社会现象进行了深入、全面的调查分析，提供了客观、系统、权威的信息。

2.与受众心心相印

以新闻节目为例，一般新闻节目在广播电视中占的比重最大，视听率最高，且服务面最广，在受众视听的设想上要比其他专题节目笼统。拿中央人民广播电台的《新闻和报纸摘要》节目来说，它的听众是全国各级干部、群众，尽管他们的年龄、职业不同，文化层次不同，收听目的不同，但有一点是共同的，即共同的期待心理，希望得到新的动态、信息、知识、精神。《新闻和报纸摘要》的播音节奏与清晨的振奋昂扬和忙碌应是协调合拍的。

又如晚上中央电视台的《新闻联播》节目，因为有画面或提示性字幕，一般受众更喜欢，它比《新闻和报纸摘要》的速度要快些，因为是坐在电视机前收看，从播讲的音量上比电台要略收，语气干净利索，语流明快。虽然传者与受者间的距离跟其他节目相等，但从接受心理讲，观众认为这是在收看党和政府发布的新闻，所以播读采用郑重规整、仪态端庄、含蓄的风格，要比"小音量、近话筒"的交谈式和富于表情的播讲方式更能为人们所信赖。尽管有人批评播音员、主持人报告新闻正襟危坐过于呆板，但更多的受众承认这种播音风格，认为这样客观传达政府方针政策让人信服。遇有重大新闻，这种语言样式的播读更显示出语言功力和内蕴丰富的特色。

广播、电视传媒中开设的各种栏目，都是为了满足不同年龄、不同职业、不同文化层次的受众的期待、得益、求知等心理的，所有这些设计和策划都是希望传者与受众心理相适应，拉近他们的距离，做到有的放矢。当然，受众的期待心理，会因不同的历史时期、不同的社会环境而有不同的反应。

3.特定受众的收听、收视心理

广播电视受众除共性心理外，还有特性心理及其个性特征。

比如专题节目在对受众的设想上要比新闻节目细致具体得多。以《青年节目》为例，青年的意识、生活是开放的，他们用一种好奇、审视、批判的眼光看世界，又能接收新知识和信息。对青年播讲要考虑其心态、受教育程度、知识素养，有责任对其道德标准、观念、审美情趣、价值观施加正面影响。若用说教式、灌输式，青年人不会乐于接受。宣传必须适应新时期青年的心理特征，从他们关心的生活、学习、婚恋、处事等方面的问题入手，不迁就，不迎合，寓情于理、平等亲切、感情真挚地交流探索，娓娓谈心才能加深与青年人之间的互相理解、相互信赖，在潜移默化中渗透。

4. 特定受众的环境特点

环境包括自然环境和社会环境。中国地域辽阔，南北地域之间的受众有很大的差异，同是大城市，北京的受众和上海的受众也有差异，这些差异有经济因素、自然条件的影响，更多的是传统、历史、文化的印记造成的。

如上海人很精明讲实惠、接受新事物快、思维敏捷、富于竞争力，在欣赏节目上更喜欢活跃创新的内容和反映市井生活的。而北京人生活在首都——政治、文化的中心，传统文化给北京市民以很深的影响，北京人关心政治、关心国内外大事，喜欢民族特色浓郁的，特别是表现老北京特色的节目。农民的欣赏趣味也很不相同，像广州郊区的农民受港台等影响，欣赏趣味更商业化，包括演员的台风都如此。

5. 特定受众的类型分析

不同年龄的受众，收听收视也有着各自的心理差异。比如男性喜欢粗犷、刺激性强的节目，如体育类、竞技类和武打类节目；女性感情细腻，喜欢有人情味、情节曲折的电视剧或生活服务类、时装表演类节目；老年人在家时间多，看电视消遣娱乐居多，他们喜欢平和的、节奏不太快的节目，还喜欢忆旧、回顾；中年人家务负担重，尤其是女同志，在劳动之余，喜欢看生活真谛、指点迷津的节目。

儿童是一个最活跃、热情、忠实的受众群。电视是对他们影响最大的传播媒介。中国社会科学院新闻所进行的一次"小学生电视传播调查"显示，电视对儿童未来择业的影响最大，占调查儿童总数的 36.7%。儿童的心理特征是：喜欢新颖、奇特的形象和内容，喜欢节奏快、跳跃性强、生动活泼的节目。

播者对受众进行设想，毫不排斥设想的受众以外的人收听，播者所设想的受众也可能不在听众之中，正如许多成年人也喜欢听少儿节目一样。因为设想的目的在于激发播讲者的播讲愿望，真真切切感到播讲的必要性和迫切性，所以引发播讲的强烈愿望是设想受众的根本目的。

二、受众中的知觉偏见

1. 威信分析

据说美国电视网新闻节目主持人丹·拉瑟被誉为那一时期美国口才最好的主持人，他老练成熟，穿着素雅大方，没有庸俗的富贵气，举止庄重，风度颇佳。他报道、分析、解释新闻的能力是他获得成功的主要原因。他的年薪曾达到 200 万美元，创美国新闻史上最高纪录，所以美国广告界也不惜出重金聘请他为公司做广告。这一现象说明了人们对权威过分尊敬与服从的心理。威信，即"声威信誉"，众所共仰的声望威信有两方面内容，即专业性和可信性。

专业性因素指播讲者的专业水平是训练有素的，某方面经验丰富、知识渊博、技巧娴熟的可称为这方面的专家。

可信性因素指播讲者的人格特征，外表仪态，对人诚恳与否，对事公正与否，播讲时精力充沛，还是疲倦乏力；语调坚定，还是语调平淡软弱；是幽默自信，还是胆怯被动……

总之，传媒需要有权威的、有声望的人来扩大其对人们的影响力。如果受众自己认为播音员、主持人有这样一种特性，其播音就能获得较强的影响力。相反，播音员、主持人的形象欠端庄稳重，气浅声浮，言语没分量，就容易引起受众的反感。宣传者的品质修养欠佳，他就会失去其在受众中的威信。受众一般都会不由自主地迅速接受他们所爱戴的播讲者所宣传的观点，同时也会不由自主地以批判态度对待他们不喜欢的播讲者所播讲的内容。

2.第一印象不可忽视

两个素不相识的人第一次见面所形成的印象称为第一印象。在广播电视中传播者给受众留下的第一印象也不容忽视。第一印象主要是获得对方的表情、姿态、身材、仪表、年龄、服装等方面的印象。这种初次的印象在对人认知中发生一定的作用，它往往是以后交往的依据。

仪态对于传播者建立人际或群际关系有着奇妙作用。仪表素质关系到传播者自身形象，为自身发挥作用创造条件，形成吸引力和亲近感，他可以使受方产生某种感应，产生合作的愿望，因此仪表素质也是传播者的修养之一。仪表素质体现着内在的品格，是自尊、自重、自我完善的一个重要方面，是传播者自身风格见诸行为风度、仪表的表现。仪表也包含着他在群体中的活力。这活力体现在他对人的礼貌、尊重、友好、平等、感官愉悦方面，所以要注意仪态素质，树立美好的印象。

如果环境、条件不允许修正第一印象，那将留有很多遗憾。比如广播、电视的开头如果不能引起受众的兴致，受众就可能改换频道、频率或关机。鉴于此特点，从事广播电视工作的人千万不能忽视第一印象的作用，要很好地发挥其特点，为我所用。

3.偏见、逆反心理

偏见，是个人对他人或其他团体持有的缺乏充分事实根据的态度。偏见的特征是偏见认知成分，就是刻板印象，偏见含有先入为主的判断。

逆反心理往往是传播者本身及传播内容、方式不当而触发的。还有，报道的失实最容易激起受众心理上的反感。了解了上述心理特点，宣传中就要避免不良倾向的出现。

第二节　传者与受众之间的沟通

授课：传受关系

受众的能动作用表现在其产生的评价具有舆论和推动宣传的功能。既然传者与受众是双向反馈的循环运动，就必须加深双向心理研究。作为传者，播音创作主体只有具备熟知和理解受众的层次水平和期待要求，才能使播音有的放矢。同时受众的期待、好恶、意见和建议，可调整、完善播音创作，而好的播音创作又可陶冶、影响、改变受众的趣味与需求。两者在推动促进宣传事业的发展中起着互补互动的作用。

一、受众心理对播音员、主持人的影响

受众热心期待是创作的动力。中央电视台播音员、主持人虹云曾接到大量听众观众的来信，她说："我被热情的来信感染激励着，到了镜头前真的把镜头当成了观众，心理状态就好，因为我全身心地热爱听众、观众。"

正是虹云同志深深懂得受众热诚期待的心，才能不断完善播音技巧，向个性化风格迈进，使她在《午间半小时》节目播音时，针对受众的期待心理，探寻出小音量、近话筒的谈话式播音方式。许多听众在饭桌前边听边吃，此时传者似乎与每个家庭融为一体，好像也变成了餐桌上的一员。这个节目自开办以来，确实调动起了听众的兴趣，收到了极好的反馈效果。

受众的热心期待给传者以激励，使传者能想受众之所想，急受众之所急，了解受众的心理、兴趣、需要和要求，使播讲更具有真诚性、情感性，全身心投入，与受众间的沟通感代替了冷漠感，抓住了受众的注意力，引起共鸣，起到激励鼓舞作用。

要使受众鲜明地感觉到播音员、主持人所报道的是他们所关心的、感兴趣的、最新鲜的事实，传播者就要有敏锐的新闻敏感，掌握动态，明确针对性，抓准反映时代的新鲜气息，尤其要感受到每条消息的时新点在何处，如事件新、政策新、角度新、动向新等等。这些时新点恰恰是件件消息的价值所在，把握好点，就容易捕捉新，以新夺人。受众的各种心理需求，是创作的动力。

二、对不同受众要调整表达方式

中央人民广播电台的《小喇叭》节目的对象是学龄前儿童，他们还没上学，不

识字，可是渴望知道世界上一切新鲜有趣的事。孙敬修——“孙爷爷”的播讲最大特点是自然、口语化，有稿像无稿似的，每次播讲都把话筒当成小朋友，讲的事清楚，小朋友一听就懂，如：“汁液可以喝”，他就改成“用小刀一割变成水了”，而不会误以为“枝叶可以喝”。他在播讲中自然流露着爷爷对孙子的爱抚、关切、启发。多运用重音，使语意表达更明白清楚。他的节目浇灌了几代儿童的心田。他的亲切来自他的为人，他尤其爱孩子，爱他的听众。

而《农村节目》又有自己的特点。播音员采用站在农民当中，同农民直接谈心的方式，把听众放在平等的地位，多用商量、建议的口吻，用通俗口语。讲政策时也多采用“对话”“说新闻”等新形式，把道理“磨细”“化开”，讲清说透，让农民听得清、听得懂、喜欢听。

就是在同一对象节目中，语境不同也会制约表达的分寸。如播怀念周总理的文章，如果在周总理刚刚逝世的日子里播，那就应以沉痛哀悼为主基调。若在今日播，则应以回忆、缅怀其精神为主。

广播只能借助有声语言来表达，所以要调整表达方式。电视在语言表达之外还有形象，那表达样式的要求就更复杂。电视节目除语言的表达方式因不同对象而有所不同以外，眼神、姿势甚至服饰都要注意。

过去对台湾地区广播的播音员是采取盛气凌人、居高临下的态度播讲，后来收到台湾地区听众的批评性的反映。自党的十一届三中全会以来，对台广播的《空中之友》采纳了台湾地区听众的意见。创作班子以徐曼同志的口吻来编写稿件。徐曼同志又注意发挥自己嗓音柔美甜润的优势，加上多年基本功练就的气息支撑，使声音在运用上柔而不媚，轻而不嗲，既亲切诚挚又彬彬有礼，给听众以美的享受，节目也成功有效地沟通了台湾和大陆人民间的信息和情感。

三、受众的期待对传者的心理压力

临时来电台、电视台录音录像的文艺团体或某厂矿的业余文艺爱好者遇上播音员、主持人正在工作，出于好奇围观，还有前来参观的人看电视播音员、主持人怎么录像，主持人来到观众当中采访也会遇上观众出于好奇围观等等。有人说，受到较多关注的暴露型工作往往比隐蔽型工作更易让人感到压力、疲惫。遇到这种不可避免的围观时，围观受众对传播者的心理是有影响的，从量的方面看，其影响的大小分为三级：一是感觉水平，即仅仅依靠某一感官察觉到参观者的存在，这时，参观者往往处于传播者大脑皮质的兴奋中心以外，所产生的心理影响主要是注意转移；二是知觉水平，就是对围观者外部特征有清晰的了解，这时，传播者发觉自己正受到注目，因而产生客观自我认识；三是意识水平，就是对围绕受众的身份及其与自己的关系，激发起一定的情绪。

从质的方面看，产生的心理影响包括以下两方面。

1. 注意转移

围观者的存在给他们增添新的刺激，这必然诱发一定程度的注意转移。对老练的播音员、主持人来说，有人围观更容易进入稿件。对新播音员、主持人来说，遇到有人围观就容易分散注意力。

2. 情绪激发

现代社会心理学实验表明：旁观对当事人活动效率的影响与活动难度有关。难度自然是相对于主体的技能水平而言的。技能水平实际上就包含了注意力分配的水平。具有高度熟练的技能，擅长分配注意力，就能泰然处之。

四、播音员、主持人创作中自我意识的调节

当有围观受众在场，而自己又认为在某方面或以某种理由优越于他们，这种情况特别容易激发人的自我表现本能。自矜、自负、自傲、自满的人，因此而变得格外兴奋。自惭、自卑、自怯、自逊的人，对客观自我所做的估价是否定性的，他们一旦面对围观受众（尤其是权威性的受众），每每产生强烈的自我贬抑。自我估价偏低者会由于焦虑而陷于慌乱，一时手足无措，紧张，以致丧失应变力。自我估价适中的人，自如、自在、自信、自明，不易为情境所左右，即使有人旁观，他们仍然安之若素。

播音员、主持人的技能水平与自我意识有联系，技能水平高超的，自我估价为肯定性；技能水平不足者，自我估价则为否定性。要增强适应性，只有从提高技能水平与树立正确的自我意识着手，才能应付自如。

播音员自我感觉的调节有一个要领：时时处处感受到受众。播音员就主体自我感觉而言，要想时时处处感觉到受众的存在和反应，就得展开想象，播者与受众之间思想感情的给予和接收是在想象中进行的。听众（受方）对传的内容的反应：哪些地方明白了？哪些地方不大明白？哪儿会很有兴趣地听？受众听到什么地方会流露出喜悦？怎样与播者的思绪同起伏？……只有当传播者真的从自我感觉上时时处处感觉到受众的存在和反应才能与之产生语气、情绪、情感上的交流与呼应，才能使自己的播音起承转合丰富、活跃，有根有据，才能“交流”起来，在我们的感觉上似乎和受众之间已经建立起互相激励、互相鼓舞的无形的“互动默契”，用这些估量、设想来弥补播音时“目中无人”的状态。

五、传受间的沟通样式

随着广播电视改革的深入，节目也越办越活，交流的形式也在跟着变化，这就

要求我们学会依节目的不同风格及办节目的不同宗旨而变化，及时调整不同的交流渠道和交流样式。

下面简述几种不同形式的交流与把握。

1. 与想象中的对象“交流”

播音员通常是比较端庄严肃地面对着观众在那里播讲，形式多是男女一人一条的“轮播”“对播”，对手之间没有交流关系。播音员只与想象中电视机前的观众“交流”呼应（“交流”用引号是因为客观上虽然与观众在交流，但播音员面前并没有实体观众，只是面对摄像机，交流在此时只是单程的传递）。

2. 间接交流

还有一种交流是通过与对手的交流，达到与观众、听众的交流，我们称之为“间接交流”。这时的交流对象不全是想象中的对象了，而是以与对手的交流为主兼顾着观众，像目前活跃在屏幕上的形式——主持人节目就属于这种形式的交流。

主持人节目的交流必须把握好交流的途径，两个人要交谈起来，双方要真听、真问、真思考，如果一方没听、没想、只是等着接自己的词，就会让人感到交流不起来。对话双方交流不起来，观众就不感兴趣了，为了使主持人合作自如，就要求两人要共同准备资料，探讨编辑节目的整体构思、衔接与转换，主持人话题的切入点要找准，从哪儿说起要说得巧、中听，并能迅速地引入主题，此外也应熟悉合作者彼此的特性、语言习惯，也好临场即兴发挥，应变得力、得体。两人搭配是可贵的默契，只有互相理解，多为对方着想，才能相得益彰。

3. 直接交流

与间接交流相对的就是直接交流。

播音员、主持人经常有外出任务，如到大会宣读文稿或采访、口头报道等等，面对听众观众直接播讲，这时就要及时调整与受众交流的途径。

因为此时不再是与想象中的受众交流，而是面对真人实实在在地交谈，“交流”两字的引号去掉了，与对方反馈处于同步，反馈及时，作用显著，这是播音员、主持人返璞归真的好机会，要抓住时机有意锻炼自己活跃于各种场合的本领。此时若能拿着话筒站在不同人面前，朴实自如地提问，问话得体又不失风度，让人感到确实具有新闻工作者的能力与素质，这样的播音员、主持人适应力强，接触面广，定会受欢迎。

4. 镜头前对象感的调节

前面提到了表现在非语言上的缺乏对象感就是指电视播音的“交流”，它也有一定的特殊性，即受方——观众可以看到播音员（传者），而播音员却看不到观众。如何弥补这方面的不足呢？还是要借助想象，电视播音员必须面对镜头寻找感觉，要能意识到观众的存在和反应。一旦坐到播音室面对摄像机，在镜头前自我感觉良好，就能意识到这是在面对着观众说，视线所及之处就好像看到了观众期待的目光，顿时眼神发亮似乎看到了观众，语言也有了着落，面对着观众，神态也松弛自然起来。一般来说，抬头不要过于频繁，在稿件开头问候、稿件结尾再见、与观众直接对话的时候，都应该抬头，这样做是尊重观众、礼貌待人的表现，观众会感到播者语气的亲切、诚恳。

另外，在句子的核心处（重心）或层与层、段与段之间的转换处也可以抬头交流。若是遇上急稿、难稿，尽量少抬头，抓住好读易记的短句抬头交流。

总之，抬头的时机要合理，掌握要灵活。借助大脑浅层记忆，抬头时继续说内容不中断，不能因抬头而产生间歇感，抬头的动作要自然，大大方方地抬起头来看着观众说。不要头不动，抬头只是翻眼，那样会造成图像不好看，对观众也显得不尊重。再有，播音员视线的高低是否合适也有不少奥妙：视线抬得过高，易导致屏幕图像翻白眼儿，感觉不雅观；视线过低，又呈蔑视状，也不恰当。最好的视线应取平视中稍下点，即稍微带点俯视为好。当然播音员视线的高低还要以各电视台的摄像机与播音台的位置的高低不同而有所不同，有的视线所及在摄像机镜头底沿处为好，有的则看镜头最好，还有的看镜头顶部，不能一概而论。

播音员的眼神不能虚，若是视而不见，观众则跑神儿；也不能眼睛无固定位置地东看西看，否则眼神飘、欠稳重。抬头看的方位要稳、准、固定，只有“心中有人”，眼中才会有神。这需要播音员自己去摸索总结。

第三节　对象感及其获得途径

一、对象感

授课：对象感的概念和获得途径

我们的播音是把稿件播送出去给人们听的，不是对空发言，不是自言自语，更不是自我欣赏。受众就是我们的宣传对象。但是，我们一般是坐在话筒前播稿，面前没有受众，我们看不见宣传对象。这个矛盾怎么解决呢？能不能因为看不见受众，就可以不管宣传对象，只管播音呢？当然不行。斯坦尼斯拉夫斯基说：“没有对象，这些话就不可能说得使自己和听的人都相信有说出的实际必要。”不过这里的对象是目中可见的，在剧中，是角色之间的互为对象，播音是“目中无人”，但要努力做到“心中有人”。就是说，我们心里应该有受众，为着受众，想着受众，不忘记受众。

我们所说的“对象感”就是:播音员必须设想和感觉到对象的存在和对象的反应,必须从感觉上意识到受众的心理:要求、愿望、情绪等,并由此而调动自己的思想感情,使之处于运动状态。

有对象感,就是说,我们每一次播音都有不少受众在专注地倾听。我们宣传的内容是他们非常关心、急于知道的。我们应该努力宣传得好,使他们愿意接受。如果我们不了解他们,不为他们着想,播得不清楚、不完整、不准确、不鲜明,他们就听不明白,甚至不愿意听。因此,我们在备稿时,在播音中,都应该感觉到他们的存在,时时处处为他们着想。我们感觉到,他们的确在听、在想,并且随着我们播音的内容的发展,随着播音员思想感情的运动,产生思想感情的共鸣。我们似乎感觉到了他们的喜悦、愤怒、悲痛、欢乐等各种反应。而这些反应,又引起了我们更强烈的播讲愿望,激发着我们更饱满的感情,于是,对象感更强了。在我们的感觉上,似乎和受众之间已经建立起互相激励、互相鼓舞的无形的“默契”,甚至感觉到思想感情有所“交流”。

二、对象感的获得

对象感必须是具体的。只有具体的对象感才会对播音发挥积极的作用。因此,我们必须具体设想:这样的稿件,这样的内容,这样的形式,这样的宣传目的,在今天,应该播给什么人听?哪些人最需要听?听了以后会有什么反应?播给什么样的人听最能增强我们的播讲愿望,最有利于达到播讲目的?

对象的设想,可以从量和质两方面去进行,质的方面又是最根本的。

所谓量的方面,是指性别、年龄、职业、人数等,有关对象的一般情况。

所谓质的方面,是指环境、气氛、心理、素养等,有关对象的个性要求。

广播电视中的对象节目,是专为特定对象组织的节目,每一篇稿件都是为特定对象编写,当然就要为特定对象播音。如:对人民解放军、对学龄前儿童、对农民等等。但这只是在量的方面的某些规定,并不能解决对象感的全部问题。我们设想对象时,还要依据具体稿件、具体设想。如对农民,一篇如何养好猪的稿件,是对饲养员播,还是对家庭养猪的大娘、大嫂播?是对一个人播,还是对四五个人播?有哪些共同的心理特点和具体需要?都应从稿件出发,进行具体设想。在非特定对象节目的播音中,同样应该具体设想对象以便获得具体的对象感。

为了获得对象感,在量和质两方面的具体设想是相辅相成的,不可孤立对待。年龄、职业与心理特点的关系是明显的,环境、气氛与人数的关系也是很密切的。我们不能表面地去设想,或认为稿子已有了限制,就不必设想具体对象了,或认为稿子并无确定对象，我们何必多此一举呢？这些想法是不对的。

为了获得对象感，我们应尽可能多地熟知各种对象的情况。具体对象，应该是我们最了解、极熟悉的人，一想起他们，音容笑貌、举止神态都时时可感、历历在心。播到这里，他们会这样反应，播到那里，他们又会那样反应……这就要求播音员为了适应广播电视传播的需要，尽量扩大生活的领域，我们的知心朋友越多，越广泛，相知越深，我们才会了解更多的人的更具体的需要，在设想具体对象时，才会更切合稿件的内容和形式，才会更好地达到播讲目的。有的播音员，生活圈子狭小，既不注意观察，更不注意积累，设想具体对象时总是千人一面、千人一心，因此，播音受到很大的局限。我们播送的稿件涉及各行各业，涉及各个阶层，要把千百万受众吸引过来，我们就要设想与稿件要求一致的各种各样的具体对象。

有人说，无论什么稿件都设想一种具体对象，如设想为自己的亲人，就会使播音亲切。其实这是不对的，这样设想对象，表面上似乎属于熟悉的范围，实际上，除了给自己一种笼统的亲近感，别无他获，而且，往往会导致脱离稿件要求，偏离播讲目的。“为亲切而亲切”，追求“轻、柔、甜、美”，“低声下气”，不过是对受众的侮弄，对某些低级趣味的迎合。“亲切”不是“亲昵”，设想具体对象更不是为了向受众邀宠讨好。

就某一篇稿件来说，我们设想的具体对象应该是稳定的、统一的。不应该这一段设想对这些人播，那一段又设想对另一些人播。具体对象的稳定，毫不排斥我们设想的具体对象以外的人听。许多成年人也喜欢听对少年儿童广播的节目，就是例子。这说明，具体设想对象，是有重要的积极的作用的，不但不会局限受众的范围，抑制其他受众的兴趣，反而由于播音的具体、鲜明，开拓着更多受众的审美情趣的“视野”，感动着更多受众的美感享受的心灵。具体对象的设想，犹如晶莹剔透的放大镜，以一当十，众多的受众完全可以感受到美的折光。

同一篇稿件，不同的播音员完全可以设想出不同的具体对象。这是因为稿件本身的对象选择上有一定的差别，而每个播音员有自己的经历，有自己的知心朋友，有自己独特感受的领域。初学者也要试着从自己记忆的仓库中选取、设想适当的具体对象，不可从概念出发，不可盲从。对初学者对象感的训练也不应强求一律。

在有些稿件里，应该允许对象感的转移。有的稿件，在第三人称的表达中，突然出现几句或者一段第二人称的表达，这时，就是由“他(她)”转到“你”的变化，这是称谓的要求。有的稿件，都是第二人称的表达，不过，一段是“大娘”，一段是“大嫂”等，那也要根据“你”的指代人物不同，而有相应的转移。这里，要注意态度、感情的区别，否则，称谓变化了，而缺乏相适应的恰当态度、感情的转换，仍然不会产生好的效果。

对象感不是单单考察设想对象的问题。一旦有了具体对象的设想，同时就产生了播音员与对象的关系问题。播音员与设想的具体对象的关系，一般说来是平等的、同志式的融洽关系，但不能简单地认定这是唯一的、不可转移的关系。情况是复杂的，我们当然反对以教育者自居的态度，这种态度使人听而生畏，产生对抗性的反作用力，造成适得其反的效果。但是，能不能因此就"反其道而行之"，去追求"卑己尊人""哗众取宠"的态度呢？"尊人"是必要的，"卑己"完全没必要。在播音总体中，应该坚持"不卑不亢、落落大方"。

对象感使我们播音时思想感情一直处于运动状态，从播音中流露出与设想的对象相符合的态度、语气、眼神、姿态。在备稿中，在播音之前，具体对象的设想就要完成。一开始播音，具体对象就要在感觉上出现。形象也许十分清晰，也许并不明显，但对象感必须把握住，如果对象感时断时续，甚至消失，那就会"心中无人"，影响播音的感染力。

三、情景再现、内在语、对象感三者关系

情景再现、内在语、对象感是从备稿到播音、使播音员思想感情处于运动状态的三种重要方法。

当稿件中有形象性内容时，我们要在形象感受的基础上，运用情景再现，使播音富于鲜明的形象性；当稿件中有逻辑性内容时，我们要在逻辑感受的基础上，运用内在语，使播音富于严谨的逻辑性。二者相得益彰，相辅相成。对任何一方面的忽视，都会产生那一方面的缺欠。在今天，各种稿件的体裁正在互相汲取、互相渗透，不可从简单的文体分类来确定该用哪种方法。这两大方法之间也没有隔着不可逾越的鸿沟。描写里仍需对内在语的把握，论据里仍需运用情景再现的方法。

对象感解决播音中"由己达人"的问题。情景再现、内在语正好帮助我们在向具体设想对象播讲时，把稿件更积极、更生动、更清晰、更完美地表达出来，传播出去，播到受众的耳朵里，播到受众的心里。

出于"一切为了播出，一切为了受众"的目的，我们便可以把思想感情的运动状态推进到一个新的高度了。究竟什么样的运动状态才是正确的呢？这里，我们只能在"理解稿件—具体感受"的范围内加以阐述。在稿件的根基上，播音员生发出来的感受、态度、感情，时起时伏，时承时转，随着稿件内容的发展，进行有层次、有主次的变化，处处都闪烁着向外迸发的火光，催动着语言神经中枢，达到"一吐为快"的境地。这才是正确的运动状态。

具体感受和整体感受，情景再现、内在语和对象感，在播讲目的的统率下，有的放矢地积聚着、酝酿着，由点到线，由平面到立体，犹如地下的岩浆，滚动着、奔

流着,准备一旦形之于声便喷薄而出,一泻千里。地壳却在沉着地包容着、控制着、估量着、品评着,不使这热流冷却,也不使这热流紊乱。这才是正确的运动状态。

稿件的语言已经变成了播音员自己要说的话,带着深化的感受、明朗的态度、饱满的感情、准确的目的、具体的对象的心里话。这话语,已经不是一个个的字词,已经不是作者的无声语言,而是活生生、响当当的语言了。虽然还显得幼稚、粗糙,但融入了传者的心血,剔除了思想感情的个人杂质。这才是正确的运动状态。

思想感情的运动状态,是播音创作的灵魂。只有它,才能给有声语言以生命的活力。

第四节　对象感部分的实训安排与回课记录

例稿分析

我们祖国的语言

作品:《我们祖国的语言》浙工大播音系2019级章娴雅作业

小朋友,我现在说话,用的是什么语言?对了,是汉语,是汉民族的语言。汉语的历史很长,在三千多年前,咱们中国就有了汉字,汉语的产生在汉字以前,汉语让广大人民使用了这么多年,真是经过了千锤百炼,使它成了更丰富、更优美的语言。

汉语从来就是世界上最重要的语言的一种。新中国成立以后,我们国家在国际上的地位一天天提高了,汉语在世界上的地位也更高了。在国外,有很多人都在学习汉语。国际上开大会的时候,汉语是被规定作为大会运用的五种语言当中的一种。

我们的汉语是十分丰富、十分优美的,就拿声音来说吧,苏联诗人吉洪诺夫说:“只有用音乐才能传达汉语的声音。”意思是说,汉语的声音好像音乐那样好听,这话很对,比如拿 ba 的音来说吧,可以念成“八、拔、把、爸”四个音,声音高低不同,这叫四声,有了四声,就好听了,像:“今天的红领巾,明天的红旗手!”多好的一句话,要没有四声,念成:“今—天—的—红—领—巾,明—天—的—红—旗—手!”(全念平声)小朋友,你们说,这样好听吗?(略停)对了,不光是不好听,还觉得挺别扭。

你们再听听这两句："英雄好汉""钻研苦干""山河美丽""资源满地"，多好听啊！你们爱读诗歌吧！诗歌常常是押韵的，念起来又顺口又好记。比如《杨靖宇将军的故事》那篇课文里，提到当时游击队员爱唱的一支歌，那歌里有这样的词："……没有吃，没有穿，自有那敌人送上前，没有枪，没有炮，敌人给我们造！……"

小朋友，你们读过《送牛入社》这篇课文吗？那里面有一段关于大黄牛的描写，书里说："在董村西街里，只要一提起长波喂的那头大黄牛，人们都会跷起大拇指称赞说：'那真是百里不挑一的好牛！'这头牛个儿大，膘肥，一迈步，大腿裆里的肥肉膘子就哆里哆嗦的，四条腿像木头柱子一样，淡黄色的毛油光光的发亮，一对黑眼睛滴溜溜圆，两只不很长的犄角，微微向里弯着，虎头虎脑的，实在招人爱。"这段话总不过120多个字，可是对这条大黄牛描写得多具体生动啊！说到大家称赞大黄牛，就说"大家跷起大拇指称赞：'是百里不挑一的好牛。'在一百个当中只能挑出一个，那已经是了不起了。这头牛呢，连一百个里面也挑不出一个来，这么一说，就显得这牛确实好。再说得具体点儿，怎么好法呢？'个儿大，膘肥……四条腿像木头柱子一样'。"小朋友，你们听，腿像柱子一样，那站在地上是稳稳的啰。这牛一定是又高又大，又粗壮。在这段描写里又说：这牛长得"虎头虎脑的，实在招人爱"。可不是吗？牛长得像老虎那么壮，干活一定很棒，这怎么能不招人喜欢呐？

汉语里的词多极了，丰富得很。差别很小的意思，也可以用不同的词表示出来。我们好好推敲一下，挺有意思。比如用眼睛看，言语里就能用不同的词来表示不同的看法。比如《二虎子》那篇课文写二虎子怎样在日本鬼子面前，用计策救出了区干部老王，里面写二虎子在日本鬼子面前，"瞪着一对黑溜溜的小眼睛"，"瞪"表现了二虎子对日本鬼子的恨，鬼子呢，他一边看，一边用眼光"往男的一边溜，想看出谁是干部来"，"溜"是斜着眼睛看，写出了鬼子贼头贼脑的样子。后来一个小孩认出了他的爹妈，鬼子又"把他们打量了一番"，"打量"就是上上下下地看，就像要看出什么问题似的。"瞪眼睛""用眼光溜""打量"，都是看，可是看法不同，所以用的字眼儿也不一样，用在这三个地方，就很恰当地表示了不同的意思。

小朋友们，我们祖国的语言是多么优美、丰富啊！小朋友，你们在写作文的时候，能最生动、最细致、最恰当地运用祖国语言表达任何的意思吗？

小朋友，要想掌握和运用我们祖国优美、丰富的语言，就要学好语文，学懂、学透，一点也不能含糊。

1. 层次

第一层:(①—②自然段)　汉语的历史地位

第二层:(③—④自然段)　汉语的音乐美

第三层:(⑤—⑥自然段)　词语丰富词汇美

第四层:(⑦—⑧自然段)　从小学好语文

2. 主题

我们祖国的语言丰富优美,值得自豪。

3. 背景

上情:从语言角度向青少年进行爱国主义教育,提高民族文化素质。

下情:主流:广大青少年勤奋学习,重视语文学习。

支流:有个别人重理轻文,不重视本民族语言的功底训练。

4. 目的

提高全民族的文化素质,从小学好语文,为祖国的繁荣做贡献。

5. 重点

③、④、⑤、⑥、⑧自然段。

6. 基调

明快、热情、亲切、诚恳。

此稿的交流对象应以小学四五年级学生为主,设想播给他们听,尽量达到面对面谈的表达效果。

此外,教学中易出现语言呆板、平淡,播音体现不出语音的音乐美。这时要引导学生感受:“英雄好汉”“钻研苦干”“山河美丽”“资源满地”,其中有深情、开阔,还有昂扬之别,声有往上走和往内收之分,抑扬顿挫方显音乐性。

歌词是介绍,要体现出自豪感。

至于大黄牛的描写,语言形象是夸作者写得多形象、多美,而不是情景再现直接夸黄牛。

词汇美,要有感情色彩的变化,二虎子的“瞪”与鬼子的“溜”,一褒一贬,不能全一样美滋滋地,要有变化。

第⑧段的主次要鲜明,才能更好地达到目的。

为了交流起见,不妨在此段教学期间走到受众中去,如附近的小学,当面播给三至六年级的学生听。

实训稿件(提示与回课)

1.《养花》 老 舍

我爱花,所以也爱养花。我可还没成为养花专家,因为没有工夫去作研究与试验。我只把养花当作生活中的一种乐趣,花开得大小好坏都不计较,只要开花,我就高兴。在我的小院中,到夏天,满是花草,小猫儿们只好上房去玩耍,地上没有它们的运动场。

花虽多,但无奇花异草。珍贵的花草不易养活,看着一棵好花生病欲死是件难过的事。北京的气候,对养花来说,不算很好。冬天冷,春天多风,夏天不是干旱就是大雨倾盆;秋天最好,可是忽然会闹霜冻。在这种气候里,想把南方的好花养活,我还没有那么大的本事。因此,我只养些好种易活、自己会奋斗的花草。

不过,尽管花草自己会奋斗,我若置之不理,任其自生自灭,它们多数还是会死了的。我得天天照管它们,像好朋友似的关切它们。一来二去,我摸着一些门道:有的喜阴,就别放在太阳地里,有的喜干,就别多浇水。这是个乐趣,摸住门道,花草养活了,而且三年五载老活着、开花,多么有意思呀!不是乱吹,这就是知识呀!多得些知识,一定不是坏事。

我不是有腿病吗,不但不利于行,也不利于久坐。我不知道花草们受我的照顾,感谢我不感谢;我可得感谢它们。在我工作的时候,我总是写了几十个字,就到院中去看看,浇浇这棵,搬搬那盆,然后回到屋中再写一点,然后再出去,如此循环,把脑力劳动与体力劳动结合到一起,有益身心,胜于吃药。要是赶上狂风暴雨或天气突变哪,就得全家动员,抢救花草,十分紧张。几百盆花,都要很快地抢到屋里去,使人腰酸腿疼,热汗直流。第二天,天气好转,又得把花儿都搬出去,就又一次腰酸腿疼,热汗直流。可是,这多么有意思呀!不劳动,连棵花儿也养不活,这难道不是真理么?

送牛奶的同志,进门就夸"好香"!这使我们全家都感到骄傲。赶到昙花开放的时候,约几位朋友来看看,更有秉烛夜游的神气——昙花总在夜里放蕊。花儿分根了,一棵分为数棵,就赠给朋友们一些;看着友人拿走自己的劳动果实,心里自然特别喜欢。

当然,也有伤心的时候,今年夏天就有这么一回。三百株菊秧还在地上(没到移入盆中的时候),下了暴雨。邻家的墙倒了下来,菊秧被砸死者约三十多种,一百多棵!全家都几天没有笑容!

有喜有忧，有笑有泪，有花有果，有香有色，既须劳动，又长见识，这就是养花的乐趣。

实训提示：老舍先生的散文极富生活情趣，用简洁朴实的语言描写出自己的真实的生活状态和对生活的感悟。播出老舍的文章也应该注意充分体察先生的心态，他急于和朋友们分享他的生活感悟的那种情绪，以此来调动对象感，激发出和老友街坊们亲切聊天的语气。

回课记录

2. 生活的小窍门

用大料水拌肉馅鲜

不论包饺子还是蒸包子，在包馅中加点大料水，不仅可去腥味，而且使肉馅鲜嫩。以 500 克肉馅为例，配有 10 克大料，用 100 克开水浸泡 20 分钟，再把大料水拌入肉馅中即成。

莴笋叶的吃法

莴笋叶汆丸子：莴笋叶洗净切碎，在开水锅中焯一下捞出；瘦肉末放少许精盐和淀粉搅匀；炒锅倒入适量食油，油热后放入葱花及酱油爆锅，再倒入焯过的莴笋叶翻炒几下，放入清水；水沸后将瘦肉末做成的丸子汆入汤中；丸子熟后即可盛出。

凉拌莴笋叶：莴笋叶洗净切碎，用细盐少许拌匀腌 1～2 小时，挤出盐水，放入适量糖、醋、酱油和香油，拌匀即可装盘。

怎样洗草莓及巧吃草莓

先用清水冲洗草莓，然后放盐水里浸泡 5 分钟，再用清水冲去咸味即可食用，这样洗既可杀菌，又可保鲜。将洗净的草莓切成两半，加糖，拌匀，放冰箱里，3 小时后取出再吃，其味道酸甜、凉爽、可口。

实训提示：此材料要求自编串联词，可编辑成由一人或由两人合作主持播出的节目。交流要自然，生动活泼，配合默契；语言通俗、娴熟，似行家。如在镜头前播出，则还应做到“目中有人，心中有情”，表情自然得体。

回课记录

3.《午间半小时——逆向思维》

（女）：听众朋友，您现在收听的是中央人民广播电台的《午间半小时》节目，谢谢你收听。

（男）：思维，是我们每个人都有，而且都经常进行的一项活动。思维的方式很多，今天，我们想跟您谈谈逆向思维。

（女）：什么是逆向思维呢？用一句通俗的话说，逆向思维就是当你遇到一个实际问题的时候，对现有的结论问一个“为什么？”然后再问一个“不这样是不是更好？”

（男）：为了说明什么是逆向思维，我想先给您讲一个故事：在一个学习班上，老师给学员们出了这么一道思考题：一架飞机飞越沙漠上空的时候，突然坠落到沙漠中央，那里离最近的市镇也有9000多公里。这时候，你查看周围，发现正、副机师和无线电员已经死了，飞机已经起火烧毁，只留下了15种完整物品，现在要你决定这15种物品的重要程度，对你日后逃生或者获救的重要性有多大，按照重要的次序排列出来。

（女）：这道思考题挺有意思的，听众朋友，我看咱们不妨一起思考一下，×××你说说这15种物品都是什么。

（男）：这15种物品是：降落伞、手枪、雨衣、太阳镜、航空地图、指南针、急救箱、伏特加酒、盐、刀子、两瓶饮用水、大衣、梳妆镜子、手电筒，还有沙漠可食动物介绍。

（女）：听众朋友，这15种物品您听清了吧，您觉得哪一种最重要呢？好，咱们还是听听那个学习班的学员是怎么回答这个问题的吧。

（男）：那些学员首先讨论了什么物品最重要，有的说是水，有的说是沙漠可食动物介绍，有的说是急救箱，还有的说是大衣，最后比较一致的看法是“水”。接着，大家又对没用的物品展开争论，最后比较一致的看法是“梳妆镜子”，“水是最重要的，梳妆镜子是最没用的”。当这一观点差不多被公认为真理的时候，一个小伙子突然举手否决，他说：“你们认为最糟糕、最没用的废物，在我看来却是最宝贵、最有用的东西，那就是梳妆镜子。”这突然出现的观点一下把人惊呆了，但是，过了片刻，人们就大笑起来，意味着不过是一句插科打诨的笑话而已。这时候，老师发话了：同学们不要笑，这个同学讲得对，他的意见同专家意见完全一致。

听众朋友，您是赞成这结论，还是感到惊讶呢？梳妆镜子为什么是最重要的物品呢？我重复一下那个小伙子的理由，您听他说得有道理不。他说：“水固然重要，可是两升水并不能解决根本问题；指南针是最没用处的，它虽然可以指出方向，但是在酷热之下，要走出9000公里远的沙漠是不可能的，沙漠可食动物介绍、地图等等，都同样无济于事。”他认为，“决策不应该是自救，而是呼救。但是，正副机师和无线电员都死了，不能用无线电去联络，因此，这个时候用梳妆镜子向天空反光，以便让搭救飞机发现，就是最佳方案了”。

（女）：哎，你这么一说，我也觉得这位小伙子讲得有道理。听众朋友，您现在是不是也这样认为呢？

（男）：这道思考题的答案，使我想了很多。错误批判真理，无知嘲讽科学，在生活中并不少见，看来，正确的认识，必须经过艰苦的思考才行啊！简单的、偏拗的、唯心的思想，只能结出愚蠢和错误的果实。而一个正确的认识，必须从陈旧的观念中挣脱出来，达到一个新的境界。要摆脱陈旧观念的束缚，从思维方式上来看，有一条很重要，这就是逆向思维。所谓逆向思维，就是在思考一个问题，采取与传统观念相反的方向和与传统观念相对的方向来进行思考。刚才我说的那位小伙子，在思考物品的重要次序的时候，采取的就是逆向思维。大家把“水”作为第一重要物品，是出于一个传统观念和习惯，就是遇难以后要自救；而那位小伙子考虑的是呼救。所以，他以人们思维的最后“梳妆镜子”开始，来决定自己的取舍。当他发现梳妆镜子和呼救之间的必然联系的时候，他才终于断定“梳妆镜子”是最重要的。这就是说，逆向思维有利于打破旧的观念体系。

听众朋友，逆向思维作为一种思维方式，您也不妨试一试，在遇到一个实际问题的时候，对现有的结论先问一个“为什么？”然后再问一个“不这样是不是更好？”

（女）：8月29号，我们已经谈了逆向思维并举了刚才那个例子。第二天，新疆某部周挺杰同志写了封信，提出了不同的看法。

（男）：是的，我收到这封信以后，很高兴。看来周挺杰同志也在问："不这样是不是更好？"

（女）：他在信中说，他不同意梳妆镜子最有用的观点，他认为飞机失事如果是在夏天，水是最重要的，梳妆镜子居第二位。因为在得到搭救之前，维持生命离不开水。如果是在冬天，大衣最有用，要不然会冻死。×××，他在信中还问你，这样回答对不对。

（男）：看得出来，周挺杰同志很爱思考啊，从他信里的观点看，他也同意在我们说的那个例子中，根本的出路就是呼救，而不是自救。在这个前提下，那么水是延续生命所必需的，梳妆镜子却是解救生命所必需的，您说，哪一个更重要一些呢？

听众朋友，这次节目播送完了。

实训提示：这是中央人民广播电台的《午间半小时》节目中的一个片段。这档节目在当年的午间节目收听率中创下了新高，因为编排上特别用心，采访音响使用有特色，另外，最重要的是，主持人傅成励和虹云仔细揣摩话筒前的最佳状态，在全国大部分电台尤其是中央和省级台都还采用传统正统的风格播音的大环境中，独创了一种亲切的"近话筒，小实声"谈话式风格，男声松弛大气，女声真挚温婉，吸引了大批听众收听并反馈。练习时注意唤起对象感，靠近一下这样的风格。

回课记录

4. 北京东来顺的涮羊肉

北京东风市场北门，有一家七十五年的老店，名叫东来顺，以供应涮羊肉闻名中外，为人民生活增添着情趣。

涮羊肉是冬令佳肴。每年从秋末开始，直到次年暮春，在东来顺的餐厅里总是笑语喧哗，座无虚席。一个个紫铜火锅，炭火正红，热汤滚沸。一盘盘薄达 1 毫米以下的羊肉片，红白相间，像朵朵盛开的鲜花，衬上嫩绿的白菜，雪白的粉丝，玉石一般的糖蒜，每张餐桌都像一幅精致的图案，就是看看也是一种享受。

涮羊肉的特点：第一是选肉要严，第二是切肉要薄，第三是佐料要精美，第四是火候要适当。四者缺一不可。

选肉的要求是羊肉没有膻味，吃起来能全部咽下不“吐核”。东来顺不但保持了选用肉嫩的西口大羊，而且坚持用阉过的肥羊。每只羊重 40 多斤。能够用作涮羊肉的只有十二三斤，就是上胸、后腿、大三叉、小三叉和臀部“鲜瓜条”。除了这几个部位一概不用，所以说选肉要严。

切肉要薄。每片的肉长 20 厘米、宽 4 厘米，而薄厚在 1 毫米以下。如果把一片肉铺在青花瓷盘里，你可以透过肉片隐约看出盘上的图案。这种刀技，是东来顺切肉师傅的拿手本领。

有了好肉还得有好佐料，涮过的肉片要蘸上酱油、辣油、料酒、芝麻酱、豆腐乳、韭菜花、卤虾油等 7 种调料配成的浆汁才好吃。顾客可以按照不同口味自己调配。除了佐料，还有白菜、香菜、龙口粉丝等配料也都很有讲究。特别是糖蒜，更是别有风味。自然，涮羊肉还得好在“涮”字上，肉片下锅，要善于掌握火候，要把肉片涮得不老不生，恰到好处。

东来顺既要接待内宾又要接待外宾。凡来过东来顺的外宾和侨胞，几乎都是满意而去的。一位法国老人吃过涮羊肉后，兴致勃勃地讲他到过非洲和拉美的好多国家，第一次吃到这样的好菜。一位荷兰客人说，吃到这样的美餐，简直如同过圣诞节一样。一批冰岛朋友饭后还全体起立鼓掌，向服务员道谢，并特地请来厨师一一握手致谢……在这些珍贵的友谊的鼓舞下，东来顺的涮羊肉必将精益求精，更好地为中国人民和世界人民服务。

实训提示：①设计一个合适的栏目；②设想一下节目播出的时间和对象；③想象受众收听时的接受心理，与之交流起来。

回课记录

5.《再寄小读者》 冰 心

作品:《再寄小读者》张桂兰演播

亲爱的小朋友:

读到这封信的时候,你们一定已经上学了;休息了一个暑假,重新回到学校里,一定感到新鲜而兴奋吧?

小朋友,你们的暑假生活过得丰富吗?去过哪些有趣的地方?参加过哪些有意义的活动?看了哪些好书或是戏剧和电影?访问了哪些英雄模范?你们那里下过滂沱大雨了么?河水涨了么?你们参加防涝或是防旱的工作了么?这一个多月中发生过多少值得记忆的事情呵!你们把这些事情,都写在日记上了么?或是写在信上给亲戚朋友们看了么?

小朋友,你们喜欢写信写日记么?你们写的时候觉得有困难么?是不是有时候觉得提起笔来无话可说呢?或是心中有话笔下写不出来呢?或是眼前闪烁着事物的形象、颜色、动作,笔下却形容不出来,而只好以"好看极了""好玩极了""有意思极了"等简单模糊的字句,轻轻带过就算了呢?还有,你们是不是也有"提笔忘字",在信上日记上写下许多错字的时候呢?

今年夏天,我带两个小朋友去逛北京西郊的动物园。这两个孩子都是小学三年级的学生,都很聪明活泼。那一回,我们玩得可真高兴!回来后他俩都写了日记。第一个孩子只写了四五十字(里面还有好几个错字!),他只提到某月某日和什么人去逛了动物园,底下就像记账似地列举了一些动物的名字,什么白熊、大象、猴子、狮子、斑马、孔雀等等,他觉得"好玩极了",以后就回来吃饭睡觉了。第二个孩子却写了一千多字,他从那天的天气和动物园里的游人等写起,以及那些动物,如白熊、大象、斑马、孔雀等等的动作、形态和皮毛、羽毛的颜色,都写得十分生动鲜明;而且他把我对他们谈过的话,也记下来了!我说:"我小的时候,也逛过这个动物园,那时它叫'万牲园',里面只有几只很平常的动物,还有脱了毛的孔雀、老掉了牙的大象……现在却有这么多的珍禽异兽,而且差不多每年每月都增加新的种类。"还有我对他们谈的许多外国动物园的情形,他也有条不紊地记下了。他的这一篇日记,写得整整齐齐,没有一个错字,使人看了很舒服,没有去过北京动物园的人读了,会引起一种"身临其境"的真切的感觉。

这个孩子的老师和母亲对我所说的话,证实了我对他的评价:他是一个好学生。他很喜欢语文课,老师讲课的时候,他总是专心地听,笔记也写得很好,从来没有错字;他尤其喜欢读书,辅导员和老师介绍过的书刊,他总是读得很仔细,不但记住书里的故事,还把书里优美的、有力的字句和词汇,都摘记在一个小本子里。他脑子里积攒的词汇很多,又会灵活运用,因此他写起作文来,毫不费力,每次作文他都写得很好，写信写日记，也是如此。老师对他的学习成绩是很满意的，对于他的作文，尤其称赞，认为他已经找到了提高阅读和写作能力的门径。

语文是一门基础知识，是一门工具学科。学会了学好了语文，我们才能很好地了解其他的课文，才会读书看报，才会写信写日记，才会写好“作文”。你们现在的语文课本，里面有许多思想性很高的、写得很好的故事和诗歌，老师们又讲得很好，你们应当抓紧学习的时光，好好地听讲，好好地写笔记，还要细看每个字的写法。把语文学好了，就会同那位写日记写得很好的小朋友一样，阅读和写作的能力也不断地提高。到了你能够很好地掌握文字这个工具，使它能为表达你的思想感情而熟练地服务的时候，你将会感到无限的快乐，而看你的文章的人，也会感到快乐的。

再谈吧，愿你们在新学年中好好地学习语文！

冰　心

实训提示：信是写给特定的对象的一种文体，朗读起来应该比较容易找到对象感。这篇书信的接受对象是小学生，我们可以想象一群小学生在听，他们中有的可能对作文很有兴趣，找得到共鸣；有的呢，在写作文方面有一点小小的困难；但是都很愿意从这封信中学习写作的技巧。于是我们的朗读等于替冰心老人去做耐心辅导小朋友的工作了！这篇作品的基调可以为前面的例稿《我们祖国的语言》做一个示范。

回课记录

6. 北京台 新闻杂志节目《第七日》

元元主持

北京台《元元说话》《第七日》主持人　元元

1992 年毕业于首都师范大学外国语学院德语系。曾任德文翻译。

1994 年进入北京电视台，任《北京您早》记者。

1995 年创办《点点工作室》栏目，任主持人、制片人。

1998 年创办《元元说话》栏目，任主持人、制片人。

1999 年创办《第七日》栏目，任主持人、制片人。

2002 年创办《七日七频道》栏目，任主持人、制片人。

2003 年任北京电视台生活节目中心副主任。

1995 年加入北京市作家协会，曾著有散文集《20 岁进行时》《元元说话》等。

2001 年获第五届全国十佳电视节目主持人“金话筒”奖。

2003 年获第 21 届中国电视“金鹰节”十佳主持人奖。

2003 年获全国广电系统先进工作者荣誉称号。

2003 年获北京广播电视奖播音主持一等奖。

作品:《第七日》

元元主持

版　头：

好多的新闻，好看的新闻，好听的新闻

在第七日，我说给你听

新　闻：

各位周日好，这周人们在撞大运，您看哪人多，那准是买体育彩票的。彩迷们为体育事业做了贡献，同时呢也想中上 500 万、1000 万的大奖，结果这大运让京郊一个 18 岁的小伙中上了。报纸上我们看到了小伙子和父亲去领奖的照片，照片上小伙子乐得合不拢嘴，他的父亲却在一边故作平静地看报纸，估计一个字也没看进去。这是第一个在领奖的时候没贴假胡子、没戴墨镜、没打雨伞，能够坦然面对镜头的中奖者。虽然照片做了一定的处理，但是多少也满足了我们的好奇心，不过这也从另一个侧面说明这对父子还缺乏一定的心理准备，缺乏自我保护意识。这钱来得太突然了，该怎么花更是一门学问了，这家人还真得好好打算打算。

这周的报纸上登了好多的热线电话，一个是各区的供暖热线，还有一个是全市统一灭蟑螂的热线，这是本周的两件大事。在供暖的当天，空气的能见度大约是 30 公里左右，这在二十几年来是从来没有过的事情。空气质量是国际奥委会评估团考察北京的主要内容之一，接下来的四个月就到了我们申奥的关键时刻，市委书记贾庆林已经说了，我们要以非凡的努力去申奥。

本周北四环通了，整个四环路还差 5 公里这圆圈就算接上了。四环路走起来很痛快，但是也有一些缺点，报上说，14 座大型或者超大型的互通立交桥走起来特别晕，加上路标做得不细，所以这就养活了一群“野向导”，这些人专门给司机带路，收费不等。而且他们还有句话叫作“条条大路通饭碗”。

前些日子我做过一期节目，说的是湖南留香球和贵州陶华碧老干妈的商标之争，我说过一句话，说谁叫他是干妈呢，世上的亲妈只有一个，干妈可以无数，结果正让我说中了，这周又出现了两个妈，甚至还出现了两个爹。

这第三个老干妈来自成都，也系着围裙，从照片上看比前两个都年轻都喜庆。第四个妈来自湖南长沙，不叫老干妈了，改名叫妈不老，虽然说不老，照片上却是个中年人，倒是这湖南老干爹看起来才二十出头的样子，就自称老干爹，老干哥还差不多。

另外你还记得上周那个喝涂料的厂长么，现在他正忙得四脚朝天呢。据他说自己的"英雄事迹"见报之后，这销售淡季就变成了销售旺季了，这涂料还真没白喝。

最近电脑内存的价格大跳水，去中关村攒电脑的人特别多，如果你出门带钱多的话一定要小心，民警提醒您，又到了年根，小偷又开始活动了，如果是出门购物，一定要捂好钱包。

版花　接下一个环节

实训提示：北京台的获奖节目《第七日》是颇受受众喜爱的一档新闻杂志型节目，以民生新闻播报为主。新闻的选择，采访的角度和方式，大量的实景采访或者偷拍式采访，使节目内容鲜活。再有，就是节目主持人元元的独特的播报方式，她语言伶俐至极，京味十足，干脆利索，议论简洁幽默到位，出镜的图像也朴实亲切，似邻家姐妹。

回课记录

7.《我为少男少女们歌唱》　何其芳

我为少男少女们歌唱。
我歌唱早晨，
我歌唱希望，
我歌唱那些属于未来的事物，
我歌唱正在生长的力量。

我的歌呵，

你飞吧，
飞到那些年轻人的心中，
去找你停留的地方。

所有使我像草一样颤抖过的
快乐或者好的思想，
都变成声音
飞到四方八面去吧，
不管它像一阵微风
或者一片阳光。

轻轻地从我琴弦上
失掉了成年的忧伤，
我重新变得年轻了，
我的血流得很快，
对于生活我又充满了梦想，充满了渴望。

实训提示：这是一首热情洋溢的赞美诗，赞美青春的无限美好。体会从一个中年人或者老年人的角度，对象是少男少女们，回首感悟青春的美好，渴望与青年们心灵交流和互动，并借此使他们更成熟，使自己更年轻。朗诵诗歌时特别要注意情绪饱满、声音的变化、节奏的把握。

回课记录

8. 浙工大2016级播音班徐丽淇同学毕业作品：广播节目《神奇图书馆》

作品策划文案

（一）节目名称

《神奇图书馆》

（二）节目时长

15 分钟

（三）节目体裁

广播

（四）受众定位

目标受众面向社会大众，尤其是 2—10 岁儿童及其家长朋友

作品：《神奇图书馆》
浙工大播音系 2016 级
徐丽淇毕业作品

（五）节目定位

《神奇图书馆》的一大突出改变在于打破一般广播节目主持人讲故事第三人称的角度。在这档节目中主持人“身兼多职”。节目串联时以主持人角度引出问题，讲故事过程中又“身在故事中”。主持人是听众小朋友们的好朋友。

（六）策划动机

每一个小朋友都爱听故事，每一个小朋友也都希望自己有神奇的魔法。当他们讨厌吃蔬菜的时候，当他们不爱刷牙的时候，当他们想要不停地拥有美味的糖果的时候。爸爸妈妈们一句严厉的“不可以”的确能帮他们改掉坏习惯，可是我更想和他们做好朋友，满足他们的愿望。我们可以拥有魔法，我们每天可以去不同的地方冒险，我想带他们走进每一个生活里的小问题，一同去寻找答案。也许小朋友们也可以告诉爸爸妈妈很多小知识。

（七）背景浅析

发展到今天，人们对教育越来越重视。小朋友们接受信息和知识的方式越来越多。无论是绘本、动画，还是广播刊物等等，都在努力地以更容易被小朋友们接受消化的方式来推出作品。一直以来被小朋友们喜欢的“凯叔讲故事”“杨红樱系列读物”等成功的少儿刊物都有一个鲜明的特点：从小朋友的眼里看世界。

（八）播出时段

周六周日　20:30

（九）节目风格

语言风格——亲切、幽默

主持风格——亲切、阳光

栏目风格——轻松、活泼

（十）版块设置

1. 片头

(1) 名称：片头

(2) 时长：十秒

2. 主持人开场

(1)名称：主持人开场

(2)性质：主持人打招呼并介绍自己

(3)功能：拉近与听众距离，提高注意力，引出今日节目主题

(4)时长：1分钟左右

3. 广播剧

(1)名称：广播剧

(2)性质：主持人讲故事，旁白加角色对话

(3)功能：通过讲故事提高趣味性，将节目主题融入故事，帮助小朋友理解

(4)时长：8分钟左右

4. 主持人串联

(1)名称：主持人串联

(2)性质：板块切换，进入节目下一环节

(3)功能：开始引出快问快答的采访环节

(4)时长：1分钟

5. 快问快答

(1)名称：快问快答

(2)性质：和小朋友们互动问答

(3)功能：补充相关爱牙知识，进一步拉近和小朋友间的距离，穿插有趣的脑筋急转弯，提高趣味性，通过小朋友的问题引出下期预告。

(4)时长：3分钟

6. 结束语

(1)名称：结束语

(2)性质：节目收尾

(3)功能：预告下期内容，结束本期内容

(4)时长：1分钟

7. 结束音乐

(1)名称：结束音乐

(2)功能：刷牙歌，与节目内容呼应，同时增强结束感

(3)时长：30秒

实训提示：这是一个优秀毕业设计广播作品。该生声音造型能力强，音色变化多端。更可贵的是作为少儿节目主持人在整档广播节目中始终充满着对孩子们的关切、体会和引导，对象感很强。

回课记录

第五节　名家名作有声作品欣赏之四——《万卡》

一、张桂兰

张桂兰

张桂兰，1934 年 9 月生于辽宁金县。1949 年到东北电影制片厂翻译组任配音演员。1955 年至 1957 年在北京电影学院演员专修班学习，毕业后曾在《生活的浪花》《红日》《伤疤的故事》等影片中扮演主角或重要角色。1963 年调新闻纪录电影制片厂任解说组副组长。1973 年调北影任译制片导演。1982 年任童影厂导演室副组长。40 余年来为 200 多部中外影片、电视片和广播剧主角配音，其中有两三岁的幼儿、男女少年、中青年乃至老年妇女。1985 年为电视连续剧《父女之间》女主角查里多配音，获第四届《大众电视》"金鹰奖"最佳女配音演员奖；1986 年为电视连续剧《阿信》主角少年、青年、中年阿信配音，获第七届全国电视剧"飞天奖"优秀配音演员奖。曾为《同志的荣誉》(1954)中保卡乔娃·卡丽雅配音、《渔夫和金鱼的故事》(1950) 中金鱼配音、《闪闪的红星》(1974)中潘冬子配音。2001 年 7 月因病辞世。

二、契诃夫的短篇小说《凡卡》

短篇小说《凡卡》的作者是契诃夫，全名安东·帕夫洛维奇·契诃夫(1860 年 1 月 29 日—1904 年 7 月 15 日)，俄国的世界级短篇小说巨匠，其剧作也对 20 世纪戏剧产生了很大的影响。

契诃夫

他坚持现实主义传统，注重描写俄国人民的日常生活，塑造具有典型性格的小人物，借此忠实反映当时俄国社会现况。他的作品的三大特征是对丑恶现象的嘲笑、对贫苦人民的深切的同情，以及作品的幽默性和艺术性。我们熟悉他很多著名的作品，如短篇小说《给博学的邻居的一封信》《皮靴》《马姓》《凡卡》《迷路的人》《预谋犯》《未婚夫和爸爸(现代小品)》；小说《客人(一个场景)》《名贵的狗》《纸里包不住火》《哼，这些乘客们!》《普里什别叶夫中士》《猎人》《哀伤》《胖子和瘦子》《喜事》《在钉子上》《胜利者的得意洋洋(一位退休的十四品文官的故事)》《小公务员之死》等。

《凡卡》原文：

九岁的凡卡·茹科夫，三个月前给送到鞋匠阿里亚希涅那儿做学徒。圣诞节前夜，他没躺下睡觉。他等老板、老板娘和几个伙计到教堂做礼拜去了，就从老板的立柜里拿出一小瓶墨水，一支笔尖生了锈的钢笔，磨平一张揉皱了的白纸，写起信来。

在写第一个字以前，他担心地朝门口和窗户看了几眼，又斜着眼看了一下那个昏暗的神像，神像两边是两排架子，架子上摆满了楦头。他叹了一口气，跪在作台前边，把那张纸铺在作台上。

“亲爱的爷爷康司坦丁·玛卡里奇，”他写道，“我在给您写信。祝您过一个快乐的圣诞节，求上帝保佑您。我没爹没娘，只有您一个亲人了”。

凡卡朝黑糊糊的窗户看看，玻璃窗上映出蜡烛的模糊的影子；他想象着他爷爷康司坦丁·玛卡里奇，好像爷爷就在眼前。——爷爷是日发略维夫老爷家里的守夜人。他是个非常有趣的瘦小的老头儿，65 岁，老是笑眯眯地眨着眼睛。白天，他总是在大厨房里睡觉。

到晚上，他就穿上宽大的羊皮袄，敲着梆子，在别墅的周围走来走去。老母狗卡希旦卡和公狗泥鳅低着头跟在他后头。泥鳅是一条非常听话非常讨人喜欢的狗。它身子是黑的，像黄鼠狼那样长长的，所以叫它泥鳅。

现在，爷爷一定站在大门口，眯缝着眼睛看那乡村教堂的红亮的窗户。他一定在跺着穿着高筒毡靴的脚，他的梆子挂在腰带上，他冻得缩成一团，耸着肩膀……

天气真好，晴朗，一丝风也没有，干冷干冷的。那是个没有月亮的夜晚，可是整个村子——白房顶啦，烟囱里冒出来的一缕缕的烟啦，披着浓霜一身银白的树木啦，雪堆啦，全看得见。天空撒满了快活地眨着眼的星星，天河显得很清楚，仿佛为了过节，有人拿雪把它擦亮了似的……

凡卡叹了口气，蘸了蘸笔尖，接着写下去。

“昨天晚上我挨了一顿打，因为我给他们的小崽子摇摇篮的时候，不知不觉睡着了。老板揪着我的头发，把我拖到院子里，拿皮带揍了我一顿。这个礼拜，老板娘叫我收拾一条青鱼，我从尾巴上弄起，她就捞起那条青鱼，拿鱼嘴直戳我的脸。”

“伙计们捉弄我，他们打发我上酒店去打酒，他们叫我偷老板的黄瓜，老板随手捞起个家伙就打我。吃的呢，简直没有。早晨吃一点儿面包，午饭是稀粥，晚上又是一点儿面包；至于菜啦，茶啦，只有老板自己才大吃大喝。”

“他们叫我睡在过道里，他们的小崽子一哭，我就别想睡觉，只好摇那个摇篮。亲爱的爷爷，发发慈悲吧，带我离开这儿回家，回到我们村子里去吧！

我再也受不住了！……我给您跪下了，我会永远为您祷告上帝。带我离开这儿吧，要不，我就要死了！……”

凡卡撇撇嘴，拿脏手背揉揉眼睛，抽噎了一下。

“我会替您搓烟叶”，他继续写道，“我会为您祷告上帝。要是我做错了事，您就结结实实地打我一顿好了。要是您怕我找不着活儿，我可以去求那位管家的，看在上帝面上，让我擦皮鞋；要不，我去求菲吉卡答应我帮他放羊。”

“亲爱的爷爷，我再也受不住了，只有死路一条了！……我原想跑回我们村子去，可是我没有鞋，又怕冷。等我长大了，我会照应您，谁也不敢来欺负您。”

“讲到莫斯科，这是个大城市，房子全是老爷们的，有很多马，没有羊，狗一点儿也不凶。圣诞节，这里的小孩子并不举着星星灯走来走去，教堂里的唱诗台不准人随便上去唱诗。有一回，我在一家铺子的橱窗里看见跟钓竿钓丝一块出卖的钓钩，能钓各种各样的鱼，很贵。”

“有一种甚至钓得起一普特重的大鲇鱼呢。我还看见有些铺子卖各种枪，跟我们老板的枪一样，我想一杆枪要卖一百个卢布吧。肉店里有山鹬啊，鹧鸪啊，野兔啊……可是那些东西哪儿打来的，店里的伙计不肯说。”

“亲爱的爷爷，老爷在圣诞树上挂上糖果的时候，请您摘一颗金胡桃，藏在我的绿匣子里头。”

凡卡伤心地叹口气，又呆呆地望着窗口。他想起到树林里去砍圣诞树的总是爷爷，爷爷总是带着他去。多么快乐的日子呀！冻了的山林喳喳地响，爷爷冷得吭吭地咳，他也跟着吭吭地咳……要砍圣诞树了，爷爷先抽一斗烟，再吸一阵子鼻烟，还跟冻僵的小凡卡逗笑一会儿。

许多小枞树披着浓霜，一动不动地站在那儿，等着看哪一棵该死。忽然不知从什么地方跳出一只野兔来，箭一样地窜过雪堆。爷爷不由得叫起来，“逮住它，逮住它，逮住它！嘿，短尾巴鬼！”

爷爷把砍下来的树拖回老爷家里，大家就动手打扮那棵树。

“快来吧，亲爱的爷爷，”凡卡接着写道，“我求您看在基督的面上，带我离开这儿。可怜可怜我这个不幸的孤儿吧。这儿的人都打我。我饿得要命，又孤零零的，难受得没法说。我老是哭。有一天，老板拿楦头打我的脑袋，我昏倒了，好容易才醒过来。”

“我的生活没有指望了，连狗都不如！……我问候阿辽娜，问候独眼的艾果尔，问候马车夫。别让旁人拿我的小风琴。您的孙子伊凡·茹科夫。亲爱的爷爷,来吧!”

凡卡把那张写满字的纸折成四折,装进一个信封里,那个信封是前一天晚上花一个戈比买的。他想了一想,蘸一蘸墨水,写上地址。

乡下　爷爷收

然后他搔一下头皮,再想一想,添了几个字:

康司坦丁·玛卡里奇

他写完信而没有人来打扰,心里感到满意,就戴上帽子,顾不上披皮袄,只穿着衬衫就跑到街上去了。……

昨天晚上他问过肉铺的伙计,伙计告诉他说,信件丢进邮筒以后,就由醉醺醺的车夫驾着邮车,把信从邮筒里收走,响起铃铛,分送到世界各地去。万卡跑到就近的一个邮筒,把那封宝贵的信塞进了筒口。……

他抱着美好的希望而定下心来,过了一个钟头,就睡熟了。……在梦中他看见一个炉灶。祖父坐在炉台上,耷拉着一双光脚,给厨娘们念信。……泥鳅在炉灶旁边走来走去,摇尾巴。……

三、小说演播音频《凡卡》赏析

这篇小说通过凡卡给爷爷写信这件事,反映了沙皇统治下俄国社会中穷苦儿童的悲惨命运,揭露了当时社会制度的黑暗。小说按写信的过程记叙。开始叙述圣诞节前夜凡卡趁老板、老板娘和伙计们到教堂做礼拜的机会,偷偷给爷爷写信;通过写信向慈祥的爷爷倾诉自己在鞋铺当学徒遭受的令人难以忍受的悲惨生活,再三哀求爷爷带他离开这儿,回到乡下去生活,并回忆了与爷爷在一起生活的情景。《凡卡》写于1886年,它反映了沙皇亚历山大三世时,无数的农民被迫流入城市谋生,他们深受剥削之苦,连儿童也不能幸免。

契诃夫家的小杂货店里有两个小学徒,就常受他父亲的虐待。他自小了解学徒的生活,也同情小学徒的不幸命运,所以《凡卡》这篇小说写得真实感人,也使我们从中看到旧俄时代穷苦劳动人民的悲惨生活。

张桂兰老师的音色甜美清润,可塑性强,她将故事的画面感展现得生动细腻,听众的代入感极强。而这一切的效果来自张老师对文字的深刻理解,对人物性格、情感、遭遇的细心揣摩和再现。她利用声音的造型能力,在整篇故事中用解说者、凡卡还有爷爷等人物的不同声线无缝衔接,让听众感觉仿佛在看

作品:名家朗诵
《凡卡》张桂兰演播

电影一般。尤其是她利用自己擅长的小男孩的音色，把小凡卡的心声生动描摹出来，对凡卡的心理状态、各种情绪（忧伤、压抑、痛苦、思念、快乐、期待等）精准把握，节奏变化舒缓有致。整篇声音作品弥漫着浓浓的俄罗斯生活情调，凡卡忧伤的童年生活催人泪下。

再对比一下《再寄小读者》的演播，同样是张桂兰老师朗诵的，但是在基调的把握上就有明显的区别。一个是忧伤的异国儿童的遭遇，总的色彩忧伤、怀旧，富有异国情调。一个呢，是新中国的作家对祖国的花朵们寄予厚望的关心，耐心地教孩子们写作的技巧，通过暑假活动的问候和动物园作文的对比，不只是教了作文，我们还从中看到了孩子们的充满生机的幸福生活的色彩，这些都在张桂兰老师的有声作品里得到精彩呈现。可以说，张老师的有声作品无数，每一个都是一朵带有独特香味和颜色的美丽的花朵，令人回味无穷。

单元测试（备稿播出以下稿件）

1.《我的理想家庭》 老 舍

我的理想家庭要有七间小平房：一间是客厅，古玩字画全非必要，只要几把很舒服宽松的椅子，一二小桌。一间书房，书籍不少，不管什么头版与古本，而都是我所爱读的；一张书桌，桌面是中国漆的，放上热茶杯不至烫成个圆白印；文具不讲究，可是都很好用；桌上老有一两枝鲜花，插在小瓶里。两间卧室，我独居一间，没有臭虫，而有一张极大极软的床。在这个床上，横睡直睡都可以，不论咋睡都一躺下就舒服合适，好像陷在棉花堆里，一点也不碰硬骨头。还有一间，是预备给客人住的。此外是一间厨房，一个厕所，没有下房，因为根本不预备用仆人。家中不要电话，不要播音机，不要留声机，不要麻将牌，不要风扇，不要保险柜。缺乏的东西本来很多，不过这几项是故意不要的，有人白送给我也不要。

院子必须很大，靠墙有几株小果木树。除了一块长方的土地，平坦无草，足够打开太极拳的。其他的地方就都种着花草——没有一种珍贵费事的，只求昌茂多花。屋中至少有一只花猫，院中至少也有一两盆金鱼；小树上悬着小笼，二三绿蝈蝈随意地鸣着。

这就该说到人了。屋子不多，又不要仆人，人口自然不能很多：一妻和一儿一女就正合适。先生管擦地板与玻璃，打扫院子，收拾花木，给鱼换水，给蝈蝈一两块绿黄瓜或几个毛豆；并管上街送信买书等事宜。太太管做饭，女儿任助手——顶好是十二三岁，不准小也不准大，老是十二三岁。儿子顶好是三岁，既会讲话，又胖胖的会淘气。母女做饭之外，就做点针线，看小弟弟。大件衣服拿到外边去洗，小件的随时自己刷一刷。

这一家子人，因为吃的简单干净，而一天到晚不闲着，所以身体都很不坏。因为身体好，所以没有肝火，大家都不爱闹脾气。除了为小猫上房、金鱼甩子等事着急之外，谁也不急叱白脸的。

大家的相貌也都很体面，不令人望而生厌。衣服可并不讲究，都做得很结实朴素；永远不穿又臭又硬的皮鞋。男的很体面，可不露电影明星气；女的很健美，可不红唇鬈毛，鼻子朝着天。孩子们都不卷着舌头说话，淘气而不讨厌。

这个家庭顶好是在北平，其次是成都或青岛，至坏也得在苏州。无论怎样吧，反正必须在中国，因为中国是顶文明平安的国家；理想的家庭必须在理想的国家内也。

2.《中国力量——我们是一家》

选自 2008 年 5 月 20 日北京台《第七日》，李向显主持。

汶川大地震发生以后没两天，我们七日栏目组全面转入了抗震救灾报道。17 号，我们和市慈善协会联合行动，出动七日热线车走到大家身边接收大家给灾区人民的捐款，方便大家捐款。这一天我们先后去了 7 个地方，捐款的有个人、单位，有之前跟我们约好的，也有路过临时捐的，共收到捐款 80 多万。

在这天的行动中我们不断被感动着。感动中我们看到了一股巨大的力量，支持灾区人民战胜灾难的力量。

在清河权金城店门口，慈善协会工作人员正要清点他们的捐款，突然，一位大哥硬塞给我一张皱巴巴的 50 块钱，他说他就住在附近的小区，是失业人员，只能捐这么多了，但灾区有难，他们现在比我更困难，你们把这 50 块钱转给他们吧。说完就要走，我怎么拉都拉不住。失业人员本来就很困难，这 50 块钱可能就是他吃饭的钱，当时，我想塞还给他，可怎么塞都塞不回去，情急之下，我只好把自己身上的一张爱心胸贴撕下来贴到了大哥身上，以表达我们的敬意。后来，市慈善协会用"好心的失业人员"这个名字，给他开具了一张发票。

当时还有两位路过的附近小区居民也捐了款，一位大哥也是扔下 100 块钱就跑了。还有一位七十多岁的老先生，他说这两天正想着要捐款但不知往哪捐，正好看见我们的热线车就过来了。还说，我是一位老党员，应该的。我们都是一家人，这时候不伸手什么时候伸手。

行动中我们还接受了一个泰国旅行团的捐款。他们看了报道，向导游表达了要捐款的愿望，导游联系了我们，我们约在雍和宫见面接受了捐款。

就在我们快到雍和宫的时候，又碰上了意外情况。一辆小轿车追着我们，司机大声喊着问我们在哪捐，我们把他也指引到了雍和宫门口。车上下来了一位年轻的妈妈抱着一岁多的孩子，还有孩子的舅舅、舅妈。他们代表两个家庭各自捐了 400 块钱。那位妈妈还递给我们一张送给灾区孩子的卡片，为灾区的孩子祈福。那位妈妈说，上面的字和画是她握着孩子的手一起完成的，妈妈的用意是想从小培养、熏陶孩子的爱心。

虽然，一岁多的孩子还不懂眼前发生的事，还理解不了妈妈的用心，但是，这次汶川特大地震，对所有的中国人来说都是一次教育，大家都深刻地意识到，我们是同胞，我们真的就是一家人。这是一次自我觉醒式的教育。

我们栏目有一位记者这样说，在一个家庭三个人是一家；在一个单位几十人上百人或者千人万人是一家；在一个省几百万千万人是一家；在中国我们 13 亿人就是一家。

我们 13 亿中国人要牢记这场灾难！

愿逝者安息，给生者力量。这力量就是——中国，我们是一家！

从此，把善良的微笑给每一个我们认识或者不认识的人吧。

本章思考题

1. 对象感是什么？如何获得？怎样对“对象”进行质和量的分析？

2. 情景再现、对象感、内在语三者的关系是怎样的？

第五章　停　连

第一节　停连的概念

停连是指在有声语言的流动过程中，声音的中断和连接。我们给停连下的定义是：在有声语言表达过程中，声音中断、休止的地方就是停顿。反之，那些不中断、不休止的地方（特别是有标点符号而不中断、不休止的地方）就叫连接。

为什么要有停连呢？作者写的文字稿件，不能从头到尾不点一个标点而一气呵成。它要借助标点符号来标明句读和语气，来表达自己的感受，阐明自己的思想、观点。同样，播音员在有声语言的表达过程中，也不可能一口气把全篇稿件播完。如果不停地说，既不符合说话人的生理、心理要求，听的人也不可能听懂、听好。因此，有声语言的表达也必须有自己的标点符号，那就是停连。当然，这样说只是一种比喻，不能将停连与文字语言的标点符号完全等同起来。

大家知道，语言是人类所特有的用来表达思想、交流思想的工具，是一种特殊的社会现象。它由语音、词汇和语法构成一定的系统，一视同仁地为各个阶级服务。作者写的文字稿件属于文字语言，他的创作是借助文字的视觉功能，在读者的心目中建立起具体的形象。在创作过程中，作者必须恰当地组织句子，严格地选择词汇，正确地使用标点符号，最后形成社会成员约定俗成、可以接受的文字语言。因此，文字作品是一种具有比较稳定体系的语言实体。

有声语言则不同。有声语言是靠声音同受众的听觉记忆进行交流的，而听觉有一听而过、不便于记忆的局限性。因此，在创作过程中光有普通读者的理解和感受是不行的，必须寻找一些共同的表达规律，使有声语言的表达“有章可循、有法可依”。而“停连”正是其中的规律之一。

一、停连的位置和时间

语法是词的构成、词的变化规则和组词造句的规则的总和，也就是使用同一种语言的人共同理解、共同接受、共同遵守的语言组合法则的整体。因此，我们在有声语言的运动过程中，也必须遵守这个法则，并用停连表现这些法则。

在播读稿件时，句号、问号、感叹号是表示一句话完了的意思，停顿时间相对较长，逗号表示句子较小的停顿，顿号表明并列的意思，冒号用以提示下文等等，我们都可以在有声语言中给以准确表达。这是符合语法规则的。但是，掌握了语法只是准确地使用停连的基础，正确地运用语法是全社会使用语言的人共同遵守的总模式。有声语言是在这个总模式基础上的个人说话活动，个人的说话活动往往打破许多限制。因为在很多情况下，文字语言的标点不能满足有声语言标点的需要，在这种情况下，有时文字语言该停的地方，有声语言不一定停；有时文字语言不该停的地方，有声语言必须停。这里有生理的需要，也有表情达意的需要。

生理上的需要是句子过长、内容较多，不可能一口气把它读下来，需要调节气息，同时也便于受众理解。

如：中国政府代表、中国常驻联合国日内瓦办事处代表团临时代表侯志通今天上午在日内瓦关贸总协定总部向总协定总干事邓克尔博士递交了一份照会。

这句话有63个字。如果中间不换气按正常的播出速度播，是不可能把它完整地播完的。如果是深吸一口气能够用很快的速度把它播完，也会憋得难受，受众也不可能听懂。一般在“侯志通”后有一个停顿换气，这是生理需要的停连。

表情达意需要的停连就更多了。这时需要打破标点符号的限制：文字语言该停的地方，有声语言不能停，如果停了语意就不会清楚；文字语言不该大停顿的时候，有声语言却要有较大的停顿。

例①：根据市场的变化厂领导开始重视国内市场的开发。

例②：他们确定了“生产、销售、服务”一体和全方位、多层次、多渠道的经营方针。

例③：每种产品都有大、中、小三种规格。

授课：停连的概念和处理方式

例①中间没有标点，但我们有声语言必须在“变化”后停顿，处理成有标点。再看例②和例③两句的顿号处理，例②的两组顿号应处理成连接号，呈现停而不断的连接方式较为合理。而例③的顿号则不同，要处理成中间没有标点，句子内容才清楚。这也是打破了标点符号的限制。所以说，停和连不论在哪里运用，都要服从内容和思想感情运动的需要，这才是有声语言的真正标点——“停连”。

第二节　停连的分类

我们把停连归纳成十种类型。它们是：区分性停连、呼应性停连、并列性停连、分合性停连、强调性停连、判断性停连、转换性停连、生理性停连、回味性停连、灵活性停连。

这十种停连虽不能把所有的停连方式都囊括进去，但如果掌握了这十种停连后，就可以在此基础上举一反三，繁衍出多种方式。但要注意不论运用哪一种停连，都不能脱离稿件内容的要求和思想感情运动的需要。

一、区分性停连

区分性停连包括的内容较多也较灵活，稿件中词与词、短语与短语、句与句、层与层、部分与部分之间都有区分性停连。

例：锅里再放醋、白糖∧炒成汁，再放少许淀粉，汁炒稠以后，放凉了才能用。

这短短的一句话，词与词之间是什么关系呢？先看"锅里再放"什么？是再放醋、白糖，放好这两样以后再炒成汁。如在顿号处停，就成了"白糖炒成汁"了，作料少了一种。因此，必须在"白糖"后边停。这就叫区分性停连。这是较容易的区分性停连，还有较复杂成分的句子，更需要掌握好区分性停连。

例：中国政府代表、中国常驻联合国日内瓦办事处代表团临时代表侯志通∧今天上午在日内瓦关贸总协定总部∧向总协定总干事邓克尔博士递交了一份照会。

这个句子中间只用了一个顿号，修饰成分多，所以就需要播音员区分好，播清楚谁在哪儿，干了什么。如果按上边做标记的区分性停连来处理。相反，如果不细致区分句子成分，就容易在表达过程中出现语意不清或语气不顺的问题。

还有一种因停连不当出现的错误，在播音中也常出现，易使受众费解。

例：在董村西街里，只要一提起长波喂的那头大黄牛……

这句话的意思是，名叫"长波"的人喂养的大黄牛。因此，一定要在"长波"后边稍作顿挫，可有的人停在"喂的"后边，变成了"长波喂的"大黄牛，这样语意就不清楚了，人名不叫"长波"而叫"长波喂"了，使受众产生了疑惑。这种不顾语意的随意停连的问题，在日常播音中出现得很多，又往往引不起人们的重视。所以，应注意区分性停连。

二、呼应性停连

呼应性停连是在有“呼”有“应”的句子里体现呼应关系的停连。这种停连要理清句子成分中哪个是“呼”哪个是“应”。其实也是在理清语句的本意上进行的。要分清是一呼一应、一呼几应还是几呼一应，或者是先呼后应等等。

例①：下面请大家欣赏∧两首维吾尔族民歌。

其中“欣赏”是“呼”，“民歌”是“应”，这是一呼一应。因此，一定要在“欣赏”后停。

例②：什么是人情味儿？于锡财觉得，无非是∧多讲点人之常情，多尊重人、理解人、爱护人呗！

这一段中第一句话是“呼”，而“无非是”后边是“应”，这是一呼四应。这种呼应性停连关键在“呼”和“应”的交接点“无非是”处停。不论是几个“应”，“应”与“应”之间都属于并列关系。如果只注意了开头的“应”，而不注意后边的几个“应”，出来的结果就成为“一呼一应”而不是“一呼几应”了。

还有一种较复杂的呼应关系，大呼应中套着小呼应。

例：广州市万名共青团员和青少年，大张旗鼓地开展∧“高举▲雷锋精神的火炬、设计▲ 90 年代新广州”的∧宣传行动日活动。

这句话就较复杂了，“开展”是大呼，因此，在它的后边一定要停。“宣传行动日活动”是大应，因此在它的前边也要停。这个大呼与大应中间还套着两个小呼与小应，小呼与小应之间又是并列关系。所以，在“高举”与“设计”后面也可以有小停顿▲，但绝对不能超过大呼与大应的停顿时间，而且还不能破坏两个小呼小应之间的并列关系。从这点可以看出，呼应性停连在较复杂的句子中，更能发挥它的作用。

三、并列性停连

授课：停连的分类与例释

并列性停连，是指稿件中的语句之间属于并列关系，这种语句之间的关系，播音时处理的方法基本相同，是播音中常用的一种手法。像朱自清的散文《春》的开头。

例：山，∧朗润起来了，水，∧涨起来了，太阳的脸∧红起来了。

这三句之间是并列关系，在停顿时一般处理是一样的，不能有的停顿时间长，有的停顿时间短，否则就会破坏它们之间的并列关系。

还有一种是稿件中有一连串的并列关系，稍不注意就会使语句关系不清，如果运用并列性停连，就显得简单明了了。

例：服装上▲ 直的、斜的打折，∧利用▲ 纽扣、花边、花结▲ 对服装进行修饰……

这一句一看便知是由两个小并列组成的一个大并列关系。因此，在"直的、斜的打折"后边一定要停。再具体一点就是，要显示出小并列，还必须在"服装上""利用""花结"的后边停顿。

还有一种是一连串的顿号之间的并列关系，处理不好，易使句子不清或接不上，这时可以分组停连，也不破坏它的并列关系。

例：涉及▲核技术、能源与交通技术、电子与通信技术、∧新材料、新工艺、∧测试分析技术、化工技术机械工程与矿山技术、∧医疗卫生与生物技术、环境保护技术、管理工程与软件技术等方面。

这一段按上面的方法停，没有停顿号的顿号之间都做连接处理，既不影响它们之间的并列关系，又可在每个停连处换气。相反，如果完全按顿号来停，就显得单调呆板、散乱一片。

句子中用"和、与、跟、同、及"这些连词时，要处理好并列关系。

四、分合性停连

分合性停连一般用于分合性句式上。有的句式是分开先说，然后再总起来说。这种句子的停连位置往往在分与合的交接处。

例：只见那颗颗珍珠，∧有大如羊奶子头的，有小如红豆的，∧光华夺目、熠熠生辉。

这一段按文章的发展序列，"珍珠"后边该分说了，所以要停，再往下两个"有"句是分说，后边是总括，因此，在两个"有"句后边也一定要停。一般情况下这种分合性句式，都有"领起"句、"分说"句和"总括"句这么三项。凡遇到这样的句式都要在它的"领起"与"分说""分说"与"总括"的交接点处停连。这样播讲省力，受众也听得清楚。这就是分合性停连。

五、强调性停连

强调性停连是播讲人因感情和强调重点的需要而运用的一种停连，是在重点"前"或"后"加停顿，以突出重点。

例：不管洞身多窄、空气多不好、时间多长，他∧都能忍受。

为了强调"都能忍受"就在它的前边停，就显出他的坚强。这是重点前加停顿。

例:打量,∧就是上上下下地看,就像要看出什么问题似的。

为了强调"打量"而在它的后边停,这样就突出了"打量"和别的看法的不同。

例:在许多场合,∧司机∧是决定出不出车祸的关键。

这一句为了强调"司机",在司机的前一句就要放下来快带过去,然后停顿。接下来再把"司机"一词突出后停顿,而且这个停顿要比前边的停顿时间长且干脆,使受众立刻感觉到"司机"的重要性。

这种强调性停连从全篇稿件看,运用得较多,凡是你想要强调的重点,不论大与小都可使用强调性停连。当然离不开感情色彩的衬托,同时也和重音有直接的关系。

六、判断性停连

既然是判断性停连就应有思维过程,在思维过程中的感受就应该明显。比如说:此事物是什么样?表达中应怎样体现?这就需要运用判断性停连。因此,在稿件中有判断过程表现的时候,就应在判断、思索的地方进行判断性停连,以表达出此时的思维过程。

例①:老遛听到了一声似乎是树倒的声音。∧不好,有人偷树了。

第一句,"听到了一声似乎是树倒的声音"之后要判断是怎么回事儿。凭着职业敏感,立刻想到是有人偷树。有了这个过程以后,再说"不好"。因此,在"不好"之前一定要有个判断性停连。思维也跟着运动,受众也随着你的感情而运动,这样的停连就是判断性停连。

例②:噢,∧他明白了。

随着"噢"音的出现,心里也应该有"明白了"这个过程,而表达时"噢"音要延长,音节后停顿,再接着说"他明白了",这样整个判断过程就出来了。

有的人表达时容易急,还没等体现出这个过程就接下文了,这样就不称为判断性停连了。

七、转换性停连

转换性停连是由一个意思转向另一个意思的时候运用的停连。在转换时感情色彩要出来,感情色彩不够,就转换不过来。这种停连在稿件中运用得也较多。在层与层、段与段、句与句之间都有这样的停连。

例:按说日子好了,吃点喝点享受点,也没多大不是。∧可细细想来,钱挣得那么不容易,就这么流水似的花了,值不值呢?

这一段中的转换是以“按说……可……”来体现的。因此，在“没多大不是”后边一定要停，在接下一句时，心里要先转过来后嘴上才能出声，这样出来的效果才能自然。另外，转换性停连在与其他技巧配合时也是很重要的。还有，当内容没有转换性词语而内容同时是转换性语句的时候，就更需要掌握好转换性停连的位置和时间了。

八、生理性停连

生理性停连不是指播讲人本身气息不够时而使用的停连，而是指稿件中的人物因生理上的需要产生的异态语气。如：上气不接下气、断断续续、口吃等状态。运用这种停连也需要有播音员的感情色彩做陪衬。

例：“不！不……不是！”雪老倌一个劲儿地解释。

这里的几个“不”是稿件中的人物急得满脸通红，不知说什么好时的神态再现。因此，在表达“不”时可以运用生理性停连，并随着上下文的脉络自然进行。同时播讲人主观上也应感受到当时人物着急得说不出话来的心情，这样才能和稿件中的人物心理相吻合。但应注意，不能不顾内容、人为地去渲染。

九、回味性停连

回味性停连，关键在于“回味”。既然是回味就不能一播而过，而是给受众留下回味想象的余地。因此，要加深受众的印象，可以在感情运动的情况下运用回味性停连，那么在什么地方用呢？一般在稿件中有需要展开想象发人深思的地方运用。运用这种停连，停的时候时间要给足，在强调的词后边停顿，才叫“回味”。

例①：李支书望着雪老倌的背影，呆呆地站在那里，一动也不动，一直看他走远、走远……∧

随着思想感情的运动，在播完“走远……”之后一定要有一个较长的停顿才能接下面的内容。这段的背景是“雪老倌”不够万元户，上级硬让他凑数，奖给他一辆自行车。因此，雪老倌来退车。退车后李支书望着雪老倌的背影，心情之复杂是可以想象的。表达时的停顿过短就不能发人深省，留给受众的印象也不会深，这是整个情节完了以后运用的停连。

另外，还有句中需要回味的。

例②：锅里的水吱吱地响，老大娘里屋外屋地忙。烧完热水，又端饺子，又端鸡蛋，香味∧伴着腾腾的热气在屋里弥漫。

在“香味”后边要有一个回味性停连，这个停顿的时间要短就不易感觉香。因此，当播到“香味”时，要使受众感觉到热腾腾的水饺马上就能吃到一样。

十、灵活性停连

灵活性停连是针对生搬硬套地运用停连而言的。因为，每个人的文化修养不同，声音条件不同，表达方法就不可能完全一样，更何况多种技巧之间又是相互渗透、相互交叉的。因此，不一定非要一是一、二是二地分清这里用什么停连，那里用什么停连；非要在这里停或那里停等等。只要在内容允许的情况下，又符合思想感情运动的需要，在哪儿停受众更能接受，你就可以灵活运用停连，这就是灵活性停连。

例：他来到北海岸边，细心观察：∧哪天桃花开了，哪天柳絮飞了，哪天布谷鸟∧叫了。这些自然现象的变化，他都做了翔实的记录。∧遇到工作紧张或者外出，他就让爱人帮着留心燕子什么时候会飞来，也让他女儿帮着观察∧北海的冰什么时候初融，还让邻居的孩子向他报告∧哪天杏花开了第一朵。

这一段既有分合性停连，又有并列性停连。第一组并列关系中三个“哪天”的分说句都很短，句子中间不停，句子之后停是很正常的。但是，为了不显呆板，前两句不停，后一句就可以在“布谷鸟”后边用一个小顿挫，这样既不打破并列关系，又显得灵活，更吸引受众。同样，后边的一组并列关系也可以这样。三个并列句“让……”的停连，灵活性更大。可以在“帮着”前边停，也可以在“帮着”后边停。还可以在“留心、观察、报告”的后边停。只要不影响语意，能够加强同受众的交流就行。哪样停更能使受众接受，更能符合感情的需要，就运用哪种停连，就在哪儿停。总之，灵活性停连是为加强受众与播音员的心理交流，随思想感情运动而灵活运用的一种停连方式。

以上介绍了十种停连，但应注意有了这十种停连，也不是所有停连问题都解决了。播音是一门综合艺术，表达过程中因内容、稿件体裁、播音员本人的素质等方面的不同，技巧的运用也会千变万化。因此，停连的运用绝不能生搬硬套，而是把基本方法掌握后，每个人在不断探索、发展中前进。总之要“依文意、合文气、顺文势”。

第三节　常见的停连处理方式

一、如何确定停连的位置

▲ 挫号，停顿的时间较短，用于没有标点而又不影响内容连贯性的地方。

∧ 停顿号，停顿的时间稍长，用于句子或小层次之后。

︽ 间歇号，停顿的时间更长，用于句子或大层次之后。

︶ 连接号，用于有标点而需要连接的地方。

1. 准确理解语句意思

过路人等∧不得在此穿行。

这句话正确理解为此处“不得穿行”，可以处理为过“路人等∧不得在此穿行”。

如果理解不正确，处理为“过路人∧等不得∧在此穿行”，那意思就正好相反了。

2. 正确分析语句结构

出门∧走好路，出口∧说好话，出手∧做好事。

这是排比句式的结构，在每一个主语的后面设计停顿，加强气势。

3. 恰当体会情景神态

明月∧几时有？

把酒∧问青天。

不知天上宫阙，

今夕∧是何年。

开篇“明月几时有”一句，通过向青天发问，把读者的思绪引向广漠太空的神仙世界。诗人把酒问月，是对明月产生的疑问，也是对明月进行的探索，“问青天”“是何年”之前的停顿，营造出皓月当空，作者感慨宇宙流转的意境氛围。

4. 合理处置原文字的标点符号

我国▲是世界最大的手机用户国，︶平均不到4人就有一部手机，∧年发短信数量，︶相当于世界上所有国家数量的总和。短信，∧更新着国人的∧情感表达方式和娱乐方式，也带来与日俱增的∧烦恼：“灰色”︶“黑色”︶“黄色”垃圾短信肆虐，▲让人不胜其扰。

这句话虽然长，但是主旨很明确，即说明短信的利与弊。按照你对这句话的理解，根据主旨确定停连，合理处置标点符号，打破标点符号的束缚。

二、停连的方式

为了让停连的表达方式更加贴切文章内容，需要对停连的方式有所要求。

1. 落停

在一个完整的意思讲完之后的句尾处用落停，停顿时间相对较长，表示结束。

例1：法国民众期望，作为欧洲新生代领导人的代表，萨科齐能凭借其丰富的经验、旺盛的精力和精干的作风，将法国带入一个全新的“变革年代”。

句号处用落停表示“法国民众对新当选的法国总统萨科齐满怀期望”意思的结束。

例2：想象你自己对困难做出的反应，不是逃避或绕开它们，而是面对它们，同它们打交道，以一种进取的和明智的方式同它们奋斗。

句号处用落停表示“应该如何面对困难”意思的结束。

落停是在一句话、一个层次或一篇文章结束后使用的。落停要求声音随着内容的需要进行。内容需要到此处收住，而声音也要处于落式放下来，气息也正好在落收时用完，停的时间稍长，这适合于全篇稿件的结尾。如果在稿件当中使用落停，那么落停后接下一句时，必须重新换气。当然思想感情运动线时刻不能断。落停一般用于较平稳的、松弛的内容。而在这种情况下的落停一般都是缓缓收住。

例①：盼望着，盼望着，东风来了，春天的脚步近了。

说到“近了”两个字的时候，要放下来，声音处于落式。“近了”两个字要拉开“近——了”缓缓收住。而要把“近了”放下来，就要把“春天的脚步”几个字快带过去，成稍上扬的趋势，这样才能显出后面“近了”两个字的落停和缓收。

还有在全篇文章结束时也有落停缓收的。

例②：乌篷船，很不起眼，它也在发光，多好。

“多好”后落停，同时带有很浓的感情色彩，发自内心地赞美乌篷船，再缓缓地收住。

2. 扬停

用在一个意思还没有说完而中间又需要停顿的地方或在句中无标点处。停顿时间较短，停时声停但是气不断、意不断，停之前的声音或上扬或平拉开，停之后的声音或缓起或突起，做到停顿之后的意思完整。

例：新北京方言里▲也许还留有一些其他方言带来的痕迹。比如现在北京人常说“耍大牌”，这个词▲就是从广东一带传来的。

这是句中扬停的例子。“这个词”声音上扬后停，“就是”缓起。

在句子末尾的“扬停”一般处理为“扬停强收”。这样的停连句用声大些，气息支撑也较有力，唇舌的力度也较强。一般情况下，在稿件内容表达较雄壮、自豪、坚定的情节时运用扬停强收。再有，如果是在稿件当中运用扬停强收，停顿后接下一句时就要放下来，不然会给人全篇结束的错觉。

例：公培波抱着嗤嗤冒烟的炸药包，以迅雷不及掩耳之势跃出哨位，奋不顾身地扑向敌人。敌人被公培波的举动吓破了胆，掉头就跑。

当播到“扑向敌人”时，语势呈上扬强收的趋势，然后接下一句时就要放下来缓起了。如果是全篇稿件结束而使用扬停强收，就应有结束全篇的感觉，而不能给受众留下还没完的感觉。

3. 直连

一般用于有标点符号而内容又联系比较紧密的地方，它的特点是顺势连带，不露痕迹。

例①：在进行河流科考时都会带上大比例的军用地图。如五万分之一、︶三万分之一、︶万分之一等。

例②：现在，︶电视气象节目中会报告紫外线指数。

停后紧连一般用于有标点符号，内容又联系紧密的地方。这种停顿是停后迅速连接，给人中间没有标点的感觉。有时甚至不用换气，只用胸中的余气就可以了。一般是紧连快带，这里往往是在紧连的前后用慢来表现出慢中有快。

例：老遛听到了一声似乎是树倒的声音。不好，有人偷树了。他大喊：“谁，站住！”一边喊，一边追了上去。

这一段的第一句结束后是判断性停顿，所以是慢处理，慢后该快了。接“不好”时紧连，并且把“有人偷树了”快带过去才能表达急迫感。同时在“大声喊”后也应紧连，直到结束都是紧连快带。这样处理动作感强，情节发展线也清楚，顺势而下。

4. 曲连

这种连接方式的感觉是似停非停，达到声断意连、环环向前的效果，适合于一句话或一段当中的连接，也用于没有标点符号而内容又需要有所区分的地方。

例①：通常，语言学家根据汉语各方面之间的相互关系▲将其划分为八个方言区：北方方言区（官话区）、︶吴方言区、︶粤方言区、闽南方言区、︶闽北方言区、︶赣方言区、客家方言区、︶湘方言区。

例②：此外，很多家长营造的家庭气氛过于紧张，一切以高考为中心，︶反而进一步增加了孩子的心理压力。

这种停连给人一种似停非停之感，平时常用“顿挫” 为主。因为“顿挫”有时不需要喘气或深呼吸，是声挫气连，一般用于较舒缓的内容，而且适合于一句话或一段当中的连接。

例：吴炎昌还如数家珍地向我们介绍了附近哪个厂生产毛涤纶，︶价格多少；哪个小企业今年发展最快，︶支书姓什么，︶厂长有什么脾气。

这一段中的几个连接都用曲连，不用换气，而是在句头换好后把整句话说完，但声音上一定要有小小的顿挫，顿挫后马上连读下去。这种连接一般用于并列性停连较多。

停连的处理方法大致有这几种。但在运用时就不见得只局限于这几种方法。在这几种方法的基础上发挥自己的创造，也一定要遵循从内容出发并符合思想感情运动的需要这一原则。同时还应注意与其他技巧的密切配合，重音、语气、节奏的不同，停连的处理也会有不同，如，“快中有慢、慢中有快、欲扬先抑、欲抑先扬”的技巧就与连接有直接的关系。

由于每个人理解不同，实例分析仅供参考，而且有声语言当中的停连的位置和方式没有固定的、硬性的规定，还需要具体分析具体掌握。在综合练习示例中还提供了非典型的停连练习。初学者尤其要克服“不敢停顿”和“该连不连”的倾向，仅以标点符号作为停连的标准是不能体现出有声语言创作的生命力的！大家不妨用各种句式、各种感情色彩的片段文章做大量练习，培养自己对语言的一种直觉和悟性，提高停连表达的水平。

第四节　停连部分的实训安排与回课记录

例稿分析

(1)回首2006年的乐坛，一股寒意▲一时在记忆之间还难以挥散。

(2)作为一个人，对父母要尊敬，︶对子女要慈爱，︶对穷亲戚要慷慨，对一切人要有礼貌。

(3)叶圣陶先生童话集，︶收集有以《稻草人》为代表，另有《一粒种子》《玫瑰和金鱼》《聪明的野牛》《古代英雄的石像》《“鸟言兽语”》《熊夫人幼稚园》等十几篇短篇童话。

(4)预计，今天中午到明天中午，受蒙古气旋和东移冷空气的影响，渤海、︶黄海、︶东海北部海域将有6～8级、︶阵风9级的西北风或西南风；东海南部海域将有6～7级的西北风或西南风；日本海将有7～9级、︶阵风10级的大风；日本以东和以南洋面将有6～8级、︶阵风9～10级的偏西或偏南风。

(5)上网时间长，不光是对眼睛造成伤害，︶电脑射线经年累月地在身体里蓄积，对血液系统也造成伤害。目前，医学界已经发现了电视性癫痫，尤其是打游戏机的人群占到癫痫病发病人数的5‰，看电视引起的头痛和癫痫占到2‰。网上过多的信息不光容易引起人的视觉疲劳，︶也容易引起类似的神经系统疾患。喜欢上网的朋友一定要控制每天在电脑前停留的时间。应该多安排户外活动，缓解神经系统压力。

(6)美国前总统克林顿▲16日在第二届全球大城市气候峰会上▲宣布了一项耗资50亿美元的节能计划，决定与全球15个大城市合作，使其建筑节省20%到50%的能源，︶以帮助解决全球变暖问题。据悉，该计划最早将于今夏启动。

(7)据天文专家介绍，金星是距离地球最近、︶光度最亮的行星，我国古代称它为“太白”。当它早晨出现时，人们称它为“启明星”；当它黄昏出现时，人们称它为“长庚星”。因其光芒美丽动人，︶西方称其为爱神“维纳斯”。

实训稿件(提示与回课)

(一)句段练习

1. 无知是智慧的黑夜，是没有月亮，没有星星的黑夜。

2. 网站利用CCTV版权资源及采集信息，设立了新闻、体育、娱乐、奥运等十多个特色频道，并依据与中央电视台的深度互动关系，建设如下专属板块内容：奥运板块、晚会板块和公益板块。

3. 聪明的资质、内在的干劲、勤奋的工作态度和坚忍不拔的精神，这些都是科学研究成功所需要的条件。

4. 世界上最快而又最慢、最长而又最短、最平凡而又最珍贵、最易忽视而又最令人后悔的就是时间。

5. 人生是海，希望是舵手的指南，使我们在暴风雨中不迷失方向。

6. 周恩来主持起草的，由中国人民政治协商会议第一届全体会议通过的《共同纲领》上说：“中华人民共和国的国家政权属于人民。人民行使国家政权的机关为各级人民代表大会和各级人民政府。”

7. 那是力争上游的一种树，笔直的干，笔直的枝。它的干呢，通常是丈把高，像是加以人工似的，一丈以内，绝无旁枝；它所有的丫枝呢，一律向上，而且紧紧靠拢，也像是加以人工似的，成为一束，绝无横斜逸出；它的宽大的叶子也是片片向上，几乎没有斜生的，更不用说倒垂了；它的皮，光滑而有银色的晕圈，微微泛出淡青色。这是虽在北方的风雪的压迫下却保持着倔强挺立的一种树！

8. 大雪整整下了一夜。今天早晨，天放晴了，太阳出来了。推开门一看，嗬！好大的雪啊！山川、河流、树木、房屋，全都罩上了一层厚厚的雪，万里江山，变成了粉妆玉砌的世界。

9. 忽然间，那晃动的枯枝上透出的一点青绿色，照亮了我们的眼睛，那枝头竟然有一点嫩芽了，多鲜多亮啊！我猛然觉得心头轻松好多。杨柳绿了，杨柳绿了，我轻轻地反复在心里念诵着。那时我的词汇里还没有"生命"这些字眼,但只觉得自己又有了精神,一切都又有了希望似的。

10. 命运就在性格中,性格就在习惯中,习惯就在行动中,行动就在态度中。

11. 来自世界各地的34名记忆高手在规定的时间内面对如下挑战:背诵两页诗,记住40个阿拉伯数字,看110人的照片后回忆出他们的名字,以及完成7项艰巨的记忆任务。选手们表现出超凡的能力,但是科学家否认有"照相机式"记忆天才的存在。

12. 在新军事变革的浪潮中,战争面貌已经发生巨大变化。通俗地讲,以往战争的制胜法则,是"多胜少""大吃小"。就是说,投入作战力量的数量、规模,对于赢得战争具有重要意义,集中兵力成了制胜的不二法门。

13. 第五届高士其科普奖日前在成都揭晓,10名中学生从全国1000多万青少年中脱颖而出,其中5名获科学发明奖,5名获科技创新奖。此次获奖作品涵盖了数学、物理学、计算机等领域,体现了21世纪青少年的科学探索与科学思维方式。获奖学生每人得到一册《高士其科普作品精选集》。

14. 有的同学认为,睡眠不足可以通过体育锻炼弥补,这个观点是错误的。睡眠之于身体健康,犹如水、食物一样对人必不可少。缺乏睡眠并不能靠运动来弥补,运动与睡眠与人的作用不同。充足的睡眠常常是人们解除疲劳,恢复体力、精力和增进健康的重要保证。运动的作用主要在于消耗体内能量,增强心肺功能,使血液循环畅通,避免焦虑,有利于睡眠,使神经系统处于最佳休息状态。运动只有在良好的睡眠下才可保证精力充沛,适应各种环境的变化。

15. 天地萌生万物,对包括人在内的动植物等有生命的东西,总是赋予一种极其惊人的求生存的力量和极其惊人的扩展蔓延的力量,这种力量达到无法抗御。只要你肯费力来观察一下,就必然会承认这一点。

(二)贯口练习

(1)现在向大家介绍一下中国和外国的舞蹈种类

送鼓舞,彩鼓舞,恒鼓舞,童鼓舞,手鼓舞,长鼓舞,太平鼓舞,面具舞,祭祀舞,宫廷舞,霍拉舞,拉鼓舞,秧歌舞,红绸子舞,水袖舞,草帽舞,狮子舞,顶龙舞,盾牌舞,早船舞,龙升舞,鞍带舞,倘格舞。

伦巴舞,恰恰舞,多椰舞,芭蕾舞,跳脚舞,扁担舞,水萍舞,踢踏舞,欧亚舞,达漫溢舞,织布舞,多耶舞,拍手舞,扇子舞,孔雀舞,韩波舞,天鹅舞。

轮舞,象舞,盆舞,圣舞,赞舞,伞舞,花舞,弓舞,蛇舞,罐舞,竹马灯舞,花鼓灯舞,采茶灯舞,康布拉舞,珍珠舞,南旺武角灵舞,乡村舞,净演舞,恭驳舞,社交舞,中将舞,体育舞,农作舞,草编舞,插秧舞,丰收舞。

面巾舞,集锦舞,青春舞,宗匠舞,荷花舞,盘子舞,纱巾舞,中峦舞,群燕舞,蔷薇舞,红花舞,种瓜舞,拍球舞,达曼衣舞,波罗多舞,布泽美舞,啊西跳跃舞,迪斯科舞,西班牙斗牛舞。

(2)出国旅游

进老挝,万象,开罗,曼谷,缅甸,仰光,孟加拉,印度,加尔各答,孟买,新德里,过巴基斯坦,阿富汗,伊朗,伊拉克,叙利亚,黎巴嫩,土耳其,安卡拉,过黑海,到俄罗斯,乌克兰,(加快)伏尔加格勒,彼得格勒,莫斯科,爱沙尼亚,拉脱维亚,立陶宛,波罗的海,到芬兰,瑞典,斯德哥尔摩,挪威,丹麦,德国,柏林,波兰,华沙,捷克斯洛伐克,匈牙利布达佩斯,罗马尼亚,保加利亚索菲亚,希腊,阿尔巴尼亚,南斯拉夫,意大利,瑞士,瑞典,法国巴黎,马赛,地中海,直布罗陀,葡萄牙,西班牙,马德里,过英吉利海峡,到伦敦,英格兰,苏格兰,爱尔兰,冰岛,过了大西洋到美洲!

(三)练习文章

1.《我与地坛》(之三) 史铁生

如果以一天中的时间来对应四季,当然春天是早晨,夏天是中午,秋天是黄昏,冬天是夜晚。如果以乐器来对应四季,我想春天应该是小号,夏天是定音鼓,秋天是大提琴,冬天是圆号和长笛。要是以这园子里的声响来对应四季呢?那么,春天是祭坛上空漂浮着的鸽子的哨音,夏天是冗长的蝉歌和杨树叶子哗啦啦地对蝉歌的取笑,秋天是古殿檐头的风铃响,冬天是啄木鸟随意而空旷的啄木声。以园中的景物对应四季,春天是一径时而苍白时而黑润的小路,时而明朗时而阴晦的天上摇荡着串串扬花;夏天是一条条耀眼而灼人的石凳,或阴凉而爬满了青苔的石阶,阶下有果皮,阶上有半张被坐皱的报纸;秋天是一座青铜的大钟,在园子的西北角上曾丢弃着一座很大的铜钟,铜钟与这园子一般年纪,浑身挂满绿锈,文字已不清晰;冬天,是林中空地上几只羽毛蓬松的老麻雀。以心绪对应四季呢?春天是卧病的季节,否则人们不易发觉春天的残忍与渴望;夏天,情人们应该在这个季节里失恋,不然就似乎对不起爱情;秋天是从外面买一棵盆花回家的时候,把花搁在阔别了的家中,并且打开窗户把阳光也放进屋里,慢慢回忆慢慢整理一些发过霉的东西;冬天伴着火炉和书,一遍遍坚定不死的决心,写一些并不发出的信。还可以用艺术形式对应四季,这样春天就是一幅画,夏天是一部长篇小说,秋天是一首短歌或诗,冬天是一群雕塑。以梦呢?以梦对应四季呢?春天是树尖上的呼喊，夏天是呼喊中的细雨，秋天是细雨中的土地，冬天是干净的土地上的一只孤零的烟斗。

因为这园子，我常感恩于自己的命运。

我甚至现在就能清楚地看见，一旦有一天我不得不长久地离开它，我会怎样想念它，我会怎样想念它并且梦见它，我会怎样因为不敢想念它而梦也梦不到它。

实训提示：著名作家史铁生的作品常常充满哲理思考，充满对生命和大自然以及生活中所有的真善美的热爱，文字细腻、优美、动人。此篇文章更是用几组比喻来描写他眼中的四季，生动形象的比喻引发了读者的共鸣。练习的时候，要调动我们的听觉、视觉、温感等，恰当处理停连和语气，将作者描述的场景和思考传递出来。

回课记录

2.《欧洲人怕我们说“随便”》

“客随主便”是我们中国人待人接物时有礼貌、有涵养的表现，可在欧洲人看来，“客随主便”却是令人十分困惑的思维方式，我在荷兰大使馆任职期间，曾与荷方代表一起去机场接待过国内来访的许多代表团，而这些荷兰的接待人员最怕听到的，就是我们最常说的那两个字——“随便”。

例如，在遇到级别较高的代表团时，荷方往往安排代表团主要成员先去贵宾室休息片刻。这时，接待人员会先问大家愿意喝点什么饮料，中方代表团的成员们往往都会谦虚地回答“随便”，顿时便让接待人员无所适从。接下来讨论活动日程，也往往因我们根本就没有意见而令对方困惑。有一次，我方代表团完成考察任务，在离开荷兰前有一天的自由活动时间。荷方打算上午安排代表团游览市容并让大家顺便买点东西，下午则去参观。可供选择的参观点有两个：郁金香花园和风车村，这两个地方都是荷兰很有代表性的旅游点，但由于相隔较远而时间有限，只能选择一个。于是，他们便来征求中方的意见。我们团的同志彬彬有礼地回答说：“随便。”这位荷兰人不知所措，他猜想是不是中国人两个地方都想去？于是又详细地解释了一下两个地方的特色、地理位置，并十分抱歉地说，由于大家在荷兰停留时间短暂，只能去一个地方，希望大家包涵。团长这才意识到可能有所误会，连忙解释说：“您看哪儿方便就去哪儿，不要太费心了，反正我们都是第一次来荷兰，去哪儿都行。”眼见再也问不出什么名堂了，这位荷兰人只好自己做了决定。

后来，这位荷兰人对我说，他接待过许多国家的代表团，有两种情况最棘手，一种是团内意见太分散，一盘散沙似的，捏都捏不到一块儿；另一种就是不知道对方的真正要求是什么，让人无所适从。而中国来访的团组中，后一种情况居多，以至于他一听到“随便”二字就头疼不已。

我向他解释了我们中国人的礼貌习惯。他表示以后会尊重东方人的习惯，想了一想后，他又说，其实欧洲团队接待起来往往也很麻烦，有时一个十来人的团要分五六批来，有的乘飞机，有的坐火车，把接待人员忙得不亦乐乎。订房要求也不同，有的要住单间，有的要住套房，有的还非不吸烟楼层不住。到了安排活动的时候，有的客人提出要和有关部门会谈，另一些人则对此毫不感冒，一定要去博物馆、自由市场……

或许，这就是东西方文化差异的表现吧，东方人强调的是整体性和综合性，缺乏自我意识；西方人则更看重个性化。有个外国人曾尖刻地说：“中国人关心别人在干什么，却往往不知道自己要干什么；美国人不管别人在干什么，却知道自己要干什么。”这话可能有些偏颇，但也的确值得我们深思：也许，当我们与西方人交往的时候，真该少说几句“随便”了！

实训提示：全文的停连处理要体现思考议论、中肯建议的色彩。

回课记录 ____________________

____

____

____

____

3.《高手教你识别列车上的窃贼》

春运是旅客出行的高峰期，同时也是小偷活动的猖獗期，为了确保旅客平安出行，全国铁路公安机关反扒能手张红英结合自己多年的反扒经验，教旅客几招识别窃贼的方法。

看贼的携带物品：为方便行窃，贼大多穿得较少，且喜欢随身携带书、报纸、杂志和小型手包等物品，用以掩护作案。

看贼的眼神：俗话说“贼输一眼”。贼上车后眼睛与平常旅客不同，他们上车后不找座位，喜欢东张西望，重点是看旅客的行李和钱物。

看贼的行动：贼喜欢在车厢内频繁走动，不常坐在固定的座位上，旅客出行过程中，由于旅途乏味无聊，多喜欢拿出手机、MP3、照相机等物品把玩，顺手就将这些贵重物品放在身边的茶几上，这给那些到处走动、顺手牵羊的犯罪分子提供了可乘之机。

看贼上下车：火车车厢空间有限，上下车时经常出现拥挤的现象，犯罪分子往往利用这个机会在车厢门口或过道上乱挤制造混乱，趁旅客急于上下车而疏于防范之际，借助手中的报纸、杂志、衣服等偷窃。

看贼的作案时间：贼一般都是提前踩点，在重点时间作案。据统计，扒窃案件80%都发生在列车进站停靠前5～15分钟这段时间，其中多数为夜间、凌晨。犯罪分子利用旅客列车定时停靠这个特点，提前踩点，寻找作案目标，等列车即将到站时，再对早已瞄准的目标下手。

实训提示：全文的停连处理要体现亲切、提醒的色彩。

回课记录

4.**《爱》** 张爱玲

这是真的。

有个村庄的小康之家的女孩子，生得美，有许多人来做媒，但都没有说成。那年她不过十五六岁吧，是春天的晚上，她立在后门口，手扶着桃树。她记得她穿的是一件月白的衫子。对门住的年轻人同她见过面，可是从来没有打过招呼的，他走了过来，离得不远，站定了，轻轻地说了一声：“噢，你也在这里吗？”她没有说什么，他也没有再说什么，站了一会，各自走开了。

就这样就完了。

后来这女子被亲眷拐了卖到他乡外县去作妾，又几次三番地被转卖，经过无数的惊险的风波，老了的时候她还记得从前那一回事，常常说起，在那春天的晚上，在后门口的桃树下，那年轻人。

于千万人之中遇见你所遇见的人，于千万年之中，时间的无涯的荒野里，没有早一步，也没有晚一步，刚巧赶上了，那也没有别的话可说，唯有轻轻地问一声：“噢，你也在这里吗？”

实训提示：全文的停连处理要体现朴素、隽永、意味深长的色彩。

回课记录

5.**《虞美人》** 李 煜

虞美人·春花秋月何时了

五代 李煜

春花秋月何时了？往事知多少。小楼昨夜又东风，故国不堪回首月明中。

雕栏玉砌应犹在，只是朱颜改。问君能有几多愁？恰似一江春水向东流。

作品：《虞美人》

刘国建朗诵

实训提示：充分利用声音的高低、宽窄、强弱、快慢等弹性特征来再现这篇作品当中的画面与情绪。

回课记录

第五节　名家名作有声作品欣赏之五
——《梦游天姥吟留别》

一、方明

方明(1941 年—2021 年 11 月 29 日),本名崔明德,北京人,中共党员。生前任中央人民广播电台播音部主任、播音指导,并任中国播音学研究会会长。1956 年 10 月参加工作,学习无线电发射和录音工作,1960 年 4 月调至中央人民广播电台任播音员。历任中央台播音部副组长、副主任。1985 年曾被评为全国广播电视系统优秀工作者。1992 年起享受政府特殊津贴。

方明

2021 年 11 月 29 日凌晨 4 时,原中央人民广播电台著名播音员、朗诵艺术家、播音指导方明同志因病于河北燕郊去世,享年 80 岁。

方明同志曾先后承担过陈毅、周恩来、毛泽东等领导人治丧期间的主要播音任务,还曾经 5 次登上天安门城楼进行转播。1984 年 10 月 1 日,我国继 1959 年之后时隔 25 年再次举行盛大的国庆阅兵,也是改革开放后我国首次公开展示武装力量。在当时的历史背景下,这次阅兵创造了诸多第一次,被视为中国人民的新起点和中国新时代的象征,并引起了全世界的广泛关注。在电视尚不普及的情况下,大部分中国人只能通过收音机收听国庆阅兵的盛况。作为中央人民广播电台的代表,43 岁的方明和王欢一起承担了在天安门城楼上现场解说国庆阅兵仪式和群众游行活动的重任,这在当时可以被视作属于电台播音员的最高荣誉。在两个多小时的转播中,方明播出了一万多字,一字不错,清晰而准确地将阅兵现场的盛况,传向了全中国乃至全世界。除了多次参加天安门国庆游行和阅兵实况转播工作,方明还多次参加党和国家重要会议的播音转播工作,在电波中他一次又一次见证了新中国历史的进程。

方明参加播音的节目曾获得全国首届录像片大赛一等奖、全国第三届电视文艺星光杯一等奖、1992 中宣部“五个一工程”奖、首届播音主持作品政府一等奖等各种奖项。他的作品《流水操》《清明上河图》《黎明前的交响》曾获亚广联文化基金奖;通讯《在大海中永生——邓小平同志骨灰撒放记》获中国播音与主持作品一等奖。

二、李白的诗歌《梦游天姥吟留别》

李白,是我国唐代的伟大的浪漫主义诗人。他自幼聪颖好学,博览群书,25岁开始仗剑远游,足迹遍及祖国南北各地,写出大量赞美祖国名山大川的优秀诗篇。他的诗,既豪迈奔放,又清新飘逸,而且想象丰富,语言脱俗。他的《静夜思》《望庐山瀑布》《早发白帝城》《将进酒》《梦游天姥吟留别》等诗篇,几乎家喻户晓,妇孺皆知,深为广大人民群众所喜爱。李白一生始终怀着报效祖国,为国家和民族建功立业的远大理想和抱负。虽然在中年时期被唐玄宗召入宫中,但宫中生活的糜烂和他那种“安能摧眉折腰事权贵,使我不得开心颜”的性格,使他在很短的时间内便离开了宫廷,继续在漫游中寻求施展理想和抱负的机会,创作优美壮丽的诗篇。

梦游天姥吟留别

唐代　李白

海客谈瀛洲,烟涛微茫信难求;
越人语天姥,云霞明灭或可睹。
天姥连天向天横,势拔五岳掩赤城。
天台四万八千丈,对此欲倒东南倾。

我欲因之梦吴越,一夜飞度镜湖月。
湖月照我影,送我至剡溪。
谢公宿处今尚在,渌水荡漾清猿啼。
脚著谢公屐,身登青云梯。
半壁见海日,空中闻天鸡。
千岩万转路不定,迷花倚石忽已暝。
熊咆龙吟殷岩泉,栗深林兮惊层巅。
云青青兮欲雨,水澹澹兮生烟。
列缺霹雳,丘峦崩摧。

洞天石扉，訇然中开。

青冥浩荡不见底，日月照耀金银台。

霓为衣兮风为马，云之君兮纷纷而来下。

虎鼓瑟兮鸾回车，仙之人兮列如麻。

忽魂悸以魄动，恍惊起而长嗟。

惟觉时之枕席，失向来之烟霞。

世间行乐亦如此，古来万事东流水。

别君去兮何时还？且放白鹿青崖间，须行即骑访名山。

安能摧眉折腰事权贵，使我不得开心颜！

作品：名家朗诵《梦游天姥吟留别》方明

三、朗诵视频《梦游天姥吟留别》赏析

《梦游天姥吟留别》是唐代大诗人李白的诗作。这是一首记梦诗，也是一首游仙诗。此诗以记梦为由，抒写了对光明、自由的渴求，对黑暗现实的不满，表现了蔑视权贵、不卑不屈的叛逆精神。

方明老师朗诵的这首诗，通篇无伴奏，让我们更能深切地感受到古诗词朗诵的韵律之美。方明老师的朗诵特别“稳”，一方面来自语音语调字典般精准，而且共鸣和气息控制得也非常稳健；另一方面是创作态度上的严肃性和标准性，由此而产生的内在支撑的稳。在《梦游天姥吟留别》里面，有着非常多的地理景观元素，比如开头的“烟涛”和“云霞”，两个意象看似很简单，但是我们要联系前文，这是“瀛洲”的涛，是“天姥”的云，崇明岛的浪和钱塘江的浪不一样，海上的云和山上的云也不一样。它们高低不一样，饱满程度不一样。那么处理的感觉就有区别，心中如果不坚定，描述出来的云就是人云亦云的“云”了。

诸如此类的意象还有很多：天姥山、天台山、赤城山、剡溪……

最后就是位置，方明老师看的方向正是从山东望向瀛洲，而后看向右侧，正是望向越中，方位非常严谨。几座山都在山东的西南方，站在山东望去正是右前方的方位，方明老师看着的大方向从没变过，只在细节上看的是右前方的再偏右还是再偏左，眼神、手势极其坚定而准确，内部支撑足够强、足够稳才能有这样的表现。

齐越先生提出过播音三戒：戒自我表现，戒随心所欲，戒千篇一律。初入有声语言艺术且小有心得的同学就非常容易陷入自我表现和随心所欲的怪圈，要学习

方明老师的认真严谨的态度，让朗诵如行云如流水，气势雄阔，声音饱满，情绪酣畅。方明老师的这个声音作品体现了深厚的语言艺术功底，与李白的这首诗相互辉映，堪称古诗词朗诵之典范。

单元测试(备稿播出以下稿件)

1. 新闻组合：选自北广校庆40周年晚会上的新闻组合节目。

新　　闻：

内容提要：

(1)“神舟”五号载人飞船发射成功

(2)中国女排夺得第九届世界杯女子排球赛冠军

(3)第四届“相约北京”中国艺术节在北京拉开帷幕

(4)北京首次本地采集、本地移植造血干细胞工作顺利完成

(5)北京广播学院播音专业迎来40周年

作品：“北广”校庆上的节目组合

鲁健：各位好，欢迎收看中国新闻，我们首先来看今天的第一条消息，北京时间2003年10月15日9点整，我们神舟五号载人飞船在酒泉卫星发射中心顺利升空。

这是中国进行的首次载人航天飞行，也是长征系列火箭的第71次发射，将在中国的航天史上留下灿烂的一笔。下面，我们就一起来看本台记者从北京航天控制中心发回的报道。

女声播报：

曹刚川代表党中央、国务院和中央军委，向杨利伟表示诚挚的问候，对他为我国航天事业做出的巨大贡献表示衷心的感谢，并希望他再接再厉，尽心操作，把预定的各项工作完成好，祖国人民期盼着他凯旋。

我国神舟五号载人飞船于北京时间10月15日9点整在酒泉卫星发射中心顺利升空，这是中国进行的首次载人航天飞行，也是长征系列运载火箭的第71次发射。预定21小时的这次航天之旅，意味着被誉为火箭故乡的中国已经成为世界上第三个能独立开展航天载人活动的国家。乘坐神舟五号载人飞船执行首次航天载人飞行任务的航天员是中国人民解放军航天员大队航天员杨利伟，今年38岁，大学文化，中校军衔，他是我国自己培养的第一代航天员。18时40分左

右，神舟五号飞船运行到第七圈，杨利伟在太空展示了中国国旗和联合国旗，他在距地面343公里的太空中说：向世界各国人民问好，向在太空中工作的同行们问好，向祖国人民、港澳同胞、海外侨胞问好，感谢全国人民的关怀。大屏幕上清晰地显示出杨利伟精神状态良好，舱内工作状态正常，19时58分，杨利伟还与家人通了电话，据了解，按照计划神舟五号环绕地球飞行14圈后，将在内蒙古中部着陆，轨道舱将留轨继续进行空间科学探测和技术试验，通过生理遥测参数和回传图像及话语通信了解航天员身体生活和工作情况，中央台记者报道。

鲁健：好，我们再来关注一下体育方面的消息，北京时间2003年11月15日，中国女排以3∶0战胜了东道主日本队，从而以11战全胜的战绩夺得了第九届世界杯女子排球赛的冠军，这也是中国女排的姑娘们在17年之后重新捧起奖杯，现在就让我们一起来重温一下比赛的精彩片段。

男声解说：历史总是惊人的相似，22年前老女排出战第三届世界杯，也是最后一场产生冠军，也是对战东道主日本队，也是拿下两局就能夺冠，当时中国3∶2险胜日本，首夺世界冠军，22年后的今天，年轻的中国女排面临着同样的局面，拿下两局冠军就将属于中国。

中国队4号位强攻，这球打在网带上，中国队调整，3米线以后的进攻，这时日本队主攻手大山佳奈在后排的进攻得分了，日本队发球，好球！这时刘亚男掩护赵蕊蕊的一个背快球又中了。日本队4号位强攻，中国队后排保护，日本队一个背传，中国队高拦网，漂亮！这时杨昊和刘亚男两位来自辽宁的选手，一个主攻手一个副攻手，场上的比分24∶18。随着日本队扣球出界，中国队以25∶18拿下了第一局，离世界冠军只有一步之遥。最激动人心的第二局比赛，我们期待着中国姑娘能够拿下这一局，将阔别17年之久的世界女排冠军奖杯收入囊中。比赛的进程也是一如我们所希望的，杨昊的重扣不停落地开花，赵蕊蕊飘忽的高点快攻也是令日本队防不胜防，日本队把球送过来，刘亚男插上来以后，杨昊再扣！日本队防守很积极，把球保护好，横空再传！再扣！漂亮！这时杨昊一个斜线进攻打在了界内，现在场上比分24∶18，再拿下一分，冠军就将属于中国队。我们看，日本队的防守仍然很顽强，把球送过来，中国队机会来了，传好球，拉开，进攻，漂亮！

两个25∶18，中国队在等待了17年之后，如愿以偿再夺世界冠军，冠军虽已到手，但比赛还没结束，女排姑娘们要用实际行动来证明，自己是当之无愧的世界冠军！

中国队接好一传，扣球！漂亮！观众朋友们随着刘亚男一记漂亮的背快球，中国队以25：13拿下了第三局，冠军无可争议地属于中国队，女排姑娘们用自己的汗水泪水甚至是自己的鲜血，实现了冠军的梦想，17年的光辉梦想重回中国。我们看队员们把主教练陈忠和高高地抛起，庆祝这一来之不易的胜利，可以说，今夜，星光灿烂，今夜，属于中国女排！观众朋友们，让我们记住这些可爱可敬的女排姑娘！

本章思考题

1.停连的概念是什么？怎样分类的？

2.停连主要有哪几种处理方式？

第六章　重　音

第一节　重音的概念

授课:重音的概念和表达方式

一、重音

什么是重音呢?语言是由句子组成的,句子又是由词和短语构成的,而词语在稿件中所占的分量有重要和次要之分。其中,那些最能体现语句目的、最能表达思想感情的词或短语就需要进行强调。因此,我们给重音下的定义是:在播音中,那些根据语句目的、思想感情需要而给以强调的词或短语就叫重音。

二、重音不同于词的轻重格式

重音是对语句而言,是指句子中间根据内容和思想感情运动的需要所强调的词语,是针对语句目的而言的。语句目的不同,重音的强调也就不同。

例:我去看电影。

如果语句目的是回答“谁去”的问题,那么重音就放在“我”上。语句目的是回答“做什么”的意思时,那么重音就应放在“看电影”上。而语句目的是说明“去还是不去”的时候,重音就应放在“去”上。这就是语句重音。

但是,还要强调,语句重音虽然是指一句话的重点,但也不能孤立地只在一句话里确定。因为在节目中,每一个句子都是系统中的一分子,即使是语句重音也不能脱离具体的上下文而独立存在。

词的轻重格式是指音节之间的音强比较,多数情况下词的轻重格式在语流中是不变的,即相对稳定。这是受语音规律限定的。

例如;“政府”是中重格式,而不能读成重中格式,这是约定俗成的。可很多人在初学播音时往往把中重格式错读成重中格式,听起来似乎是重音问题,但实质上是词的“轻重格式”问题。这样一来对语句重音的强调就起了很大的干扰作用。

三、重音不等于重读

顾名思义，“重读”就是加重声音朗读。它只是重音表达方法其中的一种。而重音是有主有次的，那么，光从有主有次这一点来说，强调重音都用加重声音来处理也是矛盾的。主要重音用加重声音来处理，次要重音也用加重声音来处理，就没有主次之分了。

重音并不是一成不变的，不要求每个人强调的重音必须一致。因为，播音重音是在语流中体现出来的。所谓在语流中体现是指：在发声时，语音不是一个个孤立地发出，而是连续发出的。在连续发出的语流中，一个音或一个词往往可能由于邻近音或邻近词的影响，又加之播讲人表达方法、表达风格的不同，或每个人运用节奏的快慢、声音的高低强弱、感情色彩的变化、气息的深浅不同等而发生一些变化。因此，重音的强调也不可能每个人都限于重读这一种格式。

重音是播讲人在准备稿件过程中，通过感官接触到稿件中所反映的事物、现象，然后经过认识感受，使稿件内容在头脑中有一个概括的反映。在此基础上将主要重音和次要重音从稿件中提取出来，加以概括，形成的重音，到表达时，重音的强调已是播讲人从感性认识到理性认识的一个飞跃了。每个人的感受能力、概括能力各不相同，重音的表达也不可能只有一种重读的方法。

如果重音都用加重声音来强调也显得单调呆板，而且也不符合思想感情运动的需要。特别是在较轻松、舒展的稿件中更不能都用加重声音来强调重音，很多是用语气来体现的。所以重音不等于重读。

四、习惯重音不符合内容的需要

我们知道了重音是对稿件中语言目的的集中概括，重音所表达的是具体语句的重点或语句之间的关系。就这一点来说，重音和稿件内容的要求是一致的。从重音和稿件内容的关系来说，稿件必须基于一定的语言材料而存在，必须通过语句以及语句之间的关系巩固下来。而重音则是依据稿件内容而存在的，所以重音离不开稿件，稿件内容的需要是重音的基础，不表现稿件内容的重音是不应出现的。

而习惯重音是播讲人无意识强调出来的，它不依据稿件内容而存在。因此，它往往不符合稿件内容的需要。人们用言语进行交际包括两方面：一方面，说话人运用语言这个工具来表达自己的思想；另一方面，听话人通过这样的工具来理解对方所表达的思想。所以说，不管说话人是有意识还是无意识传达出来的语言，听话人都据此理解说话人的思想感情。传达得准确，给受众带来方便，反之会给受众带来麻烦或误解。因此，不符合内容需要而出现的习惯性重音必须杜绝。

重音是语句重音，是在语流中把握的。既然是在语流中把握，就不能孤立地看一句话而确定重音。播讲人必须通过在对全篇稿件的理解感受的基础上，明确具体语句在全篇稿件中所处的位置和分量，才能确定语句重音。

第二节　重音的类型

授课：重音的类型

我们把重音的类型分成十种：并列性重音、对比性重音、呼应性重音、递进性重音、转折性重音、肯定性重音、强调性重音、比喻性重音、拟声性重音和反义性重音。

当然这里列举的十种重音也并不是说所有的播讲人运用的重音都只限于这十种。我们知道，每一个人，不论说话还是做文章，都有自己的特点。这种特点表现在两个方面：一是对语言材料的选择和运用，这是构成个人语言特点的主要方面；二是社会成员在运用语言时会不同程度地超出已有语言材料和语言规则的范围。所以说，这里所列举的十种重音并不限制个人技巧的发挥。但我们这里总结的十种重音是在对大量的语言材料、语言现象概括分析之后抽象出来的，反映了重音位置的主要方面。掌握好这十种重音，会对我们的播音表达起到纲举目张的作用。下面我们具体谈谈这十种重音。

一、并列性重音

停连中有并列性停连，它是显示段落、语句、词语的并列关系的；而并列性重音是指在段落、语句中有并列关系的某些词或短语。我们要通过有声语言显示它们之间的并列关系，不光是运用并列性停连，而且也要在那些具有并列性关系的词或短语上确定重音，这就是并列性重音。既然是并列性重音，那么至少也得有两个以上同样重要的重音。

例①：利用纽扣、花边、花结对服装进行修饰。

例②：山朗润起来了，水涨起来了，太阳的脸红起来了。

例①是并列性语句中的一句话，而这句中的“纽扣”“花边”“花结”是并列性重音。它的目的是说明如何对服装进行修饰的。三个重音同等重要。这是术语并列性重音。

例②中有三个并列句，要显示它们的并列关系，一是要运用并列性停连，二是要运用并列性重音。“山”“水”“太阳的脸”为一组，“朗润”“涨”“红”为一组，这两组并列性重音，应以前一组为主，后一组为次，一经突出就表明“山、水、太阳”都染上了春天的气息，语句目的很明确，重音又都在两个以上。

从以上例句中我们可以看出，并列性重音不论是词与词、句与句还是段与段之间，有并列关系，肯定会有并列性的词或词组。因此并列性重音要依据并列关系来确定。

二、对比性重音

现实生活中，一些对立的事物，如美与丑、真与假、善与恶，都是相比较而存在的。根据这个规律，作者在创作中，也常常把一些对立的事物放在稿件中。通过比较、对照，使事物的特征表现得更加突出，事物的形象更加鲜明。这样的构思，用语言表达出来，就是“对照式”结构，在这种对照式结构明显的句子中，我们找出对比性重音。

例：目前组成希腊联合政府的三大政党在这个问题上意见不一，新民主党赞成保留美在希腊的军事基地，泛希社运主张进行谈判，左翼与进步联盟则要求美国撤走军事基地。

这一段中的几个对比性重音：“保留”“谈判”“撤走”，意图在于表明三大政党对于美在希腊的军事基地的不同态度，而其中三大政党的名称又属于并列性重音。还需要注意的是，凡有所强调就有所排除。

例：新华社雅典消息。

这样简单的一个开头，没有对比的意思，可很多播音员却强调了“新”，既然强调了“新华社”，也就意味着还有什么“旧华社”，这样就使受众产生误解。甚至有个别人在播讲时，强调了“新”这个重音，自己却毫无觉察，这句话要强调的应是“雅典”，强调了“雅典”，就说明不是别的什么地方，这才符合语句目的的需要。因此，在没有对比性词语时，要找重音就应根据上下文来找。如果是单独的句子，找出重音要看强调重音的意图是否符合语句目的要求。

三、呼应性重音

停连中有呼应性停连，即一呼一应、一呼几应等类型。它可以使文章层次清晰，结构严谨。而呼应性重音也是揭示上下文呼应关系的一种有力方法。

呼应性重音中的问答式呼应，和停连中的一呼一应很接近。

例：他还有一个美名，叫什么呢，叫“老抱子”。

这句话实际的意图是想说明“还有一个名字叫‘老抱子’”,“还”是呼,“老抱子”是应。由此可以看出,这种呼应性句子的重音,就在表现呼和应的主要词语上。还有一种呼应性重音叫分合性呼应。

例:只见那颗颗珍珠,有大如羊奶子头的,有小如红豆的,光华夺目、熠熠生辉。

这种分合式呼应,往往有领起、并列、总括这么三个部分。重音就在它的领起词和并列词上。这种并列中的重音往往同等重要,处理起来不能分主次。

四、递进性重音

作者所描写的对象,往往不是凝固不动的,而要一步步地向前发展,一步步地深入。这种递进结构的稿件,我们用的是递进式重音。这种递进式重音也要按稿件的结构发展而步步深入,来显示它的递进式关系。先看较为明显的连珠式句式。

例:决心上阵不利则守城,守城不利则巷战,巷战不利则短兵相接,短兵相接不利则自尽以殉国。

这种连珠句式的重音要落在递进的词上,第二次出现的词不能称其为重音。当然,不是连珠句式的句子另当别论。

下面再看看按行文过程来找的递进式重音。

例:您坐过乌篷船吗?……窄窄的船身,低低的船篷,船篷是用竹片夹着箬壳编成的。篷上用烟囱灰和着桐油漆成黑色,绍兴人把黑色叫成乌,它就叫乌篷船。

这个例子是按文章的行文过程来找重音的。这里也有第二次出现的词作为重音的。选择重音时只要留意后一个重音总是比前一个重音揭示更深一层的含义就可以了。这就叫递进式重音。

五、转折性重音

递进性重音是揭示同一方向进展的内容。而转折性重音正和它相反,它是通过对相反方向的内容变化的揭示来表现说话者意图的。

例:“轰”的一声,敌人坐上了“土飞机”。哨位完好无损,战友安然无恙,公培波却被强大的气浪冲倒,昏了过去。

这一段,“哨位”和“战友”是并列性重音,“公培波”就是转折性重音了。

转折性语句,由于语义上的差别,表现形式分为“重转”和“轻转”两种。因此,我们选择这类重音时也要注意具体内容的变化,不能千篇一律。

六、肯定性重音

稿件在表达对事物的肯定态度时，一般都用肯定性词语："是""不是""无""有""没有"等等。有声语言不能单纯地看这些肯定性词语，而是要看整句话的意图是什么。有两种情况，一种是要肯定"是什么"，另一种是要肯定"是"还是"不是"。

例①：不要开枪，是我。

例②：27号，晴转阴，有霜冻。

例③：最近几天，没有雷雨，天气以晴为主。

例④：可要给我送礼，好事就变成了坏事。羊肉我不能收。

例①和例②中的重音回答了"谁"和"什么"的问题，属于第一种情况，重音在判断词后面的词上。例③和例④的意图在于"有没有""能不能"，属于第二种情况，重音在判断词上。这都是肯定性重音。

七、强调性重音

所谓强调性重音，就是把句子中表达感情色彩的词或词组加以强调，以突出某种感情。

例①：老遛为了护林，硬是把烟瘾往肚里憋，一直憋了十年。

例②：不该得的钱，一分钱也不要。

例③：刘玉昆手中小小的笔，真是一支铁笔呀！

例④：乌篷船，很不起眼，它也在发光，多好。

以上例句中的重音都属于强调性重音，只是强调的范围、感情色彩的浓淡程度不同而已。这种强调性重音，在稿件中用得比较广泛。还有一种重复性强调重音，虽然出现得不多，但它也是存在的。

例：李支书望着雪老倌的背影，呆呆地站在那里，一动也不动，一直看他走远、走远……

这种重音和单纯的重复不同，它是为了加强感情色彩的浓度而重复的。因此，两个都应给予强调，这是必要的重复。由此可见，重复出现的词有时也可以作为重音。

八、比喻性重音

比喻是使语言形象生动的修辞手法之一。语言中所要说明的事物，若为人们所不知，或知之不详、知之不深，可以用巧妙的比喻，化抽象为具体，变深奥为浅显,使语言顿生情趣,令受众难以忘怀。有声语言表达中把那些比喻性词语作为重音,就叫比喻性重音。

例①:这头牛个大,膘肥……四条腿像木头柱子一样。

例②:大运河穿过威尼斯,像反写的"S",这就是大街。另有小河道418条,这些就是小胡同。轮船像公共汽车,在大街上走。

例①是《我们祖国的语言》中的一句,这篇稿件是在少儿节目中播出的。这句把"牛腿"比成"木头柱子",便于小朋友记住祖国语言的形象、生动。因此,在表达时应强调 "木头柱子"这个重音,才能准确表达。

例②中用的是暗喻,把"运河"说成"大街",把"小河"说成是"小胡同"。这从一个刚到这里的游客的印象出发,既恰当又新鲜,形象地表达出了对威尼斯的初步感受。需要注意的是,在运用比喻性重音时,不能一见比喻词语就做重音处理,要看它是否是重点。

还有,比喻性重音多是化抽象为形象的,因此,表达时要注意它的形象性,要具体地感受到它的形象性所在,才谈得上生动。

九、拟声性重音

顾名思义,所谓拟声性重音也就是句子中的象声词类。拟声性重音也和比喻性重音一样,不是所有的象声词都可以做重音,而要看它在句子中的位置是否重要。

例①:轰的一声,敌人坐上了"土飞机"。

例②:轰的一声巨响,敌人的一发炮弹打中了他的右大腿。

例③:屋瓦上响起了哗哗哗的声音,击打在人的心上。

例①例②都用"轰"的一声来表达,而例①中的象声词可以作为重音,因为它烘托了战士消灭敌人后的那种胜利的喜悦气氛。例②中的象声词就不能作为重音了,重音应放在主人公受伤上。如果重音放在象声词上,语句目的就错了。

例③中的象声词"哗哗哗"是表达当时那种特定的狱中环境和人们的心情,应作重音。因此,运用拟声性重音一定要看它是否是句中的重点,是否符合语句目的的需要。

十、反义性重音

在一些稿件中,作者为了揭露事物的本质,有时利用正话反说或反话正说的修辞手法,目的在于把要否定的事物的不合理性表达得更充分,将作者的愤怒和憎恨之情表达得更强烈;把要肯定、赞美的事物的特点表现得更鲜明,从而渲染作者喜爱、欢乐的感情。这样往往比正面说的效果更好些。而我们在表达这样的语句时，怎样才能把语句的反义性表达出来呢？这就需要抓住反义性重音，把赞成或反对的态度表达出来。

例：你们把困难全都要走了，一点都不给我们剩，可真够“自私的”。

这个例句中的“自私”，是正话反说，属于反义性重音，表达对此事的肯定，能符合语句目的的要求。如果播成否定的重音，语句目的就错了。

由此可以看出，在强调这些反义性重音时，还需借助语气，同时强调时不可一带而过，也不可字字着力，要注意和上下文的关系。

以上列出了十种重音的位置，这十种重音不是孤立的，而是互相补充、互相联系的。同时，如前所述，这些并没有穷极所有的重音类型，它们只起引路的作用，更丰富的重音内容还需要播讲人在实践中不断探索和补充。

第三节　重音的表达方法

一、重音的确定方法

下面我们通过实例谈谈重音的确定方法。

1. 重音应该是突出语句目的的中心词

这类词，指那些在语句中占主导地位和最能解释语句本质意义的词或词语。

例：今年6—9月将开展文化市场的执法监督，要求对网吧的检查频度，县区级不得低于每周一次，地市级不得低于每月一次，省级不得低于两次。

重音表现为陈述事实的主要词语：这个语句是传达文化部对网吧的一项管理措施，陈述了执法监督的主要内容，即“执法监督”“网吧”“不得低于”“每周一次”“每月一次”“两次”。

例：记者今天从国家林业局获悉，国家林业局开展“绿盾2号行动”，坚决打击乱砍滥伐、乱征滥占林地的违法行为。

重音表现为起说明解释、修饰等作用的主要词语：这句话突出了“绿盾2号行动”要打击什么内容的违法行为，交代行动名称，并给以说明解释，传达语句目的。

例：卫生部有防治乙型肝炎的规划，其中对于乙肝提出三个目标：一个目标是到2010年，全国5岁以下的儿童乙型肝炎表面抗体携带率下降到1%。原来是多少呢？1995年的时候是9.7%。通过疫苗接种以后，2002年调查，这个比例下降到3.1%了。

重音表现为主要的数量词语：这个语句中的数量词反映了疫苗接种对于防治乙肝的好处，尤其是对比数字的强调，对于语句目的的显露有直接作用。

2. 重音应该是体现逻辑关系的对应词

这类词是指那些具有转折、呼应、对比、并列、递进等作用的词语，它们是语句目的的实现过程中的重要逻辑线索。

重音表现为线索性的重复出现的词语：

例：母亲喜欢花，可自从我的腿瘫痪后，她侍弄的那些花都死了。"不，我不去！"我狠命地捶打这两条可恨的腿，喊着："我活着有什么劲！"母亲扑过来抓住我的手，忍住哭声说："咱娘俩在一块儿，好好儿活，好好儿活……"可我却一直都不知道，她的病已经到了那步田地。后来妹妹告诉我，她常常肝疼得整宿整宿翻来覆去地睡不了觉。

……

又是秋天，妹妹推我去北海看了菊花。花色的花淡雅、白色的花高洁、紫红色的花热烈而深沉，泼泼洒洒，秋风中正开得烂漫。我懂得母亲没有说完的话。妹妹也懂。我俩在一块儿，要好好儿活……

史铁生的文章《秋天的怀念》先后两次重复出现"好好儿活"，起到了呼应作用，又引出了作者内心的感悟，对母亲和自己生命都有了更深的理解，使得全篇的逻辑关系自然而严密。

重音表现为相区别而不重复的词语：

例：与友分享欢乐者，无不欢乐倍增；与友分担哀伤者，无不哀伤减半。

尽管这句话没有明显的关联词，但是内容是相关联的实质。这是并列句，强调友谊的重要。

3. 重音应该是点染感情色彩的关键词

这类词是指那些对显露丰富的感情色彩、情景神态和烘托气氛等起重要作用的比喻、象声以及其他形容性的词或词语，它们可以生动形象地突出特定环境中的语句目的。

例：壁炉里的火苗活像一只睡眼惺忪的大野兽，咕噜咕噜地哼哼着；炉膛里不停地向外释放出柔和的光和热。

有只鸽子口渴得很难受，看见画板上画着一个水瓶，以为是真的。它立刻呼呼地猛飞过去，不料一头碰撞在画板上，折断了翅膀，摔在地上，被人轻易地捉住了。

确定重音的方法和规律不止于此，朋友们一定要结合上下文和主题，多揣摩多练习，明确重点，确定重音。

二、强调重音的方法

既然重音不是简单地重读，就需要大家掌握如何强调重音的方法。示例是采用单一元素的对比，同样的，处理方法不仅表现为单一元素的运用，还可将强弱、快慢、虚实的方法结合起来综合使用，使语言色彩更加丰富，变化更有层次。

1.强弱法

这是一种用声音的轻重、高低变化来强调重音的方法。

例：华中师范大学特聘教授陶宏开从2004年9月至2006年的两次全国调研则显示：网吧里面80%左右是青少年，95%以上都是在玩。

这句话中我们可以用音高的变化强调人名“陶宏开”，突出陶宏开，是因为他曾经巡回20个城市，举办80场讲座，直接转化百余网瘾少年，与200家媒体互动，培养千余名志愿者，面对面听课者多达万人。仍用音高强调“80%左右”和“95%以上”，为了有变化，与数字相对应的“青少年”和“玩”则用加重的方法强调，可显示问题的严重性，我们常说语重心长，加重的变化更容易让受众接受内容，尤其是青少年群体。

由于重音是在语句中比较出来的，强中见弱、高中显低也是强调重音有效的方法。

例：没有听见房东家的狗的声音。现在园子里非常静。那棵不知名的五瓣的白色小花仍然寂寞地开着。

周围安静突出了花儿“开着”的动态，结合内容，我们只在重音“开着”处用较高较强的声音强调，其余都弱化处理，只要能突出重音，不必拘泥于一种方法。

例：他把从五营带回来的一把蒜苗高高举了起来：“你们看，这是什么？这仅仅是蒜苗吗？不！它使我看到了一种精神，这种精神应该成为咱们炮兵旅的旅魂！于锡财称得上我们的旅宝。”从此，于锡财便获得了“旅宝”的美名。

这一例句有一个特定的语言环境：“高高举了起来”，既然是“高高”举了起来，那么在说“你们看”的时候，就不应做低处理。因此，语势要上扬，那么后边的重音“蒜苗”在强调的时候也必然要高。而后面的“不!”是个肯定性重音，强调时就要放下来低处理了，不用和蒜苗这个重音同样高。这就是高和低的区别。

再往下看，“精神”“旅魂”“旅宝”是递进式重音，要强调出它的递进感，相对来讲强调时三个重音应渐渐加强，当然这种递进式重音也并不是狠劲儿地加强，而是随着内容的进展自然地流露。这三个强而重的处理后，“‘旅宝’的美名”中的重音，就要放下来弱而轻地处理了。它的强调和前面的强调形成了鲜明的对比。这就是“强”和“弱”的区别。

总之，这里的“高低强弱”法，在运用时要随着感情的运动自然地流露，才能使受众听着顺耳，没有雕琢的痕迹。

2. 快慢法

这是一种用声音的急缓、长短、顿连等变化来强调重音的方法。

例：堵车，车之洪流被堵住了，高处往低处望，北京城成了五彩缤纷的停车场。

用较缓的变化强调重音“堵车”和“停车场”，比较出车辆的静止相对于车辆流动的状态。声音的缓、长形象地表现了堵车时的无奈和作者的调侃。

例：当我从沉思中醒悟过来看远方时，小女孩和她妈妈的背影已消失不见了。

重音“醒悟”和“不见”用短促、加快、紧连的声音处理，在整个语句中显得符合人物内心情绪的变化及视觉的转换需要。

3. 虚实法

这是一种通过声音的虚实变化来强调重音的方法。

例：女孩黑黑的，头发稀少，大嘴巴，不漂亮，但乖巧得让人心疼。

作者用近乎白描的手法刻画女孩的形象，实声处理得真实可信，重音之一“心疼”是作者情感流露，虚声的处理使这种油然而生的细腻感情得以体现。

例：大江东去，
浪淘尽，
千古风流人物。

苏轼的《念奴娇·赤壁怀古》开篇前三句，作者即景抒情，穿越古今，地跨万里，把汹涌的江水和历史人物联系起来，用较实的声音处理重音“风流人物”，将读者带入历史的沉思之中，显得厚重而有历史感。

第四节　重音部分的实训安排与回课记录

例稿分析

1. 重音

(1)美国反对堕胎者举行示威游行。

美联社报道，75000名反对堕胎者23日举行示威游行，抗议克林顿总统决定取消政府对堕胎的限制。

(2)阿拉伯一些国家昨天指责美国只让部分被驱逐的巴勒斯坦人返回家园的决定,敦促联合国实施其要求以色列让全部的巴勒斯坦人返回家园的799号决定。

(3)据一些目击者说,一些“穿军装的人”30日晚开始抢劫一些商店。从30日中午开始,总统卫队的数十名军人开始了激烈的报复行动,因为总统卫队的一名军人29日在洛美市内反多哥总统埃亚德马的反对势力很强的一个居民区遭到杀害。人们尚不知道军人这次惩罚性行动造成的伤亡损失到底有多大。

(4)阿拉法特指责以色列企图破坏中东和谈的基础。

(5)红色高棉今天释放了它已扣留3天的6名联合国维持和平队员,但是警告联合国要停止“同越南合作”,“袭击”这个游击队组织。

(6)据印度尼西亚负责营救的官员说,20日午夜过后,从沙特阿拉伯开往日本的一艘9.5万吨的油轮和一艘在巴拿马注册的2.7万吨的集装箱船,在马来西亚的苏门答腊岛之间的狭窄而又繁忙的马六甲海峡不慎发生碰撞。

(7)据《马卡报》透露,目前西甲最佳射手、效力于塞维利亚队的巴西前锋法比亚诺已经收到了来自英超曼城队的邀请。法比亚诺的经纪人富恩特斯告知塞维利亚方面,曼城希望能在今年夏天签下这位巴西射手。

(8)据美国媒体4月6日报道,美国总统奥巴马将于美国时间4月6日正式公布新修订的核战略。奥巴马在接受《纽约时报》采访时透露,根据新的核战略,美国将不再发展任何新型核武器,减少动用核武器的机会,即使是在自卫的情况下。不过他同时强调,对像朝鲜和伊朗等违反或不接受核不扩散条约的国家,新战略并不适用。

(9)中新网4月6日电 据英国媒体最新消息,英国首相布朗已经决定在5月6日举行大选。

报道称,布朗将于4月6日前往白金汉宫,要求女王下令解散议会。随后,布朗将正式宣布大选日期,并正式展开竞选。

(10)新华网台北4月6日电,应台北市市长郝龙斌的邀请,上海市市长韩正6日上午率上海市政府访问团抵达台北,对台湾进行为期4天的访问。

2.停连与重音综合示例

(1)如果说科研工作是探索、◡发现真理,那么教学工作的一个重要内容应该是说明、◡传播真理。

(2)现在还在进行的波黑战争不仅给波黑共和国带来了严重的物质损失和人员伤亡,而且给前南斯拉夫各国及周边国家造成了大量损失。

这场战争不仅使波黑共和国居民住房大批被毁,生活不安宁,而且造成大批的无辜百姓伤亡。据外电报道,仅萨拉热窝市,平均每天就有2名平民伤亡,︶6人受伤,︶大批居民流离失所。

(3)节日期间,︶供应的品种有红、︶黄香蕉苹果,∧鸭梨,酥梨,瓢梨,∧京白梨、子母梨、雪花梨、胎黄梨;∧还有哈密瓜,伽师瓜,白兰瓜,黄金瓜,西瓜,∧鲜桃,葡萄,海棠,红果,∧石榴,沙果,香果,∧猕猴桃,菠萝,柠檬,洋桃,柚子,椰子,龙眼等50多个品种。

(4)赠送日本笔记本,正是鼓励孩子日省其身,客观认识"外表我",正确分析"内心我"。通过他人评价修正自我评价,让理想的我和现实的我逐渐重合。

(5)据新华社9日报道,中华人民共和国最高人民法院发表声明称,3名日籍毒品走私犯9日上午被执行死刑。

(6)中新社北京4月8日电 中国国家主席胡锦涛的特别代表、︶国务院副总理王岐山▲8日在北京▲会见了美国总统奥巴马的特别代表、︶财政部长盖特纳。双方就两国经济关系和世界经济形势,︶以及即将于5月在北京召开的▲第二轮中美战略与经济对话框架下的经济对话等问题交换了意见。

(7)中新网4月9日电 综合报道 中亚国家吉尔吉斯斯坦▲爆发血腥起义,反对派领袖声称▲他们已经成功夺取政权,︶并组成临时政府。总统巴基耶夫▲逃离首都比什凯克,现时身处南部城市奥什,8日声称自己并未辞职。

消息二则

1. 10部民族民间集成志书▲是把前人辛勤创造出来的文艺结晶▲用文字、曲谱、图谱、录音和录像等手段记录下来,︶编纂出版。这10部是:《中国民间歌曲集成》《中国戏曲音乐集成》《中国民族民间乐器乐曲集成》∧《中国曲艺音乐集成》《中国民族民间舞蹈集成》《中国戏曲志》∧《中国民间故事集成》《中国歌谣集成》《中国谚语集成》《中国曲艺志》。集成志书每个省、︶自治区,︶直辖市各十卷,全国共计300卷(不含台湾省),4.5亿万字,是新中国成立以来卷数最多,︶篇幅最大的文献丛书。对我国社会学、民族学、民俗学、历史学、美术、∧中外文艺比较学以及政治史、经济史、文化思想史等领域▲提供了丰富翔实的资料,成为具有较高权威性和学术价值与资料价值的旷世之作。目前已出版的集成志书共24卷(34册)。

2. 二环路全线开通后城区交通拥堵缓解

本报讯(实习生　张冬苹)　二环路全线开通一个月以来，车流量大增，城区10个主要路口、5条道路及三环路的车流量均有不同程度的下降，“打通两厢，缓解中央”初见成效。

二环路9月30日开通后，车辆通行能力大大提高。据有关部门抽样调查，目前最高峰阶段，每小时双向流量东二环达9800辆，西二环为9470辆，北二环为5700辆，分别比去年同期增长19%、89%和86%，缓解了城区及三环路交通拥堵状况。过去交通严重拥堵的崇文门、天坛、东四、新街口及月坛南、白纸坊西街及南、北池子大街等5条道路每小时双向车流量比过去减少40%，三环路平均车流量比以前下降18.1%。

长安街交通采取分流措施后，拥挤状况有所缓解，许多相邻路段、道口交通得到优化。

实训稿件(提示与回课)

(一)句段练习

1. 国务院总理温家宝23日主持召开国务院常务会议，研究部署在全国建立农村最低生活保障制度工作，审议并原则通过《中华人民共和国行政复议法实施条例(草案)》。

2. 我国西部最大油田——克拉玛依油田在天然气勘探方面获得突破，该油田所辖的玛河气田经地震勘探结果表明，总储量近300亿立方米，是目前克拉玛依油田发现的最大整装气田。

3. 除了“少吃甜食和油腻的食物，多食蔬果”这一众所周知的原则外，一定要多吃富含膳食纤维的食物，如芹菜、魔芋等，它们能让人有饱腹感，又不会增加体重。

4. 科学的灵感，绝不是可以坐等来的。如果说，科学上的发现有什么偶然的机遇的话，那么这种“偶然的机遇”只能给那些学有素养的人，给那些善于独立思考的人，给那些具有锲而不舍精神的人，而不是给懒汉。

5. 天才，就是1%的灵感加上99%的汗水。

6. 教育部规定，小学三年级到初中体育课由原来的2节增加到3节，高中阶段确定为11个学分，是所有学科中最多的。课间操时间将延长到30分钟。

7. 我国600多个城市中，400多个城市供水不足，比较严重缺水的城市达110

个。水资源污染、地下水超采和用水效率低下，进一步加剧了有限水资源的供需矛盾。

8. 是啊，曾几何时，我们那晨曦的晴空下碧透如洗的瓦蓝哪儿去了？那树篱的枝丫上梦幻般悬挂的繁星哪儿去了？那浓墨重彩的洇开的花瓣似的朵朵浮云哪儿去了？难道它们真的要被遗忘在污浊的霾气之中吗？

9. 那沉甸甸的稻谷，像一垄垄金黄的珍珠；炸蕾吐絮的棉花，像一厢厢雪白的珍珠；婆娑起舞的莲蓬，却又像一盘盘碧绿的珍珠。

10. 昨夜，竟悄悄地下了一阵小雨，清晨打开窗口，飘进来湿漉漉的空气，很清新，并夹着一股甜滋滋的味道。

11. 曲径通幽，庭院掩映于林木中间，眼前就是两峰之间的一个峡谷，那树呀，枫呀、樟呀、松呀，一片混交林，好奇地踮起脚尖，一棵一棵都站到了我们跟前。

12. 因此，在中学阶段，我们应该积极鼓励学生敢于尝试，敢于面对失败，敢于面对批评和指责，把他们的答案作为答案，让他们自由挥洒文采和智慧。另一方面，我们还应积极组织活动，为学生们提供自我表现的机会，锻炼他们的能力，满足他们的表现欲，树立他们的自信心。

13. 很长一段时间，我查检了一本又一本的书籍，阅读了一篇又一篇的文稿，终于将信将疑地接受了这样一个结论：在上一世纪乃至以前相当长的一个时期内，中国最富有的省份不是我们现在可以想象的那些地区，而竟然是山西！直到本世纪初，山西，仍是中国堂而皇之的金融贸易中心。北京、上海、广州、武汉等城市里那些比较像样的金融机构，最高总部大抵都在山西平遥县和太谷县几条寻常的街道间，这些大城市只不过是腰缠万贯的山西商人小试身手的码头而已。

14. 孩子的心灵是一块神奇的土地，你播种一种思想，就会收获一种行为；播种一种行为，就会收获一种习惯；播种一种习惯，就会收获一种性格；播种一种性格，就会收获一种命运。习惯对于孩子的生活、学习以至事业上的成功都至关重要。

15. 国外很多父母都比较重视孩子自力更生的能力。美国的中学生有句口号："要花钱，自己挣！"父母在孩子十几岁的时候就让他们认识劳动的价值，让孩子自己动手修理、装配摩托车，到外面参加劳动。孩子只有使用自己劳动所得的钱时才会比较珍惜。因此，父母应该让孩子意识到劳动和工作的重要性，让孩子明白：要获得报酬，你就得工作。只有工作，你才有工资用于买吃的、穿的以及支付水、电等家庭必要开支。帮助孩子们理解这一点后，父母可以建议，如果他们能在自己的义务之外做一些额外的家务活，父母可以给他们开工资。双方协商一下，就工作报酬、完成的期限及质量达成一致。一旦孩子完成了工作，报酬就立即支付。

（二）文章练习

1.《少开会行不行》

日前，我们碰到一位县政府办公室主任，问他最近忙什么，他苦笑地说："我们县政府办公室两个星期组织了12个会议，还能忙什么！"

开会，历来是我们下情上传、上令下达的一个重要的工作方法。但是，凡事都有个"度"，超过了这个"度"，事情往往就会走向反面，开会也是这样。

近几年，会议似乎成了一些同志工作的唯一方法，动不动就开会。于是，各种座谈会、动员会、工作部署会、督促检查会、总结表彰会等名目繁多的会议，搞得各级党政领导、企事业单位负责人应接不暇，叫苦不迭。

在会议越开越多的同时，又出现了会议越开"规格"越高的趋势。在某些人看来，会议是否重要，不在内容本身，而在于领导是否光临。不管是什么会，都要求主要领导参加，都要拉党政领导出席讲话。有的把当地的党政一把手请来还嫌不足，还要请更高一级的领导同志出席。

会议多的害处首先是挤占了各级领导同志大量的时间和精力。毛泽东同志曾经指出，领导干部的主要工作是"出主意用干部"。目前，我们各级领导干部整天泡在会议堆里，很少有时间下基层、做调查，怎能出好主意、用好干部呢？会议多的另一个害处是造成财力、物力的浪费。在通信条件大大改善的今天，一纸电传、一个电话就可以解决的问题，却非要兴师动众，把基层的同志从数十里甚至数百里外召集到一起开会。与会人员的吃、住、行，场地的租用、材料的印刷等费用，使本已紧张的财政状况又添了一个包袱。会议接踵而来，贯彻情况如何呢？一位企业党组织负责人这样回答："我们整天忙于开会，哪里有时间传达贯彻呢？"

我们不是反对开会，而是说会议要压缩、要少开。不该开的会议坚决不开，电话、文件能够解决的问题不以会议的形式来解决，重复进行的会议要合并起来开，真正把领导干部从"会海"中解放出来，让他们多到基层调查研究，为大政方针的科学决策奠定良好的基础。

由此看来，压缩会议不仅势在必行，而且也是可以办到的。农忙季节会议可以大大减少，那么平时为什么不可以呢?!

实训提示：这篇评论着眼的事情不大，但是普遍存在，很有现实针对性。练习时尤其要注意态度的鲜明，重音方面要特别注意否定词的处理。

回课记录

2.《江南》

作品：《江南》片段
任志宏、肖玉解说

就从这里开始吧。

周庄、同里或者乌镇，水乡的古镇在江南生长。

在古镇上走一走，以这样的方式体会江南，我们细致而又明确地感受到了江南的精神和风采。

水流在水里，风淡淡地吹着风。

在这里，流水和流水，不就是江南翻飞的水袖吗？不就是把江南舞动得风姿绰绰、灵秀飘逸的水袖吗？

在朴实无华中超凡脱俗，在超凡脱俗中返璞归真。这水做的江南，这江南的流水啊。小桥、流水、人家，这是江南最灿烂的风花雪月，这是江南最根本的从前以来。

十多年前，古镇农民在耕田的时候掘到一些石斧陶器和玉镯玉瑗。这一个发现，引起了文物管理部门的注意和重视。考古学家们从各地赶来，仔细看过了这些石斧陶器和玉镯玉瑗以后说道，这是崧泽、良渚文化时期的文物，离现在应该有五千五百年了吧。

五千多年前的古镇是什么样子我们不能知道，我们只能知道，五千多年前，我们的先人曾经在这里编织着生活，在这里的山下，在这里的水边，他们随意地唱着自己作的歌曲，一些鱼儿悠闲地从他们身边游过。

我们不能知道，我们的先人从何而来，他们是千里迢迢赶来还是风尘仆仆路过，我们只能知道，当他们和这一片山水相遇的时候，就毫不犹豫地留了下来。他们在这里开荒种田，纺纱织布，然后生儿育女。这一片山水是我们先人最初的家园。

实训提示：这是一部纪录片解说的一部分。节奏非常舒缓。练习时注意舒缓型的段子里重音的妥善处理。

回课记录

3. 一组新闻

(1)以色列议会5日下午以58票对52票通过了政府1998年预算案。外长利维的桥党在议会的5名议员有4人投了反对票,1人投了弃权票。

预算案的通过表明了内塔尼亚胡总理暂时渡过了当前的难关,但他仍将面临一系列难题。

在利维因对政府的中东和谈政策及国内社会经济政策不满宣布辞职后,内塔尼亚胡领导的利库德政府在议会中仅占一席优势。工党将于下周提出对政府的不信任动议。

(2)新任的肯尼亚总统莫伊5日在首都内罗毕宣誓就职。莫伊现年73岁,这是他自1978年以来第五次蝉联肯尼亚总统。莫伊在就职演说中表示,第一届政府致力于改善基础建设,减轻和消除贫困,发展教育,提高就业机会。他重申将坚持反腐败斗争。他还表示在任期内将积极推动东部非洲国家的经济合作和建立统一市场。

乌干达总统穆塞维尼和坦桑尼亚总统姆卡帕及驻肯尼亚的外交使节和数万群众参加了莫伊总统的宣誓就职仪式。

(3)由刚果(布)总统萨苏发起和组织的全国民族和解放论坛大会5日在首都布拉柴维尔开幕。来自全国不同政治派别的500多名代表出席了大会。

这是萨苏重新执政4个月来首次召开全国性的政治大会。为期一周的这次大会主要讨论刚果新宪法、重建刚果计划以及大选前的过渡期问题。

(4)德国内政部长坎特尔5日紧急呼吁欧盟,暂时中止各成员国相互开放边境的有关协定,以阻止来自土耳其的大量库尔德难民进入欧盟国家。

同一天,在葡萄牙访问的法国外长韦德里纳强调,欧盟各国必须在库尔德移民问题上协调立场。据报道,欧盟国家将于7日在布鲁塞尔讨论库尔德非法移民问题。

(5)日本股市和汇市在5日——今年第一个交易日双双下跌,给今年的日本经济蒙上了一层阴影。

东京证券交易所股票平均指数5日一开盘就跌，到收盘时跌至14956.84点，和去年年末相比，下跌了301.92点，再次跌破15000点“心理大关”。

同一天，东京外汇市场日元对美元汇率以132.83日元对1美元报收，与去年年末相比下跌了2.92日元。这是1992年5月以来日元对美元汇率首次跌到132日元以下。

(6)受印尼、韩国、日本和马来西亚等国汇率大幅下挫的影响，泰铢汇率5日首次跌破50铢兑1美元大关，创历史最低纪录。

当天在泰国国内外外汇市场上，泰铢汇率曾一度跌至51铢兑1美元，后在泰国国家银行的适度干预下，汇率略有回升，但是最后结束交易时，泰铢汇率在国内外外汇市场上仍很低，分别为50.00～50.20铢兑1美元和50.15～50.35铢兑1美元，均比上一个交易日下跌3铢以上，使5日成为泰国自去年7月宣布实行浮动汇率制以来泰铢汇率下跌幅度最大的一天。

(7)美国航空航天局定于美国东部时间5日晚8时31分发射月球探测器“月球探测者号”，这将是近25年来的首度月球探测之旅。

美国航空航天局此次耗资6300万美元的月球探测任务，是一次低成本、高速度的重新开展太阳系探测研究总体计划的一部分。

美国国防部于1994年发射的太空船曾经在月球南极探测到科学家认为是结冰的迹象。美国科学家希望此次发射的“月球探测者号”将能够证实月球上水的存在。

(8)英国3日和4日连续遭到暴风雨的袭击，造成2人死亡，数人受伤。这是英国自1987年以来遭到的最具破坏性的一场暴风雨。

据报道，损失最严重的地区是英格兰西南部和威尔士南部，有些地方暴风雨的风速高达每小时180公里以上。狂风折断电线，使英伦三岛十几万个家庭在黑暗中度过了新年后的第一个周末；一些人家的屋顶被大风掀翻；全国上百条公路被刮倒的树木阻断；暴风雨还迫使数千名旅客滞留在机场、码头或火车站。

(9)美国探险家福赛特所驾驶的环球飞行热气球由于供暖和燃烧器设备出现故障，被迫于格林尼治时间5日11时27分在俄罗斯境内着陆。

53岁的福赛特于去年12月31日从圣路易斯市升空，气球顺利地跨越大西洋，穿过地中海，并飞过黑海，共飞行了约11680公里，耗时近4天半，但未打破去年1月他创下的不间断飞行6天16000公里的纪录。这是他第四次进行环球不间断飞行的尝试。

实训提示：这组新闻专有名词不少，有一定难度。练习时尤其要摸清事件的脉络，熟悉专有名词，注意数字和名称的重音的体现。

回课记录

4.《国际锐评》:中国依然是外商投资热土 “外企搬离论”不攻自破

中国商务部星期四(13 日)发布的数据显示,今年前五个月中国实际使用外资 3690.6 亿元人民币,同比增长 6.8%。在全球外国直接投资显著放缓的背景下,这一增速显示:中国依然是外商投资的热土,美方所谓“加征关税将使外企搬离中国”的论调不攻自破,其唱衰中国经济的论调也被外企不断增加对华投资予以否定。中国正以不断升级的软硬环境持续吸引外企来华发展。

……

在美方所谓“加征关税将使外企搬离中国”的谎言下,人们看到的是,美国特斯拉在全球的超级工厂在上海开工建设,英国电信成为首个获得中国工信部颁发的全国性牌照的国际电信公司,美国高通公司、欧喜集团,英国捷豹路虎、法国施耐德电气等跨国企业负责人均表示,将继续深耕中国市场,参与到中国高质量发展中……

尽管美国挑起的贸易摩擦给全球经济带来了不确定性,导致全球跨国资本流动大幅减少,但中国用更加开放、更好地利用外资、保护外企合法权益、为各国企业提供更好服务等行动证明:中国是全球靠谱的合作伙伴。

实训提示:评论的论点是依靠陈述事实来支持和实现的。同学们要做到理解透彻、逻辑理顺、重音准确才能将时评的意味准确呈现。

回课记录

5. 阿房宫赋　杜　牧

作品:《阿房宫赋》
李泽华朗诵

六王毕，四海一，蜀山兀，阿房出。覆压三百余里，隔离天日。骊（lí）山北构而西折，直走咸阳。二川溶溶，流入宫墙。五步一楼，十步一阁；廊腰缦回，檐牙高啄；各抱地势，钩心斗角。盘盘焉，囷（qūn）囷焉，蜂房水涡，矗（chù）不知其几千万落。长桥卧波，未云何龙？复道行空，不霁（jì）何虹？高低冥迷，不知西东（也作“东西”）。歌台暖响，春光融融；舞殿冷袖，风雨凄凄。一日之内，一宫之间，而气候不齐。

妃嫔（pín）媵（yìng）嫱（qiáng），王子皇孙，辞楼下殿，辇（niǎn）来于秦，朝歌夜弦（xián），为秦宫人。明星荧（yíng）荧，开妆镜也；绿云扰扰，梳晓鬟（huán）也；渭流涨腻，弃脂水也；烟斜雾横，焚椒兰也。雷霆乍惊，宫车过也；辘（lù）辘远听，杳（yǎo）不知其所之也。一肌一容，尽态极妍，缦立远视，而望幸焉。有不见者，三十六年。燕、赵之收藏，韩、魏之经营，齐、楚之精英，几世几年，摽（piāo）掠其人，倚叠如山。一旦不能有，输来其间。鼎铛（chēng）玉石，金块珠砾，弃掷逦（lǐ）迤（yǐ），秦人视之，亦不甚惜。

嗟乎！一人之心，千万人之心也。秦爱纷奢，人亦念其家。奈何取之尽锱（zī）铢（zhū），用之如泥沙？使负栋之柱，多于南亩之农夫；架梁之椽（chuán），多于机上之工女；钉头磷磷，多于在庾（yǔ）之粟（sù）粒；瓦缝参差（cēn cī），多于周身之帛（bó）缕；直栏横槛（jiàn），多于九土之城郭；管弦呕（ōu）哑（yā），多于市人之言语。使天下之人，不敢言而敢怒。独夫之心，日益骄固。戍（shù）卒叫，函谷举，楚人一炬，可怜焦土！

呜呼，灭六国者六国也，非秦也。族秦者，秦也，非天下也。嗟乎！使六国各爱其人，则足以拒秦；使秦复爱六国之人，则递三世可至万世而为君，谁得而族灭也？秦人不暇自哀，而后人哀之；后人哀之而不鉴之，亦使后人而复哀后人也。

实训提示：古代散文朗诵难度比较大，原因是必须彻底读懂读透，再通过自己对古文的诵读传递到听众耳中、心中，这就更见停连和重音的表达功力了。

回课记录 ____________________

____

____

6.《鲁豫有约》

开　头：

[资料片解说]童年时代，他顽皮天真，却曾遭遇家庭变故；少年时代，他后发制人，迈出了超越自我的人生步伐；青年时代，他一夜成名，赚得人生中的第一桶金。

开始语：

鲁：今天的嘉宾是作家刘墉，作为作家，他一直都用比较浅显的文字，说了很多挺深刻的道理，我听一个出版界的朋友说，他的作品差不多有二十多种励志类的图书，是长年累月的在畅销榜的第一名，至少是名列前茅，非常好的成绩，他的书也是影响了海峡两岸正在成长或者是已经成长起来的年轻人。今天很荣幸能够听他讲讲他的故事，从中挖掘下他的成功的秘诀，很有意思，掌声有请刘墉先生。

对话：问候 关于刘墉会说的方言等略

鲁：刘墉先生出生在 1949 年，那没出生以前父母应该是带着您吧？

刘：对，应该是带着我，我是没看到。

鲁：对，他是没看到，父母带着他从北京搬到了海峡的那一边，到了台湾。

[接资料片] 旁白：

北平，1949 年 2 月，正当内地举国上下欢庆解放军进驻北京，准备结束内战的时候，在海峡另一边的台北，刘墉出生了。因为是中年得子，刘墉的父母格外宠爱这个家中唯一的儿子，然而在小刘墉 9 岁那一年，身为家中顶梁柱的父亲，却因为癌症离开了人世。

插刘墉现场：“我拿肉松拌饭的时候，在我父亲过世之前，我的碗里只见肉松不见饭，父亲过世之后就比较见饭不见肉松了。”

[再接资料片] 旁白：

就这样，原本幸福的三口之家，转瞬变成了孤儿与寡母，生活一下子变得艰辛起来，这时候的台湾刚刚度过最初的动荡岁月，大多数人的生活条件同样比较艰苦。

插刘墉现场：“汽车跑过去的时候，就跟在后头，小孩都跑过去闻那个汽油的香味，可见是相当落伍的时候，那时尘土飞扬，表示什么柏油路水泥路都不多见。”

[再接资料片]旁白：

但苦难并没有就此结束，在刘墉13岁那年的大年初二，一场意外的大火将他的家付之一炬，无处栖身的母子在废墟上搭建了一间草房，一住就是两年。

失去父亲的刘墉从小就不得不开始学习独立面对人生的困境，以帮助母亲分担沉重的生活压力，为了有一天能出人头地，母亲省吃俭用，使刘墉能够继续读书和绘画，在母子二人十几年相依为命的生活中，除了来自学校的教育，年幼的刘墉受母亲的影响极深，母亲那独特又不失幽默的教育方式，也给成长期的刘墉带来许多的教训和回忆。

实训提示：本段是访谈节目《鲁豫有约》中的资料短片的解说词节选。现今大型的新闻、综艺、社教类节目中常常出现资料短片，这些短片的解说的配音练习也是很有必要的。练习时注意这样叙事和回忆类型段落的用声状态和重音处理。

回课记录

7.西湖之声《新闻八卦掌》节目选粹

主持人介绍：

黄老雷，20世纪70年代出生，浙江人。西湖之声电台第一批主持人。

节目简介：

作品：
评论节目
《新闻八卦掌》
黄老雷主持

《新闻八卦掌》：西湖之声的一档辛辣尖锐的新闻评论类栏目，舌锋如火、嬉笑怒骂、笔锋犀利，自2005年11月开播至今，《新闻八卦掌》已播出1200多期。每期节目聚焦国计民生、热点争议事件，以独树一帜的风格迅速走红，异军突起，深得听众青睐。以下是该节目的几个特点分析以及部分示例：

(1)贴身近战，力拔千钧

黄老雷不玩隔山打牛，也不玩迂回包抄，而擅长贴身近战。所谓近战，即在取材上只选与平民百姓地域上接近、利益上关联、情感上共鸣的新闻事件出掌。

事例：违章搭建

3月份，西湖之声曾对瑞丰格林苑小区多起“违章搭建”作过报道。城管执法局小营中队调查确认后，向两位业主开具了“限期整改通知书”，然而4个月过去了，这些违法搭建依然没动。新闻播出后，引来很多小区居民反映。其中一个楼顶违建把大楼通风管道堵上，直接危害到邻居的健康和安全。

老雷评说：从九溪玫瑰园的地洞，到众多居民私宅违建成风，我看到的并非对物权法的误解，而是一个群体公德意识的淡薄，说严重点是沦落。买得起别墅和高层顶楼的业主们必然是知识、政治或商业精英，他们不缺专业知识，但似乎缺乏对社会的责任感。我觉得他们急需在自己的精神上装座阳光房。如果沉迷于营造自己的天堂，广大民众如何期待这些精英引领大众建设一个现代而美丽的世界？拜托你们有点自省的意识，别等执法部门，自己先拆吧。

(2)掌无定法，出其不意

黄老雷从不按严肃有余、正儿八经的传统评论套路出掌，却走出了一条非传统的八卦路线。但此八卦非彼八卦，断无捕风捉影、轧是轧非之意，乃剑走偏锋、出其不意之术。八卦戏说的外壳依然包裹着严肃厚重的主题。

事例：豆腐渣房子

渴望能够有一处浪漫小窝的依云小镇业主最近可浪漫不起来，因为那房子造得比他们还“浪漫”，房柱子是歪的，房顶是漏的，好像在露天跳舞。除了歪斜的柱子，还有房顶渗水问题、混凝土掺沙问题等。21世纪的杭州怎么能造出这种动画片里才有的房子来呢？让人很疑惑。

老雷评说：人“斜头劈脑”吃点药就行了，房子已经封顶了，还“斜头劈脑”，重新造才行吧。如果报道所言不虚，这种房子就是豆腐渣。我对开发商有点佩服的，他们有勇气造如此超现实主义的房子，还有勇气卖，还有勇气面对业主的追问，其心理素质不是一般的过硬。

(3)掌风犀利，酣畅淋漓

有道是“批评是评论的生命”，更有“愤怒出评论”之说，对时弊痼疾，黄老雷出掌往往劲道威猛，劈头盖脸，决不手下留情。

事例：执法难

3月21日下午，拱墅区城管执法局半山中队协管员侯新华为让一辆违章停放的本田车移个位置，换来车主朱某和其子的无理殴打。医院初步诊断结果为：两处骨折。

老雷评说：看了这条新闻，我是一点正义的灰尘都找不出来。执法队员不过是让车主停好车，也没有要罚款，大家心平气和就过去了。可那老朱却没事找事，带领儿子一起揍人，还把人打骨折了。现在事情还不够多吗，国事家事天下事一大堆，老美跑到海南来，日本人跑到钓鱼岛，有胆量上钓鱼岛跟他们干呀，有力气到美国大使馆抗议呀，没力气就安耽过日子。……觉得老拳很硬无坚不摧，想尝尝做风流人物的感觉，拳头硬干吗不找根钢筋去练练啊？

(4)嬉笑戏耍，妙招迭出

幽他一默往往比拍案而起更有力量，这对本身就充满幽默细胞的黄老雷来说可谓驾轻就熟。调侃、反讽、归谬、戏说、歪批等奇招怪式一出，常有让人捧腹喷饭之奇效。

事例：买房爱国论

最近，著名经济学家赵晓在“买房爱国论”的基础上，更进一步，观点鲜明地提出“2009年，买房＝救国”。他建议本轮扩大内需不仅要鼓励中低收入者买房，还要鼓励所有人——特别是富人买房；不仅鼓励未达标的第二套房购买，也要在稳定金融的前提下，鼓励第三套第四套乃至更多的住房购买。

老雷评说：买房跟爱国隔着十万八千里，把两者联系起来是一个挺“蝴蝶效应”的事情。比如饭店烧了一桌好菜，食客吃了很愉快，最多就是如此了，有人则推理说，食客的胃口好了，工作热情高涨，对GDP有贡献；不仅如此，食客因为味道好，经常回头去吃，进一步拉动内需，因此那饭店厨师就是爱国者；以此类推，每个去买东西的人都可以算爱国，每个股民也是，就连抢劫犯也是，他抢了人东西，势必要再买，所以抢劫犯也拉动了内需……外国人喝了一瓶茅台酒都能联系上爱国。还有人说得更绝：买烟抽贡献比买房大，不仅上烟税，还减少了养老保险，所以烟鬼都是个顶个的爱国强人……经济学家和政府官员端出这个来演双簧，他们爱的不是国，应该是开发商。

实训提示：评论节目通常是一家电台的旗帜型节目。主持人需要很强的内力和社会责任感。事例和老雷评说部分可以用来练习，练习时注意语言有力量，有逻辑感，态度鲜明。

回课记录

第五节　名家名作有声作品欣赏之六——《复活的军团》

一、李易

李易

李易(1963 年 10 月 24 日—2013 年 7 月 23 日),著名播音员、配音演员、语言艺术家,中国传媒大学原教授。1986 年毕业于中国传媒大学(原北京广播学院)播音系,毕业后分配到中央人民广播电台工作。配音作品有《环游地球八十天》《克莱默夫妇》《刺杀肯尼迪》《约翰 · 克利斯朵夫》《肖申克的救赎》等影视剧;中央电视台《海绵宝宝》等动画片;电视专题片《改革开放二十年》《圆明园》《再说长江》,以及在央视纪录频道播出的电视纪录片《美丽中国》《冰冻星球》《地球脉动》等。

2002 年,创建北京世纪名座文化发展有限公司并出任董事长。

因患急性白血病医治无效,于 2013 年 7 月 23 日凌晨在北京人民医院去世,享年 50 岁。

二、纪录片《复活的军团》

复活的军团(节选)

四千多年前,文明的曙光开始照耀中国大地,在黄河流域的原始部落中,第一个国家——夏诞生了。

500 多年后,商取代了夏。

公元前 11 世纪周王朝又征服了天下,由于王位只能传给一个儿子,其他的儿子们就要得到封地,没过多久周天子脚下就出现了众多的国中之国。从此。这些属国之间就开始了长达 500 多年的战争。直到公元前二百三十年一支来自西北方的军队开始横扫天下,在十年的时间里,他们吞并了所有的国家,征服了所有的部落,就是这支军队,最终结束了五百多年的战乱,在中国第一次创建了一个大一统的国家——秦帝国。

这是一支创造了历史的军队,然而多年以来,人们对它的了解并不多,它真实的形象一直模糊不清。秦军强大的根源在哪?它靠什么建立了空前的丰功伟业?

回望秦军统一中国的步伐,那是一段漫长而曲折的历史。

三千多年前,周王朝在镐京统治着中国。在王国的西北边陲,生活着一个专门为国君养马的部落,他们就是最早的秦人。这是一个传奇般的部落,它最早的居住地在哪?什么时候迁入西北高原?至今仍然是一个谜。

公元前七百七十一年,来自西方的游牧部落攻陷了都城镐京,周王朝被迫迁都。在周天子向东迁移的时候,养马的秦人出兵护送。为了感激秦人的忠诚,周天子封秦人的首领为诸侯,秦人就这样建立了自己的国家。

但是,刚刚立国的秦人面临着极其艰难的处境。当时,西北高原是游牧部落的天下,这些马背上的民族极其凶猛,他们经常对秦人进行攻击和屠杀。史书记载,秦人几代先王都战死在疆场,刚刚诞生的秦军血流成河。然而,这支顽强的军队开始在逆境中成长,经过二百多年的浴血奋战,秦军彻底征服了彪悍的游牧民族,统一了西北高原。

在西部站稳了脚跟之后,秦人的眼光转向了东方。此时,周天子的统治地位已经完全丧失,战火笼罩着中原大地,那是一个弱肉强食的时代。几百年的兼并战争之后,弱小的国家一个个都消失了。出现在秦人眼前的是六个强大的对手。秦人发现对手的实力远远超过了草原上的游牧部落,向东扩张的梦想一时很难实现。

转折发生在公元前三百五十六年。那一年,一个叫商鞅的人开始在秦国推行改革。商鞅变法之后,秦军开始迅猛地向东推进。

魏国是战国时代的第一个霸主。史书记载,魏国军队身穿重装铠甲,以强悍而闻名。然而,强悍的魏军成了秦军的第一个牺牲品。

公元前二百九十三年,秦军斩首魏军二十四万,魏国从此衰落。

楚,一直是南方的大国,实力雄厚。楚人制造的青铜剑直到今天都赫赫有名。

公元前二百七十八年秦军攻占楚国经营了几百年的都城——郢。楚国一蹶不振。

赵国位于北方,由于长期与游牧民族对抗,赵国人民风彪悍、十分善战。但是在公元前二百六十年,秦军在长亭消灭了整整四十五万赵军精锐,赵国元气大伤。

自商鞅变法以来，强大的秦军通过一次次战争消耗东方列强的军事力量，在一百三十年的时间里，秦军歼灭六国军队一百六十多万。到公元前二百三十年的时候，再也没有对手能够与秦军抗衡。秦王嬴政就此发动了大规模的统一战争。

十年统一战争期间，六国军队的伤亡总数超过了二百万。

这是一个令人震惊的数字。

公元前二百二十一年最后的齐国不战而降。

秦军挺进当时世界上最大的城市——临淄。

至此，战国时代结束，秦帝国诞生了。

从崛起于西北高原到一统中国，这支伟大的军队经历了五百五十多年的奋战。

在今天陕西省的咸阳市附近，这个平台，曾经是秦帝国的心脏——咸阳宫。

就在这个地方，秦王嬴政发号施令，指挥秦军一统天下。

两千多年过去了，咸阳宫变成了黄土堆，帝国的军队却找不到任何踪影。

这究竟是一支什么样的军队呢？

三、纪录片《复活的军团》解说赏析

纪录片《复活的军团》分六集，合三小时，展示了秦军团的昔日荣光。秦人由西北牧场崛起，因护周有功而获封，历 550 年征伐统一中国。20 世纪 70 年代兵马俑的出土还原了秦国的神秘军队。这是个气势恢宏的史政纪录片。在以政治、经济、军事、历史等为题材的政论片中，解说往往在一定历史高度的视角上发声，整体听来严肃、庄重、大气。

播音专业讲究的是“情、声、气”结合，“以情带声、以气托声、声情并茂”，李易先生最突出的特点是气息和声音。他的吐字发声已达完美境地，不管通篇多少字，每一个字都堪称完美，加之气息雄厚，音域宽广，重音停连完全符合普通话规范，听来如饮醇酒，如沐春风。本段李易老师的解说基调是苍凉、厚重、富有历史感的，但同时他的用声状态和重音处理以及与画面的融合又是恰到好处自然和谐的。用三句话来总结一下李易老师的配音特点：

作品：名家朗诵
《复活的军团》
李易解说

一、力量型广告逐渐含蓄化；二、稳健、大气、生活化的纪录片解说；三、故事般讲述的电影栏目解说。

李易老师在配音用声方面有自己的审美主张。他说："我不反对练功，但我一般把精力放在'听'和'看'上，使琢磨劲儿。播音需要多动脑子，而不是一味地'吊嗓子'。有些人练功存在误区，他们操着浓重的播音腔，对着墙'慷慨激昂'。其实，声音只是表达语言的一种载体，只要自然就好。音色好固然在表达上占优势，但表达的内容才是关键的。我觉得播音更多是靠感觉，因为现在的辅助手段完全可以帮你美化声音，但感觉是美化不出来的。"相信这段话会给有心在配音方面一展身手的同学很好的启迪。

单元测试(备稿播出以下稿件)

1. 飞讯一组

大家好，欢迎收听《飞讯时刻》。

涨势强劲的国际原油，再次带动国内成品油市场进入"调价窗口期"。包括杭州、绍兴在内的浙江多个地区，陆续上调了成品油的批发价，每吨上调幅度从 50 元到 100 元不等。

昨日是上海世博会第一个普通日，并未出现预计中的大客流，入园人数仅为 14.3 万人。

民政部网站显示，截至 5 月 4 日 16 时，全国共接收青海玉树地震救灾捐赠款物 43.49 亿元。

住建部、民政部、财政部联合发文要求，办产权登记时，要比对申请人是否享受廉租房保障。对骗取廉租住房保障、违规转租、出借和转让廉租住房等行为，可以收回廉租房。

原厦门航空员工范后军与厦航停止劳动关系后，被老东家列入"黑名单"，多次遭遇拒载。厦航称，范后军转干失败后采取了一系列过激行为，公司为维护航空安全才发出公函。

据韩国媒体报道，中国房产大亨在济州购买了价值 300 亿韩元(约合 1.83 亿元人民币)的 58 套度假屋。这是济州目前正在推进的"购买济州计划"首次获得的成果。

因涉嫌一桩地产丑闻，意大利经济发展部长斯卡约拉于 5 月 4 日宣布辞职。

快速浏览，轻松聆听，以上就是这个整点 100 秒《飞讯时刻》，下个整点再会。

2. 经济新闻一组

△本台消息：央行日前公布的11月份金融统计数据显示，居民储蓄存款增幅从高峰期的18%回落到11月份的11.8%，当月储蓄余额净下降85亿元，已连续两个月净下降，存款走低趋势已连续了7个月。分析人员认为，以上情况表明居民资金已开始抽离银行体系，降低利率、征收利息税的效应已初步显示。只有居民消费需求转强才能有力拉动经济增长，但是目前抽离银行的资金是否转化为消费资金，还有待观察。

△据新华社报道：今年1月到11月，上海实现出口169亿零100万美元，提前一个月完成全年165亿美元出口额目标。

据介绍，今年以来，上海出口增量的76.6%来自外商投资企业，其占全市出口比重已从去年的51%上升到56%，前11个月累计出口94.1亿美元，同比增长三分之一。

本章思考题

1. 重音的概念是什么？能区别它与词的轻重格和重读的概念吗？
2. 怎样确定重音的位置？
3. 重音的表达方法有哪些？

第七章　语　气

第一节　语气的感情色彩与分量

有声语言作为人的思想和感情的物质载体，具有无穷的表现力。郭沫若说："音有万态之殊。"英国的萧伯纳曾拿"是"(is)字的书面表达与口头表达做比较：说一个"是"字有 50 种方法，可是写下来的只是一种。我们看，这一个"是"字若为一个独词句，它无所谓重音，也无须停连，那么语言发出者采用什么绝妙的方法显露各不相同的思想感情呢？这就是"语气"。语气，是播音的重要表达技巧。它要求表现思想感情的贴切性、丰富性和深刻性，要求声音形式有曲折和变化。

授课：语气的感情色彩与分量

一、语气的概念

语气，是人们特别是有声语言工作者经常使用的概念。不过在实际使用的时候，不同的使用者所说的"语气"的内涵和外延并不完全相同，因而使这一概念有很大的模糊性，存在一定的混乱。还有人习惯于用"语调"这一概念来谈论语气这一技巧。那么，播音的重要技巧——语气，它的含义到底是什么呢？

张颂教授在《播音创作基础》一书中指出："语气是思想感情运动状态支配下语句的声音形式。""播音的语气，必须由两方面构成：一方面是一定的具体思想感情，一方面是一定的具体声音形式。"我们说，这个解释揭示了播音语气的内涵，突出了有声语言的特点，易于从有声语言形式及其思想感情依据两个方面去把握。因此，可以认定，这个解释对播音理论研究与实践来说，是科学的、恰切的，具有很强的可操作性。

语气的实质，也就是指语气的内涵。从张颂教授给"语气"下的定义中，我们可以把握到这样三个要点：其一，语气以具体的思想感情为灵魂；其二，语气以具体的声音形式为躯体；其三，语气存在于一个个语句中。

只有受具体的思想感情支配的语句，才是有生命的、可感的。在播音中尤其要注意语气的思想感情的具体性。语气的具体性，通过对语言本质和语言链条的理解、感受、体验，是能够把握到的。它不仅包括喜、怒、哀、乐、欲、恶、惧等人类情感的不同色彩，还包括各类感情色彩中的不同级差(分量)，同时，也包括语言链条中反映出来的“并列”“递进”“转折”“因果”“领起”“总括”“主次”等思维的逻辑轨迹。此外，在语言传播过程中，与受众的交流、呼应也靠语气来体现。所以说，重视语气思想感情的具体性，有充实的内心依据，才能带来语气表达色彩的丰富性。

丰富的思想感情，必须透过变化多样的声音形式才能体现出来。声音形式又能对语气的感情色彩起反作用。刻板、单调，以不变应万变的声音形式，抑或对声音形式的选择、驾驭不当，都会使本来要表达的思想感情褪色、变味，从而使有声语言应具有的直接可感性的优势被极大地削弱。语气是语句的“神”与“形”的结合体。在具体的声音形式中，包含着声音、气息、口腔状态三方面的变化，具有很强的技巧性。声音、气息、口腔状态在具体的思想感情的支配下，不仅要以相应的姿态出现，还要有巧妙的组合与配置。正所谓，因情用气，气随情动，以气托声，以情带声，音随意转，声随情出，最终以声、气传情。不同语句的具体声音形式必然是各不相同、变化多端的。要想提高播音表达的技巧，就要正确认识并善于运用语气——这个传情达意的核心手段。

不过，我们也注意到，具体句子的语气不会静止地、孤立地存在。给出一个孤立的句子，它的语气常常是多解的。语气的具体和明确有赖于它所存在的语言环境(语境)的明确和稳定。例如这样一句话：

“正在这时候，大雨点噼里啪啦打下来。”

这句话的语气应该是什么感情色彩，又是什么分量？它可以是久旱之时盼来大雨的欣喜，也可以是游兴正浓时遭到雨淋的懊丧，它可能是“屋漏偏逢连夜雨”的焦躁，或是其他种种境况下的无奈、自嘲、恼火、顽皮、幸灾乐祸、别有情趣、担忧不安……显然，语境的不同，说话人心情的不同，造成了不同的语气。要把握到贴切的语气，必须重视语境对具体语句的制约和影响。

二、语气和语境

应当承认，影响句子语气的，不仅是“具体的思想感情”，还有许多不像“语句”所反映的客观内容那样具体的因素，它们也对语句的语气起着作用。张颂教授谈到这个问题时指出：“对语句声音形式起支配作用的，有许多因素，只说‘具体的思想感情’就显得不够全面、不够充分了。”“语气这个精灵的千姿百态不能不受到主观和客观、时间和空间的制约，不能不受到播音员的美学理想、审美感受、审美趣味等的浸染。”这里所谈的对语句声音形式起支配作用的“许多因素”之一，便是语境。

语境，指语言存在和使用的环境。语境对人们使用语言有约束力量，可以决定并影响语言手段的选择和使用。这一客观规律，对于播音创作中语气技巧的运用有十分重要的意义。

语言学界对语境研究颇多，尽管提法不尽相同，但并无实质上的分歧。综合各家观点，可以把各种影响语言表达的语境因素概括为“言辞语境”和“言辞外语境”。“言辞语境”，指言语交际时所依赖的上下文和前后句。它始于句子语境，大至段落语境，篇章语境，表现为言语的内容和形式。“言辞外语境”，指言语交际时所依赖的各种主客观因素。主观因素是指说话人的目的、身份、思想、修养、心情等；客观因素是指说话的时间、场合、对象等。

在播音创作中，语境对于语气影响的主要从三个方面来考察：第一，具体的语句既处于前后句、上下文的句子语境中，也处在一定的段落语境和整体的篇章语境中。认识到这一点，并善于在多层次的语境中把握语句的语气色彩、分量和语势，就可能做得更准确、更深透、更得体。第二，具体的语句存在于节目中，脱离不了一定的文（语）体形式、传播方式（广播、电视）、录播空间（现场、演播间），以及特定的时代氛围，传播对象的收视、收听心理等客观因素的制约。因此，这些语句的声音形式，必须与节目构成及传播的诸种因素和谐一致。第三，语气最终是由播音创作主体呈现出来的，那么，创作主体的创作态度、创作状态、语言条件、语言功力、美学追求等因素必然影响到语气的效果。

正是在播音创作的实践中，语气技巧的运用，除了受“具体的思想感情”的支配，还要受众多语境因素的影响，而使声音形式带上了某种特色，所以，我们在播音的业务研究和学术论文中，可见到诸如“播音语气”“传播语气”“对象语气”“文体语气”“人物语气”“语义语气”等种种说法。这些提法也许让人产生疑惑：语气定义不是强调“语句”这个存在单位吗？上述种种提法显然超越了语句单位，这些语气概念是否科学呢？为了对语气这个播音创作的核心技巧有比较明确的认识，还是让我们来做一些具体分析吧。

三、语气的派生属概念

应该肯定地说，任何概念都不是静止的，它总是随着人们对客观事物认识的深化而不断丰富和发展的。播音创作实践需要对一些带有规律性的语气现象做出抽象概括。当然，这些有附加限制词的语气概念的出现，必须有客观存在的条件和根据。语境因素的变化要求语气的适应，这就是在特定语境中形成语气声音形式特点的客观基础。可以说，张颂教授为“语气”下的定义揭示了语气的普遍规律，如果我们把它看作语气的种概念，那么强调某些语境中特殊规律的，加限制词的语气概念便是派生出来的属概念。

不妨具体认识一下一些派生语气概念的根据及其内涵。

播音语气，是在以篇章语境为基础的更大范围内，同时考虑到“言辞外语境”的制约，拿播音与朗诵、演讲、相声、话剧、电影等语言艺术，甚至与日常生活口语作比较，概括了播音语言表达特点而存在的。播音语气区别于其他有声语言的显著特点，是它的“明晰性”“庄重性”和“规整性”。在声音形式上表现为字正腔圆、呼吸无声、格式正确、轻重恰当、逻辑严密、不涩不黏、语势平稳、不浓不淡等特点。这些特点涵盖了广播、电视各类节目播音的语言样式特征。

文(语)体语气，显然是在篇章语境层次上划分出来的，同时考虑到节目的形式和风格的制约。它主要指因文(语)体基本表达特点的差异，而反映在播音声音形式上的特征。例如，新闻播音，要用播报的语言样式，规整紧凑，新鲜明快；通讯播音，要用播讲的语言样式，起伏顺畅，引人入胜；评论播音，则适宜用议论的语言样式，从容透彻，言之成理；主持人节目播音，则以谈话的口吻，或侃侃而谈，或娓娓道来，语流密度虽大，但疏密变化较为灵活，吐字力度较为轻巧，等等。这些语言样式，是各类文体播音中语句声音形式的共性特征。

对象语气和传播语气，主要因言辞外语境因素的影响而形成。如对象语气，指根据不同接受对象的心理特点和接受水平，采用不同的语气。传播语气，指根据不同的传播方式、手段，采用适当的语气。这些因传播对象、传播方式不同而引起的语气变化，主要是语气声音形式在分寸、分量上的差异。

以上这些派生的语气概念，语言存在范围较大，共性特征突出。而语义语气、人物语气概念，存在范围较小，似乎更符合语气种概念的含义。

语义语气，显然是在句子语境层次上划分而来的。句子的语义，指句子所要表达和所能表达的全部思想内容。句子的语义要素有四个即客观事实、说话目的、说话者态度、说话者的感情评价。显然，从这四个方面能把握到具体的语气色彩和分量，由此选择和确定语义语气的声音形式。

人物语气，专指播音创作中人物语言的传达。把握人物语气，可以从两个方面考虑，一方面，由人物性别、年龄、身份、职业、性格、文化修养等较为稳定的因素，来确定人物的基本语气，它主要反映为用声吐字方面的特征；另一方面，要由人物所处的环境、时间、人物关系、心理状态、语言目的等变动因素，来决定具体的语气，它侧重于具体的感情色彩的把握，以及对基本语气声音形态的支配。

通过对以上语气派生概念的剖析，我们应该承认它们存在的合理性，不过，我们有必要搞清语气基本概念与带有限制词的语气派生概念的关系，起码有以下几点需注意：

第一，张颂教授为“语气”下的定义，反映了语气质的规定性，反映了语气的普遍规律，是我们认识语气的基点。语境因素派生出来的语气属概念，反映语气在不同范畴中的特殊规律，而且已超出播音创作基础范畴，涉及播音文体业务理论、电视播音理论、播音心理学。

第二，各个语气属概念的共性在于，都包含语气种概念的两个共同要素：思想感情和声音形式。区别在于，由于外延的差异，概念内涵的侧重点有所不同：有的侧重于思想感情方面的具体性，有的侧重于声音形式方面的共同性。一般来说，侧重于思想感情具体性的语气属概念，它们的语言单位较小，如语义语气，存在单位是句子。而侧重于声音形式方面的语气属概念，它们的语言单位较大，如文体语气、对象语气，存在单位是篇章、节目，传播语气存在单位更大——广播播音、电视播音。

第三，语气的具体性与语气的共性，有着相互依存、相互制约的变动关系。语气的具体性是表达的基础，若不强调它，播音则不可能准确、鲜明、生动地传达各种信息，而只能是机械刻板的语言流。语气的具体性是必须坚持的，同时，也要考虑传播方式、语体特点、对象心理等语境多因素对语气的制约作用，这样才能更好地实现传播目的。也许可以这样说，语气的具体思想感情色彩和分量要准确把握，声音形式可以灵活驾驭。其灵活性，主要在于气息状态、用声状况、吐字力度、语势变化幅度的适度控制上；其尺度，应掌握在声音形式的变化不能失去或偏离特定的具体的思想感情。如稿件中的人物语气，在较准确地把握其具体的神采的同时，其声音形式要遵从播音语气的特征，不能混同于人物扮演的演播语气，而人物语言在新闻与通讯的语境中，声音形式又应有程度上的区别。

理顺这些关系，是为了更好地学习和运用语气这一核心技巧。在基础理论学习阶段，要紧紧把握语气的特定内涵，在语气的具体性上下功夫。

四、语气的感情色彩和分量

语气的感情色彩和分量，是语气的灵魂。要想选出恰当的声音形式，必先准确地把握“这一句”语义的实在意义，这是从理解感受文字到驾驭发出有声语言的前提。

1.语气的感情色彩

语气的感情色彩，主要是从态度和感情的类别上把握语句的本质。张颂教授从语句包含的是非爱憎方面作了归纳"是非，是指正确、错误、反对、支持、赞扬、批判、严肃、亲切、郑重、活泼、坚定、犹豫等态度方面的具体性质。爱憎，是指挚爱、憎恨、悲痛、喜悦、热望、焦急等感情方面的具体性质。态度、感情交融一体，可以展现各类语句的丰富多彩。"

语气感情色彩的把握，一要贴切，二要丰富，三要深刻。贴切，是指对稿件语句本质理解感受准确，与稿件语言本意相一致，不能呈似是而非、模棱两可的"中性"色彩，更不能是相反色彩。丰富，是指对稿件语句本质体验得细腻，能体现出思想感情发展变化的层次，如果只有"类型化"的语气色彩是没有丰富性可言的。深刻，是指在整体中把握具体语句的语气，播出主导的思想感情，不能为追求语气的生动变化而失去播出目的的统率作用。

如何把握语气准确的感情色彩呢？演播者要遵循正确的播音创作道路，与党和人民的态度感情相一致。在这个基础上把握的语气才会是准确、贴切的。离开党和人民的立场的感情体验，不可能与稿件的精神实质相一致，自然语气的贴切性就无从谈起。

具体来说，语气的贴切性受到稿件播讲目的和基调的制约。稿件的总色彩就体现在基调中。那些重点语句、重点段落、重点层次的具体语气，汇成了基调的总色彩。除此之外，稿件中还会有其他色彩，它们间接地烘托、映衬，或通过对比显现着基调的总色彩。在判断语句的具体感情色彩时，要扣准语句本质，切忌见字生情、断章取义。如若体验到的感情色彩不准确，就会偏离播讲目的和基调，而步入歧途。例如艾青的著名诗篇《大堰河——我的保姆》，其基调是深情地抒发对劳动人民的热爱，目的是号召人们为着养育我们的劳苦大众向黑暗的旧社会做斗争。

诗中有这样一段：

她含着笑，提着菜篮到村边的结冰的池塘去，
她含着笑，切着冰屑悉索的萝卜，
她含着笑，用手掏着猪吃的麦槽，
她含着笑，扇着炖肉的炉子的火，
她含着笑，背了团箕到广场上去，
晒好那些大豆和小麦……

这里，写大堰河勤劳善良的美德，既浸透着作者的爱，更表达了作者对大堰河默默忍受生活重压的极大同情。语气中爱戴和同情并存，赞美也染上了辛酸和悲凉的沉重色彩，表达起来声音形式有"气沉声轻"的特点，语速较为迟缓。这里绝没有轻松和舒心的"笑"，更不是赞美大堰河面对苦难生活的"乐观"。显然，如若

离开这首诗的主题和基调，带有喜色，“气提声高”地表达这含笑劳动的情景，就大错特错了，是与原作的思想感情极不相符的，也是不贴切的。

语气的丰富性，来自具体、深入、准确的感受。只有感受深入了、具体了，才能体验出思想感情发展变化的细微层次；只有感受是准确的，才能把握“这一句”与“别一句”的联系和差异。总之，心中明了各个语句的语气差异，才可能谈到有声语言具体丰富的语气变化。

2.语气的分量

语气的分量，是指在把握语气感情色彩的基础上，区别是非、爱憎的不同分寸的“度”。强调语气的分量，就是要求我们掌握语气感情的分寸、火候，表达时不瘟不火，恰到好处。语气的分量，是实现语气贴切性、丰富性和深刻性的重要因素。

语气的分量可以从两方面去把握：一是语气感情色彩本身的级差，二是外部相关因素影响下态度分寸方面的级差，二者融合在一起，共同构成了语气的分量。前者是语气分量的个性因素，后者是语气分量的制约因素。

感情色彩方面的级差，主要指同一感情类别里浓淡程度的不同，它是语句本身固有的个性。如一句话的感情色彩是高兴，但到底是狂喜，还是大喜、欣喜、沾沾自喜、窃喜或满意等，肯定有分量的区别。

态度分寸方面的级差，首先是由有关方针政策决定的。有明确的政策观念，播音的分量才好把握。新闻播音常常关系到有关政策的具体体现，其次是由语句主次关系决定的。实质上就是由稿件播讲目的和基调决定的。播讲目的具体地落实到重点语句上，基调的色彩集中地体现在重点语句上，这些重点语句的语气分量自然就要鲜明得多、浓烈得多、突出得多。

语气分量的个性因素和主次因素之间，以主次因素为主导方面，个性因素呈现的分量要服从主次因素决定的分量，这才是语气准确的分量。

每一种质都有无限多的量的等级，例如颜色的深浅，硬和软，生命的长短等等。人类的感情也一样。感情的浓淡，态度的分寸，其级差是众多而精细的。为了简略而通俗地说明问题，暂以重度、中度、轻度来区别语气的分量。这里的轻重区别并不与声音形式的轻重直接挂钩。重度的语气分量，可能在声音形式上相对“气足声重”，但也可能“气弱声轻”。语气“度”的区别，主要在于给人印象的鲜明程度上的差异。重度的分量，表达时色彩鲜明突出，给人印象深刻；中度的分量，表达时色彩稍淡，“点到为止”；轻度的分量，表达时色彩较淡，往往以“轻轻带过”的淡化方式处理。

3. 语气的色彩与分量的关系

辩证法告诉我们，质与量是事物在发展过程中所具有的两种规定性。质是事物固有的性质、特征和特点，是区别不同事物的关键所在（如语气的色彩）。量是事物存在的规模和发展的程度（如语气的分量）。然而世界上万事万物都有一定的"尺度"，超出这个尺度，事物就要转变性质。只有全面地把握事物的质和量，才能正确地认识事物。

语气的色彩和分量的关系，如同事物的质与量的关系，只有准确地把握语气的感情色彩和分量，语气的传达才有可能贴切和恰当。语气的分量，是掌握分寸的问题，要求掌握一个恰到好处的"度"。表达时，语气的分量"过火"，抑或"不及"，对语气色彩都有重要影响。列宁谈到真理和谬误的关系时，也曾谈到这个奇妙的，然而又是至关重要的"度"。他说："只要再多走一小步，仿佛是向同一方向迈的一小步，真理便会变成谬误。"语气的分量是对感情色彩的进一步体验，也是理性成分对感情的观照。播音中，语气的分量如果"不及"，达不到一定的"度"，那么表现出来的语气色彩就不鲜明、不透亮，显得"瘟"；反之，如果分量"过火"，超出了一定的"度"，轻则主次颠倒，重则改变了感情的色彩，与语句本质不符，或者使受众产生逆反心理。

播音工作是新闻工作的重要组成部分，同时又是一门语言艺术。语气的感情色彩和分量把握得怎样，关系到传达是否准确。从美学意义上看，语气的感情色彩与分量又关系到传达的生动与否，亦即"真"与"美"的问题。

五、语气的逻辑意味和交流意味

1. 语气的逻辑意味

稿件是由一句句话、一个个段落组成的。这些语句、段落各有自己的作用。它们之间又存在着内在联系，形成逻辑严密、环环相扣的语言链条，组成完整的篇章。在将稿件的文字语言转化为有声语言时，那上下衔接、首尾贯通的语言链条中的逻辑环节能否让受众从听觉中清楚地意会到呢？我们可以肯定地回答，语气运用得当，是能使有声语言具有逻辑意味的。语气中具体而精确的逻辑意味，能鲜明而活脱地传导思维的轨迹，使有声语言富有连贯性和流动性，充满生机和活力。如果忽略了语气的逻辑意味，那原本存在于文字语言链条中的逻辑环节就可能丢失、断裂，而成为零碎的错杂组合。

对语言的逻辑感受，是使语气具有逻辑意味的内在依据。值得注意的是，对语言链条的逻辑感受不应是静止的理性分析，而是需要转化为有声语言的动态反应，即直接指向具体的声音形式的语言反应。这也是一种语感——对文字语言语法和逻辑关系的迅速判断,以及对相应的有声语言声音形式的直觉预想。

语气的逻辑意味并不是孤立存在的,它总是同语气的感情色彩和分量结合在一起,充分地体现出语气的具体性。换句话说,只有从语言本质和语言链条两个方面来把握和驾驭语气的运用,语气才是具体而丰满的。

2.语气的交流意味

语气的交流意味来自两个方面的要求:一是播音创作的特殊环境,二是语言的传播必须适应对象。

心理学家把人类的有声言语活动分为会话言语和独白言语两种。通常把聊天、座谈、辩论等情况下的言语活动称为会话言语。会话言语是比较简单的形式,双方都以对方的言语或表情动作等非言语信息为刺激,及时调节自己谈话的内容、用词、速度、音调、语气等,从而达到交流的目的,播音业务范畴中的现场采访、现场主持等节目形式就有及时得到反馈的便利条件,从而支持言语过程积极进行。心理学家把报告、演讲等比较长时间的独自的言语活动称为独白言语。这种言语的支持物只是自己谈话的主题和自己吐露的词句,它没有传播对象直接给予的支持,心理上比有对方支持的会话言语要复杂得多。依赖文字稿件的播音,可以归入独白言语。

要得到好的传播效果,要把受众吸引住,就必须使单向传送的播音具有双向交流的听觉效果,这实质上是一种"类交流"。"对象感"正是解决播音语言指向问题的一种特殊的心理技巧。

语言的传播交际都要考虑对象,要适应对象的心理需求、接受能力和接受习惯。可以说,重视传播过程中接受对象的有关因素,适应对象特点,是提高语言表达效果的一个基本原则。

授课:语气的声音形式

第二节　语气的声音形式

语气中所蕴含的丰富细腻的思想感情,要由一定的声音形式体现出来。有声语言的一个显著特点,就是能够传递远远多于词句表面所含有的信息。语音形式一旦出现在具体的呈动态的语言环境中,它的信息量会大大增加。这正是有声语言不同于文字语言的显著特征。从语气技巧的角度看,如果说,语气的思想感情(包括感情色彩与逻辑、交流意味各方面)是语气的灵魂,那么,声音形式便是语气的躯体。正因为语气的思想感情是丰富多彩、不断变化的,它们的声音形式也应该是曲折多样、不断变化的,否则声音形式无法包容色彩各异的思想感情。语气多变的声音形式,可用“语势”这个概念来说明。

一、语势的含义

语势,指一个句子在思想感情运动状态下声音的态势,或者说,是有声语言的发展方向。语势,包括气息、声音、口腔状态三方面的立体变化及多重组合。这些变化,既是在语言发出时能够驾驭的,又是在语言发出后可以从听感上加以分析的。气息方面,可以有气息位置深浅的不同、气息量多少的差别、送气速度快慢的区分;声音方面,又有高低、强弱、长短以及音色的精细变化;口腔状态方面,在每一个特定的音位中,都可以有口腔松紧、开闭,舌位前后、高低的变化。语势中这三方面的变化,又是“你中有我,我中有你”,是综合表现出来的,这正是有声语言的立体性表现。

上述变化因素,在一句话的句头、句腰、句尾均依共体的思想感情显示出不同的态势。在句与句、段与段衔接时也存在怎样“承上”,又如何“启下”的选择。只有曲折多样的语势,方能成为具体丰富的思想感情的载体。语势的曲折性和波浪式,是语气丰富变化的外部特征。

二、语势的种类

为了概略地描写语势的曲折性和波浪性,张颂教授在《播音创作基础》中将有声语言的语势分为五种基本形态,即波峰类、波谷类、上山类、下山类、半起类。这是很形象的概括,道出了语势所具有的波浪式的动态特点。

波峰类:语句的句头、句尾较低,句腰较高。

例:天边一丝光亮也被黑暗吞没了。

波谷类:语句的句头、句尾较高,句腰较低。

例:为了革命,他被这可恶的草地夺去了生命。

上山类:语句的句头较低,而后逐渐上行,句尾最高。

例:有些人只会空想,不会做事。

下山类:语句的句头较高,而后顺势下行,句尾较低。

例:萧纳尔发现,咪咪已经离开了人世。

半起类:语句的句头稍低,中间稍高或又有曲折,句尾气提声止,却又不在最高点上,只起了一半。

例:小同志,你的老家在哪儿?

很明显,对语句的态势只能做大致的描写,那句头的起点、句尾的落点,其高低的级差是相当多、相当细密的，何况还有强弱、快慢的因素掺杂其中；而句腰的变化里，又会有许多微妙的曲折。总之，语势多样的态势难以用语言描述完备。

上述五种语势类型是大体的分类，也是最有代表性的类型。它不可能包涵客观存在的所有语势。所举的例句，也不意味着只有那一种语势是正确的，它完全可能因上下文语境，或因语音发动者的独特感受，而呈其他类型的语势。对语势做这种大体的分类，意在使我们了解语势的曲折性及波浪式的特点，根据思想感情的变化，在句子的关键部分做出巧妙的处理，从而得到多样的、能与具体思想感情相匹配的具体语势。张颂教授在论及语势基本类型时，就强调了“语无定势”这一客观规律。

总之，语势的多姿多彩，既是传神地表达稿件思想感情的需要，也是满足受众的心理需求。单调的、一成不变的声音形式对听觉的刺激是微弱的，非但不会吸引受众产生共鸣，反而易使听觉出现疲劳，令人昏昏欲睡。受众对缺乏语势变化、机械刻板的播音，会充耳不闻，或中断收听。这样的结局，对于播音员来说，等于是做了“无用功”。

三、语势的变化方法

语势的变化，反映在受众的听觉上就是声音形式的变化。那么，声音形式的变化需要什么条件呢？从技巧角度看，又怎样实现声音的变化呢？

1.要变声音先变状态

这里所谓“变声音”，即语势的变化；所谓“变状态”，即感情状态和用声状态的变化。“要变声音先变状态”，是语言表达的原则和方法。说它是原则，因为它缘于有声语言中感情、气息、声音三者的辩证关系；说它是方法，因为它抓住了声音变化的“钥匙”。

播音的语流，是在播音时的心理、生理、物理三个平面上进行复杂的转换而形成的。语流的心理平面有两层含义：其一是指播音时的总体心态，即话筒前创作状态；其二是指播音中随稿件内容的发展变化的具体心态。松弛而积极的话筒前状态，是灵敏、活跃的思维和情感活动的前提。话筒前状态紧张或懈怠，都不会有积极灵动的思维和情感活动，也就不可能产生具体而真切的心态变化。语流的生理平面，是指在具体的思想感情支配下，发声器官对气息、共鸣各方面的控制；语流的物理平面，是指声音的音高、音强、音色、音长诸方面的表现。总体来说，语流的心理平面是语流声音形式发生变化的动因，语流的生理平面是语流声音形式发生变化的条件，而语流的物理平面是声音形式变化的结果。“要变声音先变状态”，就是说，想赋予语流以丰富的感情色彩和生动多样的语势，必先变化具体的情感状态，并据此调节控制气息、声音、口腔的状态，从而得到能恰当表现出文字中所蕴含的思想感情的声音形式。简言之，要变化声音形式，必须从改变情感状态着眼，从变化语势入手。如果违背这个规律，要么语势无大变化，要么即使有变化，也会显得矫揉造作，有“玩技巧”之嫌。

在以上诸种状态的变化中，气息状态的变化有着举足轻重的特殊意义。气息状态，一头连着情感状态，“气随情动”，另一头连着声音状态，“以气托声”，成为联结情感与声音的关节点。声音的变化要靠气息的运动来“铺路架桥”。气息控制是由情及声、由内及外的贯穿性技巧。

气息状态的变化要由具体的情感状态来引发调节。气息状态的调节又可以反转过来催动情感的动势，并得到“以情传声”的效果。在播音语流中，气息的多少、快慢、“上提”“下松”的种种变化，与口腔控制的松紧、开闭等状态相配合，带来声音丰富多彩的变化。有时，气息还会直接站到有声语言队伍的“前列”，作为表达感情的一种特殊手段，像“抢气”“就气”“带出气息声”等等。总之，只有在感情运动起来的状态下，气息也运动起来，语流才可能呈现出起伏有度、疏密相间的姿态，从而体现出思想感情发展变化的进程，使播音达到声情并茂。

播音时，只要我们把握住情感的具体发展层次，在句子的关键部位，引动气息的变化，辅以口腔的不同控制，赋予声音以色彩，形成多变的语势，就会传导出准确、鲜明、生动的思想感情。

2.语势变化的关键部位

我们可以对任何一个语句（独词句除外）做句首、句腰、句尾的大体划分。语句的句首、句尾，承担着承上启下、衔接转换的任务。这里既有语言链条的承上启下、衔接转换，又有情感方面的承上启下、衔接转换。语句的重音是语句目的的显露点，重音灵活地与句中某一部位相结合，也是构成语势变化的重要表现。总之，句首、句腰、句尾是语势变化的关键部位。

这些关键部位在具体思想感情支配下，会有气息、声音、口腔方面多层次、多侧面的变化，以及它们的多重组合。不过，千变万化之中都有一个共同的规律可循，这就是“句首忌同一起点”“句腰忌同一波形”“句尾忌同一落点”。“起点”，包括起句的高低、快慢、轻重，当然还有气息的“上提”或“下松”作后盾。句腰的“波形”，一定要从不同的细微感受中抓区别，使之有高低起伏、松紧疏密、强弱轻重方面的落差幅度。句尾的落点，不仅有音高、音色方面的变化，还有强收、弱收、急收、缓收方面的区别，并兼有气息粗细、顺滞、余竭等状态的不同。

以朱自清的散文《春》的结尾为例：

①春天像刚落地的娃娃，从头到脚都是新的，它生长着。

②春天像小姑娘，花枝招展，笑着，走着。

③春天像健壮的青年，有铁一般的胳膊和腰脚，领着我们上前去。

这三段文字是文章的重点层次，也是点睛之笔。作者热情畅快地讴歌春天，他热爱生命、热爱生活的思想在这里得到升华。这些语句的感情色彩是一样的，但是如若只凭热情，放开声音高昂地“喊”出来，可有点儿煞风景。其实，只要我们深入体验，就会获得细致的甚至独特的感受，从而造成语势上的差别，充分而细腻地体现作者的思想感情。

①句，恰似在自己心里体味，起句较高，但轻，像欣喜地观看睡在摇篮中的新生儿，生怕出气大了吹着娃娃的小脸儿，因而句腰只在“娃娃”“新的”两处略略拾起，声音较轻而高，略有虚声，语速舒缓，巧用停顿。句尾“它生长着”，前三个音节音程较长，最后一个字“着”，是轻声，在音高的中部，同时短促而轻巧地收起，似盼望着、关注着“春”的“长大”。

②句，似看到“春”的“长大”，对春的赞美脱口而出，并和这“小姑娘”一道快乐、活泼起来。可稍低起句，紧接着以高而明亮的声音说出“小姑娘”，而后声音放开，语速较快呈跳动之势。

③句，作者抑制不住对春天、对生命和生活的热爱，似宣言般地说出这句话，具有很强的感召力。起句高而强，句腰的波形不重在音高的变化，而是加强了吐字的力度和气势，声音洪亮、铿锵有力。这个语势的句腰波形，与前两句拉开了距离，显出很强的分量，使这一句成为重点中的重点，并向句尾的重音制高点推进。句后是上山类语势的顶峰，“上前去”三字，一字一顿，高而有力。细致地说，“上”是去声[51]，居中起音，落下的幅度尽量大些。“前”字[35]音程加长，在“上”的较低落点的映衬下会显得更高昂响亮。“去”字就着“前”字的[5]下落，但音程短，要果断有力地在[3]左右收住。这样既有结束感，又把重音“上前去”的味道给足了，语句本质的色彩和分量也传达出来了。

在以上所谈的一般规律中，还有必要强调一下句尾的特殊作用。句尾的态势，显示语流的走向，担着承上启下、衔接转换的任务。句尾不一定只是句子最后的一个音节，也可能是一个词、词组，甚至一个短语。不管哪种情况、句尾的声音和气息的态势有很强的表情性，尤其当语句重音处在句尾时，更是如此。

第三节　克服“固定腔调”

播音是一种语言创作活动，创作最忌刻板和肤浅。然而我们日常听到的播音，有许多让人难以承认是创造性的劳动。这类播音所传达出来的有声语言，无清晰之意，无鲜明之情，可又貌似“亲切”地“忽高忽低”。它不是有血有肉、充满感情地对你说着什么，倒像是接通了一部语言处理机，不管文字上是什么含义、什么感情、什么风格，只要经过这部机器的处理，全都“熨平烫好”，变成了一样的格式传达出来。这类令人厌烦的腔调，我们称为播音中的“固定腔调”。

一、“固定腔调”的几种表现

“固定腔调”，顾名思义，即指以固定不变的声音形式应万变的播音内容。从固定腔调的声音形式看，大体有以下四种类型。

1.“保险调”

具体表现是语流中停顿多，联结少，中速“行驶”，匀速前进，语势单一。

这种情况，一般说是因为播音员事前不备稿，播录时为了少出差错、少打结巴，于是逢词组便顿挫，借此间隙迅速浏览后面的语词。这样出差错或打结的可能性自然会减少，保险系数也会随之提高，然而这种心中无数，顾及单位很小的语言反应，往往只是字音与字形的简单对应，很难形成积极连贯的思维及含义深刻的语流，所以听起来断句碎，且语言缺乏内在的逻辑联系。

还有人用“保险调”是为了稳，为了显得“操练有术”。播音时不管长句、短句，不管句子间有何种逻辑联系，关系是紧密还是疏松，也不问语句含有什么样的思想感情，有无内心节奏的变化，语流的推进总是四平八稳，一板一眼，匀速前进。

“保险调”还有一个病症，就是语势单一，而且多为“拱桥形起”，即句首低起，句腰拱起，句尾下落，且起伏度很小，语势平平，语句中极少松紧疏密，听起来很是乏味，令人昏昏欲睡。

2.“唱调”

具体表现是拖腔拉调、高低起伏呈格式化的“规律”。

“唱调”与“保险调”有密切联系，但也许是意识到少连多停的“保险调”使句子断得过碎，影响语言的流畅，于是便套用“扬停”的处理方法，不加区别地“逢逗（号）必扬”，“逢停必扬”，而且这个扬起的音节还被着意加重延长，有的还发生了较大的声调扭曲，音节末尾添个上扬的小弯。如“……进行了谈判”，“判”是去声，有“唱调”癖者偏读成拐个小弯的调值[534]。

再者，“唱调”还有个逢结构助词、逢介词甚至量词，必拖、必重的陋习。即遇到“的、着、了、过”“在、对、把、让、为、从、自”等虚词，或“个、种”等量词，总有一个懒洋洋又颇似自得的拖腔拉调。这样一来，语流中的抑扬顿挫全有了一种不合情理的“规律”,形成了一种固定的格式。

3.“主持人调”

“主持人调”可分为两个阶段,两种表现。

20世纪80年代初,主持人节目刚刚兴起时,为了所谓“亲切”,不少主持人模仿港台味的普通话,虽然不及某些歌星那样明显,但普通话中的轻重格式、轻声等语音表现有被“港台味”同化的趋向。最常见的是那一声“听众朋友”,纯正的、大大方方的普通话里,“友”读轻声,有的主持人不读轻声,有的反把“友”字说得又长、又重、又高,给人一种矫揉造作的感觉。

待这种以模仿港台味普通话为代表的“主持人调”遭到受众批评和贬斥而有所收敛后,有的主持人为追求“自然地说”的效果,在声音形式上又形成了新的套路:句头向上一挑,紧跟着向下一滑,任句腰、句尾低而弱地流淌出去。这种语势,不是不可以用,只是用得多了、滥了,也就成了一种“灾难”。乍听起来,这种腔调的句头似乎挺积极,有点儿交流意味,但整体上给人“自说自话”的印象。结果,主持人的语言目的和重点,就被单一的、自然主义的所谓“说”的声音形式淹没了,而不能很好地“入耳、入脑、入心”。

4.“念调”

这里所说的“念”,当然不是小学生似的“念书调”,而是一种层次稍高些的“念”。其主要症结在于缺乏对语流的整体驾驭,把力量平均分散在一个个孤立的句子上了。应该说,有这种“念调”的同志的创作态度还是认真的,只不过他们不善于抓住大的语言单位的主次关系,同时语流中又少有声音高低、强弱、明暗、刚柔、虚实、断连及语气、节奏方面多层次的、丰富的对比变化。虽然这种“动了情”的腔调句句都有小的波澜起伏,实际效果却显得平淡。这里指出的“念调”,由于播得拘谨、不舒展,那些小波澜呈现出太多的“似曾相识”的听觉印象,因而很难拨动听众的心弦,很难引起大家的共鸣,因而缺乏感染力。另外,由于某些句子处理上的“雕虫小技”用得过于频繁,结果语言失去了其自然大方的色彩和活泼多变的生活气息,而给人以“念稿”的感觉。

二、“固定腔调”的形成原因及克服方法

形成“固定腔调”的原因很多,有创作道路问题,创作技巧问题等等。其中最主要的原因是缺乏思维与感受这一中介,尤其对于文稿播音来说更是如此。也就是说,持“固定腔调”者,在文字语言转化为有声语言的过程中,只有字形与字音“一一对应”的表层转化,只是眼看字形、口读字音,恰恰省略了或绕过了动脑、动心,亦即深入思维与感受的重要环节。这种肤浅、刻板的“认字”似的反

应，是难以形成完整而明确的意念，也是难以产生灵敏而深刻的感受的。没有明晰的思维，没有深切的体验，传导出的语流怎么可能“言为心声”？怎么会有生命的活力？

克服“固定腔调”的方法，无非从两方面入手，一是正视播音创作过程中思维与感受的决定作用，二是提高语言表达技巧。

正视播音创作中思维与感受的决定作用，就是要求播音员遵循语言与思维、情感密切相关的基本规律。播音要努力避免语言与思维、情感脱节，如果播音时思维表浅、迟缓，感情封闭淡漠，就不可能产生好的语言表达效果。播音，这种具有某种特殊性的言语过程，要做到言之有物、言之有情、言之有理，要增强可听性和接近性，务必要心随物转、由己达人。所谓“心随物转”，即保持敏锐而准确地随稿件内容变化而及时转换的思想感情运动状态。所谓“由己达人”，即有强烈的交流意识和主动积极的语言表达。这样的心理状态，这样的语言指向，就是把自己真切的思想感情传达给受众的创作状态，再加上生动活泼、丰富多样的语言表达形式，所发出的语言才会是态度真诚、目的明晰，为广大受众所喜爱。

此外，我们还可以从心理学和美学的角度，认识克服“固定腔调”的必要性和紧迫性。心理学研究告诉我们，人的大脑对单调重复的刺激会产生抑制和厌倦。“固定腔调”对于听众和观众，无疑是一种单调重复的刺激，对传播只会起反作用。从美学角度看，大家都知道“文似看山不喜平”的道理。变化即运动，运动才有生命力。一成不变，以不变应万变的“固定腔调”是无丝毫活力可言的，更无法产生优秀的播音作品。

解决了认识问题，还必须解决具体的技巧方法。克服“固定腔调”的方法，就在播音创作基础理论的内外技巧之中，同时，还需要用气发声、吐字共鸣基本功做基础。从大的方面讲，要遵循正确的创作道路，要多听、多思、多上口，努力地、多方面地锤炼语言表达技巧，使语言的声音形式与其蕴含的内容得到完美的统一。尤其要锻炼培养精妙的语感，善于辨别、判断、记忆和选择语流中的各种信息因素，提高对语言的感受力和驾驭能力。清代文学家刘大櫆谈写作时曾说：“文贵变……一篇之中段段变，一句之中句句变，神变、气变、境变、音节变、字句变。”我们要抓住语气这一核心技巧，充分重视语气的具体性、多样性和语势的曲折性、波浪式，使各种“固定腔调”得到彻底克服，不断创作出受众喜爱的优秀播音作品。

第四节　语气部分的实训安排与回课记录

例稿分析

作品：《中计》
陶然播送

七月初的一天，在辽宁省海城市一个小山村里，住在张大伯家的某部侦察排的战士们刚刚起床，就看见房东张大爷气冲冲地走进屋来。张大爷绷着脸问道："昨天，你们谁进了我家东菜园，把菜地弄得乱七八糟？"一句话把全排战士给问愣了，互相看了看，谁也没吭声。

这时候，有一个小战士脸一下子红到了耳根。他叫洪松彪，是今年才入伍的新战士。原来，昨晚上是他悄悄跑到菜地里，帮张大爷干活的。小洪心里直打鼓，他想，是不是我铲地的时候伤了苗？是不是水浇多了淹了菜？小洪越想越不安。这时候，张大娘又跑进来火上浇油地说："老头子，别跟他们说了，咱们去找指导员说个清楚。"话音未落，就拉着张大爷的袖子往外走。

刚刚十八岁的洪松彪，哪见过这个场面啊，小伙子沉不住气了，马上开口说："大爷、大娘别发火，昨天是我跑到菜地里去的。我看你们二老年纪大，大爷成天忙着队上的事儿，顾不了家，就抽空帮你们干了点活。谁知道我不会干，给你们添了麻烦，真对不起你们，有多大损失我一定赔。"说着就伸手掏钱包。

张大爷看到这个情景，倒哈哈大笑起来，大娘也跟着笑起来，她疼爱地拉着小洪的手说："孩子，你受委屈了。"小洪纳闷地抬起头来看着两位老人，张大爷得意地说："孩子，你中计了。从打你们到我们村来搞训练，给大家伙干了那么多好事，可我们就是不知道谁干的。昨晚上我和你大娘一合计呀，就想出这个小计策来。果不出所料，你们还真中计了。"

全排战士这才恍然大悟，和大爷大娘一块笑了起来。洪松彪，这个虎头虎脑的小伙子却像大姑娘似的，羞涩地低下了头……

分析：小故事《中计》说的是房东张大爷巧用计策，获知新战士小洪帮他干活，方得以表达感谢之情的事。主题是歌颂军民鱼水情。

当新战士小洪禁不住张大爷用计，以为自己闯了祸，急忙拦住佯作要去"找指导员说个清楚"的大爷大娘时，说了这样一段话：

“大爷、大娘别发火，昨天是我跑到菜地里去的。我看你们二老年纪大，大爷成天忙着队上的事儿，顾不了家，就抽空帮你们干了点活。谁知道我不会干，给你们添了麻烦，真对不起你们，有多大损失我一定赔。”说着就伸手掏钱包。

新战士小洪这段话的感情是很丰富的，有着具体的内心变化，他先是“急忙劝阻”，继而“老实承认”，随之“内疚自责”，最后“执意赔偿”。小战士的思想感情发展变化的层次，在表达时并不以书面上的标点为界，必须深入进去，方可体察到其中语气的细微差异和变化位置。如“大爷、大娘别发火”这一劝阻，因急切，而“气促声高”；“昨天是我跑到菜地里……就抽空帮你们干了点活”，小战士以为自己好心办了错事，老老实实地说清原委，毫无夸耀表白或委屈之意，因而“气缓声轻”；接下来的话“谁知道我不会干，给你们添了麻烦”，这里是深深的内疚和自责，声音形式上表现为“气沉、声音渐高、渐重”；最后两小句，小战士诚恳急迫地边说边掏钱包，“气息上提”“声高而重”。通过此例可以看出，只有深入细致地体验、揣摩，并辅以声音气息上的变化，才会带来语气的丰富性。

语气的深刻性与贴切性、丰富性是分不开的，它更突出对语气中主导色彩的准确把握。稿件中的感情色彩常常不是一种感情类别，而是以复合的形态出现，如“又惊又喜”“喜忧参半”等。因此，在把握稿件具体的感情色彩时，要着意抓住其中起主导作用的感情，才可能准确传达稿件蕴含的深意，防止见字生情，防止理解感受及表达的肤浅。这就必须处理好理性与感性的关系，将稿件的主题、目的作为衡量语气色彩是否准确的标尺。

当小战士中计，承认是自己做好事后，故事中有这样一段话：

张大爷得意地说：“孩子，你中计了。从打你们到我们村来搞训练，给大家伙干了那么多的好事，可我们就是不知道是谁干的。昨晚上我和你大娘一合计呀，就想出这个小计策来。果不出所料，你们还真中计了。”

如果只从字面含义看，张大爷为自己用计成功的得意心情溢于言表，但是联系到全文，联系到张大爷用计的目的，就会清楚地看到，字里行间充满张大爷对解放军的感激之情。“得意”是次要色彩，表现了一种老百姓与战士亲如一家的幽默感，“热爱”和“感激”才是这段话的主导色彩，这段话的语句本质是：“真打心眼里感激你们呐！”这样的认识和感受才是与播讲目的相一致的。确定了这段话的语气以感激之情为主导色彩，那么表达时就要有恰当的处理。

实训稿件(提示与回课)

1. 喜庆欢乐的色彩

(1)昨天,哈尔滨市的最低气温达到了零下25摄氏度,但市民们欢庆新年的热情却没有丝毫的减弱。在冰雪覆盖的松花江上,刚刚开放的江上游乐园成了人们游玩的好去处。一座座冰雕构成了另一个崭新的世界,人们穿梭其间,尽情地享受冰雪带来的无穷乐趣。下午2点,一支由200多人装扮的卡通队伍走上了冰城的百年老街——中央大街,由此,深受市民关注的"卡通之夜"活动又拉开了序幕。万余市民走上街头,争睹卡通人的风采,孩子们和青年人竞相与卡通人合影留念。看着熙熙攘攘的人群和人们脸上洋溢的笑容,一位88岁高龄的老者高兴地对记者说:"今年的元旦最热闹!"

(2)沐浴着和煦的阳光,古城西安以整洁的市容市貌迎来了1998年的第一天。彩旗、红灯和悬浮在空中的彩色气球把各主要街道装扮得五彩缤纷,充满了欢乐祥和的节日气氛。位于市中心的钟楼和鼓楼相映生辉,游客们兴致勃勃地登上了钟楼,敲响了新年的钟声。在西安市最大的兴庆宫公园门口,一些外地打工者还身着古装,自发地跑起旱船、扭起了秧歌,欢庆的锣鼓此起彼伏。

(3)昨日清晨,在嘹亮的国歌声中,拉萨市隆重举行升国旗仪式。一面鲜艳的五星红旗在布达拉宫广场上冉冉升起,成为新年里雪域高原上最为激动人心的景观。拉萨市城关区的一些藏族居民和功德林寺的喇嘛也早早来到广场观看升旗仪式。许多游人纷纷举起相机,把这庄严的一幕变成永久的记忆。拉萨街头,各机关单位的大门口都挂起崭新的五星红旗,几条主要街道上彩旗翻飞,乐声悠扬。人们穿起节日的盛装,上街购物、走亲访友,互致新年问候。整个拉萨沉浸在欢乐祥和的节日气氛中。

(4)节日的山城重庆,腊梅飘香,彩灯高挂,一派喜庆气氛,重庆迎来建直辖市后的第一个元旦。冬季难得的阳光透过薄雾将重庆照耀得一片灿烂。刚刚落成、颇具现代园林风格的珊瑚公园内,绿影扶疏,游人如织。从广州等地空运来的18万枝鲜花竞相争艳,为隆冬的重庆带来阵阵春意。

实训提示:这一组段子,展示了我国部分城市以不同的方式欢度新年的情景,欢乐喜庆是其主要感情色彩。表达时,不同场景感情色彩的浓淡强弱是不同的。因此,声音形式要注意区别。

回课记录

2.亲切柔和的色彩

朋友，你到过天山吗？天山是我们祖国西北边疆的一条大山脉，连绵几千里，横亘准噶尔盆地和塔里木盆地之间，把广阔的新疆分为南北两半。远望天山，美丽多姿，那长年积雪高插云霄的群峰，像集体起舞时的维吾尔族少女的珠冠，银光闪闪；那富于色彩的连绵不断的山峦，像孔雀正在开屏，艳丽迷人。

天山不仅给人一种稀有美丽的感觉，而且更给人一种无限温柔的感情。它有丰饶的水草，有绿发似的森林。当它披着薄薄云纱的时候，它像少女似的含羞；当它被阳光照耀得非常明朗的时候，又像年轻母亲饱满的胸膛。人们会同时用两种甜蜜的感情交织着去爱它，既像婴儿喜爱母亲的怀抱，又像男子依偎自己的恋人。

如果你愿意，我陪你进天山去看一看。

实训提示：这个片段选自一篇寓情于景的散文。作者充分地用文字表达了对天山美景的深情眷恋。播起来应该细腻感触，声音形式上轻不着力，虚实结合，平中有变，对其中的形象事物和空间距离要从声音色彩与弹性上加以掌控。

回课记录

3.怒的色彩

眼前，这位“雷神爷”为何又甩帽？人们目瞪口呆！只见他在台上来回踱了两步又站定，双手叉腰，怒气难抑。终于，炸雷般的喊声从麦克风里传出："我的大炮就要万炮轰鸣，我的装甲车就要隆隆开进！我的千军万马就要去杀敌！就要去拼！就要去流血！！可刚才，有那么个神通广大的贵妇人，她竟有本事从几千里之外，把电话要到我这前线指挥所！此刻，我指挥所的电话，分分秒秒，千金难买！可那贵妇人来电话干啥？她来电话是让我给他儿子开后门，让我关照关照她的儿子！走后门，竟敢走到我这流血牺牲的战场上！我雷某不管她是天老爷的夫人，还是地老爷的太太，走后门，谁敢把后门走到我这流血牺牲的战场上，没二话，我雷某要让她的儿子第一个扛上炸药包，去炸碉堡！去炸碉堡！！"

实训提示：《高山下的花环》中的雷军长性格刚烈正直，勇于坚持原则。这一片段，充分展示了他的性格特点和凛然正义，在表达时要注意：1. 把握人物的性格特点及规定情境；2. 声音形式要注意变化，虽以强控制为主，但不能一喊到底。

在"可刚才……""此刻……"这两处可以设计两个峰谷，处理"……让我关照关照她的儿子！"这句时语气色彩加上虚、跳的反讽色彩，内在语是"居然提出这样的要求"，这几处的变化穿插在比较强控制的此段中，听起来才有效果。

回课记录

4. 惜别、坚强、歌颂的色彩(节选)

依依惜别的深情

离别的日子，终于不顾人们深重的离情来临了。行李装上了汽车。大车套上了骡马，大炮着好了炮衣，营门上已经换上了人民军的哨兵。战士们最后一次地扫净了院子，挑满了水缸，拍一拍身上的尘土，打好了行囊。

这一夜，有多少朝鲜人家没有合眼，有多少人家午夜三点就亮起了灯，他们再一次整理好花束，把礼物放进竹篮，坐等着集合号就要响起的拂晓。这是深秋的拂晓呵，可是人们已经走出来了，穿着单薄的衣裳走出来了。老人们戴着高高的乌纱帽。妇女们顶着竹篮，背着孩子。人们都拿着枫叶。就是背上的孩子，小手里也拿着枫叶。他们站在大路边，站在寒气袭人的晚风中。

部队集合了。妇女们打开竹篮，分赠着礼物。孩子们爬上大炮，把红叶插上炮口。小吉普也被无数的彩纸条和成串的纸花缠成了花车。阿妈妮们，孩子们，姑娘们，她们做这些事情的时候，统统没有哭。昨天晚上，战士们就告诉他们说不要哭。里(村)干部们也告诉说，为了不使志愿军难过，让他们不要哭。他们很听话，他们真的制止住了，在做这些事情的时候，统统没有哭。

出发号响起了。战士们背起背包，挎上了枪，走向夹道欢迎的人群。"万岁"声响起来了，火红的枫叶举起来了，孩子们奋力地撒着纸屑的花雨，欢呼着："荣光，伊斯达！""荣光一伊斯达！"(即"光荣啊！")志愿军的脚步移动了，人们的眼睛潮湿了，但谁也忍着，竭力喊着口号，仍然没有哭。

可是，当战士们握着老妈妈的手，叫了一声"阿妈妮，再见！"不知道是那个老妈妈忍不住了，捧着战士的手，第一个哭出了声。接着是姑娘们，孩子们哭出声来，然后是那些男人们无声的眼泪，低低的啜泣。这时候，战士们简直是在朝鲜人民送行的泪雨中行进，这不是哪一个人在哭，这是全朝鲜民族在捧着赤心送着他们至亲至爱的友人！

我的一滴泪，也止不住滴在这千行泪雨中。呵，亲爱的、可敬的朝鲜人民！在纷飞的战火中，你是那样刚强！敌人把你的城镇变成了废墟，你没有哭；敌人把你的家园烧成了灰，你没有哭；敌人杀死了你的亲人，你没有哭；敌人把你绑在大树上，烧你，烤你，你没有哭；你真是一把拉不断的硬弓，一座烧不毁的金刚！可是今天，当你的战友——中国战士们要离开你的时候，你却倾洒了这样多的眼泪！仿佛要把你们每个人一生一世的眼泪，都倾洒在今天！你是多末刚强而又多情多义的人民！

请收起眼泪吧，亲爱的、可敬的人民！你的泪是这样倾流不止，已经洒湿了你们的国土。我知道，你是为中国战士的鲜血而痛惜，为中国战士的一点点工作而感怀。你今天的泪，是对中国战士的最崇高的评价，是给予中国战士的无上的光荣！我知道，这泪雨中的每一滴，都不是普通的眼泪，一颗，一颗，都是万金难买的友谊的珍珠！

在这送行的泪雨中，中国战士们也个个垂泪，一小时已经过去了，还没有走出二里路。这时候，在送行人的行列里，不知是谁在喊："不要哭了，替他们背背包呵！"人们才像忽然醒转过来，擦擦泪，去夺战士们的背包，小孩子也抢过来背在肩上，妇女们把夺过的背包，高高顶在头上，飘行在战士的身边。这时的队伍，已经不分行列，不分军民，不分男女，错错落落，五光十色，互相搀着扶着，边说边哭，边哭边走。这是什么队伍呵！也许这不像队伍吧，可是这确是世界上最强有力的队伍,这是心连着心、肩并着肩的友谊的巨流!这支巨流,行进着,行进着,越过了一道道水,一道道山,他们行进在枫林烧红的山野,行进在社会主义的东方……

1958年11月7日晚

实训提示:此文表现了20世纪50年代末,中国人民志愿军即将离朝返国的那一段日子里,志愿军与朝鲜人民那难以割舍的深厚感情。我们选出文章的后一部分作为训练材料。这部分,作者极其细腻地描写了离别时的情景,热情讴歌了朝鲜人民既坚强又多情多义的品格。

表达时应注意:

(1)注意随情节的发展变化,把握不同语言环境下人们心理和行为上的特点,并通过语气恰切地体现出来。

(2)声音形式随情景变化而变化,收放、扬抑、轻重都应恰到好处,高而不喊,低而不沉,重而不拙,轻而不泄。

回课记录 ______________________

____

____

____

____

5.赞美的色彩

延安的城门成天开着,成天有从各个方向走来的青年,背着行李,燃烧着希望,走进这城门。学习,歌唱,过着紧张的快活的日子。然后一群一群地,穿着军服,燃烧着热情,走散到各个方向去。

在青年们的嘴里,耳里,想象里,回忆里,延安像一支崇高的名曲的开端,响着洪亮的动人的音调。

这简短的只有两个字音的名字究竟包括什么呢?

包括三个山:西山,清凉山,宝塔山。

包括两条河:延水,南河。

包括三个山的中间,在两条河的岸上,一个古老的城和它的人民。

包括历史和传说。

包括陕甘宁边区政府，抗日民族统一战线，共产党，毛泽东同志。

包括一些学校：抗日军政大学，陕北公学，鲁迅艺术学院……

包括不断地进步。

（选自何其芳《我歌唱延安》）

实训提示：以上练习以赞美为主要色彩，其分量较重，是满怀激情的赞美，表达时，声音有力但不拙，气息饱满却不冲，语气舒展大气，上行趋势明显。

回课记录 ______________________________

____

____

____

____

6. 严肃、客观、公正的色彩

（1）消息《美国一位法律专家认为中国依法逮捕吴弘达是公正的》

美国国际法专家、佛罗里达州法律学院创始人及前院长德立雅在香港接受记者采访时表示，中国政府依法逮捕吴弘达是公正的，美国应该尊重中国的主权和法律，不要指手画脚。

多次进入中国非对外开放地区及非法获取中国情报的美籍华人吴弘达被我国正式逮捕后，一些美国议员一方面吹捧吴弘达为“人权斗士”，一方面要求中国将吴弘达尽快释放。德立雅对此批评说，美国人应当冷静下来，看看吴弘达是否犯罪，如果是的话，他理所当然要接受中国法律的制裁。

德立雅指出，国际法的基本定义是：每个国家都有权保护自己的领土完整，保护自己国家的安全，都有权力去制定自己的法律和秩序。如果有人触犯其刑法，每个国家都有权依法办事。德立雅表示相信，在公众舆论的注视下，中国政府会以格外谨慎的态度和审慎的工作去处理这个案子的审讯过程。

德立雅批评美国对华政策脱离现实，指出不少政客搅在吴弘达一案中，故意把本来简单的问题复杂化，实在不明智。

（1995 年 7 月 14 日《新闻报摘》）

实训提示：1995 年 6 月 19 日，我国公安机关逮捕了在我国进行非法搜集情报的美籍华人吴弘达。对此美国一些政客和传媒大做文章，将吴弘达吹捧为“人权斗士”,对我国进行攻击。中美两国为此展开了激烈的斗争。7月13日,记者采访了美国法律专家德立雅,报道了他对此事的态度。由于德立雅的特殊身份,他的话具有较强的权威性与说服力,对于人们如何辨别是非提供了思路,及时配合了我国的外交斗争。表达时注意以下两个方面:

(1)把握有理有力的播讲心态,严肃、客观、公正地传达被采访人的态度。

(2)声音要稳,有内在的力量。

回课记录

(2)国际锐评《中国已做好全面应对的准备》

对于美方发起的贸易战,中国早就表明态度:不愿打,但也不怕打,必要时不得不打。面对美国的软硬两手,中国也早已给出答案:谈,大门敞开;打,奉陪到底。经历了五千多年风风雨雨的中华民族,什么样的阵势没见过?!在实现民族复兴的伟大进程中,必然会有艰难险阻甚至惊涛骇浪。美国发起的对华贸易战,不过是中国发展进程中的一道坎儿,没什么大不了,中国必将坚定信心、迎难而上,化危为机,斗出一片新天地。

无论外部风云如何变幻,对中国来说,最重要的就是做好自己的事情,不断深化改革,扩大开放,实现经济高质量发展。美国下一步是要谈,还是要打,抑或是采取别的动作,中国都已备足了政策工具箱,做好了全面应对的准备。这正如习近平主席所指出,中国经济是一片大海,而不是一个小池塘;狂风骤雨可以掀翻小池塘,但不能掀翻大海;经历了无数次狂风骤雨,大海依旧在那儿!

实训提示:这篇锐评播出的当天在观众中引起了很大反响。央视播音员康辉准确、透彻地传递出了稿件的内容和作者的态度。他很好地使用了中声区,语速不快,风格大气稳健,语气态势上不卑不亢、坚定严肃。同学们练习时注意体会这些。

7.深情怀念的色彩

春夜的沉思和回忆

这就是周总理那一幅有名的最后的照相。许多人都说它是一幅油画。画面的背景色彩是令人惊异的。乍一看，仿佛是黑色天鹅绒的垂帘，而在不同的光影下，却呈现出凝重的古铜色、高贵的紫色和深沉的栗色。最使人感动的是坐在沙发上的总理侧身头像，布满金黄色的柔和光辉。一绺白发闪亮如银丝。那长长凝视的眼神里，贮满了对中国以及整个世界多少历史的回顾和展望！照片左下角，浮雕般呈现一只洁白的细瓷茶杯。杯上一棵万古长青的苍松。总理胸前佩戴的毛主席像章上"为人民服务"五个金字灿然在目。整个画面是庄严的、肃穆的、安详的。

实训提示：这是一篇描写周总理画像的散文。浓重的怀念之情通过对画面细节的描写抒发出来。表达时，感情要真挚，声音较低缓、深沉。阅读大量周总理的生平故事，观看关于周总理的纪录片，这些广义备稿的工作将有助于情感的表达。

8. 紧张的色彩

纺织工人的胸怀

3 月 15 日，哈尔滨亚麻纺织厂发生了重大爆炸事故，这场灾难给哈尔滨人民带来了震惊，给亚麻厂带来了重大损失，给遇难者的家属和受伤职工带来了巨大痛苦。

事情已过去半个月了，人们不愿想起它，但又无法忘却那个不幸的早晨，因为它牵动着千百万人的心啊。

3 月 15 日凌晨一点多钟，亚麻厂六台通勤大客车，送走二班的工人后，又相继回到了工厂。当班门卫张洪喜关好大门走进了值班室，他沏上一杯茶，顺手拣起一张当天的报纸，漫不经心地翻着。忽然，一声巨响，震落了张洪喜手里的报纸，他抬头一看，厂房上空一片通红，他急忙抓起电话，迅速拨通"119"。这时候，工厂的院子里，哭喊声、求救声、脚步声由远而近，浑身是火的女工出现在他的眼前，张洪喜猛然想起自己的女儿张春燕正在当班生产，他多么想冲进车间，一把将女儿拽到身边哪！然而，他立刻打消了这个念头，他清楚地知道，此刻自己应该做些什么。他一步都没离开这平凡而神圣的岗位。

5 分钟过去了，在张洪喜的指挥下，消防车和救护车一辆接一辆长龙般地冲进亚麻厂，进入起火现场。这时候，张洪喜早已把女儿忘了，忘得干干净净。他只有一个念头，赶紧把火扑灭，让国家、工厂和全厂职工少受损失。

第二天，张洪喜老两口在医院找到了告别人世的小女儿的遗体，张洪喜泣不成声地说:“春燕啊,春燕!别怪爸爸心狠,爸爸当时的担子实在太重,一步也离不开啊!”

纺织工业部和全国总工会的领导去看望这两位老人,再三询问有什么要求时,张洪喜说:“我家有七口人在亚麻厂,亚麻厂养活了我家三代人啊!失去了女儿,我们的心里是不好受,可工厂也遭到难,大家的心里都不好受哇!我只要求把女儿的骨灰撒到养育她成长的松花江里,也算是了却了孩子的一个心愿。”

是的,在这场灾难中,哈尔滨亚麻纺织厂蒙受了巨大的磨难,然而,像张洪喜这样的工人群众何止一个呢?他们把个人、家庭的利益和国家、工厂的利益联系在一起,还有什么困难能阻止他们前进呢?

实训提示:《纺织工人的胸怀》一文,表现了张洪喜这位老工人为了国家、集体的利益,甘于牺牲个人利益的博大胸怀。表达时,赞的色彩是主要的。在此基础上,还要注意以下两点:

(1)不同情景,人物行为、心理的不同状态,应该在语气中体现出来,使人物形象更为丰满。

(2)注意叙述、抒情、描写、议论等语气特点的区分,声音形式应有变化。

回课记录

9.综合练习

草地夜行

作品:《草地夜行》
刘国建播送

茫茫的草海,一眼望不到边。大队人马已经过去了,留下一条踩得稀烂的路,一直伸向远方。

干粮早就吃光了,皮带也煮着吃了。我空着肚子,拖着两条僵硬的腿,一步一挨地向前走着。背上的枪支和子弹就像一座山似的,压得我喘不过气来。唉!就是在这稀泥地上躺一会儿也好啊！

迎面走来一个同志，冲着我大声嚷："小鬼，你这算什么行军啊？照这样，三年也走不到陕北！"

他这样小看人，真把我气坏了。我粗声粗气地回答："别把人看扁了！从大别山走到这儿，少说也走了万儿八千里路。瞧！枪不是还在我的肩膀上吗？"

他看了看我，笑了起来，就和我并肩朝前走。他比我高两头，宽宽的肩膀，魁梧的身材，只是脸又黄又瘦，两只眼睛深深地陷了下去。

"小同志，你的老家在哪儿？"他问我。"安徽金寨斑竹园！"

"安徽金寨斑竹园！有名的金寨大暴动，就是从你们那儿搞起来的。我在那儿卖过帽子。"一点不错，暴动前，我们村里来过几个卖帽子的人。我记得清清楚楚，爸爸还给我买了一顶。回家来掀开帽里子一看，里面有张纸条，写着"打倒土豪劣绅"。真想不到，当年卖帽子的同志竟在这里碰上了。

我立刻对他产生了敬佩的感情，就亲热地问他："同志，你在哪部分工作？我怎么从来没见过你呀？"

"我吗？在军部。现在出来找你们这些掉队的小鬼。"他一边说，一边摘下我的枪，连空干粮袋也摘了去。"咱们得快点走呀！你看，太阳快落了。天黑以前咱们必须赶上部队。这草地到处是深潭，掉下去可就不能再革命了。"

听了他的话，我快走几步，紧紧地跟着他，但是不一会儿，我又落下了一大段。

他焦急地看看天，又看看我，说："来吧，我背你走！"我说什么也不同意。这一下他可火了："别磨蹭了！你想叫咱们俩都丧命吗？"他不容分说，背起我就往前走。

天边的最后一丝光亮也被黑暗吞没了。满天堆起了乌云，不一会儿下起大雨来。我一再请求他放下我，怎么说他也不肯，仍旧一步一滑地背着我向前走。

突然，他的身子猛地往下一沉。"小鬼，快离开我！"他急忙说，"我掉进泥潭里了。"我心里一惊，不知怎么办好，只觉得自己也随着他往下陷。这时候，他用力把我往上一顶，一下子把我甩在一边，大声说："快离开我，咱们两个不能都牺牲！——要……要记住革命！……"我使劲伸手去拉他，可是什么也没有抓住。他陷下去了，已经没顶了。

我的心疼得像刀绞一样，眼泪不住地往下流。多么坚强的同志！为了我这样的小鬼，为了革命，他被这可恶的草地夺去了生命！

风，呼呼地刮着，雨，哗哗地下着。黑暗笼罩着大地。"要记住革命！"——

我想起他牺牲前说的话。对，要记住革命！我抬起头来，透过天边的风雨，透过无边的黑暗，我仿佛看见了一条光明大路，这条大路一直通向遥远的陕北。我鼓起勇气，迈开大步，向着部队前进的方向走去。

实训提示：这是一篇革命回忆录，回忆了当年长征途中的一段经历，歌颂了先烈们彻底的革命精神。叙述是从一个孩子的视角展开的。

此文语气变化丰富，训练中应注意两点：第一，人物语言的语气要符合人物身份；第二，准确把握不同人物在不同情境下的不同语气。

回课记录

10. 配乐诗朗诵　四人合诵形式

大堰河——我的保姆（节选）

艾　青

男 1：大堰河，是我的保姆。
女 1：她的名字就是生她的村庄的名字，
女 2：她是童养媳。
男 1：大堰河，是我的保姆。

男 2：我是地主的儿子，
　　也是吃了大堰河的奶而长大了的，
　　大堰河的儿子。
　　大堰河以养育我而养育她的家，
　　而我，是吃了你的奶而被养育了的。
　　大堰河啊，我的保姆。

男 1：大堰河，今天我看到雪使我想起了你：

你的被雪压着的草盖的坟墓，
你的门前的长了青苔的石椅，
大堰河，今天我看到雪使我想起了你。

女1：你用你厚大的手掌把我抱在怀里，抚摸我；
女2：在你搭好了灶火之后，
女1：在你拍去了围裙上的炭灰之后，
女2：在你尝到饭已煮熟了之后，
女1：在你把乌黑的酱碗放到乌黑的桌子上之后，
女2：在你补好了儿子们的为山腰的荆棘扯破的衣服之后，
女1：在你把小儿被柴刀砍伤了的手包好之后，
女2：在你把夫儿们的衬衣上的虱子一颗颗地掐死之后，
女1：在你拿起了今天的第一颗鸡蛋之后，
女合：你用你厚大的手掌把我抱在怀里，抚摸我。

男1：我是地主的儿子，
在我吃光了你大堰河的奶之后，
我被生我的父母领回到自己的家里。
啊，大堰河，你为什么要哭？

女合：大堰河，你为什么要哭？

（音乐稍渐强—渐弱）

男2：我做了生我的父母家里的新客了！我摸着红漆雕花的家具，
男1：我摸着父母的睡床上金色的花纹，
男2：我呆呆地看着檐头的我不认得的“天伦叙乐”的匾，
男1：我摸着新换上的衣服的丝的和贝壳的纽扣，
男2：我看着母亲怀里的不熟识的妹妹，
男1：我坐着油漆过的安了火钵的炕凳，
男2：我吃着碾了三番的白米的饭，
但，我是这般忸怩不安！因为我，
我做了生我的父母家里的新客了。

男1:大堰河,为了生活,
　　在她流尽了她的乳液之后,
　　她就开始用抱过我的两臂劳动了。

女1:她含着笑,洗着我们的衣服,
女2:她含着笑,提着菜篮到村边的结冰的池塘去,
女1:她含着笑,切着冰屑悉索的萝卜,
女2:她含着笑,用手掏着猪吃的麦糟,
女1:她含着笑,扇着炖肉的炉子的火,
女2:她含着笑,背了团箕到广场上去,晒好那些大豆和小麦。

女合:大堰河,为了生活,
　　在她流尽了她的乳液之后,
　　她就用抱过我的两臂,劳动了。
(音乐强—弱)

男1:大堰河,在她的梦没有做醒的时候已死了。
　　她死时,乳儿不在她的旁侧,
女1:她死时,平时打骂她的丈夫也为她流泪,
男2:五个儿子,个个哭得很悲,
女2:她死时,轻轻地呼着她的乳儿的名字,
全合:大堰河,已死了,她死时,乳儿不在她的旁侧。

女1:大堰河,含泪地去了!
　　同着四十几年的人世生活的凌侮,
女2:同着数不尽的奴隶的凄苦,
女1:同着四块钱的棺材和几束稻草,
女2:同着几尺长方的埋棺材的土地,
女1:同着一手把的纸钱的灰,
女合:大堰河,她含泪地去了。

男1:大堰河,今天,你的乳儿是在狱里,
　　写着一首呈给你的赞美诗,

女1：呈给你黄土下紫色的灵魂，
男2：呈给你拥抱过我的直伸着的手，
女2：呈给你吻过我的唇，
男1：呈给你泥黑的温柔的脸颜，
女1：呈给你养育了我的乳房，
男2：呈给你的儿子们，我的兄弟们，
男1：呈给大地上一切的，
　　我的大堰河般的保姆和她们的儿子，
男2：呈给爱我如爱她自己的儿子般的大堰河。

男1：大堰河，我是吃了你的奶而长大了的，
　　你的儿子。
　　我敬你！
　　爱你！

全合：我敬你！爱你！

（音乐强—弱）

音乐推荐：电影《黄河绝恋》插曲《夕阳山顶》，《我的父亲母亲》插曲。

实训提示：这是为朗诵会而改编自艾青同名原诗（节选）的一个训练材料。

朗诵时注意准确把握语气。艾青的诗歌是比较有特点的，总是激情汹涌，抑制不住地从心底发出一声声呼唤和咏叹，此篇赞颂怀念中有悲愤和伤感的色彩。另外，合作诵读时注意彼此的衔接与交流，大家的情绪是饱满、统一、连贯的，不是到谁朗诵谁来情绪，其余人停顿和等待。

回课记录

第五节　名家名作有声作品欣赏之七——《写给母亲》

一、斯琴高娃

斯琴高娃，1949年1月20日出生，女演员。斯琴高娃出身于军人家庭，父母都是军人。父亲是老红军，新中国成立初期去世，母亲吴云带姐弟三人回到家乡宁城县大城子镇。斯琴高娃自幼跟姥姥、姥爷和母亲学习唱歌、跳舞、绘画。1965年，斯琴高娃被选拔到内蒙古歌舞团，担任舞蹈演员、报幕员。1979年，斯琴高娃在影片《归心似箭》中饰演女主角玉贞。1983年，斯琴高娃出演凌子风导演的《骆驼祥子》中的虎妞，获第3届中国电影金鸡奖最佳女主角奖和第6届中国电影百花奖最佳女演员奖。1985年，斯琴高娃获第4届香港电影金像奖最佳女演员奖，成为第一位获得金像奖的内地女演员。1992年，斯琴高娃因主演《香魂女》而获得柏林电影节金熊奖。2001年，斯琴高娃在电视连续剧《大宅门》和《康熙王朝》中扮演主要角色。2008年，斯琴高娃凭《姨妈的后现代生活》获得香港电影金像奖最佳女主角。2014年2月，斯琴高娃出演电影版《北京爱情故事》。

斯琴高娃

二、贾平凹的散文《写给母亲》

贾平凹，1952年出生于陕西丹凤县棣花镇，1974年开始发表作品，1975年毕业于西北大学中文系。出版作品有《贾平凹文集》24卷，代表作有《废都》《秦腔》《古炉》《高兴》等长篇小说16部。中短篇小说《黑氏》《五魁》及散文《丑石》《商州三录》《天气》等。作品曾五次获得国家级文学奖，即“茅盾文学奖”“鲁迅文学奖”“全国优秀短篇小说奖”“全国优秀中篇小说奖”“全国优秀散文(集)奖”。并获美国“美孚飞马文学奖”，法国“费米娜文学奖”。作品被翻译出版为英语、法语、瑞典语、意大利语、西班牙语、德语、俄语、日语、韩语等30多个语种，并被改编为电影、电视、话剧、戏剧等20余种。

《写给母亲》是贾平凹先生在母亲去世三周年时写下的散文。

贾平凹

写给母亲(节选)

贾平凹

作品：名家朗诵《写给母亲》斯琴高娃

人活着的时候，只是事情多，不计较白天和黑夜。人一旦死了日子就堆起来：算一算，再有二十天，我妈就三周年了。

三年以前我每打喷嚏，总要说一句：这是谁想我呀？我妈爱说笑，就接茬说：谁想哩，妈想哩！这三年里，我的喷嚏尤其多，往往错过吃饭时间，熬夜太久，就要打喷嚏，喷嚏一打，便想到我妈了，认定是我妈还在牵挂我哩。

我妈在牵挂着我，她并不以为她已经死了，我更是觉得我妈还在，尤其我一个人静静地待在家里，这种感觉就十分强烈。我常在写作时，突然能听到我妈在叫我，叫得很真切，一听到叫声我便习惯地朝右边扭过头去。

从前我妈坐在右边那个房间的床头上，我一伏案写作，她就不再走动，也不出声，却要一眼一眼看着我，看得时间久了，她要叫我一声，然后说：世上的字你能写完吗，出去转转么。现在，每听到我妈叫我，我就放下笔走进那个房间，心想我妈从棣花来西安了？

当然是房间里什么也没有，却要立上半天，自言自语我妈是来了又出门去街上,给我买我爱吃的青辣子和萝卜了。或许,她在逗我,故意藏到挂在墙上的她那张照片里,我便给照片前的香炉里上香,要说上一句:我不累。

三周年的日子一天天临近,乡下的风俗是要办一场仪式的,我准备着香烛花果,回一趟棣花了。但一回棣花,就要去坟上,现实告诉着我,妈是死了,我在地上,她在地下,阴阳两隔,母子再也难以相见,顿时热泪肆流,长声哭泣啊。

三、朗读视频《见字如面·写给母亲》赏析

《朗读者》是中央电视台推出的文化情感类节目,由节目主持人董卿担任制作人,央视创造传媒有限公司承担制作,于中央电视台综合频道与综艺频道黄金时间联合播出。该节目以"朗读打动人心"为口号,每期邀请一位富有经历的家喻户晓的明星人物或不期而遇的平凡素人,通过朗读的方式分享自己的心得和故事,展现了丰富多彩的人文生活,描绘出中国几代人具有时代特征的生活画卷。除此之外,节目还会在网络平台同步播放,与热爱文学、热爱朗读的观众共享。《朗读者》节目组邀请各个领域具有影响力的嘉宾来到现场,分享自己的人生故事并倾情演绎来自"朗读者"文学顾问团的国家顶级文学家、出版人、专家、学者精心挑选的经典美文,最终节目呈现出生命之美、文学之美和情感之美。

2017 年 3 月 25 日播出的第六期主题是:眼泪。第一篇选读的是贾平凹的《写给母亲》。女演员斯琴高娃深情献声。她把对自己母亲的怀念之情与贾平凹先生散文中对母亲的感情融合在一起,奉上了一个声情并茂、情感与技巧完美融合的有声作品。

斯琴高娃老师这个作品节奏非常慢,但是大家一点儿都不觉得拖沓。一般来说,长达 10 分钟的朗读,而且是慢节奏的,是不容易一直吸引观众的注意力的。斯琴高娃老师的语言仿佛有一种吸引力,一直抓着观众的心。这股定力来自她超强的感受力、敏锐的注意力和细腻的表达能力,她的感受和情绪就像一道光照亮黑暗中的一个个场景,透过她的方位感,她的听觉感受、视觉感受、内心感受,让我们看到"母亲"的音容笑貌。她带着对自己母亲的深情怀念,一直带着观众沉浸在那个氛围和情绪里。天下慈母一副柔肠,天下儿女思念不尽。因此,这个氛围牢牢吸引着大家。这是一种注意力非常集中的表演技巧产生的效果。虽然大的节奏是舒缓沉郁的,但整体看也有起承转合,只是她的起承转合一直是在自己准确的基调中呈现。希望同学们能关注这个细节并且尝试学习。

单元测试(备稿播出以下稿件)

1.《与祖国一起迎来新年曙光》 蔺炳奎

本报讯 今天清晨,4 万群众参加天安门广场升国旗仪式——用这种方式与祖国一起迎来新年的第一抹曙光。

7 时 20 分,36 名军容严整的国旗护卫队队员和 60 名军乐队队员,伴着雄壮浑厚的《歌唱祖国》乐曲,迈着矫健的步伐,跨过金水桥,走向国旗杆。

7 时 36 分,在太阳升起的同一时刻,鲜艳的五星红旗在高昂奋进的国歌旋律中徐徐升起,广场上的群众向国旗行注目礼,心中有一个共同的心愿,祝伟大的祖国更加昌盛、繁荣富强。

在国旗杆南侧,1200 名北京大学的学生列队观看了升国旗仪式,这是 1998 年北大百年校庆系列活动的第一站。北大国际关系学院曾荣同学说:“在北大校庆 100 周年之际,我们站在国旗下,脉搏与祖国一起跳动,同时感到责任的重大。”北大 94 级计算机系学生雷凯说:“在 1998 年的第一天,来到天安门广场参加升旗仪式,心情无比激动,看到我们伟大祖国经济繁荣,社会安定,对未来更加充满信心。”升旗仪式后,1200 名学生在国旗杆下高唱“五星红旗迎风飘扬……”随后,全体同学举行了“承百年报国志,做世纪栋梁材”的主题宣誓活动。

2.北京台《法治进行时》节目片段

徐滔,女,北京电视台科教节目中心副主任,《法治进行时》栏目监制、主持人。

徐滔自 1991 年从北京广播学院电视系毕业后分配至北京电视台工作,先后在《北京您早》《北京新闻》《法治进行时》栏目从事记者、编辑、领导工作。

以下为《法治进行时》某一期的部分内容(影视演员吴若甫被劫持后的解救过程全实录):

再过两天就是元宵佳节了,北京的街头洋溢着浓浓的喜气,然而就在这一天的凌晨,一场正义与邪恶的较量在夜幕中惊心动魄地拉开了。

我是《法制进行时》节目的主持人徐滔。现在的时间是 2004 年 2 月 3 日凌晨的 3 点多,就在两个小时以前,我们大家都十分熟悉的影视演员吴若甫,在从豹豪酒吧出来之后,被三个不明身份的男子劫持。豹豪酒吧位于北京的朝阳区,是一家昼夜营业的酒吧,大家顺着我手指的方向就可以看到豹豪酒吧——闪着红色霓虹灯的那个地点就是。我们是在半个小时以前接到了北京警方的通报,在电话里民警向我们简单地介绍了一下吴若甫被劫持的情况。那是在两个小时以前，也就是2月3日凌晨的1点多，吴若甫和几个朋友谈完事，从豹豪酒吧出来。这时迎上来三个陌生的男子，这三个男子自称是北京市公安局丰台分局的民警，他们说吴若甫曾经交通肇事逃逸过，要求吴若甫跟他们回分局接受调查。在遭到吴若甫的断然拒绝以后，这三个男子掏出了手枪，强行把吴若甫押上了一辆桑塔纳2000型的轿车。见此情景，吴若甫的朋友拨打了“110”报警电话。接到报警后，北京警方经过核实，发现这三名男子是冒充民警。马上，北京市公安局刑侦总队和朝阳分局就组成了专案组。在电话里，民警还告诉我们，经过两个多小时紧张的工作后，目前这起案件已经有了重大的突破。还有一点就是民警在电话里嘱咐我们，豹豪酒吧周围的情况还不是特别的明朗，不知道是否还有犯罪嫌疑人在附近打探消息，所以我们不能下车为您做现场的报道。那么，下面呢，我们马上要到专案组，去看一下这一案件的侦破情况。

作品：《法制进行时》
片段 徐滔主持

本章思考题

1. 正确理解语气的概念和语气的一组派生概念。
2. 语势主要有哪些种类？
3. 你有“固定腔调”吗？应该怎样克服？

第八章　节　奏

第一节　节奏的概念

生活中充满着节奏。自然界寒暑季节的更替轮转、大海波涛的时起时落、人类社会的进化演变，以至我们心脏的搏动起伏，肺部的吐纳呼吸，都有各自的节奏。节奏，是随着客观世界物质的运动而产生的。物质运动的盈虚消长、升降沉浮、和合分离呈一定规律的变化，就构成了节奏。

节奏在艺术中有其特殊的作用，它是使美的内容得以表现出来的一种外在形式。艺术的节奏，要比现实事物的节奏更为鲜明、更为完善，更符合人的审美心理。在音乐中，节奏是乐曲结构的基本要素，是音乐的重要表达手段；在舞蹈中，形体动作的节奏构成了丰富的舞蹈语汇；绘画，则讲究线条、色彩、光影及构图的节奏；戏剧、电影中，既有情节变化、镜头运动的节奏，更有人物内心情感、语言动作的节奏。可见，巧妙地运用和创造节奏，会给人带来新鲜活泼而又耐人寻味的美感，从而吸引欣赏者去探寻其中的精神、情感、气韵和意味。

播音创作有着显著的艺术属性，理所当然，节奏也应成为播音的重要表达技巧。

作品：《等着我吧，我会回来》施玲朗诵

一、节奏的概念

生命的真谛在于不断地运动，有运动就会有节奏。古今中外许多艺术家、心理学家、美学家、哲学家都对节奏进行过深入探究。他们从不同角度、不同侧面阐述节奏的内涵，尽管他们的表述方式不一，但就其内容实质来看有许多共同点。这些共同点反映了广义的节奏概念的实质，概括起来有以下三点。

1. 节奏是主观和客观的统一，也是生理和心理的统一

一般地说，节奏来自外界事物变化的刺激，由于人类文化历史的积淀，我们对

节奏有一定的情感体验。这种对节奏的敏感，是主观和客观的统一，也是生理和心理的统一。因为它以人的生活经验为基础，以人的生理条件为前提，使直接感应到的节奏形式产生的生理体验心理化了。例如鼓声，非洲战鼓那激越昂奋的敲击，儿童鼓乐队那单纯稚气的鼓音，轻音乐中小军鼓那轻快俏皮的鼓点，都由不同的生理感应带来截然不同的心理感受进而产生迥异的联想。

人们可以感应节奏，也同样可以运用节奏从事创作活动。正如美学家朱光潜先生指出："节奏是主观和客观的统一，也是生理和心理的统一。它是内心生活（思想和情趣）的传达媒介。艺术家把应表现的思想和情趣表现在音调和节奏里，听众就从这音调节奏中体验或感染到那种思想和情趣，从而引起同情共鸣。"

2. 节奏的变化由各种不同要素的对比组合显现

《简明美学辞典》一书对节奏的诠释是："节奏指艺术作品中各种可比成分连续不断的交替。"美国一本介绍表演艺术的小册子《演技六讲》对此也有相同的看法："节奏是一件艺术品中所包含的各种不同要素有次序、有节度的变化。"比如诗的节奏，主要表现在韵律、平仄等要素的交替变化上；小说的节奏，则表现在情节的轻重缓急及文字的疏密浓淡上。

不过，我们最终要讨论的是播音节奏，所以这里我们着重对声音、语言节奏中不同要素的认识。不少人以为节奏便是速度的同义语，这实在是一种误解。节奏的要素中确实包含着速度，但绝不仅仅是指声音的时值关系。《辞海》在音乐的有关词条中指出："音响运动的轻重缓急形式形成节奏""其中各音的时值和强弱不同形成节奏"。这里指出的声音节奏包括：轻重强弱、缓急时值。可见，断连顿挫是形成节奏的要素。现代大文豪郭沫若先生在论到诗的节奏时指出："或者先抑而后扬，或者先扬而后抑，或者抑扬相间，这表现出来变成了诗的节奏。"郭沫若所说的"扬抑"，显然不是声音的时值关系所能包容的，它们更多地反映着声音的"力"的关系。当然这所谓的声音的"力"，不独指声音的轻重强弱，还有高低、明暗等多方面的因素在内。不过，我们若对声音的节奏要素做一个抽象的概括，可以看出，其可比成分的变化运动主要反映在两个方面，即"时间的节奏"和"力的节奏"。

3. 节奏是交替出现的有一定规律的有序运动

节奏反映物质运动过程的有序化的律动，物质存在的有序性是节奏形态的深层原因。人的各生理系统的节奏性活动，在一般情况下是自律的，是意识不到的，但它们的运动节奏都是构成生命的依据。这种生命节奏，"它们的活力所形成的神经敏感性，可以超意识地捕捉住这种节奏，并以这种节奏作为依据去感受与衡量外部的节奏，在这种感受与衡量中，对于节奏的体验也就产生了”[1]。也就是说，人的生理和精神的构成与发展的运动性、有序性，构成了人的节奏能力的深层基础。劳动中打夯或纤夫拉纤时所喊的“号子”，是有秩序、有规律的运动，它合于人的生命节奏。节奏整齐才能形成合力，使动作更准确、更有力。如若虽有变化运动，但处于一种无序状态，与生命节奏也无内在联系，那么，仍是不可能形成节奏的。

朱光潜先生在谈到声音的节奏时指出：“有段落才可以有起伏，有起伏才可以见节奏。”这一观点又进一步说明声音的节奏，是指声音各种可比成分有规律、有秩序的运动。

以上关于节奏的生理、心理基础，主客观关系，节奏所包含的可比因素，以及节奏是有序的律动的观点，是广义的节奏概念中的本质内涵，这是我们认识播音节奏概念的基础。

二、播音节奏概念

授课：节奏的概念和成因

“在播音中，节奏应该是由全篇稿件生发出来的、播音员思想感情的波澜起伏所造成的抑扬顿挫、轻重缓急的声音形式的回环往复。”[2]

我们可以从四个方面去认识。

1. 播音节奏是以思想感情运动为依据的声音运动形式

正像我们在谈论广义节奏概念时所强调的，播音节奏也是主观与客观的统一、生理和心理的统一。换句简单的话说，声音运动的节奏是有内心依据的。

“无稿”播音时，现实事物、新闻事件的刺激，引起播音主体思想和情感的运动，主体思维、情感运动过程的速度、强度便以不同节奏的有声语言运动形式表现出来。如体育播音员做球赛现场解说时，场上竞争激烈，攻势变化多端，这些外界因素刺激解说员生理、心理上迅速感应，此刻他们的观察判断十分敏锐，语言组织快捷，脱口而出的解说也呈现出迅捷、紧张的节奏。如若场上队员进攻节奏放慢，或消极防守，解说员的心理节奏必能感应到这种变化，他们可能在此时请专家评球，或介绍一些资料性的有关信息，其语言节奏显然会有相对和缓、轻松的变化。

有现成文稿的播音，播音主体思想感情的运动变化源于稿件。此时，稿件便是播音主体把握节奏的主要客观依据。对于播音主体来说，一方面，对稿件的内

---

① 高楠：《艺术心理学》，辽宁人民出版社 1988 年版，第 139 页。
② 张颂：《播音创作基础》，中国传媒大学出版社 2004 年第 2 版，第 132 页。

容与形式的整体把握，稿件与创作氛围等相关因素的关系应了然于心，成为播音“有感而发”的客观依据；另一方面，播音主体应有“由衷而发”的主观意向，这是指播音主体能动地接受稿件刺激，使自己的思想感情处于积极的运动状态，产生生理节奏的适度变化，唤起心理节奏的相应变化。情真意切，才会有“思想感情的波澜起伏”。而这“波澜起伏”的体验越是精确，它们从口头上表达出来时就越需要通过节奏这种表现形式来体现。

2. 播音节奏的外部形式表现为有声语言语流的抑扬顿挫、轻重缓急

播音节奏是一种外部形式，但不是僵死的、机械的、空洞的形式，而是能够表现出“情感生命”的、有“意味”的形式。现代生理学、现代心理学的研究都已证明，人的内心情感与具体可感的外部形式之间，存在着一种相互对应的关系。如果没有这种对应关系，情感就无法通过与它相应的形式得到表现。按照符号学的观点看，播音中的声音形式便是播音作品的表现符号，是所传播的思想感情的表现符号。平板、单调的声音形式不可能表现出丰富的思想感情，与内心情感相对应的流动变化的声音形式，才是播音主体所追求的外部形式。

播音作品与其他艺术作品一样，是质（媒材）、形（形式）、意（内容）三位一体的有机整体。什么是播音的媒材呢？很显然，有声语言是广播电视播音最重要的、共同的物质材料。节奏这种表现形式，在播音中就是由有声语言这一物质材料中各种可比成分的对比组合构成的。有声语言，除了语音序列，还有一个附着在语音上的“超音段成分”，即横跨一个音节或词，或一个短语、句子的语言成分，如声调、语调。实际上，“超音段成分”就是我们常说的语流中声音抑扬顿挫、轻重缓急的表现。那些附着在语音形式上的声音高低、强弱、快慢、断连等方面的变化，即有声语言的可比成分，也正是组成播音节奏的基本要素。它们的承续、主次、分合、对比等多层次、多侧面的立体变化，形成有序的律动，从而形成播音节奏的存在形式。

3. 播音节奏是具有一定特点的声音形式的回环往复

节奏是要素有秩序的律动，正如张颂教授在《播音创作基础》中指出的：“一记钟声、一次涛声，形不成节奏；一蹬石阶、一根木栓，也形不成节奏。没有声音形式的序列、呼应、再现、反复，只凭一个词、一句话，又怎么能谓之节奏呢？播音中，从稿件的第一句到最后一句。在这全过程中声音形式的回环往复才构成这篇稿件的节奏。”“回环往复”是节奏的核心，其声音形式的多数性和相似性是“回环往复”的必要条件。没有两个以上具有相似特点的声音形式的呼应、反复，是无节奏可言的。所谓相似特点的声音形式，是指重点句、重点层次、段落相似的基本语气，以及相似的话势转换形式。总之，相似的基本语气、相似的转换形式，形成了一篇

播音作品主导节奏回环往复的态势，从而使节奏鲜明地显现出来，让人有所觉察。我们从播音表达的视角，试析王维《九月九日忆山东兄弟》一诗的节奏回环往复的表达。

独在异乡为异客，每逢佳节倍思亲。

遥知兄弟登高处，遍插茱萸少一人。

诗中尽写远在他乡的游子思念亲人的孤寂悲凉的心情。那低沉缓慢的基本节奏在诗中反复出现，使每一个读到它的人都能引起强烈的共鸣。这首朴素无华而又高度概括的诗，浸透着诗人孤独惦念的情思和深沉郁闷的语气。首句和第二、四句的句层，虽然它们落点的高低、轻重略有区别，但都呈下行语势。整首诗语速沉缓，起承转合，亦都采取渐转，并由扬转抑的转换形式。于是，这首诗相似的语气色彩和分量、相似的语势，及相似的转换形式，在语流中回环往复，造成了全诗低沉缓慢的节奏。

显然，具有一定特点的声音形式在播音语流中回环往复的表现，能使人感应到某种鲜明的节奏。所谓"一定特点的声音形式"，就是指相似的语气、相似的语势和相似的转换形式。这些相似性一般反映在重点语句、重点段落和重点层次之中，它们的反复出现，构成了回环往复的节奏特征。

4.播音节奏的整体性

节奏由全篇稿件生发，它立足于全篇，由播出目的和稿件主题统帅，被基调所制约。一篇稿件的基本节奏具有相对稳定的鲜明个性，同时又富有变化性，寓变化于齐整中。节奏与基调关系密切。播音基调是稿件总的感情色彩和分量，与播音创作主体的态度感情是统一的。这内在的把握，要靠语气和节奏的声音形式来体现。节奏在体现基调的过程中主要起着贯通整体的作用，也就是说，一篇播音作品中节奏的起伏跌宕，显现出事物的运动过程，这是一个有机的整体，而非零散碎落、有句无章的随意闪烁。

节奏的整体性，首先，要求那回环往复的主导节奏与基调一致，保证基调落于外部形式时是准确的。拿朱自清的散文《荷塘月色》来说，文章集中三段文字对荷塘月色做了极精致美妙的描写，使人体味到轻婉、和谐、清幽的意境，很容易引起人的美感。但如果孤立地、片面地体验这种感受，朗读时以轻悠、舒缓的节奏来处理，就会偏离文章整体的基调。实际上，作者压抑于现实，向往超脱，然而又不能超脱的沉郁之情才是文章的主要感情色彩。在节奏布局上，要由沉郁而起，转为带有淡淡喜悦的对超脱的向往，最终又回到更加不可排解的沉郁中去。低沉、缓慢，是贯穿通篇的主导节奏。只有使沉郁的节奏回环往复、鲜明地出现，才能保证节奏与基调的一致。

其次，节奏的整体性还要求节奏布局的相关性，及节奏发展的层次性。一方面，播音节奏的鲜明突出，是在与非重点处的辅助节奏的转换对比中显现出来的，因此必须注意非重点处相对模糊或较弱的辅助节奏与主导节奏的对比映衬。这就是播音中主导节奏与辅助节奏的相关性，有了非重点处的配合，全篇节奏才能形成一个显示运动状态的、有活力的有机整体。另一方面，主导节奏的声音形式的相似性并不意味着完全等同，主导节奏随着内容的推进，它的发展是具有层次性的。完全等同的节奏重复，虽然也不失为一种节奏类型，如木鱼的敲击声，但未免太单调乏味了；更何况，世上本没有完全相同的事物。因此，节奏的整体性还要求观照主导节奏中相似语气中色彩、分量的细微差别，以及相似语势、相似转换形式的同中有异的变化。主导节奏的回环往复不应是简单的重复刺激，而应有一定的强调或加深，从而表现出情感酝酿、积蓄、凝聚、迸发的发展过程。节奏布局的相关性，及节奏发展的层次性，使节奏的展现更为丰满、立体和醒目，可以说这是播音节奏整体性的深层含义。

以上我们从节奏的内心依据、节奏的外部形式、节奏回环往复的特征，以及节奏整体性特点几方面讨论了播音节奏的实质含义。不过，人们也许会发现，播音节奏的概念与语气的概念有一定的交叉。这主要体现在两方面：一是节奏和语气这两种表达技巧，都强调以思想感情的运动为内心依据；二是两者都以声音高低、强弱、快慢、断连方面的变化为外在表现形式。

为了从理论上廓清这两个概念的界定，我们必须认识语气与节奏的相异之处。

第一，从存在范围看，播音基础理论中的语气概念，以语句为存在单位，存在范围较小。只要赋予具体的语句以一定的思想感情，就会有具体贴切而又不同于其他语句的确定语气。这种语气的不可替代性，可以说是语气的个体性。节奏的存在单位明显大于语气，必须有多个相似语气的回环往复才能形成节奏。从这个角度看，节奏具有群体性。所以，对散文体的稿件做节奏设计时，我们可以说“章节奏”“段节奏”，而不说“句节奏”，因为到了句子这个范围，往往用语气来做更具体的说明。也许有人会说，诗歌等韵体文的节奏不就表现在句子上吗？不错，但这正是出于诗词等韵体文语言的高度凝练浓缩，那诗句实际上与散文中的段落处于同等的地位，担负着起承转合的作用。因此，诗词中的句子，从文章结构上看，与散文体中的句子是不同的，表面看是“句节奏”，实质上是“段节奏”。

第二，从确定语气或节奏的过程看，二者具有一定的逆向性。具体语气的确定，虽然也要考虑全篇整体或播讲氛围等大语境的影响，但其主要立足点在于上下文的具体语境，着力于语气的精微贴切，而后再考虑更大语境的制约。因此，可以说，语气确定的过程是由局部到整体，并侧重于局部。节奏确定的过程则相反，必须立足全篇，由整体到局部，抓大的变化轮廓，以“段节奏”为变化单位，着意于节奏的整体布局。

第三，从语气和节奏的精神内涵看，语气更为具体，节奏则相对笼统，表现为“类”的或有一定模糊度的情感体验。心理学家曾做过试验，给被试者注射肾上腺素，引起一定生理变化，但这种较强刺激产生的情绪体验并不是很确定的。正像音乐只能表现普遍的、抽象的情调，却不能表现特殊的、具体的情思一样，节奏与感情色彩并不一定对应。例如，凝重的节奏，既可以表现深沉的爱，也可能表现深刻的恨；反之，赞扬的感情色彩，既可用高亢的节奏来表现，也可用低沉的节奏来表现。

廓清语气和节奏概念的交叉与分界，对于我们运用这两种技巧是很重要的。

第二节　节奏的作用和成因

一、播音节奏的作用

在播音中，节奏技巧的合理运用，能实现整体效果上的动感表现，从而强化所传达的感情，感染受众，激起共鸣。从不同角度看，节奏具有激发调节功能、强化表现功能和引导定向功能。

1. 激发调节功能

对于播音创作主体来说，节奏首先在调动、酝酿感情时，便显示出它的活力。因为我们可以借助对外界节奏的体验调动感情，以一定的心理节奏触发语言表达节奏的成型。

已故表演艺术家、语言艺术家董行佶曾谈及借助节奏调动感情的经验。他朗诵贺敬之的诗《西去列车的窗口》，就由联想夜晚静听火车车轮与铁轨的撞击声，把自己带入规定情境，引发与诗情一致的心理节奏；他朗诵散文《橘园颂歌》时，又是想象文中的海军大尉踏着石子路的沉闷的脚步声，把自己引向烈士陵园，获得了沉重、肃穆的感情体验及相应的心理节奏，而这准确的心理节奏又为语言节奏奠定了基础。

2. 强化表现功能

对于播音作品来说，节奏有强化表现的功能。心理学家的试验发现，“由弱到强发生的情感刺激，只要以一定的关系把它们组织起来，就可以有效地强化情感”。播音节奏，便是通过声音形式的组合变化来强化情感的。节奏在播音的语流中，一方面表现为重点处主导节奏的回环往复，另一方面表现为主导节奏与辅助节奏衔接转换时，声音形成起伏、松紧、变化有致的落差。播音节奏的这两种表现，从同向（主导节奏的回环往复），或异向（文字节奏与辅助节奏的对比映衬）角度，强化了感情，使情感具有“浮雕性”，凸现于接受者的心理感受，增强了播音作品的艺术感染力，有助于播音的鲜明性、严整性。

在播音创作中，主导节奏的反复出现和不断强化，使主导节奏得以肯定和成型，使所需强调的感情鲜明突出。而主导节奏与辅助节奏的对比映衬，则增强了情感的易感性和通俗性，使人易于感应和记忆。因此，在播音中要善于运用节奏，使播音语言成为具有美感价值的、有序的、鲜明生动的语言。

3.引导定向功能

对于播音的传播对象，节奏在接受过程中有引导定向的功能。从受众的角度看，节奏的表现意义还在于它能异常有力地、直接地，几乎从生理上感染受众。毫无疑问，节奏的作用决不停止在生理刺激阶段。人的情感与生理、经验有着必然的联系，因此节奏的生理刺激可以迅速实现生理感应的心理化，上升为对节奏精神内涵的体验。

机械平板的节奏，只能造成接受者心理上的无差别感知，形成因单调而造成的听觉和心理的疲劳，飘移了自己的注意。相反，节奏的鲜明易感，则可吸引受众的注意，调动他们的精神，引导他们的情感运动，以至改变他们的情绪。例如，我们随手打开收音机，正好传出一组人员名单的播报声，这平稳而均匀的节奏首先吸引了我们，继而，这节奏的扬抑、轻重、缓急程度又进一步引起思维情感的活动，从对播报节奏的感知，结合以往的经验，就会迅速判断这是在表彰先进，还是公布通缉犯名单；是新的机构组成人员，还是治丧委员会名单。显然，播音的节奏和语气能引导我们的判断，并改变我们的情绪朝着节奏给定的方向运动。

二、播音节奏的成因

这里，我们着重从播音主体运用播音节奏的角度来讨论播音节奏的成因，换句话说，即讨论影响播音节奏的相关因素。

1.体察存在于客体的节奏

所谓客体的节奏，意即存在于外部世界的节奏。对于播音来说，客体即稿件或现场事物。节奏是事物的运动形态。现场事物的节奏是流动的、活灵活现的，具有很强的刺激作用，便于感应和捕捉。比如，同是在人民大会堂，召开人民代表大会共商国是的现场气氛与节奏，同召开文艺晚会欢度佳节的气氛节奏，肯定是不同的。在现场做报道，或主持节目的人，一般都能从中受到感染，进而调整自己的生理、心理节奏，以至语言节奏，力求与现场节奏相吻合。

稿件所反映的客观事物或思想观念的节奏，是透过凝固的文字语言形式反映出来的。由于文字概念的抽象性和间接性，体察稿件的节奏，比起体察现实事物的节奏要困难些。我们体察稿件中的节奏可以从两方面入手：一是从整篇稿件中体察思想感情的运动节奏，二是从语言文字的风格特点，看其对节奏的影响。只有兼顾这两个方面，才能准确地体察由文字这种媒体材料构成的节奏特点。

2.激活主体的生理、心理节奏

从现场或稿件体察的、存在于客体的节奏，毕竟仍是属于外部世界的节奏，还不能直接使播音创作的接受者感觉到。因此，播音创作主体在敏锐地体察外部世界的节奏之后，必须迅速调节自身的生理节奏，并激活自己的心理节奏。节奏之所以在创作和欣赏中具有普遍的有效性，是因为它具有人类普遍的生理依据。不过，单纯的生理变化只是构成情感体验的一个依据，情感性质的最终确定，还要受制于认识和环境。我们不能满足于对客体节奏产生生理的感应，还应该而且也完全能够做到，从客体的节奏中看出它所表现的情感的性质及特征。这是融入了理性的情感运动，同时生理上的节奏感应也要适当保持，当然这是作为一种情绪体验的记忆保存的。

还有一点应当指出，接受客体的节奏，激活自身的内部节奏，一般要求主体与客体节奏一致。但在某些情况下，由于主体与客体对事物反应评价的态度不同，或受目的、环境等方面的影响制约，主体必须对自身的内部节奏做出适当调整，或在情感类别的方向上，或在情感的强度上做出调整。决定是否调整的原则有两点：一是根据立场及具体目的的要求；二是优化传播效果的要求。

3.考虑传播对象对节奏的需求心理

无论广播还是电视的播音，都是面向听众、观众的传播，都是有接受者的。这种传播不是在一个封闭的反馈循环系统里，而是处在一个时间及空间上都极为广阔的开放的反馈循环系统里。节奏作为一种手段，是为了更好地达到传播效果，因此在运用和创造节奏时，不能不考虑传播对象——接受者在节奏方面的心理需求和承受能力。

事实上，我们的播音一直十分注意依据受众心理调整播音节奏。受众心理不是孤立存在，也不是静止不变的，它必然受到时代政治、经济、文化及传播方式和收视环境等各方面的影响。例如，在各个不同历史时期，播音节奏在语速和力度上都有过明显的变化，其变化缘由皆为适应接受大环境对受众心理的影响。即使在同一时期、同一天,也依不同时间受众心理节奏的变化,或不同对象节目的特点,调整播音节奏。

第三节　节奏的类型和运用

授课:节奏的类型和运用

节奏的类型,表现为有较多相似特点的声音形式。一般是从声音形式的强弱、起伏、快慢等方面的变化来归类的。

运用节奏时,一方面要掌握节奏的基本类型,以确保思想感情的表现准确、鲜明和完整;另一方面也要注意节奏的丰富和变化,以烘托思想感情变化的层次性,增强生动感人的力量。

一、节奏的基本分类

人类的思想感情,是人的心理行为中最为纷繁复杂的一面。不过,人们还是试图给其一个概括的描述。我国古代思想家认为,人禀七情——喜、怒、哀、惧、爱、恶、欲。张颂教授着眼于节奏声音形式及其精神内涵的特点,把节奏分为六种类型:轻快型、凝重型、低沉型、高亢型、舒缓型、紧张型。这六种分类,主要是从声音形式的速度、力度和亮度方面的特点来划分的。各节奏类型的具体特点只是轮廓上的大体相似,并没有刻板划一的模式。请看六种节奏类型声音形式上典型的特点。

1.轻快型

多扬少抑,声轻不着力,语流中顿挫少,且顿挫时间短暂,语速较快,轻巧明丽,有一定的跳跃感。全篇重点处的基本语气、基本转换,都比较轻快。朱自清的散文《春》、柯蓝的散文《困难》,就是典型的轻快节奏。

2.凝重型

多抑少扬,多重少轻,音强而着力,色彩多浓重,语势较平稳,顿挫较多,且时间较长,语速偏慢。重点处的基本语气、基本转换都显得分量轻快。景希珍的回忆录《在彭总身边》、王愿坚的小说《草地夜行》、广播通讯《生命之歌的最后乐章》,就是典型的凝重节奏。

3.低沉型

声音偏暗偏沉,语势多为落潮类,句尾落点多显沉重,语速较缓。重点处的基本语气、基本转换多偏于沉缓。夏衍的报告文学《包身工》、老舍的小说《骆驼祥子》片段《在烈日和暴雨下》就是典型的低沉节奏。

4. 高亢型

声多明亮高昂，语势多为起潮类，峰峰紧连，扬而更扬，势不可遏，语速偏快。重点处的基本语气、基本转换都带有昂扬积极的特点。袁鹰的散文《井冈翠竹》、茅盾的散文《白杨礼赞》、高尔基的《海燕》是典型的高亢节奏。

5. 舒缓型

声多轻松明朗，略高但不着力，语势有跌宕但多轻柔舒展，语速徐缓。重点处的基本语气、基本转换都显得舒展徐缓。老舍的散文《济南的冬天》，以及散文《桂林山水》都是典型的舒缓节奏。

6. 紧张型

声音多扬少抑，多重少轻，语速快，气较促，顿挫短暂，语言密度大。重点处的基本语气、基本转换都较急促、紧张。闻一多的《最后一次的讲演》，外国文学作品《麻雀》，都属于紧张节奏。

这六种节奏类型，主要从语速的快慢、音调的扬抑、声音的轻重方面划分归类。如果我们单就其中的语速因素分析，则轻快型、高亢型、紧张型都具有语速较快的特点，而凝重型、低沉型、舒缓型的语速就比较徐缓。在语速快慢差别的基础上，可以进一步看出，轻快型与凝重型的主要区别还在于轻重分量，即语言力度上；高亢型与低沉型明显的区别在于声音的扬抑，即语言的亮度上；舒缓型与紧张型的区别也有着力轻重的差异。

此外，这六种节奏类型声音形式的特点，只是概略地反映其具有代表性的规律，实际上每个类型都包含有许多亚类型。了解节奏类型的典型特点，有利于对节奏声音形式的驾驭和感知。

二、主导节奏与辅助节奏

在任何播音作品中，总是会有一种带有全局性和整体性的节奏类型占据主导地位，也就是该件播音作品的基本节奏，我们称之为主导节奏。然而，主导节奏并不是孤立存在的，必定有非重点处的其他节奏类型局部渗入，这样播音作品的节奏才显得丰满生动。局部渗入的节奏类型即可称为该件播音作品的辅助节奏。播音作品的节奏表现，就是由主导节奏与辅助节奏复合在一起组成的。

主导节奏与辅助节奏的复合，并不是不同类型节奏的任意叠加或混合，二者必须能够形成有机和谐的整体。主导节奏与辅助节奏之间存在着辩证统一的关系，可以概括为：主导节奏的特定性；主导节奏与辅助节奏之间的内在同一性；主导节奏与辅助节奏相互作用的多样性。

首先，主导节奏的特定性表现在两个方面。第一，主导节奏的类型特色在回环往复中不断强化，从而具有鲜明的特定性。如《草地夜行》的节奏属凝重型，那草地的险恶，小战士的极度疲惫，老战士身陷泥潭而拼尽最后的力量解救小战士，以及小战士最后奋力追赶大部队，凝重的节奏在其中回环往复，并不断强化，形成深沉感人的力量。一般情况下，主导节奏的特定性往往体现在数量上。但也有的作品，辅助节奏在全篇多次出现，只是在重点处的点睛之笔，主导节奏才鲜明有力地凸显出来。例如冰心的散文《小橘灯》，全篇大部分是低沉的节奏类型，但在重点处，那高亢的主色调出现了：

我赞赏地接过，谢了她，她送我到门外，我不知道说什么好，她又像安慰我似的说："不久，我爸爸一定会回来的。那时我妈妈就会好了。"她用小手在面前画一个回圈，最后按到我的手上："我们大家也都好了！"显然地，这"大家"也包括我在内。

我提着这灵巧的小橘灯，慢慢地在黑暗潮湿的山路上走着。这朦胧的橘红的光，实在照不了多远。但这小姑娘的镇定、勇敢、乐观的精神鼓舞了我，我似乎觉得眼前有无限光明！

低沉节奏类型在《小橘灯》中大量渗入，这是由文章内容的特定情境及该文含蓄的风格决定的，但其积极昂扬的基调，要求高亢的主导节奏。不过，由于节奏类型的概略性本身具有模糊度，因此《小橘灯》的高亢节奏并不是典型的"扬而更扬，势不可遏"的声音形式。它的高亢型节奏，只有昂起后又深深转入内心，即句尾转轻，转入内心力量的特色。如果忽略了这些，以低沉节奏为主导，则不能准确体现该文的基调。

第二，主导节奏对辅助节奏的影响，往往使渗入的辅助节奏也带有主导节奏类型的特点，如《生命之歌的最后乐章》是凝重节奏型。开篇的一段，叙述中央台记者代表全国听众来病房探望，以及少先队员与雷雨顺同志共度除夕之夜，这里渗入了具有舒缓型和轻快型的节奏的某些特点，不过由于雷雨顺病情恶化，将不久于人世的特定情境，这渗入的辅助类型也自然受到凝重节奏的影响，并非典型的轻快节奏，于是，热情体贴的慰问中有沉缓的色彩在相掣，诚挚的感谢和鼓励中又有吃力的成分隐现。这样，渗入的辅助节奏就不会对主导节奏起干扰和破坏作用，而是与主导节奏融为和谐的统一体。

其次，主导节奏与辅助节奏的内在同一性形成了跌宕起伏、和谐统一的播音节奏。一篇作品中的事物之间的联系是客观存在的，它们各自从不同的侧面、不同的层次、不同的角度反映作品的主题，使主题丰满鲜明。主导节奏与辅助节奏的有机融合正是以作品的这种辩证统一为基础的。仍以《草地夜行》为例，其中小战士路遇老战士的对话中，则有轻快、高亢的节奏类型作为辅助节奏渗入。这不但使《草地夜行》的播音节奏在整体上显出曲折变化的动感，更从另一个侧面表现出主人公的革命乐观主义精神和坚定的革命信念，同时也使得播音节奏的精神内涵丰富和深化了。

再次，在播音作品中，主导节奏和辅助节奏之间的相互作用存在着多样性，或前后照应，或铺垫烘托，或对比映衬……大体上可概括为相反相成和相辅相成两种关系。如《跳水》一文中，船员们拿猴子取乐，及猴子和孩子的嬉戏，那轻松活泼的气氛，那轻快的辅助节奏，与令人“大惊失色”的紧张节奏，是相反相成关系，强烈的色彩反差的对比，突出了戏剧性的场面。散文《春》，那向往春天、热爱生活的积极轻快的主导节奏贯穿全篇，文中动静结合的描绘独具特色，如描绘“春雨”的段落，恰似一幅静谧的水墨画，那舒缓的辅助节奏对轻快的主导节奏起着相辅相成的作用。

三、节奏的转换方法

流动和变化，是节奏技巧的特点，主导节奏的回环往复，离不开主导节奏与辅助节奏之间的转换承接。播音节奏的转换，依内容的具体变化可能处于层次之间，或段落之间，也可能是在自然段里的小层次之间。

1. 节奏的基本转换形式

声音的高低、轻重、疾徐三方面不同的对比组合关系，构成播音节奏的基本转换形式。

(1)欲扬先抑，欲抑先扬

声音向高的趋势发展，称为“扬”；声音向低的趋势变化，叫作“抑”。扬、抑二者本身是对比而言的，并没有什么绝对的标准。声音的扬、抑也有许多层次。“扬有稍扬、再扬、更扬；抑有稍抑、再抑、更抑等不同程度的差别。”不过，无论声音高低的表现有多少层次，以抑作扬的铺垫，或以扬作抑的衬托，就加大了扬抑变化的幅度，较之缺乏对比映衬的扬抑变化，有了一种“事半功倍”的功效。总之，以不同程度的“欲扬先抑，欲抑先扬”组合起来的节奏转换，才越见其扬，或越见其抑。

请看《草地夜行》中老战士牺牲自己，解救小战士的情节：

①天边的最后一丝光亮也被黑暗吞没了，满天堆起了乌云，不一会儿下起大雨来。我一再请求他放下我，怎么说他也不肯，仍旧一步一滑地背着我向前走。

②突然，他的身子猛地往下一沉。“小鬼，快离开我！”他急忙说，“我掉进泥潭里了。”

③我心里一惊，不知怎么办好，只觉得自己也随着他往下陷。这时候，他用力把我往上一顶，一下子把我甩在一边，大声说：“快离开我，咱们两个不能都牺

牲！——要……要记住革命！……”

④我使劲伸手去拉他，可是什么也没有抓住。他陷下去了，已经没顶了。

⑤我的心疼得像刀绞一样，眼泪不住地往下流。多么坚强的同志！为了我这样的小鬼，为了革命，他被这可恶的草地夺去了生命！

《草地夜行》的节奏属凝重型，从扬抑的角度看，以扬的色彩为主，这与深情地颂扬革命前辈舍己救人的高贵品质，及表现他们坚定的革命信念是一致的。②段和③段集中表现了老战士的光辉形象，既是全篇的重点，也是这个层次浓墨重彩的着力处。节奏上可作如下的安排：①先抑，②稍扬，③更扬，④抑，⑤抑中有扬、扬起又抑。这样，扬抑有秩序地组合在一起，节奏起伏跌宕，唤起强烈的情感运动，发出震撼人心的力量。如若此处没有节奏的明显变化，抑或是③扬起后，就一直“扬”下去，那就不会恰如其分地表达出凝重、崇敬、无限惋惜，甚至自责的强烈情感。

扬抑的组合，其色彩的浓淡、分量的轻重，与主次有关。以扬为主要色彩的节奏转换变化中，扬的色彩要浓烈些，抑的色彩作为扬的铺垫和陪衬存在；反之亦然。

(2)欲快先慢，欲慢先快

语流的快慢，是节奏转换变化的又一对重要的组合关系。语流的快与慢，是由吐字音节长短的差异、顿挫次数的多少、顿挫之后衔接的紧松不同来区分的。

对于舒缓节奏的处理，一方面，要求气息长而轻匀，处在一种持续时间较长而控制力精微的弱控制状态，同时心理状态舒展、充分，才能做到“慢而不断”；另一方面，也要在慢中找到能够稍为加快的地方，就能做到“慢而不拖”了。

(3)欲重先轻，欲轻先重

声音形式的轻与重，与吐字力度、口腔松紧及气息密度有关。吐字力度强，口腔控制紧，气息密度大，声音就重；反之则轻。轻与重还与声音的虚实有关，虚则显得轻，实则显得重。如散文《麻雀》中核心的三段：

①风猛烈地摇着路旁的白桦树，我顺着林荫路望去，看见一只小麻雀呆呆地站在地上，无可奈何地拍打着小翅膀，它嘴角嫩黄，头上长着绒毛，分明才出生不久，是从窝里摔下来的。

②猎狗慢慢地走近小麻雀，嗅了嗅，张开大嘴，露出锋利的牙齿。突然，一只老麻雀从一棵树上飞下来，像一块石头似地落在猎狗面前。它蓬起了全身的羽毛，样子很难看，绝望地尖叫着。

③老麻雀用自己的身体掩护着小麻雀，想拯救自己的幼儿，可是因为紧张，它小小的身体发抖了，发出嘶哑的声音，它呆立着不动，准备着一场搏斗。在它看

来，猎狗是一个多么庞大的怪物哇！可是它不能安然地站在高高的没有危险的树枝上，一种强大的力量使它飞了下来。

这里的节奏显然属于紧张型。老麻雀拼尽全力拯救自己幼儿的举动，使人联想到伟大的母爱。②③两段着重描绘了老麻雀护子的情景，讴歌了母爱精神，感情浓烈，分量很重。①段从内容、感受上都反映出一种较轻的节奏，播音节奏是轻而较慢的。此段的“轻”，恰可映衬强化②③段的“重”。不过，②段第一句由轻渐渐转到稍重，从“突然”起加快语言节奏，加重分量，以一气呵成之势，表现出老麻雀全力救子的形象，真像“一块石头”似的，毫不犹豫、毫无畏惧地落在那“庞然大物”——猎狗面前。这里欲重先轻的节奏转换，使受众心里感到重重的一击，果真是出乎意料，令人叹为观止！

以上几种基本的节奏转换形式，由于它们的概括性和抽象性，因而具有普遍性。在实际运用时，情况是多种多样的。有时用一种转换形式，更多的是两种或两种以上转换形式交织在一起综合运用。这样，才愈见节奏的立体性和丰富性。

2.节奏转换的技巧

写作上有“只承不转是呆笔，只转不接是败笔”的说法。同样的道理，播音如果只有单调重复的节奏，只有承续关系，而没有转换变化，也会显得沉闷，缺乏生气；相反，如果只有节奏的变化，却不注意转换衔接的技巧，也难免显得生硬突兀，给人支离破碎的感觉，也就破坏了节奏的整体性。因此，在节奏形式转换时，还要讲究转换技巧，要紧密结合稿件内容，根据情节发展的曲直、感情变化的起伏、思想阐述的深浅主次，采取不同样式的转换，从而使节奏转换形式与思想感情的变化更为熨帖吻合，表现形式更为丰富多样。

所谓转换技巧，主要是从转换的速度、幅度和向度（顺逆指向）来说的，即突转、渐转；大转、小转；顺转、逆转。

（1）突转，是指节奏形式的转换速度快，一般在内容发生较大的、明显的变化时采用。突转往往用在句与句，或段与段之间，很少出现在句中。如《草地夜行》中，老战士执意背起疲惫的小战士追赶大部队，不料陷进沼泽的泥潭中，老战士要小战士“离开”自己，这两段之间就是个突转（前面有引文①②两段）。

（2）大转，它与突转有相类似的地方，同是节奏形式的明显转换，不过，大转一般用在前后内容衔接不是那么紧凑之时。尤其在同一段落中，如果句与句之间前后独立性较强，有着明显的转换，那么转换前的停顿有时甚至长于段落间的停顿。如散文《月光曲》中的一段：

①他好像面对着大海，月亮正从水天相接的地方升起来。波光粼粼的海面上，霎时间洒遍了银光。月亮越升越高，穿过一缕一缕轻纱似的微云。②忽然，海

面上刮起了大风，卷起了巨浪，被月光照得雪亮的浪花，一个连一个朝着岸边涌过来。

这段文字描述了由音乐家演奏的钢琴曲而引起的联想。这是一幅月光下大海先静后动的活动画面。①小层是那样抒情、幽静，节奏舒展、缓慢、轻柔。②小层是个大幅度的变化，好似刹那间大海变了脸，播音节奏应明显地转为紧张、有力而强烈。这里的转换适于用大转，而不用突转。

(3)逆转，主要是指内容色彩上反方向的转换，重在色彩的变化，而变化的幅度或速度，则视具体情况而定。如以上两例，都用于感情色彩上的逆转。

(4)渐转，指节奏形式转换时采用缓转慢回的办法，往往在比较统一而略有变化的氛围中出现。如散文《春》一文里描绘春草的一段：

①小草偷偷地从土里钻出来，嫩嫩的，绿绿的。②园子里，田野里，瞧去，一大片一大片满是的。③坐着，躺着，打两个滚，踢几脚球，赛几趟跑，捉几回迷藏。④风轻悄悄的，草软绵绵的。

这“春草图”中的节奏转换就适宜用渐转的方式，依次地、渐渐地在“慢”中渗入“快”，在“轻”中渗入“强”，逐步增加转换方向的因素。

(5)小转，即指虽有转换，但幅度不大，主要是分寸尺度上的变化。

(6)顺转，是指感情色彩上基本一致，从顺向关系的不同角度，不断积累、逐步深化感情的过程。散文《春》，全篇基本采用渐转、顺转、小转的节奏转换技巧，把春草、春花、春风、春雨、春天的人这样几幅画面串起来，从不同的角度描写春天，直至最后推向结尾，尽情地有力地讴歌春天。

综上所述，可以看出突转、大转、逆转所具有的共性，即转换前后节奏变化明显。或猛然转折，或突然迸发，或大力推进，而且一般转换之前的内容是铺垫、映衬，转换之后的内容是重点。它们的区别在于突转偏重于转换速度之快，大转偏重于转换幅度之大，逆转偏重于转换前后色彩的明显反差。总之，这几种转换技巧都给人以陡转突折的生理和心理感受，从而增强了播音作品的吸引力和感染力。渐转、小转、顺转的共性，是转换前后的内容一般没有明显的主次之别，多处于并列或递进的关系中，转换前后虽有节奏变化，但其中蕴涵的思想感情基本属于同类色彩。因而节奏的转换主要呈现出变化的层次性。它们的区别：渐转，是对比因素的渐次渗入，既然是渐转，就有一定的数量，多用于句中、句间；小转，偏重于转换幅度上的特点，可用于不同色彩间的轻度转换，但不用于两级的转换；顺转，多用于段落、层次间顺向内容，不同角度叙述的衔接转换。总之，这些转换技巧给人以渐转慢回的感觉，能十分具体、细腻地表现内部节奏变化的动态过程，因而也同样增强着播音作品的吸引力和感染力。

四、节奏的运用与控制

节奏的转换形式、转换技巧，都涉及节奏的实际运用，只不过，那是着眼于局部，“分解动作”式的介绍。这一节，我们从整体上谈谈节奏的总体布局，并结合实际谈谈对节奏的控制。

一篇播音作品的节奏无论怎样转换变化，总会呈现出自己的个性，因为播音节奏是在整体中体现出来的，形成播音节奏的整体性，才能有鲜明的个性。所以，我们在对播音客体(稿件或须报道的现场事物，或须即兴表述的思想观念)做艺术构思时，必须立足全篇，从整体上考虑节奏的安排。节奏的总体布局主要从两方面考虑：一是主导节奏的回环往复要鲜明；二是起烘托、映衬、铺垫、对比作用的辅助节奏与主导节奏要和谐，形成一个有机的整体。

节奏的总体布局，显然与整个结构有关，不仅结构的层次脉络要清楚，还要明确其中的主次关系。这种对结构的把握不能停留在文学关于结构的含义上，应更进一步地把握思想感情起承转合的运动节奏。这是构思播音节奏，从播音客体的运动节奏形式转化为播音主体有声语言节奏形式至关重要的环节。创作主体的思想感情如果没有形成运动的节奏，那么语言节奏就不可能和谐熨帖，只是硬贴上去的附加物。

节奏的总体布局尤其要避免单调。切忌遇高亢节奏便“一扬到底”，遇低沉节奏便从头至尾“抑而不起”。必须悉心找到“扬中有抑”“抑中可扬”之处，以形成有对比、有变化的运动的节奏。总之，要注意节奏的鲜明性、丰富性、变化性和整体性，只有这样才可能真正实现节奏对于思想感情的表现功能。

1. 对比适度，控纵有节

声音形式有规律地运动变化，是形成节奏的重要条件，运用声音形式的对比是形成节奏的一条规律。但是，对比的运用必须适度，既不可抛开思想感情运动的内心依据，也不可为显出节奏的变化而恣意夸张声音形式的对比度。

广播电视播音节奏中的对比必须适度，这是由播音工作性质等因素所决定的。

第一，播音内容大多具有新闻性，语言声音形式的刻意夸张和极力渲染是不适宜的。声音形式要符合新闻语言的真实性特点。

第二，广播电视的传播深入家庭，并以个体接受的形式为多，加之时代氛围的变化，受众要求播音更平易亲切、轻松自然，要求朋友般的沟通。因此过分强烈对比的节奏已不太适应当今大众传播的要求。

第三，广播电视与剧场舞台的传播手段是不同的。大起大落强烈对比的声音形式不适应电子传播手段。话筒灵敏精细,过高过强的声音会失真。电波传送过程中有衰减,过弱过低的声音听不清。广播只有诉诸听觉一种传输方式,过快的语流稍纵即逝,捕捉不住。

第四,从美学观点看,表现形式要讲究和谐就应"避免顶点"。强度适宜的刺激和表现形式才能保证整体和谐。把丰富的意义和多样化的形式组织在一个统一结构中,就应注意形式与内容的协调性;注意各形式因素之间的协调性。试图以强烈对比的形式去刺激受众,反会误入形式主义或玩弄技巧的歧途,从而破坏播音作品的美感和魅力。

节奏的运用有一个敢于和善于运用的问题。节奏贫乏单调,甚或缺乏节奏意识,不会安排布局节奏,固然不好。可是,滥用节奏,或节奏混乱无序,无疑会导致创作主体的主客观分离,生理心理感受脱节,结果也就破坏和干扰了受众的接受。因此,节奏的变化必须对比适度,控纵有节。

2.节奏运用易出现的问题

节奏的运用,当然要以思想感情运动状态为前提条件,以声音弹性为物质基础。无此两点,就可能只在形式上做文章,无依据地乱变;或是心里有,转化为声音形式时却力不从心。除了这根本的基础,节奏的运用尚需一定的调节控制的经验。如果缺乏控制节奏的经验,往往会在两方面出现问题:对比失度,以及转换时机失当。张颂教授关于"扬中有抑,抑中有扬""快中有慢,慢中有快","重中有轻,轻中有重"的提醒,是克服对比失度的良方。在同中找异,实际上不仅是找对立因素,同时也要找相关因素,使它们携起手来,避免"一快就乱""一高就喊",或"一重就拙""一弱就软""一慢就断""一低就懒"等极端化的毛病。

转换时机失当主要有两种表现:转换超前和转换迟滞。

转换超前,往往是创作主体感情运动积极,但却易陷入局部,这是由于缺乏整体把握和控制,或表达技巧、转换手段单一造成的。转换超前的情况大多出现在由抑转扬、由慢转快、由重转轻之时,而且常常是重点处,一到这里,立即声高气急,声音也加重地"顶"上去,忘记了"好钢用在刀刃上"这个常识性的经验。"起"得早,又"步步高"地顶上去,所以往往本想浓墨重彩,却气息急促,声嘶力竭,功亏一篑。

转换迟滞,多数是因为思想感情运动状态不佳,反应迟钝、口比心快,无法转换;也有的是因为缺乏控制经验,来不及转换。节奏的转换与停顿有密切关系,节奏的转换往往可以在停顿时找到契机。这就要强调无论停顿时间长短,思想感情不可断线,转换时,或以情景再现唤起内部节奏的变化,或以思维轨迹中的逻辑感受唤起内部节奏或松或紧、或主或次的变化,从而抓住停顿时机,主动及时调节有声语言的节奏。

有时节奏转换是在语言行进中逐渐过渡的，并非利用停顿的当口调节控制，而是在由静到动、由隐到显的较细致的铺陈中推进转换的，那么，就需要有控制地、渐次地、“小剂量”地加入转换形式的因素成分，由量的积累实现及时的转换，避免转换的迟滞，甚至完全没有节奏的转换变化。

第四节　节奏部分的实训安排与回课记录

例稿分析

散文《麻雀》选自屠格涅夫的代表作《猎人笔记》。屠格涅夫(1818－1883)，是19世纪俄国著名现实主义作家。他的作品善于抓住生活中的新动向，构思新颖，结构紧密，人物形象鲜明，文字极为简练、优美，对俄国文学的发展有巨大影响。《麻雀》只有380个字，小麻雀的可怜、老麻雀的勇敢、猎狗的忠诚、“我”的敬畏……形象生动，精炼优美，令人回味。

播读时，主要的节奏形式是紧张型。但是不乏有的句段有舒缓节奏。除了下文的具体分析提示，也可参阅上节“节奏转换”部分所举的本文的处理分析。

麻　　雀

作品：《麻雀》

詹泽演播

我打猎回来，走到林荫路上，猎狗跑在我的前面。

（舒缓型，为下面紧张型做铺垫）

突然我的猎狗放慢脚步，悄悄地向前走，仿佛嗅到了前面有什么野物。

（紧张型，程度稍轻，后句略带判断色彩）

风猛烈地摇撼着路旁的梧桐树。我顺着林荫路望去，看见一只小麻雀呆呆地站在地上，无可奈何地拍打着小翅膀，它嘴角嫩黄，头上长着绒毛，分明是刚出生不久，从巢里掉下来的。

（此段全段为舒缓型，语气中要有怜爱、呵护的色彩，为下面的“紧张”做铺垫）

猎狗慢慢地走近小麻雀，嗅了嗅，张开大嘴，露出锋利的牙齿，突然，一只老麻雀从一棵树上飞下来，像一块石头似的落在猎狗面前。它扎煞起全身的羽毛，绝望地尖叫着。

老麻雀用自己的身躯掩护着小麻雀，想拯救自己的幼儿。可是因为紧张，它浑身发抖了，发出嘶哑的声音。它呆立着不动，准备着一场搏斗。在它看来，猎狗是个多么庞大的怪物啊！可是它不能安然地站在高高的没有危险的树枝上，一种强大的力量使它飞了下来。

（此段为紧张型，但程度有轻重缓急的变化。第一句，稍紧张，渐急，渐重；第二句，紧张色彩变浓，分量加重，速度加快；第三句，紧张至极，分量加重；第四句，渗入一舒缓句，为下面推向高潮做铺垫；第五句，色彩感奋、激越，义无反顾，分量极重，用一贯穿语势，一气呵成）

猎狗愣住了，它可能没料到老麻雀会有这么大的勇气，慢慢地、慢慢地向后退。

（稍紧张，分量变轻）

我急忙唤回我的猎狗，带着它走开了。

（舒缓语气并带有所思、有所感的色彩，耐人回味）

实训稿件（提示与回课）

1. 轻快型

珍珠鸟

冯骥才

作品：《珍珠鸟》

王雁演播

真好！朋友送我一对珍珠鸟。放在一个简易的竹条编成的笼子里，笼内还有一卷干草，那是小鸟儿舒适又温暖的巢。

有人说，这是一种怕人的鸟。

我把它挂在窗前。那儿还有一大盆异常茂盛的法国吊兰。我便用吊兰长长的、串生着小绿叶的垂蔓蒙盖在鸟笼上，它们就像躲进深幽的丛林一样安全；从中传出的笛儿般又细又亮的叫声，也就格外轻松自在了。

阳光从窗外射入，透过这里，吊兰那些无数指甲状的小叶，一半成了黑影，一半被照透，如同碧玉；斑斑驳驳，生意葱茏。小鸟的影子就在这中间隐约闪动，看不完整，有时连笼子也看不出，却见它们可爱的鲜红小嘴儿从绿叶中伸出来。

我很少扒开叶蔓瞧它们，它们便渐渐敢伸出小脑袋瞅瞅我。我们就这样一点点熟悉了。

三个月后，那一团越发繁茂的绿蔓里边，发出一种尖细又娇嫩的鸣叫。我猜到，是它们有了雏儿。我呢？决不掀开叶片往里看，连添食加水时也不睁大好奇的眼去惊动它们。过不多久，忽然有一个更小的脑袋从叶间探出来。哟，雏儿！正是这小家伙！

它小，就能轻易地由疏格的笼子钻出身。瞧，多么像它的父母：红嘴红脚，灰蓝色的毛，只是后背还没生出珍珠似的圆圆的白点；它好肥，整个身子好像一个蓬松的球儿。

起先，这小家伙只在笼子四周活动，随后就在屋里飞来飞去，一会儿落在柜顶上，一会儿神气十足地站在书架上，啄着书背上那些大文豪的名字，一会儿把灯绳撞得来回摇动，跟着逃到画框上去了。只要大鸟儿在笼里生气地叫一声，它立即飞回笼里去。

我不管它。这样久了，打开窗子，它最多只在窗框上站一会儿，决不飞出去。

渐渐它胆子大了，就落在我的书桌上。

它先是离我较远，见我不去伤害它，便一点点挨近，然后蹦到我的杯子上，俯下头来喝茶，再偏过脸瞧瞧我的反应。我只是微微一笑，依旧写东西，它就放开胆子跑到稿纸上，绕着我的笔尖蹦来蹦去；跳动的小红爪子在纸上发出“嚓嚓”响。

我不动声色地写，默默享受着这小家伙亲近的情意。这样，它完全放心了，索性用那涂了蜡似的、角质的小红嘴，“嗒嗒”啄着我颤动的笔尖。我用手抚一抚它细腻的绒毛，它也不怕，反而友好地啄两下我的手指。

白天，它这样淘气地陪伴我；天色入暮，它就在父母再三的呼唤声中，飞向笼子，扭动滚圆的身子，挤开那些绿叶钻进去。

有一天，我伏案写作时，它居然落到我的肩上。我手中的笔不觉停了，生怕惊跑它。待一会儿，扭头看，这小家伙竟趴在我的肩头睡着了，银灰色的眼睑盖住眸子，小红脚刚好给胸脯上长长的绒毛盖住。我轻轻抬一抬肩，它没醒，睡得好熟！还咂咂嘴，难道在做梦？

我笔尖一动，流泻下一时的感受：

信赖，往往创造出美好的境界。

实训提示：真实体会作者的所见所感，轻松愉快地叙述，细腻有趣地诉说，在观察中体味，在细节里抒情。主体节奏是轻快的，有些句子和段落也可以处理成灵动的或舒缓的。

回课记录

2. 舒缓型

雪

鲁　迅

暖国的雨，向来没有变过冰冷的坚硬的灿烂的雪花。博识的人们觉得他单调，他自己也以为不幸否耶？江南的雪，可是滋润美艳之至了；那是还在隐约着的青春的消息，是极壮健的处子的皮肤。雪野中有血红的宝珠山茶，白中隐青的单瓣梅花，深黄的磬口的蜡梅花；雪下面还有冷绿的杂草。蝴蝶确乎没有；蜜蜂是否来采山茶花和梅花的蜜，我可记不真切了。但我的眼前仿佛看见冬花开在雪野中，有许多蜜蜂们忙碌地飞着，也听得他们嗡嗡地闹着。

孩子们呵着冻得通红，像紫芽姜一般的小手，七八个一齐来塑雪罗汉。因为不成功，谁的父亲也来帮忙了。罗汉就塑得比孩子们高得多，虽然不过是上小下大的一堆，终于分不清是壶卢还是罗汉；然而很洁白，很明艳，以自身的滋润相粘结，整个地闪闪地生光。孩子们用龙眼核给他做眼珠，又从谁的母亲的脂粉奁中偷得胭脂来涂在嘴唇上。这回确是一个大阿罗汉了。他也就目光灼灼地嘴唇通红地坐在雪地里。

第二天还有几个孩子来访问他；对了他拍手，点头，嬉笑。但他终于独自坐着了。晴天又来消释他的皮肤，寒夜又使他结一层冰，化作不透明的水晶模样；连续的晴天又使他成为不知道算什么，而嘴上的胭脂也褪尽了。

但是，朔方的雪花在纷飞之后，却永远如粉，如沙，他们决不粘连，撒在屋上，地上，枯草上，就是这样。屋上的雪是早已就有消化了的，因为屋里居人的火的温热。别的，在晴天之下，旋风忽来，便蓬勃地奋飞，在日光中灿灿地生光，如包藏火焰的大雾，旋转而且升腾，弥漫太空，使太空旋转而且升腾地闪烁。

在无边的旷野上，在凛冽的天宇下，闪闪地旋转升腾着的是雨的精魂……

是的，那是孤独的雪，是死掉的雨，是雨的精魂。

实训提示：本文主体节奏为舒缓型。但有轻快和高亢的辅节奏穿插其中。文章不单单是写南北方的雪的美丽、儿童的天真和故乡的温润，需要更深刻地理解和分析其更深的意蕴。具体可参照本书第九章“话筒前状态”中此文的详细例稿分析。

回课记录

3. 紧张型

我的战友邱少云

李元兴

敌人控制的“391”高地，像一颗毒牙，楔入我们志愿军阵地。我们准备在黄昏时分发动突然袭击，拔掉这颗毒牙，把战线往南推移。

那一天，天还没有亮，我们连悄悄地摸进“391”高地下面的山坳，潜伏在一条比较隐蔽的山沟里。太阳渐渐爬上山头。我发现前面六十多米的地方就是敌人的前沿阵地，不但可以看见铁丝网和胸墙，还可以看见地堡和火力点，甚至连敌人讲话都听得见。敌人居高临下，当然更容易发现我们。我们趴在地上必须纹丝不动，咳嗽一声或者蜷一下腿，都可能被敌人发觉。我看了一下前面，班长和几个战士伏在枯黄的茅草丛里。他们身上披着厚厚的茅草作伪装，猛一看去，很难发现他们。我又看了看伏在我身边不远的邱少云。他也全身伪装，隐蔽得更好，相隔这么近，我几乎找不到他。

我们的炮兵不断地轰击敌人的阵地，山顶上腾起一团一团的青烟。敌人阵地前沿的地堡一个接一个被掀翻了。看着这种情景，我只盼望天快点儿黑，好痛痛快快地打一仗。

到了中午，敌人突然打起炮来，炮弹一排又一排，在我们附近爆炸。显然，敌人已经感觉到他们的前沿阵地不太安全了，可是没有胆量冒着我军的炮火出来搜索，只好把看家的本领“火力警戒”拿出来了。

排炮过后，敌人竟使用了燃烧弹，我们附近的荒草着火了。火苗子呼呼地蔓延，烧得枯黄的茅草毕毕剥剥地响。我忽然闻到一股浓重的棉布焦味，扭转头一看，哎呀！火烧到邱少云身上了！他的棉衣已经烧着，火苗趁着风势乱窜，一团烈火把他整个身子包住了。

这时候，邱少云只要从火里跳出来，就地打几个滚，就可以把身上的火扑灭。我趴在他附近，只要跳过去，扯掉他的棉衣，也能救出自己的战友。但是这样一来，我们就会被山头上的敌人发觉，我们整个班，我们身后的整个潜伏部队，都会受到重大的损失，这一次作战计划就全部落空了。

我的心绷得紧紧的。这怎么忍受得了呢？我担心这个年轻的战士会突然跳起来，或者突然叫起来。我不敢朝他那儿看，不忍眼巴巴地看着我的战友被活活地烧死。但是我忍不住不看，我盼望出现什么奇迹——火突然间熄灭。我的心像刀绞一般，泪水模糊了我的眼睛。

为了整个班，为了整个潜伏部队，为了这次战斗的胜利，邱少云像千斤巨石一般，趴在火堆里一动也不动。烈火在他身上烧了半个多钟头才渐渐地熄灭。这位伟大的战士，直到最后一息，也没挪动一寸地方，没发出一声呻吟。

黄昏时候，漫山遍野响起了激动人心的口号："为邱少云同志报仇！"我们怀着满腔怒火，勇猛地冲上"391"高地。敌人全部被我们歼灭了。看看时间，从发起冲锋到战斗结束，才 20 分钟。

我永远忘不了那一天——1952 年 10 月 12 日。

作品：
《我的战友邱少云》
浙工大播音系
2020 级胡浩然作业

实训提示：这篇通讯由事件经历者写作，带着难以忘怀的亲身经历，非常动人。前三个自然段叙事开始，语气较为平静，但是因为大背景仍然是战争，因而这种平静是暗含激动和紧张的平静。第四到第八自然段是本文重点段落，随着火势的燃烧，紧张节奏出现。这中间也有放下来的几处节奏转换。第九段，压抑很久的爆发，节奏高亢起来。最后一段，重又放下节奏，压抑激动地、深沉凝重地播出。

回课记录

4. 低沉型

秋天的怀念

史铁生

双腿瘫痪后，我的脾气变得暴怒无常。望着望着天上北归的雁阵，我会突然把面前的玻璃砸碎；听着听着李谷一甜美的歌声，我会猛地把手边的东西摔向四周的墙壁。母亲就悄悄地躲出去，在我看不见的地方偷偷地听着我的动静。当一切恢复沉寂，她又悄悄地进来，眼边红红的，看着我。"听说北海的花儿都开了，我推着你去走走。"她总是这么说。母亲喜欢花，可自从我的腿瘫痪后，她侍弄的那些花都死了。"不，我不去！"我狠命地捶打这两条可恨的腿，喊着："我活着有什么劲！"母亲扑过来抓住我的手，忍住哭声说："咱娘儿俩在一块儿，好好儿活，好好儿活……"

可我一直都不知道，她的病已经到了那步田地。后来妹妹告诉我，她常常肝疼得整宿整宿翻来覆去地睡不了觉。

那天我又独自坐在屋里，看着窗外的树叶"刷刷啦啦"地飘落。

母亲进来了，挡在窗前："北海的菊花开了，我推着你去看看吧。"她憔悴的脸上现出央求般的神色。

"什么时候？"

"你要是愿意，就明天？"她说。我的回答已经让她喜出望外了。

"好吧，就明天。"我说。

她高兴得一会坐下，一会站起："那就赶紧准备准备。"

"唉呀，烦不烦？几步路，有什么好准备的！"

她也笑了，坐在我身边，絮絮叨叨地说着："看完菊花，咱们就去'仿膳'，你小时候最爱吃那儿的豌豆黄儿。还记得那回我带你去北海吗？你偏说那杨树花是毛毛虫，跑着，一脚踩扁一个……"她忽然不说了。对于"跑"和"踩"一类的字眼儿，她比我还敏感。她又悄悄地出去了。

她出去了，就再也没回来。

邻居们把她抬上车时，她还在大口大口地吐着鲜血。我没想到她已经病成那样。看着三轮车远去，也绝没有想到那竟是永远的诀别。

邻居的小伙子背着我去看她的时候，她正艰难地呼吸着，像她那一生艰难的生活。别人告诉我，她昏迷前的最后一句话是："我那个有病的儿子和我那个还未成年的女儿……"又是秋天，妹妹推我去北海看了菊花。黄色的花淡雅、白色的花高洁、紫红色的花热烈而深沉，泼泼洒洒，秋风中正开得烂漫。我懂得母亲没有说完的话。妹妹也懂。我俩在一块儿，要好好儿活……

实训提示：作者描述自己对生存的热望被深沉的母爱重又燃起的过程。在秋天怀念母亲，重新审视人的生存价值——好好儿活。节奏低沉型为主，辅以部分段落的平静叙述和人物语言的节奏变化。这些变化需要仔细揣摩对话人的心情、年龄、状态，抓住其语气的"神"。阅读史铁生文集会很好地帮助大家理解和表达这篇文章。

回课记录

5.高亢型

海　燕

高尔基

在苍茫的大海上,狂风卷集着乌云。在乌云和大海之间,海燕像黑色的闪电高傲地飞翔。

一会儿翅膀碰着波浪,一会儿箭一般地直冲云霄,它叫喊着,——在这鸟儿勇敢的叫喊声里,乌云听到了欢乐。

在这叫喊声里,充满着对暴风雨的渴望!在这叫喊声里,乌云感到了愤怒的力量、热情的火焰和胜利的信心。

海鸥在暴风雨到来之前呻吟着,——呻吟着,在大海上飞蹿,想把自己对暴风雨的恐惧,掩藏到大海深处。

海鸭也呻吟着,——这些海鸭呀,享受不了生活的战斗的欢乐;轰隆隆的雷声就把它们吓坏了。

愚蠢的企鹅,畏缩地把肥胖的身体躲藏在悬崖底下……只有那高傲的海燕,勇敢地、自由自在地,在翻起白沫的大海上飞翔。

乌云越来越暗,越来越低,向海面压下来;波浪一边歌唱,一边冲向空中去迎接那雷声。

雷声轰响,波浪在愤怒的飞沫中呼啸着,跟狂风争鸣。看吧,狂风紧紧抱起一堆巨浪,恶狠狠地扔到悬崖上,把这大块的翡翠摔成尘雾和水沫。

海燕叫喊着,飞翔着,像黑色的闪电,箭一般地穿过乌云。翅膀刮起波浪的飞沫。

看吧,它飞舞着像个精灵——高傲的、黑色的暴风雨的精灵,——它一边大笑,它一边高叫……它笑那些乌云,它为欢乐而高叫!

这个敏感的精灵,从雷声的震怒里早就听出困乏,它深信乌云遮不住太阳,——是的,遮不住的!

风在狂吼……

雷在轰响……

一堆堆的乌云像青色的火焰,在无底的大海上燃烧。大海抓住金箭似的闪电,把它熄灭在自己的深渊里。闪电的影子,像一条条的火舌,在大海里蜿蜒浮动,一晃就消失了。

——暴风雨!暴风雨就要来啦!

这是勇敢的海燕,在闪电之间,在怒吼的大海上高傲地飞翔。这是胜利的预言家在叫喊:

——让暴风雨来得更猛烈些吧!……

实训提示:高尔基(1868—1936),苏联作家,社会主义现实主义文学的奠基人。他出身贫苦,幼年丧父,11岁即为生计在社会上奔波,当装卸工、面包房工人,贫民窟和码头成了他的“社会”大学的课堂。他与劳动人民同呼吸共命运,亲身经历了资本主义残酷的剥削与压迫,这对他的思想和创作发展具有重要影响。1901年他创作了著名的散文诗《海燕之歌》,塑造了象征大智大勇革命者搏风击浪的勇敢的海燕形象,预告革命风暴即将到来,鼓舞人们去迎接伟大的战斗,这是一篇无产阶级革命战斗的檄文与颂歌,受到列宁的热情称赞。

《海燕》是典型的高亢型节奏的散文。本篇多数是高亢的节奏,但是也不乏多处高低、急缓的对比变化。

回课记录 ______________________________

____

____

____

____

白杨礼赞(节选)

茅　盾

那是力争上游的一种树,笔直的干,笔直的枝。它的干呢,通常是丈把高,像是加以人工似的,一丈以内,绝无旁枝;它所有的丫枝呢,一律向上,而且紧紧靠

作品:《白杨礼赞》

彭远方演播

拢,也像是加以人工似的,成为一束,绝无横斜逸出;它的宽大的叶子也是片片向上,几乎没有斜生的,更不用说倒垂了;它的皮,光滑而有银色的晕圈,微微泛出淡青色。这是虽在北方的风雪的压迫下却保持着倔强挺立的一种树!哪怕只有碗来粗细罢,它却努力向上发展,高到丈许,两丈,参天耸立,不折不挠,对抗着西北风。这就是白杨树,西北极普通的一种树,然而绝不是平凡的树!它没有婆娑的姿态,没有屈曲盘旋的虬枝,也许你要说它不美丽,——如果美是专指"婆娑"或"横斜逸出"之类而言,那么白杨树算不得树中的好女子;但是它却是伟岸,正直,朴质,严肃,也不缺乏温和,更不用提它的坚强不屈与挺拔,它是树中的伟丈夫!当你在积雪初融的高原上走过,看见平坦的大地上傲然挺立这么一株或一排白杨树,难道你就只觉得树只是树,难道你就不想到它的朴质,严肃,坚强不屈,至少也象征了北方的农民;难道你竟一点儿也不联想到,在敌后的广大土地上,到处有坚强不屈,就像这白杨树一样傲然挺立的守卫他们家乡的哨兵!难道你又不更远一点想到这样枝枝叶叶靠紧团结,力求上进的白杨树,宛然象征了今天在华北平原纵横决荡用血写出新中国历史的那种精神和意志。

实训提示:本文运用象征手法,在记叙中抒情。播读前需要仔细理解白杨树所象征的正直、质朴、紧密团结、力求上进、坚强不屈的革命品质,找出合适的语气节奏。本篇基础调子是比较高的,但是不是全文一味地高。此段的最后几句排比又有渐强和渐激动高亢的情绪,请仔细体会表达。

回课记录

6. 凝重型

刘胡兰慷慨就义

现在播送一篇解放区通讯。

在山西文水县,一个叫云周西村的村子里,上个月十二号,有一个十七岁的女共产党员刘胡兰，被阎锡山匪军杀害了。

在当中审讯的时候，阎军问她："是不是共产党？"她说："是！"阎军又问她："为什么参加共产党？"她回答："共产党为老百姓做事。"阎军又问："今后你还要给共产党办事？"她说："只要有一口气活着，就要为人民干到底。"

这时候，阎军抬出了铡刀，在她面前铡死了七十多岁的老人杨桂子几个人，又威胁她说："只要今后不给八路军办事，就不杀你。"这位青年女英雄坚定地回答："那是办不到的事！"阎军又问："你真的愿意死？"英勇坚强的刘胡兰，从容地躺到铡刀下面，大声地说："死有什么可怕！要杀就由你们吧，我再活十七岁，也是这个样子。"这位十七岁的女英雄就慷慨就义了。

全村的父老，都记下了这个血海深仇。他们决定立一块碑，来永远纪念这位人民的好女儿。

（延安新华广播电台一九四七年二月广播）

实训提示：白色恐怖中，走上刑场的少年英雄，大义凛然，铁骨铮铮，坚定沉着，宁死不屈。此篇为通讯体裁。播出时可以按照两种背景设定来练习。一、你作为延安新华广播电台的播音员在当时播出这篇通讯。二、现在的背景，播出战争年代英雄故事。两种方式有不同的基调和节奏，主体节奏是凝重的，但是分寸有不同。

回课记录

可爱的中国（节选）

方志敏

（男声）：朋友！中国是生育我们的母亲。你们觉得这位母亲可爱吗？我想你们是和我一样的见解，都觉得这位母亲是蛮可爱蛮可爱的。

（女声）：以言气候，中国处于温带，不十分热，也不十分冷，好像我们母亲的体温，不高不低，最适宜于孩儿们的偎依。

（男声）：以言国土，中国土地广大，纵横万数千里，好像我们的母亲是一个身体魁大、胸宽背阔的妇人。

（女声）：中国许多有名的崇山大岭，长江巨河，以及大小湖泊，岂不象征着我们母亲丰满坚实的肥肤上之健美的肉纹和肉窝？

（男声）：中国土地的生产力是无限的；地底蕴藏着未开发的宝藏也是无限的；废置而未曾利用起来的天然力，更是无限的，这又岂不象征着我们的母亲，保有着无穷的乳汁，无穷的力量，以养育她四万万七千万的孩儿？我想世界上再没有比她养得更多的孩子的母亲吧。

（女声）：至于说到中国天然风景的美丽，我可以说，不但是雄巍的峨嵋，妩媚的西湖，幽雅的雁荡，与夫"秀丽甲天下"的桂林山水，可以傲睨一世，令人称美。中国海岸线之长而且弯曲，照现代艺术家说来，这象征我们母亲富有曲线美吧。

（男声）：咳！母亲！美丽的母亲，可爱的母亲，只因你受着人家的压榨和剥削，弄成贫穷已极；不但不能买一件新的好看的衣服，把你自己装饰起来；甚至不能买块香皂将你全身洗擦洗擦，以致现出怪难看的一种憔悴褴褛和污秽不洁的形容来！这真是我们做孩子们的不是了，简直连一位母亲都爱护不住了！

（女声）：我想，欲求中国民族的独立解放，绝不是哀告、跪求哭泣所能济事，而是唤起全国民众起来斗争，都手执武器，去与帝国主义进行神圣的民族革命战争，将他们打出中国去，这才是中国唯一的出路，也是我们救母亲的唯一方法，朋友，你们说对不对呢？

（男声）：中国的人民和兵士，是有爱国心的，是能够战斗的，能够为保卫中国而牺牲的。谁要想将有四千年历史与四万万七千万人口的中国民族吞噬下去，我们是会与他们拼命战斗到最后的一人！

（女声）：假如我还能生存，那我生存一天就要为中国呼喊一天；假如我不能生存——死了，我流血的地方，或者我瘗骨的地方，或许会长出一朵可爱的花来，这朵花你们就看作是我的精诚的寄托吧！

（男声）：不错，目前的中国，固然是江山破碎，国蔽民穷，但是，我们相信，中国一定有个可赞美的光明前途。

（女声）：我相信，到那时，到处都是活跃跃的创造，到处都是日新月异的进步，欢歌将代替了悲叹，笑脸将代替了哭脸，富裕将代替了贫穷，康健将代替了疾苦，

（男声）：智慧将代替了愚昧，友爱将代替了仇杀，生之快乐将代替了死之悲哀，明媚的花园，将代替了凄凉的荒地！

（女声）：这时，我们民族就可以无愧色地立在人类的面前，而生育我们的母亲，也会最美丽地装饰起来，与世界上各位母亲平等的携手了。

(男声)：这么光荣的一天，决不在辽远的将来，(女声：)决不在辽远的将来，(男声：)而是在很近的将来，(女声：)而是在很近的将来。

(男女合)：我们可以这样相信的，朋友！

实训提示：方志敏的《可爱的中国》全文有三四千字的篇幅，这里是节选的部分。练习时可以由男女声搭配，配乐选曲为《大漠敦煌》。要求充满激情，节奏凝重为主，部分地方辅以深情的舒缓和昂扬的高亢。

回课记录

第五节　名家名作有声作品欣赏之八——《祝酒歌》

一、濮存昕

濮存昕

濮存昕，1953年7月31日出生在北京市东城区，汉族，祖籍江苏省南京市溧水县，中国男演员。

1969年，作为知识青年赴黑龙江参加生产建设兵团。1977年，回到北京，考入空政话剧团。1987年，正式调入北京人民艺术剧院。濮存昕是全国政协委员、国家一级演员，主演过数十部优秀的话剧、电影、电视剧作品。2005年获得第11届中国电影华表奖优秀男演员奖。1991年，濮存昕与谢晋导演合作，在《清凉寺钟声》中演明镜法师。他演出了人物的清灵、俊逸和超凡。2018年1月20－28日，由国家大剧院与北京李六乙戏剧工作室联合制作的莎士比亚话剧《李尔王》在国家大剧院上演，濮存昕饰李尔。2月8—14日，国家大剧院制作的老舍话剧《西望长安》在国家大剧院演出，濮存昕担任艺术指导。3月，入选《中国电视剧60年大系人物卷》。他还多次参加大型诗歌朗诵活动，如《岁月的回声》朗诵大会等。他朗诵的诗歌、散文等有声作品广为传颂。

二、郭小川的诗歌《林区三唱之祝酒歌》

郭小川

郭小川（1919年9月2日—1976年10月18日），男，原名郭恩大，出生于河北省丰宁县凤山镇（原属热河省）一个知识分子家庭。我国文学界一位富有才华的诗人。1933年，日寇侵占热河，他随全家逃难北平。“一二·九”运动后，他积极投身抗日救亡的学生运动，是中国共产党领导下的民族解放先锋队文艺青年联合会的活跃成员，从此开始用诗歌作武器，参加了民族解放的斗争。1937年七七事变后离开北平到达太原，同年9月20日报名参加八路军，被分配到一二〇师三五九旅。1937年加入中国共产党。1941年至1945年，在延安马列学院、中央党校三部等单位学习，进修马列主义和文艺理论。1948年到1954年，先后任冀察热辽《群众日报》副总编辑兼《大众日报》负责人，《天津日报》编辑部主任。1955年到1961年，任中央作协党组副书记、作协书记处书记兼秘书长、《诗刊》编委。1962年调《人民日报》任特约记者至“文革”。1970年，随中国作家协会到湖北咸宁“五七干校”劳动锻炼。1976年10月18日，在一场意外的火灾中不幸逝世。

郭小川创作作品极多，主要著作有：《团泊洼的秋天》《平原老人》《投入火热的斗争》《致青年公民》《鹏程万里》《将军三部曲》《甘蔗林——青纱帐》《昆仑行》等，还有一些政论、杂文作品。1962年10月，郭小川离开作家协会，到人民日报社当了一名普通的记者。不久，赴东北林区和北大荒垦区考察，随后又南下。这期间，郭小川还专门深入上海警备区南京路上“好八连”，采访他们的先进事迹，在《人民日报》上发表了长篇通讯报道《崇高的革命品质》，热情歌颂南京路上好八连。郭小川走南闯北，大大开阔了视野，处处感受到广大工农兵建设社会主义的高涨热情。他曾先后发表了《东北林区》《厦门风姿》《昆仑行》等优秀通讯、诗歌、散文。《林区三唱》就是这一时候的佳作。

林区三唱之一　祝酒歌

（以下是诗歌朗诵视频中选取的内容，是全诗的前半部分）

作品：名家朗诵
《祝酒歌》濮存昕

三伏天下雨哟，雷对雷；
朱仙镇交战哟，锤对锤；
今儿晚上哟，咱们杯对杯！
舒心的酒，千杯不醉；
知心的话，万言不赘；
今儿晚上啊，咱这是瑞雪丰年祝捷的会！
酗酒作乐的是浪荡鬼；
醉酒哭天的是窝囊废；
饮酒赞前程的是咱们社会主义新人这一辈！
财主醉了，因为心黑；
衙役醉了，因为受贿；
咱们就是醉了，也是因为生活的酒太浓太美！
山中的老虎呀，美在背；
树上的百灵呀，美在嘴；
咱们林区的工人啊，美在内。
斟满酒，高举杯！一杯酒，开心扉；
豪情，美酒，自古长相随。
祖国是一座花园，北方就是园中的腊梅；
小兴安岭是一朵花，森林就是花中的蕊。
花香呀，沁满咱们的肺。
祖国情呀，春风一般往这儿吹；
同志爱呀，河流一般往这儿汇。
党是太阳，咱是向日葵。
广厦亿万间，等这儿的木材做门楣；
铁路千百条，等这儿的枕木铺钢轨。
国家的任务是大旗，咱是旗下的突击队。

骏马哟,不用鞭催;
好鼓哟,不用重锤;
咱们林区工人哟,知道怎样答对!
且饮酒,莫停杯!三杯酒,三杯欢喜泪;
五杯酒,豪情胜似长江水。
雪片呀,恰似群群仙鹤天外归;
松树林呀,犹如寿星老儿来赴会。
老寿星啊,白须、白发、白眼眉。
雪花呀,恰似繁星从天坠;
桦树林呀,犹如古代兵将守边陲。
好兵将啊,白旗、白甲、白头盔。
草原上的骏马哟,最快的是乌骓;
深山里的好汉哟,最勇的是李逵;
天上地下的英雄啊,最风流的是咱们这一辈!

三、濮存昕朗诵视频《祝酒歌》赏析

郭小川的诗激情澎湃,具有丰富的想象和深刻的哲理。为了表达壮阔的思想感情,他从我国古代辞赋中借鉴联辞结采的特点,结合现代汉语规律,创造了这种新诗体。短句长排,诗行大体整齐、对应的格式,与铺饰、夸张、重叠、排比、对偶等表现手法的大量使用,以及结构、词藻、音韵节奏等方面的考究,都有效地增强了诗的情感浓度与语言力度,形成一种宏阔与澎湃的气势。

《林区三唱》充满了对林业工人的真挚情感,是深入生活、体验生活、源于生活、高于生活的产物,直抵心灵,使人产生强烈的震撼。正因为如此,《林区三唱》这篇稿件对朗诵者的气息控制、声音弹性、语言节奏的变化以及口齿的伶俐度都有着很高的要求。

著名演员濮存昕除了表演上别具一格,在朗诵上也是独树一帜的。他有自己独特的风格。最突出的一点,就是他把表演里的许多元素大胆地运用到诗歌朗诵中来,比如这首歌颂林区工人的诗歌,他一上场,用一种带着醉意的状态进入,热情的微醺的语气,渐渐加快的节奏,表达了林区工人开怀畅饮,抒发热爱祖国、为国奉献的情怀。他以流利、酣畅的语言展开了一幅幅林区的美丽图画,在其中,我们看到了美丽的大兴安岭树林、工人们的生动的劳动场面以及他们的满怀豪情。观众的情绪完全被带到大兴安岭的松树林间、那场酒会上。

我们从濮存昕老师的朗诵中体会到一种和谐，一种作者、作品和朗诵者气场的和谐，以及这种和谐产生的强大的气场。也正是因为朗诵者与作者都充满了对祖国、对工人们的朴实的情感，他们都在东北大地上切身体会过那里的山水的美丽壮观、那里的人们的开阔胸怀，可以说，在整个声音创作中，我们不但可以体会到林区工人的斗志昂扬，永远跟着党走，对生活充满似火热忱的热情，也同样可以感受到作者郭小川和朗诵者濮存昕的朴实的阶级感情。

这个作品还带出一个朗诵美学方面的争议，就是表演技巧到底可不可以用在朗诵中。因为有评论者觉得，这有些不规整和随意，与传统的朗诵形式有出入。然而，这个作品的超强感染力已经做出了一个明确的回答。任何技巧都应该为表达主题服务。只要有这样技巧与主题表达的结合，不唯技巧而技巧，才能创造出被观众喜爱的好作品。

单元测试(备稿播出以下稿件)

1.《卖火柴的小女孩》 安徒生

天气冷得可怕。天正下着雪，黑暗的夜幕开始垂下来了。这是一年中最后的一夜——新年的前夕。在这样的寒冷和黑暗中。有一个光头赤脚的穷苦小女孩正在街上走着。是的，她离开家的时候还穿着一双拖鞋，但那又有什么用呢？那双拖鞋是那么大，以前一直是她妈妈穿着的。在她匆忙越过街道的时候，两辆马车飞快地闯过来，吓得她把鞋子都跑落了。有一只鞋，她怎么也找不到，另一只又被一个男孩拣起来抢跑了。他还说，等他将来有了孩子的时候，他可以把它当做一个摇篮使用。

现在小姑娘只好赤着一双小脚走路了。这双脚已经冻得又红又青。她的旧围裙里兜着许多火柴；她手中也拿着一束火柴。这一整天谁也没有向她买过一根火柴；谁也没有给过她一个铜板。可怜的小姑娘！她又饿又冷，哆嗦着向前走。这简直是一幅悲惨的画面。雪花落在她的金黄色的长发上——头发卷曲地散在她的肩上，看起来非常美丽。不过她并没有想到自己的美。所有的窗子都射出光来，街上飘着一股烤鹅肉的香味，因为今天是大年夜。是的，她在想，今天是大年夜。

她在两座房子——一座比另一座更向街心凸出一点——所构成的一个墙角里坐下来，缩成一团。她把她的一双小脚也缩了进去，不过她感到更冷了。她不敢回家去，因为她没有卖掉一根火柴，没有赚到一个铜板。她的父亲一定会打她，而且家里也是很冷的。他们什么也没有，头上只有一个屋顶，风可以从顶上吹进来，虽然最大的裂口已经用草和破布堵起来了。

她的一双小手几乎冻僵了。唉！哪怕一根小火柴对她也是有好处的。只要她敢抽出一根来，在墙上擦一下，暖一暖手就好了！她终于抽出了一根。哧！火柴燃起来了，冒出火来了！当她把手覆在上面的时候，它便成了一朵温暖的、光明的火焰，活像一根小小的蜡烛。这是一道美丽的微光！小姑娘觉得自己真像坐在一个有发亮的黄铜炉档和炉身的铁火炉面前一样。火烧得多么旺，多么温暖，多么美好啊！嗳，这是怎么一回事呀？小姑娘刚刚伸出她的一双脚，打算暖一下，忽然火焰熄灭了！火炉也不见了。她坐在那儿，手中只有一根烧过了的火柴。

又擦了一根。火柴燃起来了，发出光来了。墙上的那块被亮光照着的地方，现在忽然变得透明，像一片薄纱一样。她可以看到房间里的东西：桌上铺着雪白的台布，上面放着精致的盘碗，还有填满了梅子和苹果的、冒着香气的烤鹅。更美妙的是：这只鹅从盘子里跳下来，背上插着刀叉，蹒跚地在地上走着，一直向这个穷苦的小姑娘走来。这时火柴熄灭了，她面前只有一堵又厚又冷的墙。

她又擦了一根火柴。现在她是坐在美丽的圣诞树下。这株树比她上次圣诞节时透过一个富有的商人家的玻璃门所看到的那一株还要大，还要美。它的绿枝上燃着几千支蜡烛；一些跟挂在商店橱窗里一样美丽的图画在向她眨眼。小姑娘把她的两只手伸过去，于是火柴就熄灭了。圣诞树的烛光越升越高，她看到它们现在变成了一些明亮的星星。这些星星有一颗落下来，在天上划了一道长长的红线。

“现在又有一个什么人死去了。”小姑娘说，因为她的老祖母——她是唯一待她好的人，但是现在已经死去了——曾经说过：天上落下一颗星，地上就有一个灵魂升到上帝那儿去。她在墙上又擦了一根火柴，火柴把四周都照亮了。在这亮光中老祖母出现了，她显得那么光明，那么温柔，那么和蔼。“祖母！”小姑娘叫起来。“啊！请把我带走吧！我知道，这火柴一灭掉，你就会不见的，你就会像那个温暖的火炉、那只美丽的烤鹅、那棵幸福的圣诞树一样不见的！”

于是她急忙把整束火柴中剩下的那些都擦亮了，因为她非常想把祖母留住。这些火柴发出强烈的光芒，照得比大白天还要明亮。祖母这次特别显得美丽和高大，她把小姑娘抱起来，搂在怀里。她们两人在光明和快乐中飞走了，越飞越高，飞到既没有寒冷，也没有饥饿，也没有忧愁的地方去了——她们是跟上帝在一起！

不过在一个寒冷的清晨，这个小姑娘却坐在一个墙角里，她的双颊通红，嘴唇上带着微笑，她已经死了——在旧年的大年夜冻死了。新年的太阳升起来了，照着她小小的尸体！她坐在那儿，手中还捏着火柴——其中有一束几乎都烧光了。

“她想给自己暖一下。”人们说。谁也不知道，她曾经看到过多么美丽的东西，她曾经多么幸福地跟着她的祖母一起走到新年的幸福中去。

2.《父母的心》 川端康成

作品:《父母的心》
李立宏演播

轮船从神户港开往北海道，当驶出濑户内海到了志摩海面时，聚集在甲板上的人群中，有位衣着华丽、引人注目、年近四十的高贵夫人，有一个老女佣和一个侍女陪伴在她身边。

离贵夫人不远，有个四十岁左右的穷人，他也引人注意：他带着三个孩子，最大的七八岁。孩子们看上去个个聪明可爱，可是每个孩子的衣裳都污迹斑斑。

不知为什么，高贵夫人总看着这父子们。后来，她在老女佣耳边嘀咕了一阵，女佣就走到那个穷人身旁搭讪起来：

“孩子多。真快乐啊!”

“哪里的话，老实说，我还有一个吃奶的孩子。穷人孩子多了更苦。不怕您笑话，我们夫妻已没法子养育这四个孩子了！但又舍不得抛弃他们。这不，现在就是为了孩子们，一家六口去北海道找工作啊。”

“我倒有件事和你商量，我家主人是北海道函馆的大富翁，年过四十，可是没有孩子。夫人让我跟你商量，是否能从你的孩子当中领养一个做她家的后嗣？如果行，会给你们一笔钱作酬谢。”

“那可是求之不得啊！可我还是和孩子的母亲商量商量再决定。”

傍晚，轮船驶进相模滩时，那个男人和妻子带着大儿子来到夫人的舱房。

“请您收下这小家伙吧。”

夫妻俩收下了钱，流着眼泪离开了夫人舱房。

第二天清晨，当船驶过房总半岛，父亲拉着五岁的二儿子出现在贵夫人的舱房。

“昨晚，我们仔细地考虑了好久，不管家里多穷，我们也该留着大儿子继承家业，把长子送人，不管怎么说是不合适的。如果允许，我们想用二儿子换回大儿子!”

“完全可以”。贵夫人愉快地回答。

这天傍晚，母亲又领着三岁的女儿到了贵夫人舱内，很难为情地说：

“按理说我们不该再给您添麻烦了。我二儿子的长相、嗓音极像死去的婆婆。

把他送给您，总觉得像是抛弃了婆婆似的，实在太对不起我丈夫了。再说，孩子五岁了，也开始记事了。他已经懂得是我们抛弃他的。这太可怜了。如果您允许，我想用女儿换回他。”

贵夫人一听是想用女孩换回男孩，稍有点不高兴，看见母亲难过的样子，也只好同意了。

第三天上午，轮船快接近北海道的时候，夫妻俩又出现在贵夫人的卧舱里，什么话还没说就放声大哭。

“你们怎么了？”贵夫人问了好几遍。

父亲抽泣地说：“对不起。昨晚我们一夜没合眼，女儿太小了，真舍不得她。把不懂事的孩子送给别人，我们做父母的心太残酷了。我们愿意把钱还给您。请您把孩子还给我们。与其把孩子送给别人，还不如全家一起挨饿……”

贵夫人听着流下同情的泪：

“都是我不好。我虽没有孩子，可理解做父母的心。我真羡慕你们。孩子应该还给你们，可这钱要请你们收下，是对你们父母心的酬谢。”

3.《恋爱的犀牛》（孟京辉作品）开场 马路的爱情独白

【舞台上，女孩明明被蒙着眼睛绑在椅子上。年轻人马路坐在她旁边。】

马路：

黄昏是我一天中视力最差的时候，一眼望去满街都是美女，高楼和街道也变幻了通常的形状，像在电影里……你就站在楼梯的拐角，带着某种清香的味道，有点湿乎乎的，奇怪的气息，擦身而过的时候，才知道你在哭。事情就在那时候发生了。

我有个朋友牙刷，他要我相信我只是处在发情期，像图拉在非洲草原时那样，但我知道不是。你是不同的，唯一的，柔软的，干净的，天空一样的，我的明明，我怎么样才能让你明白？你如同我温暖的手套，冰冷的啤酒，带着阳光味道的衬衫，日复一日的梦想。你是甜蜜的，忧伤的，嘴唇上涂抹着新鲜的欲望，你的新鲜和你的欲望把你变得像动物一样不可捉摸，像阳光一样无法逃避，像戏子一般毫无廉耻，像饥饿一样冷酷无情。我想给你一个家，做你孩子的父亲，给你所有你想要的东西，我想让你醒来时看见阳光，我想抚摸你的后背，让你在天堂里的翅膀重新长出。

你感觉不到我的渴望是怎样地向你涌来，爬上你的脚背，淹没你的双腿，要把你彻底淹没吗？我在想你呢，我在张着大嘴，厚颜无耻地渴望你，渴望你的头发，渴望你的眼睛，渴望你的下巴，你的双乳，你美妙的腰和肚子，你毛孔散发的气息，你伤心时绞动的双手。你有一张天使的脸和婊子的心肠。我爱你，我真心爱你，我疯狂地爱你，我向你献媚，我向你许诺，我海誓山盟，我能怎么办就怎么办。

我怎样才能让你明白我如何爱你？我默默忍受，饮泣而眠？我高声喊叫，声嘶力竭？我对着镜子痛骂自己？我冲进你的办公室把你推倒在地？我上大学，我读博士，当一个作家？我为你自暴自弃，从此被人怜悯？我走入精神病院，我爱你爱崩溃了？爱疯了？还是我在你窗下自杀？明明，告诉我该怎么办？你是聪明的，灵巧的，伶牙俐齿的，愚不可及的，我心爱的，我的明明……

作品：《恋爱的犀牛·马路的独白》段奕宏

本章思考题

1. 了解节奏的概念和成因。
2. 播音节奏主要有哪几种类型？
3. 正确理解语气和节奏含义，弄清它们之间的关系。

第九章 话筒前状态

第一节 正确的话筒前状态

话筒前状态好，可以使准备充分的语言内容非常自信地表达出来，甚至超常发挥，即使遇到较急较紧的稿件，也可以播得沉稳，应付自如。可见好的话筒前状态，能使注意力高度集中，大胆、积极、振奋。

凡经历过多年直播锻炼的播音员都有这样的体会：直播能锻炼播音基本功，尤其是稿件来得紧急时，心里只有语言内容，身边编辑忙碌的情景似乎都感觉不到了，真有点“视而不见”，注意力高度集中也不易出错。

好的话筒前状态，能使播音锦上添花；不好的话筒前状态，则使播音功败垂成。所以说，话筒前状态是播音员的基本功。

一、进播音间前做好具体的准备

1. 文字准备

对生字的注音（有时标个声调即可，有时标拼音或注汉字，因个人情况而定。目的是提示自己容易出错的地方。不清楚的字一定要描清楚，因为播音员思想集中于稿件，播到不易辨认处就易卡壳儿出错）。播音员还要有分辨各种不同字体的本领，不同记者、编辑字体不同，有的稿件都删改花了，在稿件的上下左右放了不少“气球”，播音员不能因稿件字迹乱而播错，因为听众、观众不知道这些也不会因此而原谅的。即使现在稿件由电脑打出来，但仍须注意很多问题，不能掉以轻心。

2. 技术准备

稿件要剪裁开，以便翻页。

核查顺序：稿件要核对顺序、页码，以免漏播、错播。

搭档之间合作：两人都坐在播音室来共同完成一个节目，一方播时另一方要为之创造条件，不做小动作以免干扰对方播音；一方播完要向对方点头示意，为对方接着播创造条件。

3. 表达上的准备

静下心来想内容，想目的，想针对性；培养酝酿感情，焕发相应情感；轻声读两句，调调“弦儿”，以免张嘴打磕巴或出现“痰堵门”；坐姿以坐在椅子前三分之一处，欠着点身为好。因为这样坐，精神振奋，播讲欲望强，反之，坐满则易呈现懒散的状态。

总之，表达上的准备犹如一种“临战”的状态，好像战士即将上战场时的心境，有了“求战”心切的情绪，渴望一吐为快，这就具备了良好的工作情绪。

二、正确的话筒前状态的特征

1. 思维清晰、信心十足

凡有过直播锻炼的播音员有个共同特点：从不敢放松备稿，只要不播出总是稿不离手，口中念念有词，稿件多熟也放不下，紧张振奋的情绪一直保持着，直到播出为止。据心理学研究表明，内在紧张可以抑制心理作用过程，也可以活跃心理作用过程。在播音创作过程中懈怠不振作是最要不得的，适度的紧张是积极的心理活动所必需的，过度紧张会引起情绪抑制和精神疲惫，所以正式播出时保持适度紧张是必要的。这里强调“紧张度”，凡事适度恰到好处为好，过犹不及都不行。

直播能使播音员的思维锻炼得清晰敏锐，因为直播使播音员必须在理解感受稿件上花功夫，播时话筒前精神状态又高度集中，这样稿件开掘得就深，作者意图把握得就准，稿件的内容层次脉络清晰，目的像红线把内容贯穿起来，思想感情紧扣着稿件的具体内容而运动。即使放下稿件也能复述出内容梗概，如此清晰的思维，自然已经化成了播音的独特感受，加之话筒前敏捷的适应力的锻炼，播音时就会胸有成竹、信心十足。

2. 知觉活跃，愿望强烈

人们的知觉活动都可能不同程度地伴随着一定的情感活动，播音工作更是离不开情感活动。一个好的播音员必须具有较强的情感知觉的能力。因为人类情感是极其丰富和复杂的，而播音工作就是要反映他们的思想境界，报道他们的感人事迹，如果播音员情感贫乏、感情冷漠，就根本不适合从事播音工作。只有情感丰富，才会有好的知觉效果，在知觉客观事物时，才能迅速诱发出内心的情感经验，产生相应的情感带动起丰富的想象、联想。想象与联想的展开又丰富了情感活动的内容，提高了情感活动的水平，才能播出感人至深的作品来。

授课：正确的话筒前状态和播音员素养

创作者的意图明确、内部技巧又娴熟，能迅速地捕捉到最期待收听、收看这方面内容的受众心理，能引发出强烈的播讲愿望，一吐为快；此时的精神状态是积极的、振奋的，情绪酝酿是炽烈的；机体适度紧张，内部生理变化表现为：呼吸加快加深、心搏加速加强、血管舒张、血液含氧量增加；心理变化是自信，对取胜充满信心，对内容充满了兴趣，所言积极由衷。外部表现形式：声音自如，神态轻松，又全神贯注。

3. 进稿迅速，注意力集中

从呼台号、报题目、播开头开始，就要全神贯注到稿件中去，与稿件同呼吸共命运。依语言内容起伏，引导着受众体会领略，想稿件所想，急稿件所急，依语言内容起伏跌宕。对播音伊始不容易进入稿件内容，而需要渐渐才能进入所播的内容中去的播音员，则要付出一定的努力，使其从一呼台号开始，就把注意力牢牢地稳定在预期的目的上。

现在各地电台和电视台多采用新闻直播，而新闻节目多是时间紧、来稿急并要求准时播出的，这给播音工作平添了难度，能否胜任新闻直播或录音任务就成了衡量播音员能力大小、水平高低的标准之一。要准确无误播出，达到优质高水平，除了进行大量的专业技能训练，尤其要重视注意力集中的训练。其训练方法很多，如让学生或新播音员先集中注意力听一段故事或新闻，然后让其详细复述。这里要按要求训练，要求学生在听的过程中边听边记下重点句子，整理出层次、情节发展提纲，并用自己的话复述。也可以让新播音员在同一时间内领稿、限时准备、定时收回，然后让每人写出或复述出稿件内容梗概……这些方法可以锻炼调节自身的注意方向，保持注意力的稳定集中，增强抗干扰的能力。又如在每次播音训练中有意插入一两条临时稿件，这种带有临时性、突然性的变化，对注意力集中的训练很有好处。心理学分析称："在精神高度集中的情况下一个人会沉浸在他所注意的对象中，而注意不到周围所发生的事情。"

播音员自如驾驭把握自己的注意力，对于播音创作是很重要的。要维系注意力，一个是自身的状态，有些播音员自己没有播讲愿望就照本宣科，让人听来乏味，只有自身的状态积极、兴趣盎然、主观能动性充分调动起来了，这种状态下的注意力才是最容易稳定持久的，也是最富于感染力的；另一个是内容与表达，内容若是单调呆板，或生吞活剥，注意则难以稳定，若内容是丰富变化的，则容易抓住受众的注意力。

三、话筒前的姿势体态及其他

话筒前的姿势体态不讲究也会影响状态的自如。如有的播音员一边播音一边哆嗦腿；有的播音员把上身趴在桌子上；有的播音员下意识地用脚打拍子；还有的播音员在播音时，用一只手捂着自己的耳朵等等，这样就会因姿势的不正确而影响到声音、气息的通畅自如。

电视屏幕前坐姿要正，稿件、人体、头、腿要成直线，有时为了构图美观也可采用侧坐。侧坐也要成直线，要有精神劲儿，腰眼要挺，头不要有规律地摆动。胖人坐时胳膊可以稍收着点贴近身体，使图像呈收势，不给人以太宽的感觉；瘦小者坐时把胳膊在播音台前稍扩开些，图像也可显得饱满舒展些。

屏幕前要稍稍注意嘴的动作不要过大，也不能为了美不敢张嘴，甚至连字都吐不清晰，那样就会失真、做作。女播音员要注意不能抬头总是笑，可以因内容的不同而流露笑意，呈兴奋状态就可以了，更不能假笑或笑出声来，即使播音员性格开朗外向，在口播新闻中还是以端庄、含蓄为好。

话筒前的用声力度问题是个值得探讨的问题。电视播音和电台播音是有区别的。广播电台的新闻播音要比电视台的新闻播音在语言力度上稍强一些，电视新闻因为有画面图像，受众收视的距离更近些，所以以小实声为主，控制性较强，这样用声在收视过程中声音与画面融合相贴、不噪不咋，比用声不控制、力度过强的声音更受欢迎。

在屏幕前播音还要寻找一下镜头前的自我感觉，坐在播音室面对摄像机，要意识到这是面对着观众说，视线所及处好似看到了观众们期待的目光。技巧娴熟的播音员一看镜头，顿时眼神发亮，有了聚焦点，“看到了”观众，神态自然松弛，自我感觉也就良好，自然就能赢得交流的主动权。

第二节　话筒前状态的调整

一、话筒前状态不正确表现

1. 紧张怯阵

有不少刚刚步入工作岗位的广播、电视播音员，在面对实播或考试时容易出现紧张怯阵心理，其表现是：紧张过度，丧失自信，不能自我控制。对稿件视而不见，脑中空白，思维滞塞，言辞不畅，心理负担重，出现越播越快、越紧，声音捏挤、抖颤，气浅声浮不能自已，肌肉僵持，表情不自然，不敢抬头交流等等。

形成紧张怯阵的原因：实践经验少；环境的改变，如录音改直播、晚会直播，观众由不见面改为当面观看等等；情绪气氛的改变，如过于严肃的气氛；紧张情况的发生等等；还有播音员因为台号呼不好，经常接到听众来信，领导也批评，渐渐形成压力，一张嘴就害怕，很长时间还呼不出来，对此现象同行称之为“恐惧症”。患了恐惧症，严重者不得不改行。

2. 懈怠

懈怠的表现：情绪低落，四肢无力，动作懈怠，意志消沉，思维不畅，无精打采。

懈怠的原因：播音员过度疲劳，休息不好或缺乏事业心，或意志力不强，就易出现冷漠懈怠。

3. 应激反应衰竭

过度兴奋、过早出现兴奋的状态，是由于精神过度紧张而造成的身体上的各种异常反应。如考前或主持晚会开始前，情绪过早地进入兴奋状态，情绪特别高。如果得不到及时缓解，必然过多地消耗能量，到了“战时”反而精疲力竭了。

这种“应激”现象的出现如得不到及时缓解，就会逐渐出现“应激反应衰竭”。从生理机制上分析，是由于大脑皮层兴奋性过高而产生扩散，导致皮层对植物性神经系统和皮层下中枢的调节活动减弱。

播音或主持节目的临场经验不足，自我控制能力和适应能力差，或对自己期望值过高等都容易产生这种“应激反应衰竭”。

4. 追求技巧偏离稿件内容

只想技巧和形式而离开了所播内容，这就是杂念在干扰。如有的播音员到话筒前还想气息对不对，声音这么发好不好，小腹怎么没使上劲儿……这样的播音怎么能不失败呢？

脱离内容的声音、气息无所谓正确不正确，但不是说话筒前就一点也不能想声音、气息。

话筒前拿到稿可以先念几句，调整好自己的声音、气息状态。

在有稿件播音中不能考虑声音语速，但播着播着感觉到太促太紧了，这时要调节：一要适当，二要迅速（在该缓的地方有意慢下来）。这种调节是在万不得已情况下进行的，一般不提倡。

二、消除心理障碍的有效措施

以上讲的这些不正确状态，其表现的失态多是心理障碍没有及时排除才造成的，所以要消除心理障碍就要采用有效措施，具体办法如下。

1. 生理调控法

就是通过控制和调节生理变化的手段来解除紧张心理，增强信心。因为在一定的心理活动情况下，有什么样的生理上的变化就有什么样的心理现象，把握了生理变化与心理活动的关系就便于控制与调节。

例如考试或直播前，当自己意识到生理上的变化，如脉搏急促、呼吸加快、心跳加速、气息浮浅时，可采用以下措施。

(1)"深呼吸"

可缓解紧张情绪，使僵持的声音、气息得到些许的调整。大口吸气还是无济于事，只有深吸一口气—屏气—呼气(徐徐地)，同时收缩腹部二角区的肌肉，这样可以防止造成恐惧。

深呼吸可以减少疲倦，并能产生能量。在考试前出现紧张时，在别人毫不觉察的情况下，做做深呼吸，可使紧张情绪得到缓解。

(2)"调调弦儿"

坐在播音室面对话筒播上几句，自己调调声音，就好似京胡在演奏前要调调弦儿是一样的道理。稿件起头处播几句，高潮处试几句，以便找准合适的用声范围。

2. 心理诱导法

考试、直播、主持晚会等关键时刻，有些播音员总爱自己吓唬自己，诸如"我嗓子发干声不好""我可能播不好"……无穷尽的泄气念头在脑海中萦绕，这些刺激只能给自己带来不安，人为地制造紧张空气，这是信心不足的又一种表现。

心理诱导法是指用含蓄的暗示方法，对人的心理和行为产生影响，给人脑以兴奋的刺激。暗示的意义在于，树立必胜信念，克服一切不利因素，实现积极的自我暗示。稳定自己的情绪，才能发挥水平。

无论是自我暗示、还是他动暗示进行心理诱导时，切忌用消极暗示。诸如"别慌"、"别紧张"，这些暗示语之所以是消极的，是因为它可能使人产生心理负担。在考试等关键时刻，应尽量避免使自己产生不安的反面刺激，应当用积极的暗示，如"我会成功""我的状态很好"等等；这种积极的暗示对心理诱导作用影响很大，一定的目的意志能在一定程度上控制自己情绪，克服紧张情绪的不良影响。

当然心理诱导的暗示方法还有许多，如不要把考试、直播看得太重，以免形成精神压力，更不要把出错与个人得失联系起来，应把考试当成一次学习成果的汇报，是检验自己劳动成果的机会，这样，调整就会自如从容得多。

3. 心境的培养

一个运动员参加重大比赛就有一个竞技状态问题，这个竞技状态就是情绪状态。分析运动员的竞技状态就可以发现它的形成是多因素的，包括气候、环境、饮食、睡眠状况，还有运动员自身的心情、意志、性格等等。最佳的竞技状态往往是综合优势的充分发挥。对于播音创作主体，在播音过程中也有一个“竞技状态”问题，这就是心境。

优良的环境条件可以为播音工作创造、提供、保证最佳心境，发挥最高水平；同时，播音必须培养“抗干扰”的能力和适应各种环境条件的稳定心境。

播音员面对环境嘈杂的干扰，应该有视而不见、充耳不闻，一心只想稿件内容的状态，这样才能全身心地投入创作。

人的情绪状态是十分复杂的，既有外部刺激引起的变化，又有内在因素产生的影响。播音创作主体要想获得最佳状态，就不能让自己的心境处于被动的位置，而必须注意主动调节自我情绪，以工作为重，以党的利益为重，去热情讴歌先进人物可歌可泣的事迹。人都有七情六欲，但到了镜头前，就只能以语言内容、宣传目的为准绳来调节自己的心境。播音员甚至连饮食起居都要从工作出发，有劳有逸，保持健康的心态，这一切对提高工作效率是很有意义的。

4. 排除杂念法

有的播音员一到话筒前、镜头前就极易产生杂念。它的产生干扰着注意力的集中。杂念种类很多，表现如跑神、走思，眼中看字口里念心里乱，不知所云。有个别播音员到了话筒前总也摆脱不了杂念的缠绕，如直播刚一呼台号就涌出一堆杂念：“编辑、记者都在听着我播音，要是出了错多难为情……”“化妆如何，形象好不好……”就是没想内容，或者是边播边想“后面的名词术语太难念”“可别出错”等等，这些都属杂念。杂念一占据主位，就会直接干扰思维的方向与内容，注意中心被抑制，注意的集中就要被破坏。

注意的兴奋中心被抑制，思维没有指向并集中于所播稿件内容上，而指向并集中于不该注意的杂念上去。遇到这种杂念纷扰时，可以采用排除杂念法，用所播稿件内容或播讲目的来诱导自己，把注意集中到播音的内容和目的上去。因为一个人对于某个对象注意越集中，那么对于其他对象也就越模糊，因此用上述办法抑制杂念产生，可使注意保持稳定集中。

第三节　播音员的心理素质与专业品质

一、播音员的心理素质

在人类传播活动中，随着传播形态的日益丰富，广播电视作为传播过程的基本组成部分——传播媒介，以惊人的速度融入现代人的生活，并成为大众休闲生活中的首选。同时播音员、主持人这一新兴职业也走入世人的视界，他们作为传播过程中的重要桥梁，将信息与受众完美连接。节目播出质量及受众审美标准的提升，对播音员和主持人的心理素质要求越来越严格。

1. 心理状态理想模式

广播电视的传播特性、技术特性以及艺术特性对播音员和主持人的心理状态产生了很大的影响。不仅如此，受众收听收视时的随意性、习惯性及闲暇性等特殊的审美接受方式也对播音员主持人的心理状态产生了强有力的冲击。优秀的播音员或主持人在节目中呈现的理想心理状态模式应该是：坚定自信，积极真诚，沉着冷静。

当无法预知自己在即将到来的事态中是否有最佳表现以及能否适当处理矛盾时，坚定自信在其中起至关重要的作用，同时也是产生其他理想心理状态的根源。在理想心理状态中，积极真诚能够让播音员和主持人时刻树立对象感意识，同时也能够刺激他们产生强烈的播讲愿望。由己达人的语言和情感才能够和受众进行交流，产生共鸣。沉着冷静是在瞬间产生的一种心理状态。沉着冷静不代表严肃，在主持节目的过程中，它能够让播音员主持人始终保持清晰的头脑，并采取适当的积极主动的应对方式加以表现。无论是对于播音员还是对于主持人，具备良好的心理状态，能够帮助他们在职业生涯中迅速成长，并能够取得长足的进步。良好的心理状态对播音员和主持人有推动作用；反之，心理状态不佳，也会影响播音员和主持人的进步和发展，成为他们职业道路上的绊脚石。

2. 影响心理状态的因素

特殊的职业身份要求播音员主持人要时刻代表一个节目、一个媒介机构的形象，一言一行都要符合自身职业特点。特殊的职业身份无形中也给他们带来更多的外界刺激和压力。一个人的心理状态变化最直观的反应便是情绪。情绪是个体感受并认识到刺激事件后产生的身心激动反应。所谓刺激事件不仅指来自外部环境的某种刺激，还包括自身内部环境的生理以及心理上的刺激。情绪反应伴随着一系列的生理变化，如心率、呼吸频率、唾液腺分泌活动的变化等；情绪反应的行为表现主要包括话音语调、面部表情以及肢体语言的表达。节目播出时任何一个环节出现失误都需直接面对镜头的播音员或主持人来承担，他们面临的压力可想而知。长期被受众认可的播音员主持人，个人魅力与长期经验必不可少，自控能力也是维系其稳定心理状态的重要因素之一。

每一个播音员和主持人在面临“首播”时都会紧张，如首次出镜、第一次主持不同类型的节目、播出方式的更换（由录播改为直播）、偶遇突发事件等等。面临全新的播出环境和从未涉足的领域,有自控能力的主持人同样可以平稳心态,操控自如。无论面对自身变化,还是外界刺激,他们都能够控制自身情绪,积极调动心理状态来完成工作。他们的表现自信、沉着、镇静。

张颂教授曾说:“播音主持心理学,要以主体心理和接受主体心理的呼应及各自心理过程、心理变化规律等为研究的中心。”受众的情绪无形中会跟随主持人的语音语调、情感起伏、思维的运转等而变化;同时播音员主持人的心理状态也会因为受众的心理反馈而受到一定程度的制约和影响。所以对播音员主持人常态心理进行分析、论证,离不开受众的心理反馈这一重要因素。

在没有观众参与的演播室里,播音员和主持人只能面对冰冷的话筒和镜头。在节目播出过程中,因为没有受众直接参与互动,我们认为受众的心理不会影响主持人的心理状态。其实不然,受众虽然不在现场,但早已被播音员和主持人“装进心里”。在假定的情境中,他们也能够和受众进行交流。诚挚的语言、亲和的感染力、强烈的播讲愿望来源于“无形”受众的反作用。

现场报道的特性,很容易使播音员产生紧张的情绪。在特殊的环境中,周围的事物有时会刺激主持人出现思维混乱、语无伦次、言不达意等状况。尤其要注意不同情绪下的语言表达能力的调整。

互动性较强的节目,如谈话类节目和娱乐性节目,受众的参与尤为重要,节目的成败不仅在于传者,受众的反馈也是考量的重要因素。主持人不仅要在节目中进行内容上的串联,更要根据不同受众群,时刻调整自己的交流方式和语言风格,抓住受众的情绪。

与此同时,一些建立在受众心理分析的基础上的间接反馈也会对播音员主持人的心理状态产生相应的影响。例如,节目的收听收视率;面向受众的收视收听调查;来自听众和观众的网上留言或来信等等,在某种程度上也能够影响播音员主持人心理状态。得到受众认可的播音员主持人会受到激励,从而增强自信的信念,激发创作热情,使他们的形象更加深入人心;没有得到观众认可的播音员主持人会产生挫败感,他们逐渐流失创作激情和交流的欲望,更有甚者会慢慢淡出受众的视线。

3.理想心理模式的获得

播音员和主持人怎样才能在自己的工作中拥有坚定自信、积极真诚、沉着冷静的理想心理状态模式?出现负面的心理状态问题时,该如何“应对”?在产生紧张情绪时,大多通过“深呼吸”来调节,是因为在进行深呼吸时,会同时收缩腹部三角区的肌肉,这样可以有效防止体内造成恐惧的化学物质——肾上腺素的生成,随之有效缓解紧张情绪。但这样的生理调控只能暂时释放压力,并不能通过深呼吸而使个体所产生的紧张和失控感彻底消除。

长期的工作实践经验积累,使播音员和主持人获得稳健平和的心理状态。更重要的是能够积极面对自身的不足,并善于分析总结,从而主动进行心理调适。当面对产生紧张情绪的具体事件时,尽可能地做出客观而全面的评价。避免从自身角度主观夸大事实,以至于造成过分焦虑、恐惧等情绪反应。不应把情况设想得过分复杂和困难,也不应把事件的后果看得过分严重,这样会导致自己失去自信,随之对事件失去操控感。同时,在应激过程中需要良好的行为调适。面对应激源,应尽可能采取主动措施去处理,使之得以消除。可以采取重点突破的方法,排除杂念,集中注意力和精力来寻找解决办法的有效途径,将主导情绪的感性思维转向理性思考。

心境的培养,对于播音员和主持人来说是一个长期的训练过程,心境不仅能够为播音员和主持人营造良好的播出环境,使之全身心投入播音创作中;同时还能使之提高自身修养,增加自信,保持创作激情,激发交流欲望,从而拥有坚定自信、积极真诚、沉着冷静的心理状态。

作为广播电视艺术中的一部分,播音员主持人的职业历史只有短短几十年,无论是对于已经走上播音员主持人岗位的先行者,还是即将步入这个职业领域的有志者,心理状态的训练工作都应该长期坚持下去。同时,对于播音员主持人心理常态分析的工作也应更加深入和彻底。只有进行长期不懈的努力,才能够为播音主持艺术开创新纪元。①

二、播音员的专业品质

意志是人所特有的心理现象。意志不仅调节外部动作,还可以调节人的心理状态,所以在训练播音员时,意志品质的培养又是不可忽视的重要环节。

一个优秀的播音员必须是意志坚强的人。意志力强可以克服不利因素的干扰,如有意外情况发生时可以克服紧张慌乱,迫使自己保持镇定,在嘈杂纷乱的环境中,意志可以对注意、思维等认识活动进行调节,排除干扰,把注意力集中于工作内容上并顺利完成任务。可见锻炼坚强的意志是多么重要,而意志和认识过程有着密切联系,离开了认识,意志就无从产生,所以锻炼坚强意志必须从以下几方面入手。

1. 树立为播音事业努力奉献的精神

播音战线上的一些老同志给我们做出了榜样,他们辛辛苦苦不分昼夜,坚守

① 朱辉:《播音员与主持人心理素质研究》,《中外教育研究》2009年第7期。

在播音岗位上，及时向受众报道最新消息，传播各方面的知识，鼓舞人们不断进取。他们为了广播电视事业的发展，贡献了自己的青春乃至毕生精力。广播电视不仅时效性强，还拥有最广泛的受众。广大播音员要看到社会影响和注重社会效果，并且自觉地树立为播音事业而奋斗的精神。

事业心不强的人很难有坚强的意志，只有对事业执着追求，才能生出高涨的热情，为此要加强职业道德教育，热爱本职工作，思想境界越高，意志越坚定。

2. 树立明确目的

具体目的越明确，热情越高，意志品质提高越快。

播音专业新生入学、新播音员步入工作岗位时都要重视专业思想和意志品质的培养教育，让其认识到苦练基本功的过程也是培养锻炼意志的过程。认识提高了，有了自觉性，就会有毅力、有决心去克服外部内部条件所造成的困难，冬练三九、夏练三伏，并持之以恒。

3. 克服不利情绪干扰

情绪可以成为意志的动力，也可以成为意志的阻力。对事业冷漠者很难有坚强的意志。意志力薄弱而消极情绪强烈则会导致行动半途而废。意志力坚强可以克服不利情绪的干扰，使行动持之以恒。意志对情绪的影响可以使播音员抑制个人的不愉快情绪，从工作出发，激发宣传热情，积极去宣讲党的方针政策。

总之，认识、情感、意志密切联系，彼此渗透，不是孤立的一种心理活动。要加强思想修养，善于控制自己的情绪、情感，摆好自己在集体中的位置，树立正确的自我观念，而人生观、世界观又制约着意志的培养。

第四节　话筒前状态部分的实训安排与回课记录

例稿分析

鲁迅《雪》[1]

暖国[2]的雨，向来没有变过冰冷的坚硬的灿烂的雪花。博识的人们觉得他单调，他自己也以为不幸否耶？江南的雪，可是滋润美艳之至了；那是还在隐约着的青春的消息，是极壮健的处子的皮肤。雪野中有血红的宝珠山茶[3]，白中隐青的单瓣梅花，深黄的磬口的蜡梅花[4]；雪下面还有冷绿的杂草。胡蝶确乎没有；蜜蜂是否来采山茶花和梅花的蜜，我可记不真切了。但我的眼前仿佛看见冬花开在雪野中，有许多蜜蜂们忙碌地飞着，也听得他们嗡嗡地闹着。

孩子们呵着冻得通红，像紫芽姜一般的小手，七八个一齐来塑雪罗汉。因为不成功，谁的父亲也来帮忙了。罗汉就塑得比孩子们高得多，虽然不过是上小下大的一堆，终于分不清是壶卢还是罗汉；然而很洁白，很明艳，以自身的滋润相黏结，整个地闪闪地生光。孩子们用龙眼核给他做眼珠，又从谁的母亲的脂粉奁中偷得胭脂来涂在嘴唇上。这回确是一个大阿罗汉了。他也就目光灼灼地嘴唇通红地坐在雪地里。

第二天还有几个孩子来访问他；对了他拍手，点头，嬉笑。但他终于独自坐着了。晴天又来消释他的皮肤，寒夜又使他结一层冰，化作不透明的水晶模样；连续的晴天又使他成为不知道算什么，而嘴上的胭脂也褪尽了。

但是，朔方的雪花在纷飞之后，却永远如粉，如沙，他们决不粘连，撒在屋上，地上，枯草上，就是这样。屋上的雪是早已就有消化了的，因为屋里居人的火的温热。别的，在晴天之下，旋风忽来，便蓬勃地奋飞，在日光中灿灿地生光，如包藏火焰的大雾，旋转而且升腾，弥漫太空，使太空旋转而且升腾地闪烁。

在无边的旷野上，在凛冽的天宇下，闪闪地旋转升腾着的是雨的精魂……

是的，那是孤独的雪，是死掉的雨，是雨的精魂。

注释：

①本篇最初发表于一九二五年一月二十六日《语丝》周刊第十一期。

②暖国：指我国南方气候温暖的地区。

③宝珠山茶：据《广群芳谱》卷四十一载："宝珠山茶，千叶含苞，历几月而放，殷红若丹，最可爱。"

④磬口的蜡梅花：据清代陈淏子撰《花镜》卷三载："圆瓣深黄，形似梅花，虽盛开如半含者，名磬口，最为世珍。"

"文学家、思想家、革命家"的身份定位，似乎成了一些研究者解读鲁迅先生作品无法绕开的切入点。他的身上被不少学者一厢情愿地、机械地贴上了符号化、口号化的政治标签。其实，鲁迅先生是一个鲜活的、内心丰富复杂的人。

我们在阅读和表达中，应该确立这样一种态度：不要试图弄清楚每一句话所暗含的象征意义，而应当从整体上来感悟作品所描绘的场景的精神格调。

王蒙像从远处注视极美的风景，对这篇充满了诗意的散文，做了巧妙而不落俗套的解析。他写道："鲁迅在《雪》中塑造了两个形象：江南的雪和朔方的雪；使我们联想起两种性格：美艳又不免脆弱的童年、青春与坚强又不免孤独的战士和公民；敷染了两类美学色调：瑰丽的和斑驳的，亲切的和严峻的，鲜活的和深重的，怡悦的和粗犷的，温馨的和悲壮的……这二者像一个乐曲中的第一主题与第二主题，互相补充，互相渗透，互相纠缠，互相争斗，组成了一个小小的，然而是非凡的篇章。”

一个作家的创作心理，本来就是复杂而又微妙的，鲁迅更应该是如此。1924年的12月31日，北京下了一场大雪。在这天的日记中，鲁迅先生写道：“雨(读‘yù’，从天上落下的意思)雪……下午霁(天放晴)，夜复雪。”第二天的日记中，他又写道：“大风吹雪盈空际。”北方的积雪，融化十分缓慢。也许正是这场雪，触发了鲁迅先生写作《雪》的灵感。

文章一开篇，带有一点鲁迅笔下一贯的调侃意味，用暖国的雨，引出了江南的雪。接下来，文笔便沉浸在对江南美好雪景的回忆里。红山茶、白梅花、黄梅花、绿草和雪交织着，组成一幅滋润美艳的图画。更加上蜜蜂在花间飞舞的联想，使江南的雪，充满了温润的春的气息。而接下来的描述，让我们似乎可以想象出，鲁迅先生在写作时，沉浸在对童年的追忆里，嘴角露出了浅浅的微笑。塑雪罗汉的那群天真无虑的孩子和充满了童心的大人，可爱、有趣味，不由勾起了我们对温润的童年岁月的无限依恋。这种依恋，恐怕也是鲁迅先生当时的情感。接下来，雪罗汉在孩子们的光顾中融化了。写雪罗汉融化的一段文字，细致、真切、精妙。

到这里，文章已经用了四分之三的文字，写江南雪的美艳，孩童的欢乐，雪罗汉的有趣，作者对故乡的怀念和对童年的依恋之情，弥漫在其中。然而，接下来的“但是”两个字，却让这种优美而虚空的回忆戛然而止了。雪罗汉的融化，似乎正暗示着温润优雅的事物尽管美好，却经不起外力的作用，不能持久，不值得过分地依恋。突然地，鲁迅先生把笔触转向了对当下眼前朔方的雪的描写。让人感到孤独、寂寞，而又气势磅礴、声威浩大的朔方的雪，似乎在抗争着严酷的寒冷。气氛转而粗犷、急促、高亢、激越，令人从南国雪温润的氛围中，从雪罗汉消融带来的忧郁中，忽然振作起来。童年的场景消失了，柔缓的乐音停止了，当下的风雪交加的画面却展开来，冷酷与激越的交响曲奏响了。

鲁迅先生用“是的，那是孤独的雪，是死掉的雨，是雪的精魂”来形容朔方的雪，表达了他对朔方的雪的精神的推崇。因此，朔方的雪，又可以被视为是鲁迅先生博大胸襟与坚强斗志的写照。而同时，这样的句子，似乎也暗示着一个人告别了温暖的童年，进入了严酷的成人世界，成为一个社会的人。

诗人、文学评论家李欧梵论及《雪》时，也认为：“雪的两种形象，成为诗人往昔青年时代和当前的他的隐喻。”(李欧梵《铁屋中的呐喊》)可见,把《雪》看作是鲁迅先生对温润、诗意的“童年、青春世界”的依恋与诀别之作,并不是没有道理的。他向往一种奋斗、向上、闪光、激越、理性、刚强、成人化和社会化的生活,他后来的道路验证了这一点。

这篇文章写于 1925 年 1 月 18 日,事实上,在鲁迅先生写作本文的前后几年中,对故乡和童年的依恋,对当下社会生活的冷静审视,以及对故乡和童年世界中的人物的批判和反思,构成了他创作的主要内容(这主要体现在他的小说集《呐喊》《彷徨》和散文集《朝花夕拾》中)。由此看来,依恋与诀别,又似乎是阅读鲁迅先生这一时期作品时很值得注意的一个命题。

在播读过程中的提示与建议:

1.鲁迅作品的风格境界应与什么样的声音形式吻合

具象和抽象的感受片段:

沉静、回忆、细致、敏感、天真、温润、花的颜色、怀旧、甜美气氛——江南。

寒冷、雨、风、雪的质感、感奋与激越、力量与升腾、自然与生命——北国。

2.声音状态方面

描摹美艳南国时用松弛沉静的语调、平和温润的声音;描摹童趣天真的段落语气生动情感细腻,但是也不应该丢掉怀旧的距离感、时空感(只是带着淡淡的温暖而忧伤的回忆)。

描摹朔方风雪时语调冷峻、深沉,渐急促,进而激越、高亢,带有直面现实和人生的一种成长和勇气。最后一个自然段,压抑住激动的情绪,沉稳下来,肯定的语气,升华主题,总结全文。

3.鲁迅的形象借鉴

演员濮存昕在舞台上朗诵鲁迅散文的状态可以借鉴。

大量阅读鲁迅作品,联系大背景、小背景,了解鲁迅其人其事。

回课记录

第五节　名家名作有声作品欣赏之九——《县委书记的榜样——焦裕禄》

一、齐越

齐越，曾用名齐斌濡。1922 年 2 月生于内蒙古满洲里，河北高阳人。齐越于 1946 年毕业于西北大学俄语系，同年 10 月参加革命，在晋冀鲁豫人民日报社担任编辑，1947 年担任陕北新华广播电台播音员。1950 年加入中国共产党。解放战争时期，许多重要的文告新闻经齐越同志播出，鼓舞了人民的士气，瓦解了敌人的斗志。他为配合人民解放战争的胜利做出了重要贡献。

齐越和丁一岚在开国大典上做直播

1949 年 10 月 1 日开国大典的盛况，是他与丁一岚向全世界现场直播的。

在中央人民广播电台工作的几十年漫长播音生涯中，他以特有的庄重、深沉的声音感染了千百万听众，许多人便是从他的播音中更深切地感受到《谁是最可爱的人》《县委书记的好榜样——焦裕禄》等名篇的魅力。在中央人民广播电台期间，历任播音员，播音组组长、播音艺术指导、播音部副主任，先后播出了《在彭总身边》《巍巍昆仑》等革命回忆录和电影小说，在听众中引起很大反响。1975 年调北京广播学院任教。1978 年评为教授。1991 年起享受政府特殊津贴。1993 年 11 月 7 日 9 时因病医治无效在北京去世，享年 71 岁。为纪念齐越对播音艺术的杰出贡献，中国传媒大学播音主持艺术学院主办“齐越朗诵艺术节暨中国大学生朗诵大赛”，以此来鼓励广大学子向齐越同志学习。

齐越是我国老一辈播音艺术家，我国人民广播事业的第一位男播音员，是新中国广播事业奠基人之一，是新中国第一位播音专业教授、播音专业硕士生导师。他的一生心系祖国和人民，品德高尚，一身正气，在事业上兢兢业业、勤勤恳恳，为培养新一代播音员付出了辛勤的汗水，为我们的播音主持事业贡献了毕生的精力，同时也留下了大量优秀的播音作品。他在几十年的广播工作中，传达着党和政府的庄严宣告和人民的声音。这声音有一种特殊的魅力，深情地吸引着听众，打动着人心，给人以启迪。正如齐越所说的：“我是中国人民的播音员、中国共产党的播音员。我传达的是中国人民战胜艰难险阻走向胜利的声音，我传达的是中国共产党的堂堂正正的真理之声。我为此而自豪。”

齐越在播音

二、长篇通讯《县委书记的榜样——焦裕禄》

传媒记录着世事的变迁，也影响着这个时代的每一人。《人民日报》和新华社，是中国的主旋律媒体。它们的社论、头条要闻，表明当时的主旋律，反映当时的社会环境。穆青、冯健、周原写作的长篇通讯《县委书记的榜样——焦裕禄》在当时就是影响了一代人的作品。这篇稿子由于齐越先生的满含激情的播读更是让全国人民记住了焦裕禄的名字。这篇长篇通讯全文一万二千多字，下面是节选。

作品：名家朗诵
《县委书记的榜样
——焦裕禄》
齐越播送

县委书记的榜样——焦裕禄(节选)

穆青　冯健　周原

1962年冬天，正是豫东兰考县遭受内涝、风沙、盐碱“三害”最严重的时刻。这一年，春天风沙打毁了20万亩麦子，秋天淹坏了30多万亩庄稼，盐碱地上有10万亩禾苗碱死，全县的粮食产量下降到了历史的最低水平。

就是在这样的关口，党派焦裕禄来到了兰考。

展现在焦裕禄面前的兰考大地，是一幅多么严重的灾荒的景象呵！横贯全境的两条黄河故道，是一眼看不到边的黄沙；片片内涝的洼窝里，结着青色的冰凌；白茫茫的盐碱地上，枯草在寒风中抖动。

困难，重重的困难，像一副沉重的担子，压在这位新到任的县委书记的双肩。但是，焦裕禄是带着《毛泽东选集》来的，是怀着改变兰考灾区面貌的坚定决心来的。在这个贫农出身的共产党员看来，这里有36万勤劳的人民，有烈士们流血牺牲解放出来的90多万亩土地。只要加强党的领导，一时就有天大的艰难，也一定能杀出条路来。第二天，当大家知道焦裕禄是新来的县委书记时，他已经下乡去了。

他到灾情最重的公社和大队去了。他到贫下中农的草屋里，到饲养棚里，到田边地头，去了解情况，观察灾情去了。他从这个大队到那个大队，一路走，一路和同行的干部谈论。见到沙丘，他说：“栽上树，岂不是成了一片好绿林！”见到涝洼窝，他说：“这里可以栽苇、养鱼。”见到碱地，他说：“治住它，把一片白变成一片青！”转了一圈回到县委，他向大家说：“兰考是个大有作为的地方，问题是要干，要革命。兰考是灾区，穷，困难多，但灾区有个好处，它能锻炼人的革命意志，培养人的革命品格。革命者要在困难面前逞英雄。”

焦裕禄的话，说得大家心里热呼呼的。大家议论说，新来的县委书记看问题高人一着棋，他能从困难中看到希望，能从不利条件中看到有利因素。

“关键在于县委领导核心的思想改变”

连年受灾的兰考，整个县上的工作，几乎被发统销粮、贷款、救济棉衣和烧煤所淹没了。有人说县委机关实际上变成了一个供给部。那时候，很多群众等待救济，一部分干部被灾害压住了头，对改变兰考面貌缺少信心，少数人甚至不愿意留在灾区工作。他们害怕困难，更害怕犯错误……

焦裕禄想：“群众在灾难中两眼望着县委，县委挺不起腰杆，群众就不能充分发动起来。‘干部不领，水牛掉井’，要想改变兰考的面貌，必须首先改变县委的精神状态。”

夜，已经很深了，焦裕禄躺在床上翻来覆去睡不着。他披上棉衣，找县委一位副书记谈心去了。

在这么晚的时候，副书记听见叩门声，吃了一惊。他迎进焦裕禄，连声问：“老焦，出了啥事?”

焦裕禄说：“我想找你谈谈。你在兰考十多年了，情况比我熟，你说，改变兰考面貌的主要问题在哪里?”

副书记沉思了一下，回答说：“应该在思想前面加两个字：领导。眼前关键在于县委领导核心的思想改变。没有抗灾的干部，就没有抗灾的群众。”

两个人谈得很久，很深，一直说到后半夜。他们的共同结论是，除“三害”首先要除思想上的病害；特别是要对县委的干部进行抗灾的思想教育。不首先从思想上把人们武装起来，要想进行除“三害”的斗争，将是不可能的。

严冬，一个风雪交加的夜晚，焦裕禄召集在家的县委委员开会。人们到齐后，他并没有宣布议事日程。只说了一句：“走，跟我出去一趟”，就领着大家到火车站去了。当时，兰考车站上，北风怒号，大雪纷飞。车站的屋檐下，挂着尺把长的冰柱。许多逃荒的灾民扶老携幼拥挤在候车室里。他们正等待着国家运送灾民前往丰收地区的专车，从这里开过……

焦裕禄指着他们，沉重地说：“同志们，你们看，他们绝大多数人，都是我们的阶级兄弟。是灾荒逼迫他们背井离乡的，不能责怪他们，我们有责任。党把这个县 36 万群众交给我们，我们不能领导他们战胜灾荒，应该感到羞耻和痛心……”

他没有再讲下去，所有的县委委员都沉默着低下了头。这时有人才理解，为什么焦裕禄深更半夜领着大家来看风雪严寒中的车站。

从车站回到县委，已经是半夜时分了，会议这时候才正式开始。

焦裕禄听了大家的发言，最后说：“我们经常口口声声说要为人民服务，我希望大家能牢记着今晚的情景，这样我们就会带着阶级感情，去领导群众改变兰考的面貌。”

……

1964 年春天，正当党领导着兰考人民同涝、沙、碱斗争胜利前进的时候，焦裕禄的肝病也越来越重了。很多人都发现，无论开会、作报告，他经常把右脚踩在椅子上，用右膝顶住肝部。他棉袄上的第二和第三个扣子是不扣的，左手经常揣在怀里。人们留心观察，原来他越来越多地用左手按着时时作痛的肝部，或者用一根硬东西顶在右边的椅靠上。日子久了，他办公坐的藤椅上，右边被顶出了一个大窟窿。他对自己的病，是从来不在意的。同志们问起来，他才说他对肝痛采取了一种压迫止痛法。县委的同志们劝他疗养，他笑着说："病是个欺软怕硬的东西，你压住他，他就不欺侮你了。"焦裕禄暗中忍受了多大痛苦，连他的亲人也不清楚。他真是全心全意投到改变兰考面貌的斗争中去了。

焦裕禄到地委开会，地委负责同志劝他住院治疗，他说："春天要安排一年的工作，离不开！"没有住。地委给他请来一位有名的中医诊断病情，开了药方，因为药费很贵，他不肯买。他说："灾区群众生活很困难，花这么多钱买药，我能吃得下吗？"县委的同志背着他去买来三剂，强他服下，但他执意不再服第四剂。

那天，县委办公室的干部张思义和他一同骑自行车到三义寨公社去。走到半路，焦裕禄的肝痛发作，疼得蹬不动车，两个人只好推着自行车慢慢走。刚到公社，大家看他气色不好，就猜出是他又发病了。公社的同志说："休息一下吧。"他说："谈你们的情况吧，我不是来休息的。"

公社的同志一边汇报情况，一边看着焦裕禄强按着肝区在做笔记。显然，他的肝痛得使手指发抖，钢笔几次从手指间掉了下来。汇报的同志看到这情形，忍住泪，连话都说不出来了，而他，看来还是神情自若的样子，说：

"说，往下说吧。"

……

焦裕禄病危的消息传到兰考后，县上不少同志去郑州看望他。县上有人来看他，他总是不谈自己的病，先问县里的工作情况，他问张庄的沙丘封住了没有？问赵垛楼的庄稼淹了没有？问秦寨盐碱地上的麦子长得怎样？问老韩陵地里的泡桐树栽了多少？……

有一次，他特地嘱咐一个县委办公室的干部说：

"你回去对县委的同志说，叫他们把我没写完的文章写完；还有，把秦寨盐碱地上的麦穗拿一把来，让我看看！"

5 月初，焦裕禄的病情进一步恶化了，在这种情况下，县委的一位副书记匆匆赶到郑州探望他。当焦裕禄用干瘦的手握着他的手，两只失神的眼睛深情地望着他时，这位副书记的泪珠禁不住一颗颗滚了下来。

焦裕禄问道："听说豫东下了大雨，雨多大？淹了没有？"

"没有。"

"这样大的雨，咋会不淹？你不要不告诉我。"

“是没有淹！排涝工程起作用了。”副书记一面回答，一面强忍着悲痛给他讲了一些兰考人民抗灾斗争胜利的情况，安慰他安心养病，说兰考面貌的改变也许会比原来的估计更快一些。

这时候，副书记看到焦裕禄在全力克制自己剧烈的肝痛，一粒粒黄豆大的冷汗珠时时从他额头上浸出来。他勉强擦了擦汗，半晌，问道：

“我的病咋样？为什么医生不肯告诉我呢？”

副书记迟迟没有回答。焦裕禄一连追问了几次，副书记最后不得不告诉他说：“这是组织上的决定。”

听了这句话，焦裕禄点了点头，镇定地说道：“呵，我明白了……”

隔了一会儿，焦裕禄从怀里掏出一张自己的照片，颤颤地交给这位副书记，然后说道：“现在有句话我不能不说了。回去对同志们说，我不行了，你们要领导兰考人民坚决地斗争下去。党相信我们，派我们去领导，我们是有信心的。我们是灾区，我死了，不要多花钱。我死后只有一个要求，要求组织上把我运回兰考，埋在沙堆上，活着我没有治好沙丘，死了也要看着你们把沙丘治好！”

副书记再也无法忍住自己的悲痛，他望着焦裕禄，鼻子一酸，几乎哭出声来。他带着泪匆匆地告别了自己的战友……

谁也没有料到，这就是焦裕禄同兰考人民，同兰考县党组织的最后一别。

1964 年 5 月 14 日，焦裕禄同志不幸逝世了，那一年，他才 42 岁。

……

人们一个个含着泪站在他的坟前，一位老贫农泣不成声地说出了 36 万兰考人的心声：

“我们的好书记，你是活活地为俺兰考人民，硬把你给累死的呀。困难的时候你为俺贫农操心，跟着俺们受罪，现在，俺们好过了，全兰考翻身了，你却一个人在这里……”这是兰考人民对自己的亲人、阶级战友的痛悼，也是兰考人民对一个为他们的利益献出生命的共产党员的最高嘉奖。

焦裕禄去世后的这一年，兰考县的全体党员，全体人民，用汗水灌溉了兰考大地。三年前焦裕禄倡导制订的改造兰考大自然的蓝图，经过三年艰苦努力，已经变成了现实。兰考，这个豫东历史上缺粮的县份，1965 年粮食初步自给了。全县 2574 个生产队，除 300 来个队是棉花、油料产区外，其余的都陆续自给，许多队有了自己的储备粮。

1965 年，兰考县连续旱了 68 天，从 1964 年冬天到 1965 年春天，刮了 72 次大风，却没有发生风沙打死庄稼的灾害，19 万亩沙区的千百条林带开始把风沙锁住了。这一年秋天，连续下了384毫米暴雨，全县也没有一个大队受灾。

焦裕禄虽然去世了，但他在兰考土地上播下的自力更生的革命种子，正在发芽成长。他一心为革命，一心为群众的高贵品德，已成为全县干部和群众学习的榜样。这一切宝贵的精神财富，今天已化为强大的物质力量，推动着兰考人民在自力更生、奋发图强的大道上继续前进。

焦裕禄同志，你没有辜负党的希望，你出色地完成了党交给你的任务，兰考人民将永远忘不了你。你不愧是毛泽东思想哺育成长起来的好党员，不愧为党的好干部，不愧为人民的好儿子！你是千千万万在严重自然灾害面前，巍然屹立的共产党员英雄形象的代表。你没有死，你将永远活在千万人的心里！

三、通讯播音《县委书记的榜样——焦裕禄》赏析

《县委书记的榜样——焦裕禄》是齐越播读的长篇通讯作品，全篇时长1小时11分，而仅有播音员的声音元素，这在今天的传播语境中是很难想象的，但也说明齐越驾驭篇章、人物塑形和声音共情的能力之强。长篇通讯虽有别于报告文学，但在齐越的有声语言中，焦裕禄的成长和大跨度的时空场景转换都得到了文学人物式的塑造。齐越的研究生娄玉舟曾经描述过他听这段播音的感受：通过齐越老师的播诵，焦裕禄、穆青、齐越这三位汉子的赤情同时扑进人的情怀。焦裕禄当然是站在最前面的，《县委书记的榜样》的作者穆青等同志的形象则隐在最后，而扑进你的耳鼓，使你听得到他的心跳的是齐越老师的声音。齐越老师用他的心，用他整个丰厚的"积蓄"在播……

其实，和表演一样，播音中也讲真听、真看、真感受，只是分寸和方式略有不同，"党派焦裕禄来到了兰考""他是带着《毛泽东选集》来的"，是真正的信仰；焦裕禄的话、县委副书记的话、兰考人民在坟前哭诉的话，齐越先生都带有"我就是"一般的真。没有这种真，作品敌不过时间，也成不了经典。齐越先生的播音风格气势磅礴、坚定豪迈、准确生动、张弛有度。语势庄重稳健、文体语气转换自如。这篇通讯集中体现了他的创作特色和风格。齐越先生的播音语言将规范性、庄重性、鼓动性、时代感、分寸感、亲切感充分体现。它强烈的时代感仿佛将我们带回到六十年代的中国大地。尽管与当今的某些有声语言的审美趣味不相符合，个别字的发音也带有那个年代的印记，但它永远是播音创作的不可替代的典范作品。

长篇通讯的播读最见功力。同学们练习时要特别注意保持全情投入的状态，

有张有弛地驾驭整篇文章。良好的用声状态会很好地帮助大家完成大篇幅的稿子,用声状态不好就会心有余而力不足了。另外,对于这样类型的稿子,最大的障碍可能是跟这些人物的思想境界的距离,如果不能理解他们的世界观,崇敬他们的事迹,对当时的大背景也不能做到了如指掌,对当时的民情社情也不十分清楚,就会影响到播出的质量。因此,播音岗位的新人由于身处党的喉舌的重要岗位,是需要不断学习来提高各个方面的修养的。

这正如齐越在回答读者提问"怎样才能播得生动活泼"的时候回答说的:"我并不否认语言技巧和话筒前基本功的作用,但它是第二位的。对我来说,生活实践永远是第一位的。""当我的心和人民息息相通,和时代的脉搏一起跳动时,我的播音才有生命力。"

单元测试(备稿播出以下稿件)

1.2009 国庆阅兵解说词节选

【开场】

中央电视台,中央电视台,各位观众,这里是中华人民共和国首都北京!这里是全世界中华儿女倾心瞩目、衷心祝福的中国北京!2009 年 10 月 1 日,我们迎来了新中国成立六十华诞。2009 年 10 月 1 日,奋进的中国邀你共享盛大节日庆典。

当历史的脚步穿越昔日的故宫金殿,这一时刻的欢乐足以激荡古老的中国五千年尘封的记忆;当祝福的声响震彻十月的神州九天,这一时刻的欢乐足以激荡今日的中国 960 万平方公里丰饶的土地!

今天,我们将在北京天安门广场为您现场直播首都各界庆祝中华人民共和国成立 60 周年大会的盛况。今天,我们将在气势恢宏的天安门广场与您共同见证跨入 21 世纪的中国奏响豪情激烈的盛世华章。

从 1949 年到 2009 年,一条六十年的长路,一头连着满目疮痍、百废待兴的中国,一头连着在改革开放的阳光下活力迸射,向繁荣富强快步迈进的中国。从 1949 年到 2009 年,新中国六十年的风雨历程与丰盈收获让我们有足够的理由在 10 月 1 日这一天,用自己最真诚的方式,为祖国庆贺。

英雄的中国军队在这里集结,自豪的中国人民在这里欢聚。

静候伟大时刻的到来,要用最嘹亮的声音唱出心中最美的赞歌!

此刻的天安门广场,八万余名青少年用明黄与鲜红的花束组成了巨大的国庆字样。

曾几何时，为了这个值得纪念的庆祝，多少志士仁人奔走呼号、殚精竭虑。

曾几何时，为了这个值得庆祝的纪念，多少革命先烈前赴后继、浴血奋战。

从人民英雄纪念碑到国旗升起的地方，为了这段可以遥望的距离，中国人执着前行了整个世纪。

从人民英雄纪念碑到国旗升起的地方，为了那面可以仰望的五星红旗，中国人世世代代、继往开来、不遗余力。

人民英雄永垂不朽。在共和国自强独立的今天，我们心底有份厚重的感念，汇集成无限崇敬的万语千言。

人民英雄永垂不朽。在共和国和平发展的未来，我们心底有份坚定的信念，要永远守护这用鲜血浸染的红色江山，永远捍卫五星红旗夺目的鲜艳。

“振兴中华”，伟大的革命先行者孙中山先生，在探索革命的漫漫征途中，曾发出由衷的期盼。

今天，新时代的青年人已经把繁荣中国的大旗扛在肩上，把祖国的重托扛在肩上，把未来的希望扛在肩上。我们坚挺的脊梁足以让革命先辈欣慰安然。

“中国应当对于人类有较大的贡献”，毛泽东主席在亲手翻开新中国扉页的同时，就朗声宣告了中国之于世界的担当。

而今，热爱和平的中国正在促使世界变得更美好，飞速发展的中国必将推动人类持久和平、共同繁荣、和谐万邦。

【分列式开始】

中华人民共和国的武装力量由中国人民解放军现役部队和预备役部队、中国人民武装警察部队和民兵组成，参加分列式的14个徒步方队、30个装备方队和12个空中梯队由军区各兵种、武警部队和总部直属及北京市民兵预备役部队组成，他们将依次通过天安门广场接受检阅。

受阅部队将以强大的阵容和恢宏的气势向祖国展示我军革命化、现代化、正规化建设的辉煌成就，展示我军威武之师、文明之师、和平之师的崭新风貌；展示我军有效履行新世纪、新阶段历史使命，建设信息化军队，打赢信息化战争的坚强决心；展示我军维护国家利益，促进世界和平与发展的强大力量。

沿着漫漫长征的英雄足迹和巍巍太行的烽火硝烟，踏着滚滚长江的汹涌波涛，穿过战争与和平的峥嵘岁月，肩负着新世纪、新阶段的光荣使命，人民军队正以排山倒海之势、雷霆万钧之力阔步走来。

率先通过天安门广场的是陆海空三军仪仗队，他们护卫着解放军军旗。陆海空三军仪仗队，曾代表中国执行了三千余次司礼仪仗任务，见证了香港、澳门回归等重大历史时刻，向世界展示了人民军队的风采和共和国的荣耀。

接着走来的是由石家庄机械化步兵学院组成的陆军学员方队，解放军院校建设形成了院校教育与部队训练衔接、军事教育与依托国民教育并举、国内培养与国外培训结合的新型教育格局，一大批受过高等教育的新型军事人才成为军队建设中的中坚力量。

……

英姿飒爽的三军女兵方队走过来了。她们分别来自第四军医大学、北京军区、海军和空军部队，是共和国武装力量的光荣一员，在保卫祖国的事业中、在抢险救灾的队伍里、在高山海岛的第一线，处处都有她们的美丽身影。

随着女兵方队走来的，是武警方队。武警部队肩负着维护国家安全和社会稳定、保障人民安居乐业的职责使命，在警卫执勤哨所，在应急处置现场，在抢险救灾一线，都能看到他们那一片橄榄绿。

由北京预备役高炮师组成的预备役方队正在通过天安门。预备役部队以现役官兵为骨干、预备役人员为基础组成。

由首都女民兵组成的方队是这次阅兵中一道亮丽的风景线。民兵是国家的军事后备力量，参加受阅的女民兵中，有国家公务员、企业职工、社会青年和在校大学生，她们以80后、90后的朝气展示着首都民兵之花的巾帼风采。

……

歌潮花海乐声入云，彩球飘舞，白鸽飞翔，此时此刻，腾飞的天安门广场澎湃着和谐美好的欢唱。

首都各界庆祝中华人民共和国成立60周年大会圆满结束！

在这里，我们祝伟大祖国前程似锦，繁荣富强。祝全国各族人民、台湾同胞、港澳同胞、海外侨胞欢乐同享、幸福安康。

本章思考题

1. 正确的话筒前状态有怎样的特征？你有没有不良的话筒前习惯？
2. 播音员主持人理想的心理模式如何获得？

第十章　播音员的素质、修养和播音风格

第一节　播音风格的形成

一、播音风格的基本含义和特征

“风格”一词的词义在不同的时代、不同的国度、不同的学科、不同的职业中有着不同的理解和解释。

风格属于美的范畴。创作主体用属于他自己的独特手段，去提示某种艺术美的本质和规律。同时，这种手段必须达到把艺术美的本质和规律揭示出来的目的，两个方面，缺一不可。如果只强调一个方面，都不能称其为风格。

播音风格，就是指播音员在播音创作中所体现出来的创作个性和艺术特色。它以运动的状态贯穿播音创作的全过程，又以相对稳定的状态凝结在播音作品中。播音是一种创作，所以播音风格又是播音员同原文字作品风格有机统一的结果。播音是一门实践性很强的艺术创作活动，所以播音风格是播音员在长期艰苦的播音创作实践中逐渐积累形成的。

二、播音风格的体现

1. 独特的感受

独特的感受，是在遵循播音创作感受一般规律的同时，由于创作者不同的性格特征、生活经历、文化知识、思想修养等决定了不同的播音创作的审美追求，以及所产生的播音创作者所独有的体验。它包括播音创作者独特的审美认识和发现。这种独特体验是独特表现的内在依据。

许多观众感到赵忠祥的“动物世界”的解说别具一格，这是同他独特的感受分不开的。他认为播“动物世界”的解说就要与动物的心灵进行真实的沟通，将它们

的命运同自己的命运紧紧联系在一起，把自己想象成它们中的一员，它们是自己的同伴、朋友、同行者，邻居……“茫茫雪海，这群斑马将向何处去呢?”——他的体验是：自己就是斑马中的一员，茫然地为前途去处担忧，带着这种感觉播出，语气真切动人，感情色彩强烈。

2.独特的表达

(1)有声语言的表达

①内部技巧的独到运用。内部技巧情景再现的一般规律，在实际运用中，由于每个播音创作者的具体感受不同，每个人所展现出的情景，以及由此引发出的情感的样式也会有差异。

②外部技巧的独到运用。播音语言表达的外部技巧，包括停连、重音、语气、节奏四个方面。外部技巧赋予思想感情以一定的物质形式。

③语言表达样式的独特运用。播音语言表达样式，有宣读式、报告式、评述式、交谈式、讲解式等。不同播音员在播音中，习惯于以某种语言样式为主的表达，这样也体现出了其风格特点。

④有声语言声音形式的不同。无论是独特的感受，还是独特的表达，最后都要通过声音形式体现出来。离开了声音形式这个表现的物质载体，听众和观众也就无从感知播音风格美的存在，犹如离开了油彩笔墨无法感知绘画美，离开了大理石无法感知大理石的雕塑美一样。播音的声音形式，同笔墨、石材一样，都是艺术创作的物质材料，都是体现艺术风格美的物质基础。作为物质材料本身，都具有自然属性。同时，播音创作的声音形式还有其社会属性的一面。它是人体的一部分，是一个社会化的过程。这中间，每个人的生理构造不同，音质、音色必然各异，有的人声音浑厚，有的人声音高亢，这些都是体现风格的基础。这里，既有表态的生理构造等自然属性的声音本色，又有动态的由社会属性决定的情感态度的体现。只有二者结合起来，才是有意义的声音，才能具有风格。

声音条件虽然各异，但普通话播音的语音标准则是共同的，标准只有一个——汉语拼音方案。那种把不标准的普通话作为一种风格特色的，是一种理解的误区。

(2)副语言的表达

电视播音员在播音或主持节目以及现场采访时，不光有声语言在传递着信息，而且其眼神、表情、体态、服饰等，也都在传递着信息。后者，我们称之为副语言。副语言的不同，也成为不同播音风格的体现要素。

3. 整体美

作品：《忆秦娥·娄山关》刘国建朗诵

美在和谐中，美在环境中，美在流动中。

由此可见，播音创作必须注重整体，播音风格，也正是在整体美中体现的。

看看播音创作实践，我们就会发现，那些著名的播音艺术大师，无不是从自己独有的播音创作的整体美中，体现他们的风格特色。

播音创作是一个复杂的系统工程，播音创作的整体美有多种表现形态和范畴。它包括语句之间的相互关系、篇章结构的完整统一、感受理解与表达的统一、形象感受与逻辑感受的统一、具体感受与整体感受的统一、内部技巧与外部技巧的统一、声音与形象的统一、语言与副语言的统一、配音与画面的统一、思想感情与艺术表现的统一、自身风格与原作风格的统一、稿件的处理与节目风格的统一、传达手段与听觉视觉规律的统一、播音员的“小我”与党的宣传员的“大我”的统一、创作实践与生活实践的统一，等等。播音员只有处理好这些关系，以自己独有的方式把握住播音创作整体美，才能从整体上完整地体现出自己的播音风格。

第二节　播音员的自我修养

一、对播音员的素质和修养的认识

播音是一项创造性的活动。作为创作主体的播音员必须具备进行这项创造性活动的能力。这种能力的获得，靠播音员素质中先天的成分，更多的则是通过播音员加强各方面的修养，提高自己的综合素质获得的。根据播音创作活动的特点，播音员素质的提高和修养的加强可以从以下几个方面进行：政治素养、文化素养、业务素养、生活实践。

二、加强新闻敏感，提高政治素养

播音员（主持人）每天都在宣传党的路线、方针、政策，传达国内外发生的各种信息。播音创作是一项创造性的新闻实践活动。这就要求播音员应具有较高的政治水平和思想修养，较强的政策观念和新闻敏感度。政治水平、思想修养、政策观念、新闻敏感，作用于整个播音创作活动，决定着全部播音技巧的运用，是播音创作成败的关键。在当今，要准确把握习近平新时代中国特色社会主义思想的立场观点方法，才能维持正确的政策观念，保持新闻敏感度。做到：坚持人民至上；坚持自信自立；坚持守正创新；坚持问题导向；坚持系统观念；坚持胸怀天下。

三、扩大知识结构，提高文化素质

提高文化素质，扩大知识结构，既是客观形势的要求，又是播音队伍素质现状的需要。

从客观上讲，当今社会，是信息的社会；当今时代，是知识爆炸的时代。广播电视，是信息的集散地、知识的汇集处、社会的联结点，要求从业人员必须具备较高的文化水平、较宽的知识面。播音工作又是电台、电视台各个节目传播的综合，要求播音员有较宽的知识面。播音员每天播送的稿件，古今中外、天文地理、人文自然，无所不包，只有具备较高的文化知识水平，才能对稿件深入地理解感受。播音创作活动自身，也是一项复杂的系统工程，播音创作的时间又很紧迫，播音学科还具有边缘性。作为创作主体的播音员，只有具备较高的文化素质，才能把握其创作规律，完成这一创造性的工作。

当今广播电视节目多元化发展，迫使播音员、主持人要在良好的专业素质基础上不断学习，注重修养，从各个方面提高自身的综合素质，力求达到在专业上高屋建瓴，在人格和修养上日臻完善的境界。这样才有可能制作出经得起检验和推敲的广播电视品牌节目。

四、加强专业修养，提高业务水平

1. 理解感受能力的培养

播音创作具有二度性决定了理解感受能力是播音员主持人的内功，可见理解感受能力的重要性。所有对内部技巧掌握的训练都应该包含在这个部分里。理解—还原—表达，需要播音员主持人平时注重培养观察能力、分析能力，并注重形象思维和逻辑思维能力的提高，不断提高自己的理解感受能力。

作品：第十九届齐越节
全国大学生朗诵大赛
三等奖《梦游天姥吟留别》
浙江工业大学邵鼎昌

2. 语言表达能力的训练

(1)较强的语言表达能力。运用语言的功夫是播音员、主持人的看家本领，无论是广播还是电视都离不开声音形象，播音员、主持人不仅要有良好的口头表达能力，而且要有较强的文字表达能力。

(2)健康的身体和心理素质。播音员和节目主持人的身心条件素质是作为播音员和节目主持人所必须具备的身体素质和心理条件，即要求身体健康、心理健康。播音员和主持人工作繁重，工作压力大，面临着快节奏的工作和日益激烈的竞争，没有良好的身体条件做基础是不可想象的。

(3)敏捷、机智的应变能力。播音员、主持人在话筒前、镜头前，必须时刻准备着承受现场瞬息万变的种种"不测"，面对尴尬的场面、意外的事件，要及时做出相应的对策，善于以巧妙的辞令"圆场"，遮掩"纰漏"。

(4)要具有积极主动的协调能力。主持人是群体工作的一分子，虽然在话筒前、屏幕前是以个体出现的，但本质上节目是集体智慧的结晶，是集体劳动的集中表现。因此，播音员、主持人性格应该开朗热情、待人宽容大度、善解人意，富有团队精神。

3. 生活实践的积累

丰富的生活实践，是播音创作取得成功的基石。播音作品的内容来源于广大的生活，方方面面，远远超出个人的小范围的生活内容。要想对所有稿件都能做到有感受，并且引出情感，贴近播出目的，没有深厚的生活积淀是不可能做到的。

生活实践的积累包括三个方面：一是在自己的生活中体验各类情感。二是在周围人们的生活中仔细观察和思考。三是在大量的阅读中体验百样人生。

4. 姊妹艺术的借鉴

由于各门艺术之间有许多相通之处，要提高播音业务的修养，借鉴姊妹艺术就非常重要。播音属于语言艺术，包括语言和副语言的表达运用。电影、戏剧、歌唱、朗诵等艺术在语言运用上都有着成熟的经验，都有助于播音发声和语言技巧的训练。除此之外，还可以博采众家之长，借鉴音乐、美术、舞蹈、雕塑等艺术，在更深的层次上，它们与播音表达技巧都有微妙的相通之处。

第三节　在实践中提高语言表达技巧的建议(代结语)

广播节目制作方式的发展经历了传统播音、录播向直播转型和主持人直播节目三个阶段。传统的纯正意义上的播音，要求大量的练声实践，使声音得到坚实的锻炼，能够适应不同稿件的表达，基调鲜明，感染听众。在从录播向直播转型期间，一般是采用模拟直播状态的录播制作形式，以较为新鲜而有感染力的风格特点、精心的采编合成，使广播节目极大地走近听众。从录播到直播的发展不仅仅是形式的变化，也是传授者之间关系的变化，这对直播中的播音员、主持人的素质提出了更高要求。只有寻求到最佳的话筒前状态才能使播音主持这种创造性劳动变得自然愉悦，受众才能得到最满意的精神食粮。以下试从几个方面给大家一点在实践中提高语言表达技巧的建议。

一、找准“我”的位置

声音作为传播信息的符号自古有之，并沿用至今。随着科学技术的发展，信息电传输进入了我们的生活。凡通过无线电波或导线向广大地区公开传播声音（包括语言）、节目或活动图像（包括伴音）节目的大众传播媒介统称广播。广播以电传输为主要手段，以听觉符号或视听符号作用于受众的视听感官，传递信息。所以，广播电视传播的独特品格是一种“拟生活互动”。它不同于报纸等其他媒介靠文字等符号来传递交流，它尽量以模拟生活语境的方式传达信息。主持人的个性化的“我”的出现是顺应广播这种人与人的交流形式的，是广播这种传播媒体本性的要求。

究竟“我”在话筒前应当处于一种怎样的位置呢？

众所周知，作为一个新闻人，一个传播者，他（她）应该是一个肩负社会责任感的人。传播本身具有导向性；新闻报道有导向性；大众话题往往是为安定和服务社会而设；各类文艺节目也以介绍各种风格流派的艺术门类，提供欣赏园地，倡导民族文化，支持高雅艺术为最终意义。因而，每档节目都有它的基调、导向和口径，主持人这个“我”必须首先强化自己的政治素质，应成为一个有觉悟有责任感的优秀公民，是在媒体中说那种“有分寸感的合适的真话”的新闻人，这就意味着要在社会需要与党的政策的双重前提下工作。

同时，这个“我”又是极富个性的鲜活的我，只有在节目中始终持服务于听众的态度，发自内心的亲切感才会比较纯粹，听众由此而产生的信赖和眷恋也会较坚实、长久，这是“我”避免流于轻浮、卖弄、永葆纯净美感的关键所在。“我”可以通过声音特点、思维方式、语言风格、风度气质、知识水准等来展现个性，且只有富有个性而不哗众取宠的“我”才是易于被听众接受的平等朋友式的人格特征明显的“主持人”。

所谓人格特征是指人的性格、气质、能力等特征的总和，是一个人思想、性格、修养的外化。它不仅是对人的各种素质的综合描述，还是人的各种行为的动力系统。在传播过程中,"我"通过语言和广播电视作品的构思立意所体现的个人的人格、作品主人公的人格,以及受众的人格,这三者交互作用,交互影响,进而促进传者和受者人格的共同完善。节目主持人的人格应有如下特征:有敬业精神和强烈的社会责任感,对社会刺激的敏感度高,品德优良、感情丰富、热爱生活,有助人为乐的愿望和行为。交往中待人真诚、自信乐观。还要具备合理全面的知识结构,娴熟的业务能力。

目前,受众越来越关注一档节目的灵魂人物——播音员、主持人的个人魅力。不知不觉这种关注也影响到对节目的接受程度。节目主持人在与受众的交流中固然应该尊重受众,放弃对受众的操纵权,但是这并不意味着彻底"媚俗"和"哗众取宠",主持人应该控制现场,因势利导并潜移默化地发挥其主导作用,而个性魅力强的主持人较容易做到这一点,引领受众进入节目希望营造的氛围。

当然,我们同时也应该看到人格特征的复杂性。人们在台前台后表现状态也会不完全相同,主持人也一样。"拟生活"并不完全等同于生活。主持人中也有台上和台下人格反差较大的情况存在,但这样的主持人很难长久地吸引受众并树立威望。因此,主持人个人境界提高的要求是一刻也不能放松的。我们的传者毕竟要在媒体上带给受众积极向上的、崇高的、真善美的东西,个人的人格魅力在这方面起着决定性的作用。

正由于此,话筒前工作者自然应该思考这样的问题:怎样来增强自己各个方面的修养,提高个人的审美品位,将现场的个人感染力和召唤能力发挥到极致,做一个靠"魅力"成功,而不是靠"美丽"成名的传者?

二、充满活力的语言

古人云:丝不如竹,竹不如肉。比较弦乐、管乐和人声,最动人的声音还是源自人本身。语言是节目主持人使用的最基本的交流思想、传播信息、表情达意的工具。汉语又是一种极富韵律美的语言。用健康的声音、纯正的普通话去阐明道理,介绍知识,交流思想,这本身就是一种具有艺术享受的创造性劳动。语言、音乐和音响在广播中的巧妙组合带来的听觉冲击力是"触耳可及"的。人的听觉是人占有外部世界的天然方式之一,在这个意义上,广播电视由于与人的感官的自然接受状态同步而有着自己独有的优势。

汉语语音有着鲜明的特征。首先,由于元音和清声母的优势,汉语听觉感觉是清脆响亮的;其次,它的声调的高低、升降、长短的变化使语音富有极强的乐感,音节之间区分非常明显,语音节奏感强;最后,汉语的双音节化、轻重格式、轻声、儿化，以及押韵、对比、叠韵的运用，造成了特有的汉语音节韵律美，使表情达意作用更加准确丰富。播音主持所使用的有声语言，除了语音顺序，还有一个附着在语音上的超音段成分，即横跨一个音节或词、一个短语或句子的语言成分，如声调、语调。这个成分就是我们常说的语流中声音的抑扬顿挫、轻重缓急的表现，是播音节奏的存在形式。播音员、主持人对声音长短、起伏、轻重、高低等方面须有细腻的分辨和驾驭能力，才能在播音中合理运用节奏技巧，能在整体上去动感地表现、强化所传达的情感，感染受众，激起共鸣。节奏运用得好，可以激发调节功能、强化表现功能和引导定向功能，让传者的心理节奏通过语言的外部技巧与受者接触、沟通并产生共鸣，使广播的播出效果最大化。

声音还可产生一种独特的心理作用，受者可以凭借声音产生出认同心理或逆反心理，它还可以唤起人们已有的听觉经历，引起人们种种联想，正是这些联想大大增加了广播的表现力。声音的响度、音调、音色的不同组合，甚至是语气细微的变化，呼吸的节奏变化，轻重音和停顿连接的运用，都会产生丰富的语意内涵，表达出亲切、严肃、愤慨、感动等情绪，这些都使广播语言带有情感的色彩，引发情感的回味。

“我们需要一种建立在爱和理性之上的有意义的生活，也寻找这样一种有意义的对话。”

“飘荡在城市上空的声音是人们内心潜伏的想法，我试图越过高墙用声音虚拟一个平等的精神世界，我幸运地听到他们内心的声音并理解他们。我希望彼此温暖，并拥有安宁。”

这几段文字引自深圳电台胡晓梅主持的《夜空不寂寞》的节目宣传语，我们从中听到了理性与文明，听到了谦恭与尊重，也启发我们去用心体会话筒前语言的内心支撑力的来源。

总之，理想的话筒前语言是语音纯正、语意清晰，鲜活灵动、亲切自然的，如行云流水般舒卷自如，没有固定的腔调格式，避免出现随便、拖沓、语句重复、滥用叹词、停顿怪异、不合逻辑等现象，注重简洁生动的短句式的运用。曾经有资料显示，美国著名主持人法朗克・麦卡奇的节目中，每句平均由 13 个词组成。可见短句是受欢迎的。

真正富有活力的语言还离不开对节目内容的掌握，行进节奏的控制，主题思想的开掘，以及对备用材料的触类旁通、恰到好处的运用。如此，才能在节目中做到句式灵活、语言清新，重音停连等技巧的娴熟运用，不时辅以自然贴切的过渡语句以及独具匠心又仿佛是信手拈来的说明或比喻。这说明语言是为节目服务的，追求语言的舒卷自如并不是最终目的，我们最终希求达到的是节目内容的丰美深刻和在愉悦轻松的氛围中进行精神交流的自由境界，使内容和形式两方面完美地结合，在话筒前拥有热情而富有活力的语言。

三、策划、采访、编辑、播控综合能力的培养

1.好的创意与定位是任何一档节目成功的基础

主持人节目的创意是主持人对所主持节目的总体的创造性构思，它贯穿于节目的始终，体现在节目的蕴意、主题和渴求达到的情境，以及为之采用的形式和流程之上。

定位时需要考虑的问题很多，包括：主持人的声音气质、知识结构、听众群、时段分析。节目的定位选题正确之后，主持人凭借自身的知识、修养、品位在精当的采、编、播之后挖掘出节目的深层含义，方能使听众受益匪浅，同时，在这一过程中，主持人的人格魅力才能充分展现，并渐次深入人心。没有成功创意和缺乏良好的主持意识的节目，往往流于拼凑，听众听下来既没有大的思想收获，也不可能获得听觉美感享受。

节目的定位固然重要，每天的编辑播出制作也不容忽视创新元素。曾有一档创意编串很好的节目，是某市的一档“迎新春”综艺节目。几乎每个台都有类似的节目在春节期间播出，但极容易流入俗套，有新意的不多。而在这档节目中，主持人选用了一个全新的角度，他以一个本市老工人的身份和口吻诚挚地邀请在台湾的分别四十年的老哥哥回乡观光，整档节目中主持人“角色化”地叙述几十年城市的发展变化，家乡人民的精神面貌也通过他们表演的富有浓郁风情的文艺节目展现出来。思念之情贯穿始终，真挚动人，听上去极像是一封制作精美的“有声信函”，但其主题思想又远非一封真正私人信函所能达到的。

好的创意、构思、串联可将话题、资料歌曲、主持人的思考、采访素材精巧布局，自然衔接，各个部分组成有机的整体，这样成功的编串可以产生整体大于部分之和的效果。也只有成熟的创意与构思才能使主持人在话筒前有一份胸有成竹的自信。

2.要做好直播前情绪的调整以及直播中反馈的利用

播音员、主持人也是社会中的一员，有自己不同的角色和身份，他也会有喜怒哀乐各种心情。许多主持人会不由自主地将情绪带入节目中，这种倾向如果严重就有对听众不负责任之嫌。因为大众传媒毕竟应向大众传递健康、带有普遍意义的使人受益的信息。良好地发挥主持人水平的状态应当是外松内紧、心境平和，

将强烈的播讲欲望带来的兴奋感通过平和的语气表达。在直播前应注意调整情绪状态，平和恬静的音乐可使意外激动的心情平静；跳跃快乐的旋律或愉快的谈话有助于纾解心中的郁闷。

直播将播音员、主持人在规定时刻无遮无拦地推到听众"面前"，主持人头脑立刻处于高度运转的状态，神经末梢也极其敏锐，这时，应充分捕捉和利用直播时每一个好的反馈刺激，例如：较好的播出效果通过耳机监听的反馈；音乐（主要指配乐）的直接反馈；参与电话的反馈等。利用这些新鲜的刺激，使话筒前状态一直控制在良性循环的轨道上。

3. 要用好另一只话筒——热线电话

热线电话的作用在直播初期被大大地夸张了，似乎没有电话就不叫直播节目。实际上，热线电话只是直播形式中一个小小的组成部分，没有电话参与一样可以做好直播节目，播出时没有热线电话也不表示节目不受欢迎，必要时开通热线电话才是明智的做法。在接电话时，主持人的态度也应是平和自然的，不应让听众感到生硬、粗鲁或备受冷落，也不应用毫无理由的过分热情使听众如坐针毡。只有做到"目中虽无人，心中却有人"，才能让几乎说过无数遍的"喂，你好！""再见！"等话语永远自然而不囿于某种做作或空洞的腔调。

此外，电话交谈在直播节目中也是公众传媒的一种变形，话题的选择、控制都非常重要。交流时，自己思路清晰的同时，还应迅速抓住电话对手的观点，敏捷反应后，做出适当的评断和接应。其间，日常积累重要，选好话题之后的案头准备也很重要。机器调控、导播配合每一环节都井井有条，才能使整档节目精美可听。

总之，调研、策划、采访、编辑、播控，这些都是主持人工作的环节，缺一不可。其中一个环节不能胜任，都不可能有高质量的播出。

直播节目除了追求内容上的立意深刻，在形式上同样可以追求较完美的境界。只有对广播艺术由衷热爱，音响设计精心，把握好结构，掌握演播各种状态下各种人物的技巧，并对操作技能熟练掌握，才能在直播时有那份难得的投入和沉着，这也确是一种话筒前的风度。

四、树立精品意识

直播有着很多的优势，但时间一长必定会产生一些弊端。如节目水分大，播出质量有时不能保证，时常有失误甚至事故发生。我们甚至可以听到像"恢复录播"这样的因噎废食的观点，当然还有折中的观点认为应将录播与直播相结合使用。

直播当然是不可阻挡的广播潮流，使之顺畅的关键还在于树立精品意识。只有真正艺术化、精品化的直播制作方能使广播在三大传媒优势各有千秋的竞争中立于不败之地。至于录播直播相结合的播出形式的讨论仅仅是方式方法的问题，并不是问题症结所在。当主持人坐在话筒前，精品意识应当一直存于心中，不把录播直播当作界线，而尽可能用录播的充分准备后胸有成竹的状态来做直播。在制作录播片段的时候，也可以将直播中敏锐兴奋的状态贯穿在录播过程中，这才是真正在实质上寻求好的话筒前状态的做法。

一个努力追求成功的播音员、主持人除了敬业精神，还应具有新闻人的敏锐、学者的修养、艺术家的灵性。在熟悉广播专业知识的同时，还应尽可能多地涉猎文学、音乐、绘画、书法、雕塑，以及人文哲学等诸多艺术门类。主持人在生活中要做细心观察、勤于思考的人，善于听取各种见解，去粗取精，丰富自己。许多对生活对艺术的敏锐感悟，会在需要的时候恰到好处地即兴发挥出来，像华彩乐章一般吸引着受众。可见，话筒前的“华彩”“亮点”只能产生在这种深透的广义备稿之后。

著名电影导演吴贻弓在给演员说戏的时候曾说：“不要在表演中竭力想让观众知道你是一个好演员。”艺术是相通的，不应在节目中竭力想让受众知道你是个好的主持人。广播节目的制作是播音员、主持人综合能力的艺术体现，程式化的包装和某些刻意表现只是对主持艺术的片面领会。古人云：工夫在诗外。基本技巧和艺术悟性是成功的播音员、主持人必备的素质，这也决定了他们应在实践中不断丰富自己，将这两者融会一体，以求达到浑然忘我，“润物无声”的诗化境界。[①]

第四节　完整播音作品的实训安排与测试

作品：《红岩》片段 刘宁演播

完整播音作品

1. 小说《红岩》第十一章片段　罗广斌、杨益言

在沉闷的气氛中，破扇子嗦嗦地发出单调的声响。刘思扬的目光，不经意地打量着对面的墙壁。他的目光忽然停滞了，手里的破扇子，也停止了摇动。墙角上刻画着一些纵横交错的字迹，几行显眼的

① 施玲：《话筒前最佳状态的达成途径》，《新闻界》，2005 年第 6 期。

暗红色的字，扣住了他的心弦：

我做到了党教导我的一切！中国共产党万岁！

吕杰绝笔

是鲜血写成的字！刘思扬心里不禁浮起一阵异常庄严的感情。他不知道吕杰是谁，可是吕杰写下这几行绝笔时那种光芒四射的思想感情，他完全能够理解。有一天，当自己为真理而奉献生命的时候，能像吕杰这样毫无愧色地迎向敌人的枪口，讲出这样的话吗？刘思扬问着自己，又进一步借着阳光，贪婪地搜索着墙角的各种字迹。在吕杰绝笔的旁边，是谁用指甲深深地刻画出一条条的痕印，这又表示着什么呢？刘思扬一时猜不透它，目光向旁移动，一处耀目的字句，立刻映进了他的眼帘：

为人进出的门紧锁着，为狗爬出的洞敞开着……是谁写下了这样透彻的警句？刘思扬不禁问着自己。

一个声音高叫着：——爬出来吧，给你自由！

我渴望自由，

但我深深地知道——

人的身躯怎能从狗洞子里爬出？

我希望有一天，

地下的烈火，

将我连这活棺材一齐烧掉，我应该在烈火与热血中得到永生！

刚刚大声读完这首洋溢着战斗激情的诗篇，刘思扬忍不住急切地询问：

“这是谁写的诗？”

“我们军长！”一个洪亮的声音，应声答道：“叶挺将军！”

刘思扬一回头，看见一个身材高大的人向他走来。和他洪大的声音相适应的，是他的军人气派。他穿一身整洁的灰布军衣，不管天气多热，领口的风纪扣，总是紧扣在脖子上，他不像其他的人只穿短裤，却穿了一条长长的军裤，衣袖高高卷起，露出一双黝黑的手臂，头上端正地戴着一顶军帽。

“我是新四军的。军长在楼下二室写过这首诗，我把它抄在墙上给大家看。”这位新四军战士，毫不隐瞒他的行为，继续说道：

“我叫龙光华。美蒋反动派发动内战，我在中原军区参加突围作战，挂了彩。”他解开军服，露出右肩上一处巨大的伤疤，“醒过来已经被俘了。我叫反动派补我一枪，他妈的，却踢了我一脚！我们被俘的十一个人，有的伤重牺牲了。有的一路上被反动派折磨死了。就剩下我们王班长和我两个，今年才押到这里。我们王班长关在楼下二室，就是我们军长住过的那间牢房。活不出去就算了。要是活了出去，再端起机枪，我要叫反动派吃够革命子弹！”

来到这间牢房的最初几小时，除了照顾重伤的余新江，除了观察这集中营的环境，刘思扬很少和同牢房的人们谈话。他觉得自己的衣着太好，又没有受刑，难免要引起别人对他的怀疑，甚至遭到歧视。可是，现在，他的感情渐渐变化，想和这豪爽的军人，以及那直爽的农民多谈两句，了解一下情况，以便日后寻找狱中可能有的党组织。刚想到这里，一个特务摇着一把蒲扇，从签子门边晃过，接着便传来一阵开铁锁的响声。

“楼五室，出来放风！”

实训提示：课下阅读小说全文，具体感受为新中国无畏献身的共产党员们的信仰和情怀。采用讲故事的叙述方式，注意节奏的变化、人物语言的情绪再现与音色模仿的分寸。诗的诵读部分是此段的情绪高潮部分。此段适合男生练习。

回课记录

2.《爸爸爱喜禾》（双人朗读版）（施玲根据蔡春猪著《爸爸爱喜禾》改编）

女声：选择声音清脆明亮的。以一种孩子的语气来展现孤独症儿童的内心视像。注意衔接要自然。

男声：选择声音厚重深沉的。以作者蔡春猪的心情来叙述。他是带着隐忍的痛苦，以本性上的幽默特质去坚强面对生活中的苦难的。

女：我叫喜禾，名字是爸爸起的，爸爸说希望我将来能做一个欢欢喜喜的庄稼人。

男：你都两岁了，不会说话没叫过爸爸妈妈，不跟小朋友玩，也不玩玩具；叫你名字你从来都没反应，就像个聋子一样。

女：我可以说出“我叫”，我可以说出“喜禾”，但我不喜欢连在一起说，这让我喘不上气来。

男：你对你的父母表现得一点感情都没有，很伤我们的心。你成天就喜欢进厨房，提壶盖拎杯盖的，看见洗衣机就像看见你的亲爹。

女：对，就是这个满嘴烟味的家伙，他是我爸爸，他们说的。他们有证据吗？但为什么他又总是跑到我面前问“喜禾，我是谁”呢？我决定我不叫了，等他自己想清楚了再说吧。

男：那天凌晨两点，我就和你母亲去医院排队挂号。在寒风中站到六点，我开车回家去接你。你一路上“咯咯”笑个不停，一点都不像个有问题的孩子。

女：我在听苹果在变软，我在听爸爸的头发在分叉。

男：到了之后，专家给我们拿了一张表，让我们在上面打钩打叉：是不是不跟人对视、对呼唤没有反应、不玩玩具……符合上述特征就打钩。我的孩子，你也太优秀了吧，怎么能得这么多钩?!

女：怎么还不回家啊！我时间很宝贵的，我要玩转圈，我要玩摇头，我要玩垫脚尖，我还要检查家里所有的锅盖壶盖是不是不那么圆了！

男：喜禾，喜禾！

女：他们又在叫我，但是我不想理他们，因为我在听灰尘落地的声音！

男：专家说，你是高功能低智能孤独症。我问专家：“孤独症是什么原因造成的？”专家说：“未知。”“那怎么医治呢？”“无方！”

女：他居然还在跟那个穿白衣服的人闲聊，我得给他找点事情干，对，我在身上拉屎……你们看到没，那个自称“爸爸”的人向我跑了过来，万岁！

男：回家的路上，我泪流不止，我刚擦干眼泪，老婆便开始痛哭起来！车太小容不下两个人同时哭泣！

（配乐起，彭坦的歌曲《河边》1 分 29 秒入歌词“灰色的窗外，雨落下来”，……弱下来 混入下面的句子，延续十几秒弱收乐止。）

男：记得有次出差在外，老婆给我打电话说，我不在家孩子很不高兴，我听了却很高兴。五天之后它见到我，使劲往我腿上爬，让我摸，让我拍，让我叫它——我说的是我家的小狗。我跟我孩子五天没见，五天后他见到我，眼神就像看一块抹布。

男：海子是我热爱的诗人。二十岁时，读海子的诗，觉得他是我亲哥哥。现在，读海子的诗，觉得他是我亲孩子，孤独症的孩子。

男：喜禾，等你会说话了，爸爸教你读海子的诗好吗？

《麦地与诗人》

（配乐入）

“别人看见你，觉得你温暖而又美丽，我则站在你痛苦质问的中心，被你灼伤，我站在太阳，痛苦的光芒上，当我痛苦地站在你的面前，你不能说我一无所有，你不能说我两手空空。”

女：《眺望北方》

我要成为宇宙的孩子，世纪的孩子，挥霍我自己的青春，然后放弃爱情的王位，去做铁石心肠的船长。（乐弱）

（另一段音乐起）

男：大家都在说梦想。我也有过很多梦想，但自从小喜禾得了自闭症，我的梦想变得简单而直接！——让更多的人理解接纳帮助孤独症孩子。

不需要你们扶他过马路，不需要你们捐款——孤独症儿童理解不了我们的社会规范，假如他突然抓了你孩子一下；突然在公共场所尖叫打滚；不知危险冲向你的汽车……这时，你做到不围观不起哄不看笑话，默默走开，这就是对他们最大的帮助。做家长的太不容易了。

女：爸爸，幸福是什么？

男：宝贝，你会这么问，爸爸就很幸福了。

（乐弱 结束）

3.《有赠》

作品：《有赠》
施玲朗诵

作品：《喵声喵语》
施玲解说

作者：曾卓

（配乐：帕尔曼小提琴曲 *Theme from Schindler's list*）

我是从感情的沙漠上来的旅客，
我饥渴，劳累，困顿。
（乐起　音乐是开头　音量中等或中弱）
我远远地就看到你窗前的光亮，
它在招引我——我的生命的灯。
（音乐入）
我轻轻地叩门，如同心跳。
你为我开门。
你默默地凝望我，

那闪耀的是泪光么？

你为我引路，掌灯。
我怀着不安的心情走进你洁净的小屋，
我赤着脚，走得很慢，很轻，
但每一步还是留下了灰土和血印。

你让我在舒适的靠椅上坐下，
你微现慌张地为我倒茶、送水。
我眯着眼——因为不能习惯光亮，
也不能习惯你母亲般温存的眼睛。

我的行囊很小，
但我背负的东西却很重，很重，
你看我的头发斑白了，我的脊背佝偻了，
虽然我还年轻。

一捧水就可以解救我的口渴，
一口酒就使我醉了，
一点温暖就使我全身灼热，
那么，我能有力量承担你如此的好意和温情么？

我全身战栗，当你的手紧紧地握我的，
我忍不住啜泣，当你的眼泪滴在我的手背。

你愿这样握我的手走向人生的长途么？
你敢这样握我的手穿过蔑视的人群么？

一瞬间闪过了我的一生，
这神圣的时刻是结束也是开始，

作品：西湖之声
《金手指乐翻天》
孟杨、陶乐、诚意出品

一切过去的已经过去，终于过去了，
你给了我力量、勇气和信心。
你的含泪微笑的眼睛是一座炼狱，
你的晶莹的泪光焚冶我的灵魂，
我将在彩云般的烈焰中飞腾，
口中喷出痛苦而又欢乐的歌声……
（乐弱　结束）

回课记录 ______

第五节　合诵作品《生活在英雄们的中间》创作简介

一、创作背景和改编过程

巴金

巴金（原名李尧棠，1904 年 11 月 25 日—2005 年 10 月 17 日），四川成都人，祖籍浙江嘉兴，香港中文大学荣誉文学博士，中国作家、社会活动家、无党派爱国民主人士，被誉为“二十世纪中国文学的良心”。他的文学思想核心是真与善，小说带有强烈主观性、抒情性。早年因第一部小说《灭亡》渐渐被大众熟知，其后历时十年创作的《激流三部曲》与《寒夜》等作品更是使他成为 20 世纪 80 年代世界七大文化名人之一，曾获国际但丁文学奖、人民作家、法国荣誉军团勋章等荣誉。

1952 年巴金先生发表了一篇报告文学

《生活在英雄们的中间》(原载 1952 年 4 月 9 日《人民日报》)。文章通过记叙许多可歌可泣的志愿军战士的英雄事迹,热情讴歌了他们"为了祖国"和"祖国人民的幸福生活"而奋勇战斗的崇高的爱国主义精神,表现了对战士们的深厚的挚爱和无比崇敬的感情。文中所记的每一位战士都有一段惊天动地的战斗经历,他们的崇高心灵和英雄业绩深深地感动和激励着作者,也深深地感动了每一位读者。

2021 年春季,浙江工业大学人文学院播音系的一个创作小组的同学选了这篇文章参加第二十三届齐越朗诵艺术节暨全国大学生朗诵大会。这篇报告文学很长,巴金先生笔下出现有十多位英雄战士,有名有姓、有具体感人的事迹描写的就有十位。比赛的节目时间限制是 7 分钟,于是精选了张渭良同志和李江海烈上的故事,尽量带出环境画面感和人物形象的立体感,突出两位英雄的事迹,其余用群像勾勒。录制视频的时候利用灯光营造氛围。选用的配乐是电视剧《三八线》的几段主题音乐,非常契合文章的情绪和氛围。师生们都觉得这是一次难得的充满激情的创作经历,仿佛和巴金先生在朝鲜采访的时候一样,"抑制不住感情的波涛","用我的心去了解他的心,我好像受到一阵阳光的照耀似的"!

经过精心的设计和改编,全情投入地创作,这个团队录制的朗诵视频《生活在英雄们的中间》荣获大会颁发的青年风采特别奖,人文学院获得优秀组织奖,施玲、彭远方老师获得优秀指导教师奖。

二、朗诵视频拍摄脚本

生活在英雄们的中间

巴　金

男 1:王品皓

男 2:陈嘉玮

男 3:胡子扬

女 1:章娴雅

女 2:赵恋雯

女 3:郑汤奕

作品:《生活在英雄们的中间》第二十三届齐越节全国大学生朗诵大会青年风采特别奖　浙江工业大学人文学院推送

话筒要求:1 个手持+5 个耳麦(根据实际情况调整)

画外音:1952 年,由巴金带队的十七人作家采访组,来到了朝鲜,在战火纷飞的前线度过了三百多天。在一个深夜,他提起笔写下了对这段生活的回忆(背景同步播放字幕视频)。

【画外音结束,男 1 出】(站位:舞台中央)

【顶光(黄色暖光)给到男 1】

男 1:我找不出适当的话来表达我的感情,生活在英雄们的中间(舞台前侧红光出,剩余 5 位交叉走出,乱中有序到预定点位站定),我忘记了自己的软弱,我看见那些面貌,听见那些名字。我老是觉得有无数的人用同一个响亮的声音叫着:

齐:"为了祖国,为了祖国人民的幸福生活,前进啊!"(第一张 ppt 出,舞台顶光收,男 1 走到台侧)

男 1:一听到这个英雄的声音,我想到了一个被称为"坚强战士"的英雄,张渭良。(男 2 走出,看向远方,缓缓朝舞台中央走)

【舞台中央打一束黄光,类似通道】

女 1:(上前一步)这位上海附近的翻身农民,为了保护祖国的母亲和孩子,来到朝鲜。(女 3 向女 2 的位置走去,男 2 舞台中央站定,其余演员面向男 2)

女 2:(背景灭)那是在执行一项重要任务的时候,他误踏了敌人的雷区。(男 2:我误踏了敌人的雷区)地雷在他的脚下突然爆炸!(男 2:地雷在我的脚下突然爆炸!)【伴随地雷倒计时音效】

【全场光转蓝色,接第二篇章音乐,黄光通道、男 1 顶光保持,背景出荒凉树林图片】

男 2:我怎么感受不到我的左手和左腿了?我现在在哪儿?不行,我得回到我的阵地上!我咬着牙,爬过敌人的炮火封锁线,爬过铁丝网,用三根木棍架在小河上,把受伤的胳膊和腿放在上面,蹚了过去。白天过去,夜晚来临。我爬啊爬……我的后背和手肘都磨出了血。我不断地晕过去,又不断地醒来,苍蝇叮满了我的伤口,我折断树枝驱赶着它们。我一直,朝着阵地的方向爬去,(背景切战友互相握手照片)又是一个黎明的降临……恍惚间,我好像听见一个熟悉的声音——

男 3(跑向男 2,抓住男 2 的手):"是你吗,老张!真的是你吗?"

男2(看向男2):“是啊,我终于回来了。”

女2:他的鼻子烂了,脸瘦得不像人样,出气也很微弱。可是他没有哼过一声,脸上始终带着笑。

女3:在这十天九夜里,在每个艰难的瞬间里,他都在想些什么呢?

女1:他想着他小心地保存在衣袋里的有毛主席照相的日记本么?

女3:他想着革命大家庭中亲爱的兄弟么?

女2:他想着他家里年老的母亲和他从前因为没法养活而送走的亲生女儿么?

女1:他躺在病床上对一个文工团的同志说:

男2:“我是代表中国人民出来的,我不能给中国人民丢脸。”

女1:看,就是这样无比坚强的人!(切背景音乐3,背景切战场照片)

女齐:这样无比坚强的心!

【男2转身离开走向女1位置,男1留在舞台中央,女1走向女2、3位置】

(黄光通道关闭,保留男3顶光,同时其余演员分别给顶光)

男1:我又想到李江海,那个把生命献给革命、献给祖国人民的烈士。我曾经读过他的遗书。

女1:这个河北农民出身的二十四岁的年轻的副连长,在指挥战士们打落一架敌机之后,和其他十位同志被活生生地埋在一个洞子里。

女2:他曾组织大家挖开洞口,可是刚刨开一层土,就砸下来大石头,在前头挖的一个战士倒下了。

女3:他知道他们没有生存的希望了。他照料大家躺好在炕上,他也躺下来,铺好雨布,盖上大衣,侧着身子,用手电照着,在一张通报的背面写下他的遗书:

(男3增加一束与顶光交错的光)

男3:丁连长、曹政指、张副政指:

我们为了祖国人民,就是牺牲了,也是光荣的。我们请你们给我们报仇,来消灭那些美国鬼,别的不多说,祝我们革命胜利!

李江……

(男3顶光缓缓灭,男3转身走向男2旁站定)

女1:他来不及写完他的姓名的最后一个字就停止了呼吸。同志们挖开洞口看见他的遗体的时候,他脸上显得非常安静,就像在睡觉一样。

男1:他牺牲已经七十天了,

(男 2 男 3:他牺牲已经七十年了)

可是现在我默诵他的遗书,

(女齐:可是现在我们默诵他的遗书)

用我的心去了解他的心,

(男 2 男 3:用我们的心去了解他的心)

我好像受到一阵阳光的照耀似的。

(女齐:我们好像受到一阵阳光的照耀似的)

【背景出最后一段视频(一个个志愿军墓碑开头),背景音乐切】

(全场橙黄色的光起)

男 1:还有无数的人,无数的名字……

男 2:(走出一步并向舞台左侧边走边说,其余人也分别走向预定位置,最终站位为一排插空面向观众,男 1、2、3 在前,女 1、2、3 在后)抱着为祖国人民争光的决心跳崖的八勇士,和八勇士中间生还的翟国灵和侯天佑;

男 3:用一只手按住自己的被打出来的肠子、一只手打机枪的侦察英雄蔡金同。

女 1:(上前一步)陈三

女 2:(上前一步)郭恩志

女 3:(上前一步)苏文禄

男 1:苏文俊……以及许许多多活着的和牺牲了的英雄人物。

齐:英雄的故事是说不尽、写不完的。(背景音乐接《山河已无恙》)

女齐:(齐上前一步和男 1、2、3 并排)这里好像是美丽的花园,

男齐:这里好像是秋夜的星空,

女 1:星星就像英雄的眼睛(男低声:英雄的眼睛)(背景音乐高潮起,所有演员向中心靠拢),

女 2:它们照耀在朝鲜的土地上,

男 2:也一样照耀在祖国的土地上,

女 3:它们保护着朝鲜的母亲和孩子,

男 3:它们也保护着祖国的母亲和孩子。

男齐:为了祖国,为了祖国人民的幸福生活,前进啊!!!

男 1:让祖国人民响应着这个响亮的声音,用同样的步伐前进吧!

齐:前进!!!!!(全员举拳,背景视频落在志愿军举拳宣誓背影)

综合表达

请快速用备稿六步分析稿件，然后综合运用本学期教授的诸种内外部技巧播出稿件《野草题辞》：(引子部分是为了帮助大家备稿)

引子：

我只能说，如果你读过，我没有必要解释；如果你没有，我没有办法解释。

我也曾以为，先生总是冷的，是有些远的，就像我们最常见的那尊像，就像他的硬的胡须、竖的头发、浓的眉毛，就像那些我们曾读过的作品。

可是《野草》不同。

鲁迅对朋友说过他的哲学都在《野草》，然而他又说，并不希望青年人读他的《野草》，那是“为自己的”。

钱理群先生曾说过，鲁迅在《野草》里，是把人的个体生命放在“过去”—“现在”—“未来”的历史纵坐标上考察其意义与价值，提示其困境的。《野草》露出了鲁迅灵魂的“真”与“深”，也就成为我们接近鲁迅个人生命的最好途径，窥见鲁迅灵魂的最好窗口。

作品：《写给母亲》
钱途演播

让我们在这里一起走入《野草》，走入先生的世界……

分析：

请播出：

野草题辞

鲁　迅

当我沉默着的时候，我觉得充实；我将开口，同时感到空虚。

过去的生命已经死亡。我对于这死亡有大欢喜，因为我借此知道它曾经存活。死亡的生命已经朽腐。我对于这朽腐有大欢喜，因为我借此知道它还非空虚。

作品：《野草题辞》
方明朗诵

生命的泥委弃在地面上，不生乔木，只生野草，这是我的罪过。

野草，根本不深，花叶不美，然而吸取露，吸取水，吸取陈死人的血和肉，各各夺取它的生存。当生存时，还是将遭践踏，将遭删刈，直至于死亡而朽腐。

但我坦然，欣然。我将大笑，我将歌唱。

我自爱我的野草，但我憎恶这以野草作装饰的地面。

地火在地下运行，奔突；熔岩一旦喷出，将烧尽一切野草，以及乔木，于是并且无可朽腐。

但我坦然，欣然。我将大笑，我将歌唱。

天地有如此静穆，我不能大笑而且歌唱。天地即不如此静穆，我或者也将不能。我以这一丛野草，在明与暗，生与死，过去与未来之际，献于友与仇，人与兽，爱者与不爱者之前作证。

为我自己，为友与仇，人与兽，爱者与不爱者，我希望这野草的死亡与朽腐，火速到来。要不然，我先就未曾生存，这实在比死亡与朽腐更其不幸。

去罢，野草，连着我的题辞！

一九二七年四月二十六日，鲁迅记于广州之白云楼

作品：
致凯恩·普希金
浙工大播音系09级
陈炜、陈虹朗诵

本章思考题

1. 谈谈你对播音风格的理解。
2. 作为播音专业的学生，你对提高自己的个人修养有什么样的计划和打算？

参考文献

[1] 依特金.表演学.北京:华夏出版社,2000.
[2] 付程.实用播音教程(第 2 册).北京:中国传媒大学出版社,2006.
[3] 关山,高蕴英,蔡乃雅.播音·主持语言训练教程.天津:天津人民出版社,2001.
[4] 卢景超.广播电视即兴口语表达.北京:北京广播学院出版社,2000.
[5] 鲁道夫·F.维德伯.讲话的艺术.北京:中信出版社,2003.
[6] 陆澄.诗歌朗诵艺术.上海:上海人民出版社,2007.
[7] 罗莉.文艺作品演播技巧.北京:中国广播电视出版社,2003.
[8] 祁芃.播音主持心理学.北京:中国传媒大学出版社,1999.
[9] 汪良.小说播讲艺术.北京:北京广播学院出版社,1988.
[10] 闻闸编.播音主持训练 280 法.北京:北京广播学院出版社,1999.
[11] 吴郁.主持人语言表达技巧.北京:中国广播电视出版社,2002.
[12] 姚喜双.播音导论教程.北京:中国广播电视出版社,2001.
[13] 费斯克,等,编撰.关键概念——传播与文化研究词典(第二版).李彬,译.北京:新华出版社,2004.
[14] 张洁编.青少年播音主持训练教程.北京:中国传媒大学出版社,2007.
[15] 张雷.传播学通用教程.杭州:浙江大学出版社,2008.
[16] 张颂.播音创作基础.北京:中国传媒大学出版社,2004.
[17] 张颂.播音语言通论.北京:北京广播学院出版社,1994.
[18] 张颂,乔实.论播音艺术.北京:北京广播学院出版社,1990.
[19] 张颂.中国播音学(修订版).北京:北京广播学院出版社,2003.
[20] 中央戏剧学院台词研究室编.演员艺术语言基本技巧.北京:文化艺术出版社,2000.
[21] 朱立元.接受美学导论.合肥:安徽教育出版社,2004.

参考文献

后　记

本人于2002年从广播一线调入浙江工业大学人文学院播音与主持艺术系，开始了播音主持专业的教学实践工作。在教学实践中，萌生了编辑一本播音表达的基本理论知识与相关的外围理论知识融合一起，外加实训和范例分析的教材的想法，并付诸行动。2016年出版《播音主持创作基础理论与实训教程》，并于2019年、2020年两次重印。如今，又在此基础上新编了这本《播音主持创作基础教程新编》，增加了一些章节，并将授课视频、示范音频视频和优秀的学生作业音视频做成可扫描收听收看的二维码，形成了一本有效整合立体化教学资源，并与智慧树网站上的本课程共享课形成互通的线上线下课程通用的新形态教材。

感谢本书的编辑葛娟女士，在她的热心支持和悉心指导下我顺利完成了本书的编辑。感谢合作参编的几位老师，没有大家的倾力合作就没有这本教材的诞生，几位参编老师也都贡献了自己的声音作品。我还要感谢本系的刘国建老师、彭远方老师，他们的声音作品也呈现出来给同学们作为学习的范本。感谢十位播音朗诵界的大咖，他们的作品在我的“名家名作有声作品赏析”一栏里余音绕梁、浸润心田。我还要感谢我的同学们，从我选用的部分学生的优秀的作品中，我们高兴地看到了播音学子们对语言的热爱以及对广播事业的热情追随。最后，我还要感谢我就职二十年的浙江工业大学人文学院，在这个温暖的大家庭里我能够为播音艺术的传承做一些自己的贡献，我感到特别开心和自豪。再次谢谢你们！

本书大部分例稿和音频视频都标明了作者和出处，也有小部分未能及时标出，从给播音学子提供学习范例的角度我恳请作者原谅。因本人水平有限，不当之处望广大同行以及读者不吝赐教。

施　玲

2023年2月于杭州